성공하는 사람들의 7가지 습관

성공하는 사람들의 7가지 습관

스티븐 코비 지음
김경섭, 김원석 옮김

김영사

김경섭

미국 펜실베이니아 대학에서 건설 및 공해 분야로 박사학위 취득.
와튼 경영대학원에서 인사관리 및 리더십 전공.
한국 리더십 센터 대표이사
코비 리더십 센터 한국대표
역서/「그린 비즈니스 가이드」,「뉴리더의 조건」외.

김원석

서강대학교 대학원에서 경영학 박사학위 취득.
현대 경제사회연구원 책임연구원 근무.
한국 리더십 센터 경영컨설턴트
협성대학교 인문사회대 교수
역서/「혼다, 미국을 이렇게 점령했다」,「기업문화와 CI」외.

성공하는 사람들의 7가지 습관

스티븐 코비 지음
김경섭, 김원석 옮김

1판 1쇄 인쇄/1994. 4. 15
1판 236쇄 발행/1995. 12. 10

발행처/김영사
발행인/박은주

등록번호/제 1-25호
등록일자/1979. 5. 17

서울특별시 종로구 가회동 170-4 우편번호 110-260
대표전화 745-4823 직통전화 747-1080 팩시밀리 745-4826

ISBN 89-349-0150-0 03320

좋은 독자가 좋은 책을 만듭니다.
김영사는 독자 여러분의 의견에 항상 귀 기울이고 있습니다.
독자의견 전화 : 741-1990

유능하며 유능해지고 있는
내 동료들에게 이 책을 바친다.

차례

3부 •
대인관계의
승리

한국어판 서문

여러분들이 이 책을 읽기 전에 내가 세계 각처에서 많은 청중들을 상대로 강의하면서 체험한 것을 한 가지 얘기해 드리겠습니다. 내가 청중들에게 눈을 감은 채 옆 사람을 보지 말고 손을 들어 정북향을 지적해 보라고 한 후, 눈을 뜨라고 하면 강당은 예외없이 웃음바다가 됩니다. 청중들의 팔과 손가락이 사방의 다른 방향을 가리키고 있기 때문입니다. "도대체 누가 맞은 겁니까."라고 물으면서, 우리들의 차이점을 투표에 의해 결정하되 다수가 맞는 것으로 하자고 제안하면, 청중들은 무슨 이유인지 또다시 웃음을 터뜨립니다.

나는 곧 호주머니에서 나침반을 꺼내어 정북향을 가리켜 보여 줍니다. 여러분들은 정북향을 다수의 의견이나 투표로 결정할 수 없음을 잘 알고 있습니다. 이것은 우리와는 아무 관계없이 존재하는 사실적 실체이기 때문입니다. 자연법칙들이나 원칙들도 마찬가지이며, 우리들의 이름, 의견, 문화, 노력, 국적, 성별, 인종에 관계없이 우리 속에 존재하며 우리의 삶을 다스립니다.

이 책은 개인이나 조직을 대단히 성공적으로 만드는 습관들을 배양하는 것에 관한 내용입니다. 이러한 능력에 대한 주요 열쇠는 모든 위대하고 영속적인 사회, 가족, 단체들이 공통적으로 갖고 있는 여러 원칙들입니다. 여러분들은 상식적이라고 할지 모르지만, 상식으로 알고 있는 것과 실행한다는 것은 별개의 것입니다.

우리는 날로 엄청난 변화가 일어나고 있는 세상에 살고 있습니다. 이러한 변화는 사업체들, 가족들, 학교들, 정부들, 개인들로 하여금 피부로 느끼게 하고, 진짜 도전과 두려움을 가져 오며, 그 속도가 점점 빨라지고 있습니다. 이러한 도전의 해결책은 여러 원칙들에 있습니다. 이 원칙들은 영원한 것들입니다. 이것들은 우리가 주변의 변화에서 살아남고, 태풍의 눈에도 평온하게 가라앉을 수 있게 해주는 닻입니다.

계속 발전하고 성장하기 위한 여러분들의 노력이 성공하기를 기원하며, 이 책이 한국어 판으로 나올 수 있도록 수고해 준 여러분들과 김영사에 심심한 감사를 드립니다.

1994년 4월
코비 리더십 센터 창설자 겸 회장
스티븐 코비

감사의 말

상호의존성은 독립성보다 훨씬 더 가치있는 것이다.

이 책은 많은 지성들이 시너지를 발휘하여 만든 합작품이다. 이 책은 내가 70년대 중반 대학원에서 박사학위 과정의 일환으로 지난 200년 동안에 발표된 성공 문헌들을 조사하면서부터 시작된 것이다. 나는 수많은 사상가들의 영감과 지혜에 감사하고, 세대를 초월한 지혜의 수많은 원천과 창시자들에게 고맙게 생각한다.

또한 BYU(Brigham Young University)와 코비 리더십 센터(Covey Leadership Center)의 수많은 학생들, 친구들, 동료들에게 감사하고, 이 책의 자료들을 시험해 보고 평가해 주고, 격려해 준 수천 명의 성인들, 부모들, 청소년들, 중역들, 교사들, 그리고 기타 다른 고객들에게도 감사한다. 이 책의 자료와 구성은 조금씩 발전되어 한 권의 책이 되었으며, 신념을 가지고 깊숙이 이 내용에 몰두한 많은 사람들을 감화시키고 있다. 이 신념이란 7가지 습관은 개인과 대인관계의 효과성에 대한 전체적이며 통합적인 접근방식이고, 개별적인 습관 이상의 것이며, 진정한 열쇠는 습관들 간의 관계와 서로 연결되어 있는 방식에 있다는 확신을 말한다.

이 책의 저술과 출판을 위해 도와준 다음 분들에게 심심한 사의를 표한다.

— 샌드라와 우리 아이들(그리고 그 아이들의 배우자들), 이들은 모두 성실하게 봉사하는 삶을 살며, 나의 수많은 여행과 집 밖에서의 활동을 도와주었다. 사랑하는 사람들에게 원칙을 가르치기란 그리 어려운 일이 아니다.

— 나의 형 존에게, 그의 끊임없는 사랑과 관심, 통찰력, 그리고 그가 지닌 영감에 대해 감사한다.

— 나의 아버지, 그에 대한 행복한 기억이 있다.

— 나의 어머니, 그 분이 손자들에게 보여준 헌신적인 사랑, 그리고 실천으로 보여 준 사랑에 대해 감사한다.

— 사업상 알게 된 나의 사랑하는 친구들과 동료들에게 감사하며, 특히 다음과 같은 분들에게 감사한다.

— 빌 마레(Bill Marre), 론 맥밀런(Ron McMillan), 렉스 와터슨(Lex Watterson). 그들의 피드백, 격려, 편집상의 조언, 그리고 제작상의 도움에 대해 감사한다.

— 브래드 앤더슨(Brad Anderson). 일년 이상을 희생적으로 일하며, 7가지 습관들을 비디오 프로그램으로 만든 것에 대하여. 그의 노력으로 이 비디오가 테스트되고 개선되었으며, 수많은 조직체에서 수천 명이 사용할 수 있게 되었다. 이 비디오를 한번 사용해 본 고객은 거의 예외없이 자기 조직체의 다른 직원들에게 권장함으로써 잘 만들어졌다는 우리의 생각을 뒷받침해 주었다.

— 보브 셀레(Bob Thele). 내가 진정으로 이 책에만 집중할 수 있도록 마음의 평정을 가져다 준 우리 회사의 시스템을 만들어 준 데 대해 감사한다.

― 데이비드 콘레이(David Conley). 그는 나의 동료인 블레인 리(Blaine Lee), 로이스 크뤼거(Roice Krueger), 로저 메릴(Roger Merrill), 알 스위츨러(Al Switzler)와 내가 여러 다양한 상황에서 끊임없이 아이디어를 나눌 수 있도록 수백 개 이상의 기업체에 대해 이 책의 가치와 능력을 전달해 주었다.

― 능동적인 나의 출판 대리인 얀 밀러(Jan Miller), 그리고 "할 수 있다." 는 정신을 심어준 친구인 그레그 링크(Greg Link)와 그의 조수인 스테파니 스미스(Stephanni Smith), 랄린 베크햄 왈린(Raleen Beckham Wahlin)이 창의적이고 적극적으로 마케팅 능력을 보여준 데 대해 감사한다.

― 사이먼 앤드 슈스터(Simon and Schuster) 사의 편집자인 보브 아사히나(Bob Asahina). 그의 전문적인 편집실력과 업무추진 능력, 그리고 강연과 출판의 차이점을 보다 이해하기 쉽게 조언해 준 점과 그밖에도 수많은 훌륭한 제언들을 해 준 것에 대해 감사한다.

― 나의 헌신적인 전임 조수였던 셜리(Shirley)와 해서 스미스(Heather Smith) 그리고 현재 나의 조수인 매릴린 앤드류스(Marilyn Andrews)의 상식을 뛰어넘는 진실된 충성심에 감사한다.

―「익제큐티브 엑설런스(Executive Excellence)」지의 편집자인 켄 쉘턴(Ken Shelton). 그는 몇 년 전 나의 초고를 편집해 주었고, 원고 중 여러 군데의 문맥을 검토하고 정교하게 다듬어 주었다. 그는 성실성과 뛰어난 감각을 지닌 사람이다.

― 레베카 메릴(Rebecca Merrill). 그녀는 편집과 제작에 유용한 도움을 주었을 뿐만 아니라 원고를 검토하고 완성하는 데 있어서 놀라운 능력과 민감성, 조심성을 보여 주었고, 그녀의 남편 로저(Roger)도 많은 도움을 주었다.

― 마지막으로 케이 스윔(Kay Swim)과 그녀의 아들 게이로드(Gaylord). 우리 조직의 급진적 성장을 위해 공헌했던 그들의 고마운 비전에 대하여 감사한다.

제 1 부

패러다임과 원칙들

상호의존성

경청한 다음에 이해시켜라 5

대인관계의 승리

시너지를 활용하라 6

4 상호이익을 추구하라

독 립 성

3 소중한 것부터 먼저하라

개인의 승리

1 주도적이 되라

2 목표를 확립하고행동하라

의 존 성

7 심신을 단련하라

내면으로부터 시작하라

이 세상에서 진정한 우수함이란
올바른 삶과 분리될 수 없다.

-데이비드 스타 조단[*] -

나는 지난 25년 이상을 기업체, 대학, 그리고 결혼 및 가족 관계에서 수많은 사람들을 도와 주는 컨설팅 분야의 일을 해 왔다. 그 과정에서 외적으로는 놀라울 정도로 성공을 거두었지만, 내적으로는 개인적인 일체감과 효율성 그리고 타인과의 건전하고 발전적인 관계를 갖고자 끊임없이 노력하는 많은 사람들을 보아 왔다.

그들이 내게 말해 준 다음과 같은 문제 중 일부는 우리에게도 친숙한 내용일 것이다.

나는 현 직장에서 커리어 목표를 설정하고 이를 드디어 달성하였다. 나아가 지금 종사하고 있는 전문 분야에서도 큰 성공을 거두었다. 그러나 나는 그 대가로 개인적인 삶과 가정생활을 희생시켰다. 나는 더 이상 아내와 자녀에 대해서 잘 알지 못한다. 나는 이제 나 자신에 대해, 또 내게 가장 중요한 것에 대해 도대체 무엇인지조차 잘 모르게 되었다. 이제서야 나는 내 자신에게 물어 보아야겠다. 도대체 직장에서의 출세가 그만한 가치가 있는 것

---

* 역자 주 : David Starr Jordan(1851~1931), 미국 뉴욕 출생. 생물학자, 교육자.

인가?

나는 금년 들어 새로운 방법의 식이요법을 다섯 번째로 시작하였다. 나는 체중이 너무 무거워 정말이지 살을 빼고 싶다. 그래서 체중을 줄이는 것과 관계되는 새로운 정보를 모두 입수하고, 목표를 정하고, 적극적인 태도를 지니기로 마음을 고쳐먹고 '나는 할 수 있다.'고 거듭 다짐한다. 그러나 그게 잘 되지 않는다. 몇 주만 지나면 또 실패하고 만다. 이제 나는 내 자신에게 스스로 한 약속조차도 지킬 수 없다.

나는 효율적인 관리를 위한 훈련 과정에 여러 번 참가하였다. 나는 우리 직원들에게 많은 기대를 걸고 있고, 또 그들을 친절하고 공정하게 대하려고 열심히 노력하고 있다. 그러나 나는 이들의 애사심을 전혀 느낄 수 없다. 만약 내가 아파서 하루라도 집에서 쉬고 출근하지 않는다면, 아마도 이들은 대부분의 근무시간을 잡담이나 수다를 떨면서 보낼 것이다. 왜 나는 우리 직원들을 보다 자립적이고, 책임감 있게 훈련시키지 못할까? 아니면 그렇게 할 수 있는 직원들을 왜 찾을 수 없는 것일까?

십대인 우리 아들은 반항적이고 약물중독자이다. 아무리 뭐라고 해도 내 말을 통 들으려고 하지 않는다. 도대체 이를 어떻게 하면 좋을까?

할 일은 너무나 많은데 시간이 충분치 못하다. 나는 하루 종일, 매일매일, 그리고 일주일 내내 압박감과 혼란스러움을 느낀다. 그 동안 시간관리 세미나에도 참석해 보았고, 대여섯 가지나 되는 시간관리 시스템도 이용해 보았다. 물론 이것이 약간 도움이 되긴 했지만, 아직도 내 생활은 행복하고, 생산적이고, 평화스럽지 못하다.

나는 우리 아이들에게 노동의 가치를 가르쳐 주고 싶다. 그러나 이들에게 뭘 좀 시키려면 일거수 일투족을 감독해야 하고, 또 잔소리를 늘어 놓아야 한다. 차라리 내가 일을 해 버리는 것이 더 쉽다. 왜 아이들은 즐거운 마음으로 일을 스스로 처리하지 못할까?

나는 정말이지 바쁘다. 그러나 때때로 현재 하고 있는 일이 장기적으로 보아 도대체 어떤 성과를 낼 것인지 의구심이 일곤 한다. 나는 진정으로 내 인생이 의미있기를 바라고, 또 내가 하는 일은 뭔가 다르기를 희망한다.

나는 친구나 친척들이 성공을 하고 인정을 받는 것을 보면 기뻐하고 축하도 해 준다. 그러나 내심으로는 질투 비슷한 착잡한 심경을 누를 길이 없다. 도대체 나는 왜 이렇게 느낄까?

나는 다른 사람들을 강압적으로 대하는 성격의 소유자이다. 나는 다른 사람들과의 대인관계에서 최종결과를 조절한다. 대부분의 경우 나는 상대방이 내가 원하는 해결방안으로 따라오도록 영향력을 행사한다. 또한 내가 제안하는 아이디어야말로 모든 사람에게 최선의 방안이라고 느낀다. 그러나 왠지 마음이 편치 못하다. 나는 그들이 내 자신과 나의 아이디어에 대해 어떻게 생각하고 있는지 늘 궁금하다.

우리의 결혼생활은 이제 권태기에 들어섰다. 이제 더 이상 다투지도 않는다. 또 우리는 서로를 사랑하지도 않는다. 우리 부부는 함께 상담을 받기도 하고, 여러 가지 다른 시도도 해봤다. 그러나 우리가 과거에 가졌던 서로에 대한 감정을 다시 회복할 수 있을 것 같지는 않다.

이상과 같은 내용들은 심각한 문제이며, 또 고통스러운 문제이다. 그러나 이같은 문제는 단번에 효과를 보는 응급처치식 방법으로는 해결될 수 없다.

몇 년 전 나는 아내 샌드라(Sandra)와 이런 류의 문제를 놓고 노심초사한 적이 있다. 그 당시 우리 아들 중 하나는 학교에서 큰 어려움을 겪고 있었다. 그는 학교성적이 신통치 못했다. 시험을 볼 때는 문항의 지시조차도 잘 이해하지 못했기 때문에 시험성적이 신통할 리 없었다.

게다가 그는 사회적으로도 미숙하였기 때문에 가족들을 종종 창피하게 하였다. 키가 작고, 깡말랐는데다, 운동신경도 발달하지 못해 야구를 할 때는 볼이 날아오기도 전에 야구방망이를 휘둘러 댈 정도로 미숙하였다. 다른 사람들은 우리 애를 비웃곤 했다. 아내와 나는 그를 돕고 싶은 마음으로 노심초사하였다. 만약 '성공'이 인생의 모든 분야에서 중요한 것이라면, 부모로서 할 수 있는 우리들의 역할이야말로 아들에게 가장 중요하다고 느꼈다. 따라서 우리는 우리의 태도와 행동을 통해 그를 도와주려고 노력하였다.

우리는 적극적 사고기법을 활용하여 그로 하여금 용기를 내도록 하였다. "자, 애야! 너는 할 수 있다! 너는 해 낼 능력이 있다. 손을 조금 위로 올려 야구방망이를 잡고, 볼을 똑바로 지켜 보아라. 볼이 가까이 오기 전에 스윙을 해서는 안 된다." 우리는 그가 조금이라도 나아지면 계속해서 격려해 주었다. "아이고, 장하다. 계속 그대로 밀고 나가라."

그가 야구하는 모습을 보고 사람들이 웃을 때마다 우리는 그들을 나무랐다.

"우리 애 일에 관심 갖지 마세요. 간섭하지 말라고요. 그는 이제 막 배우는 참이에요." 그러면 우리 아들은 울음을 터뜨리면서 자기는 결코 더 나아지지 않을 것이라 하면서 야구하기 싫다고 떼를 썼다.

어떠한 우리의 노력도 그에게 아무런 도움을 주지 못하는 것 같았다. 정말로 걱정이 되었다. 우리의 노력이 오히려 그의 자존심을 손상시키고 있는 것 같았다. 우리는 그를 격려해 주고, 또 적극적으로 도움을 주고자 하였으나, 몇 번이고 실패를 거듭했다. 그러나 마침내는 다른 차원에서 다시 한번 이 문제를 살펴보기로 하였다.

이즈음 나는 전국에 걸친 여러 회사들을 대상으로 한 리더십 프로그램에 컨설턴트로 참여하고 있었다. 그 중 하나는 IBM 고급 경영자 연수과정이었다. 이것은 임원들을 대상으로 격월로 실시되었으며, 커뮤니케이션과 지각(知覺)에 관한 주제를 중심으로 한 프로그램이었다.

나는 이 과정에서 다룰 내용을 연구하고 조사하면서 지각에 대해 집중적으로 다루었다. 즉, 지각은 어떻게 형성되는가, 사물을 볼 때 지각이 어떤 영향을 미치는가, 나아가 우리가 보는 방식이 행동에 어떤 영향을 미치는가 등에 대해 큰 관심을 가지게 되었다.

이것은 결국 나에게 동기유발에 있어서 기대이론, 자성예언(自成豫言), 즉 '피그말리온* 현상(Pygmalion Effect)'을 공부하게 만들었고, 나아가 우리의 지각이 미치는 깊은 영향을 깨닫도록 해 주었다. 즉, 우리에게 보이는 세상뿐만 아니라 우리가 세상을 어떤 렌즈를 통하여 보고 있는지를 파악해야 한다는 것이다. 왜냐하면 이 렌즈 자체가 세상에 대한 우리의 해석을 좌우하기 때문이다.

아내와 내가 IBM에서 가르치는 내용과 또 우리가 현재 처해 있는 상황에 대해 이야기를 나눌 때, 우리가 아들을 돕기 위해 하는 일들이 우리가 그를 렌즈 없이 그대로 보았을 때의 대응책이 아님을 깨닫게 되었다. 우리들이 가진 내면의 심리를 솔직하게 살펴볼 때, 우리는 그가 적응을 못하고 있으며, 어쨌든 '남들보다 뒤쳐져 있다.'고 생각하고 있음을 깨달았다.

따라서 우리가 이러한 태도와 행동을 가지고 있는 한 아무리 노력해 봤자 별 효과를 얻을 수 없었다. 왜냐하면 우리가 하는 행동과 말에도 불구하고, 그에게 실제로 전하고자 하는 내용은 "너는 능력이 없다. 너는 반드시 보호를 받아야 한다."라는 뜻이 깔려 있었기 때문이다.

따라서 우리가 이 상황을 변화시키기를 원한다면, 우리 자신이 먼저 해야 한다는 사실을 깨닫기 시작했다. 나아가 우리 자신을 효과적으로 변화시키고자 한다면, 먼저 그에 대한 우리들의 인식을 바꾸어야 했다.

---

* 역자 주 : 본래는 그리스 신화에 나오는 인물로, 자기가 만든 상아상 갈라티아를 연모한 키프로스 왕의 이름이다. 여기서는 버나드의 코미디를 말하는데, 취급받음에 따라 달라지는 심리현상을 말한다.

성격(개성, Personality) 윤리와 성품(인성, Character) 윤리

나는 지각에 관한 연구를 하면서 1776년 이래 미국에서 성공과 관련하여 출간된 책과 문헌에 대해 심층조사를 해 보았다. 나는 자기개선, 대중심리학, 그리고 자기훈련 등과 같은 분야의 책, 논문, 그리고 수필 등을 실제로 수백 권 읽고 또 살펴보았다. 나는 이 조사를 통해 자유롭고 민주적인 사람들이 성공적인 삶의 열쇠라고 여기는 것의 요점을 확연히 알게 되었다.

내가 지난 200년간에 걸친 성공에 관한 저작물들을 연구 및 조사하는 동안 이들 문헌의 내용에서 깜짝 놀랄 만한 유형을 파악하였다. 또한 나는 우리 가정이 당했던 고통 그리고 지난 수년 동안 내게 도움을 청해 왔던 많은 사람들도 그들의 삶과 대인관계에서 비슷한 고통을 당하고 있음을 파악하면서 최근 50년간의 성공문헌들 대부분이 피상적 해결책만을 다루고 있다는 사실을 점차 깨닫게 되었다.

다시 말하면 문헌들은 주로 사회적 이미지에 대한 의식, 다양한 기법들, 그리고 응급처치식 대응책 등으로 가득 차 있었다. 즉, 급성적인 사회문제의 해결을 위해 아스피린이나 주고 붕대나 감아주는 식의 임시응급책을 씀으로써 경우에 따라서는 일시적인 해결책이 되기도 하였다. 더욱이 급하지는 않지만 원천적인 문제의 해결을 방치함으로써 자주 곪아 터지고 재발하게 하였다.

이와는 대조적으로 미국 건국후 최초 150년간에 나온 거의 대부분의 문헌들은 성품 윤리(Character Ethics)라고 부르는 인성에 관심을 집중시키고 있었다. 여기에는 예컨대 언행일치, 겸손, 충성, 절제, 용기, 정의, 인내, 근면, 소박, 수수함, 그리고 황금률 등이 있다. 대표적인 문헌으로 벤저민 프랭클린의 자서전을 들 수 있다. 그의 자서전은 근본적으로 자신의 본성에 깊이 감추어진 내면적 원칙과 행동으로 나타나는 습관을 통합시키려고 노력하는 한 인간을 다루고 있다.

성품 윤리에 따르면 성공적인 삶을 살기 위해 기본원칙이 반드시 있어야 한다. 따라서 우리가 이 원칙을 배우고 또 이것을 자신의 기본적인 성품에다 통합시킨다면, 진정한 성공과 행복한 삶을 성취할 수 있다고 가르쳐 주고 있다.

그러나 제1차 세계대전 직후부터 성공을 보는 기본적 시각은 성품윤리에서부터 소위 성격 윤리(Personality Ethics)로 바꾸어지기 시작하였다. 여기에서는 대인관계를 원활하게 해주는 성격, 대중적 이미지, 태도와 행동, 나아가 기법과 기술이야말로 성공에 더 크게 작용한다고 본다.

이같은 성격 윤리는 근본적으로 2가지 분야로 나누어 진다. 즉, 하나는 개인 및 대중을 상대할 때 필요한 각종 기법이고, 다른 하나는 적극적 사고방식이다. 이 성격 중심 사상의 일면은 다음과 같은 금언으로 표현되는데, 이것들은 사람을 분발케 해서 대단히 효과적인 경우도 있다. "당신이 가진 태도가 당신이 높은 지위에 도달하는 여부를 결정한다.", "찌푸리는 것보다 미소를 짓는 것이 더 많은 친구를 얻는다." 혹은 "우리가 마음 속에 품고 믿는 것은 무엇이든지 달성할 수 있다."

성격 중심의 접근법이 갖는 다른 측면은 분명히 조작적이며 심지어는 기만적인 면도 가지고 있다. 다시 말해 다른 사람이 자신을 좋아하도록 만들기 위해 술수를 쓰게 되고, 또 자신의 목적달성을 위해 다른 사람의 취미에 관심이 많은 것처럼 위장을 하기도 하며, 경우에 따라서는 '마치 권력이나 재력을 가진 듯이 보이도록' 하거나 나아가 다른 사람에게 위협적인 수단을 쓰기도 한다.

이같은 문헌 중 어떤 것은 성품을 성공의 요소로 보고 있으나, 성품을 근본적이고 촉매적인 것으로 인식하지 않고 일반 특성 중의 하나로만 간주하고 있다. 그 결과 성품 윤리에 관한 것은 언급뿐이었고, 실제로 강조된 것은 당장 효과를 내주는 임시변통의 영향력 행사 기법, 권력획득 전략, 커뮤니케이션 기술 그리고 적극적 태도 같은 성격 윤리의 요소였다.

　나는 바로 이같은 성격 윤리가 아내와 내가 우리 아들에게 활용하려고 시도했던 해결방안의 잠재의식적 원천이었다는 사실을 깨닫기 시작했다. 성격 윤리와 성품 윤리의 차이를 곰곰이 생각한 결과, 나와 아내는 그동안 아이들의 모범 행동으로 사회적인 만족감을 얻어 왔는데, 이 아이만은 그렇지가 못해 우리를 실망시키고 있었던 것이다. 우리가 가진 우리 자신에 대한 이미지(像), 즉 자식을 잘 돌보는 훌륭한 부모라는 역할에 대한 이미지가 너무 강하여 우리 아들의 이미지를 흐리게 하였기 때문에 우리의 행동은 부모로서의 역할에 더 중점을 두었던 것이다. 즉, 아이에 관한 문제점을 정확히 파악하고 대처하는 데 많은 잘못이 있었기에 아이의 장래를 위해 무엇이 최선인지를 알 수 없었던 것이다.

　아내와 나는 대화를 하는 과정에서 우리 자신의 성품과 동기 그리고 아들에 대한 인식이 바로 우리의 행동에 강력한 영향을 미치고 있음을 괴로운 심정으로 인정하게 되었다. 또 사회적 비교를 하는 동기 자체가 우리 부부가 가진 중요한 가치관과 상반될 뿐만 아니라, 이로 인해 이 아들에 대한 사랑이 조건적이 될 수 있고, 그렇게 되면 이 애가 점점 자신감을 잃게 된다는 것도 알게 되었다. 여기에서 우리는 앞으로의 노력을 우리 자신에게 맞추기로 결심하였다.

　다시 말하면 우리는 테크닉이 아닌, 우리 부부가 가진 가장 깊은 동기와 나아가 아들에 대한 우리의 인식에 초점을 맞추기로 작정한 것이다. 따라서 우리는 그를 변화시키려고 하는 대신에 그로부터 멀리 떨어지려고 시도하였다. 아들로부터 우리 자신을 분리시키려고 노력한 것이다. 이를 통해 우리는 그 자신의 아이덴티티, 개성, 독립성, 그리고 가치를 느껴보려 한 것이다.

　우리는 깊은 사고, 믿음, 그리고 기도를 함으로써 아들이 갖고 있는 독특성을 보기 시작하였다. 우리는 그 애 자신의 페이스와 속도에 의해 실현될 수 있는 내재적 잠재능력도 보게 되었다. 우리는 마음을 느긋이 먹고 그를 방해하지 않기로 작정했으며, 그가 가진 잠재력이 스스로 우러나오도록 내버려 두기로 했다.

그 결과 그를 확신해 주고, 기뻐해 주며, 해낸 일의 가치를 인정해 주는 등 우리 본연의 역할만 하였다. 이와 동시에 우리는 우리 자신 속에 들어 있는 각종 동기를 솔직하게 분석해 보고, 우리 부부의 사회적 가치 기준이 애들의 성취나 행동에 무관하도록 강한 심리적 안정감을 얻기 위해 노력하였다.

우리가 이 아들에 대한 과거의 잘못된 인식에서 벗어나 가치관에 근거한 동기를 갖게 되자, 새로운 온갖 감정이 솟아나기 시작하였다. 즉, 우리 아이를 다른 아이들과 비교하고 판단하는 대신 그 자체를 좋아하는 우리 자신을 발견하게 되었다. 우리는 이때부터 그를 사회적 기준의 잣대로 측정하거나, 또 우리 자신의 생각대로 키우려는 것을 그만 두었다.

또 그를 사회적 틀에 받아들여지는 인간으로 만들기 위해 지금까지 우리가 친절하고 적극적으로 해온 조종도 중단하였다. 우리는 그가 자신의 인생을 충분히 헤쳐 나갈 수 있는 기본적인 능력을 가지고 있다고 보았기 때문에 다른 사람들이 그를 비웃어도 더 이상 보호해 주지 않았다.

그런데 우리 아이는 이같은 보호를 받으면서 자라왔기 때문에 이것을 일단 중지하자 처음에는 움츠러 들었으며, 고통을 느꼈고, 또 우리에게 불평했다. 그러나 우리 부부는 이같은 아들의 말을 수긍하면서도 부득이한 경우를 제외하고는 반응하지 않았다. "우리가 너를 보호해 줄 필요는 없다. 왜냐하면 너는 근본적으로 정상적인 아이니까."라는 것이 그에게 주는 묵시의 메시지였다.

날이 가고 달이 지나면서 아들은 스스로에 대해 조금씩 자신감과 확신감을 가지기 시작하였다. 즉, 그는 자기만이 가진 페이스와 속도로 꽃피기 시작한 것이다. 그는 공부, 사교, 운동과 같은 부문의 사회적 척도에서 뛰어난 성과를 올리기 시작하였다.

또, 자연적인 발달과정에 비교하면 엄청난 속도로 발전해 나갔다. 몇 년 이내에 그는 여러 학생단체에서 리더로 선출되었고, 주(州)를 대표하는 운동선수가 되었으며, 모두 A학점으로 된 성적표를 집으로 가져오기 시작하였다. 나아가 주위의 모든 사람들을 편안하게 해 주고, 또 건전한 방식으로 인간관계를 맺을 수 있는 진솔한 성격을 가지게 되었다.

그후 나와 아내는 우리 아들이 이룩한 '사회적 척도로 보아도 대단한' 성취야말로 단지 사회적 보상이나 인정을 목표로 했기 때문이 아니고, 그가 스스로 자신감을 갖게 되면서 이루어진 것이라고 확신하게 되었다. 이 것은 아내와 나에게 대단히 유익하고 좋은 체험이었다. 이것은 그후 우리가 다른 아이를 다룰 때나 다른 역할을 할 때도 유념하게 된 매우 귀중한 교훈을 남겨 주었다. 나아가 성격 윤리와 성품 윤리가 보여 주는 성공에 대한 현격한 차이를 개인적으로 인식하도록 만들어 주었다.

성서의 잠언* 은 이같은 우리의 확신을 잘 표현해 주고 있다. "네 자신의 마음속을 최선을 다해 찾아보라. 왜냐하면 인생의 모든 문제는 바로 거기에서 나오기 때문이다."

일차적 및 이차적 강점(强點)

아들을 통한 경험, 지각에 대한 연구, 그리고 성공을 다룬 문헌에 대한 독서가 상호결합하여 나는 인생의 어떤 순간 모든 것의 실마리가 풀릴 때 "아하."하고 감탄하는 것과 같은 느낌을 갖게 되었다. 갑자기 성격윤리가 미치는 강한 영향력을 알 수 있었고, 지금까지 진실이라고 믿고 있는 것들 ― 즉, 어렸을 때 배운 것들과 내 마음속 깊이 간직하고 있는 가치관 ― 과 날마다 내 주변에서 임시변통으로 통용되고 있는 것들이 서로 다른 이

---

* 역자 주 : 잠언 4장 23절

유를 분명히 이해할 수 있었다. 지금까지 그것은 난해하고, 파악해 보려 했어도 막연한 것이었다.

나아가 나는 지난 여러 해 동안 여러 분야에 종사하는 사람들을 대상으로 교육 훈련과 컨설팅을 해오면서, 내가 가르치는 내용과 효과적이라고 생각했던 것들이 실제로 널리 통용되고 있는 것들과 종종 차이가 났던 이유를 좀더 깊은 수준에서 이해하게 되었다.

나는 성격 윤리의 요소―성격 개발, 커뮤니케이션 기술 훈련, 설득력 향상 훈련, 그리고 적극적 사고 분야에서의 교육―들이 유익하지 않다고 주장하는 것은 아니다. 사실 어떤 경우에는 이같은 요소들이야말로 성공의 관건이기도 하다.

그러나 이것은 어디까지나 이차적인 것이지 일차적인 특성은 아니다. 우리보다 앞선 세대가 남겨 놓은 기초 위에 무엇인가를 쌓기 위해 우리가 가진 능력을 활용하고자 할 때, 우리는 무심코 자신이 만들고 있는 것에만 집중하게 되어 이를 지탱해 주고 있는 바탕을 잊어버린 것 같다. 다시 말하면 자신이 직접 씨를 뿌리지 않은 곳에서 오랫동안 수확을 하다 보니 씨 뿌릴 필요 자체를 잊어버리게 되는 것과 마찬가지이다.

성품이 결점투성이고, 이중적이고, 불성실한 사람이 다른 사람들로 하여금 내가 원하는 대로 행동하게 하고, 이전보다 좀더 열심히 일하게 하고, 더 큰 동기를 가지게 하며, 나를 좋아하게 하고, 나아가 서로가 좋은 관계를 갖도록 하기 위해 영향력을 미치는 각종 기법을 사용한다면, 이는 장기적으로 보아 실패하게 마련이다. 왜냐하면 나의 이중성은 불신을 낳게 되고, 또 내가 하는 일은 무엇이나―심지어는 소위 좋은 대인관계기법을 활용하는 것조차도―상대방은 조작적인 것으로 인식하기 때문이다. 아무리 훌륭했다 해도 그 결과는 아무런 성과를 내지 못한다. 따라서 만일 신뢰와 믿음이 없다면 영구적인 성공의 바탕은 없는 셈이다. 다시 말하면 기본적인 착함과 신뢰가 있을 때 이같은 기법도 쓸모있게 된다.

기법에만 치중한다는 것은 마치 학교에서 시험을 위하여 당일치기로 공부하는 것과 같다. 그렇게 해도 임시 변통이 되고, 또 때때로 괜찮은 성적을 얻기도 하겠지만, 매일 착실하게 공부하지 않으면 배우고 있는 주제를 완전히 이해하거나, 또 지식에 기초한 지성을 개발해 내지 못할 것이다.

당신은 봄에 씨 뿌리는 것을 잊고, 여름 내내 놀다가 가을이 되어 당일치기 농사로 거두려고 하는 일이 얼마나 어리석은 짓인지 생각해 본 적이 있는가? 농사란 자연의 법칙에 따른다. 따라서 반드시 노력이 들어가야 하고, 또 과정을 거쳐야 한다. 우리는 씨를 뿌려야 거둘 수 있다. 지름길이란 절대로 없는 법이다.

결국 이러한 원칙은 인간 행동과 대인관계에서도 똑같이 적용된다. 인간 관계 역시 수확의 법칙에 근거한 자연 체계이다. 학교와 같은 인위적으로 만든 사회제도에서는 인간이 만든 규칙을 그대로 따르지 않고 '게임을 수단껏 하는' 편법을 사용한다면 잠시 동안은 어떻게 꾸려 나갈 수도 있다.

또 대부분의 일회적 내지 단기적인 대인관계에서는 매력이나 기법을 통해 호감을 갖게 하거나, 나아가 다른 사람의 취미에 관심이 있는 척 하면서 좋은 인상을 형성하는 데 있어 성격 윤리를 활용할 수도 있을 것이다. 또한 우리는 단기적인 상황에서는 잘 먹히고 효과가 빠른 쉬운 기법을 활용할 수도 있다.

그러나 이같은 이차적 특성만 가지고는 결코 장기적인 관계에서 영구적인 가치를 가지지 못한다. 우리가 깊은 성실성과 성품이 갖는 근본적인 강점을 가지지 못한다면, 경쟁적인 삶의 과정에서 결국 모든 진실이 밝혀지게 될 것이고, 대인관계 역시 단기적으로는 몰라도 장기적으로는 실패로 끝날 것이다.

자신이 가진 재능을 통하여 사회적으로 인정을 받는 2차적 강점을 가진 많은 사람들이 흔히 일차적인 강점, 즉 훌륭한 성품을 갖지 못한 경우가 많다. 우리는 이같은 사실을 이들이 하는 모든 장기적인 대인관계, 즉 회사 동료, 부부, 친구, 그리고 아이덴티티의 위기를 맞고 있는 10대의 자녀와의 관계에서 나타나는 문제점을 통하여 알 수 있다.

가장 설득력 있게 의사전달을 하는 것이 바로 성품이다. 에머슨은 이것을 다음과 같이 표현했다.

"당신의 인격과 성품이 아주 큰 소리로 당신에 관해 설명해 주기 때문에 말로 하는 소개는 잘 들리지 않습니다."

물론 사람들이 성품상으로는 강점을 가지고 있지만, 커뮤니케이션 기술이 부족하기 때문에 원활한 대인관계에 영향을 미치는 경우도 있다. 그러나 후자가 미치는 영향은 여전히 이차적일 따름이다.

결국 인품이 우리가 말하거나 행동하는 것보다 훨씬 더 설득력 있게 우리 자신을 소개해 준다. 우리는 이같은 사실을 모두 알고 있다. 예컨대 그 사람의 성품을 잘 알고 있기 때문에 절대적으로 신뢰할 수 있는 사람이 있다. 이같은 경우 그 사람이 달변이든 아니든, 대인관계 기술이 훌륭하든 그렇지 않든, 우리는 그 사람을 믿고 함께 성공적으로 일한다.

윌리엄 조지 조단* 의 말 중에 다음과 같은 것이 있다.

"우리 모두는 선과 악을 행하는 놀라운 힘, 즉 성품을 가지고 있는데, 이것은 소리없이, 무의식적으로, 안 보이게 삶에 영향력을 행사한다. 그런데 이것은 우리가 가식적으로 꾸며 낼 수 없다. 이는 자기의 진정한 모습의 일관된 반영일 따름이다."

패러다임의 위력

이 책, 「성공하는 사람들의 7가지 습관」은 인생을 효과적이고 능률적

---

* 역자 주 : William George Jordan (1941 ~), 아일랜드 출생 문학작가.

으로 살기 위하여 필요한 수많은 기본원칙을 포함하고 있다. 여기서 말하는 습관은 기본적이고, 일차적인 것이다. 이것은 나아가 지속적인 행복과 성공의 근거가 되는 올바른 원칙의 내면화를 의미한다.

우리가 이들 일곱 가지 습관을 이해하기 위해서는 우선 우리 자신의 '패러다임'과 '패러다임 전환' 방법에 대해 반드시 파악해야 한다.

성품 윤리와 성격 윤리는 둘 다 사회적 패러다임의 실례이다. 패러다임이란 말은 처음에 그리스어로부터 유래한 단어이다. 또 패러다임이란 원래는 과학용어였으나, 오늘날에 와서는 모델, 관념, 지각(知覺), 시각, 준거틀 등을 의미하는 것으로 보통 사용되고 있다. 보다 일반적인 의미에서 본다면 패러다임이란 우리가 세상을 '보는' 방식을 말한다. 다시 말하면 우리가 세상을 볼 때 시각적인 감각에서가 아니라, 지각하고, 이해하고, 해석하는 관점에서 이 세상을 '보는' 것을 말한다.

패러다임을 이해하는 간단한 방법은 이것을 일종의 지도로 보는 것이다. 그러나 우리 모두는 "지도는 지역(땅)이 아니다."라는 사실을 알고 있다. 지도란 단순히 영토에 관한 자세한 사항들을 설명해 줄 뿐이다. 이것이 바로 패러다임이 무엇인지에 대한 좋은 예이다. 패러다임이란 어떤 것 자체가 아니고, 그것에 관한 의견이나 해석이며, 그것의 모양을 나타내는 모델에 해당한다.

이제 당신이 시카고 중심부의 어떤 지역에 가고자 한다고 가정해보자. 이때 시내지도(市內地圖)는 당신이 목적지까지 도달하는 데 도움을 준다. 그런데 당신이 잘못된 지도를 가지고 있다고 상상해 보라. 인쇄상의 실수로 "시카고"라고 이름이 붙여진 이 지도는 사실은 디트로이트의 지도였다. 엉뚱한 지도를 가지고 헤맬 때의 좌절감과 목적지를 찾기 위한 노력이 얼마나 비효과적일 것인가를 한번 상상해 보라!

당신이 이같은 사실에도 불구하고 평소처럼 자신의 행동에 초점을 맞춘다고 가정해 보자. 당신이 더 열심히, 더 부지런히, 또 두 배 정도의 속도로 노력한다고 하자. 그러나 이같은 노력은 당신을 단지 엉뚱한 장소로만 더 빨리 데려갈 뿐이다.

이번에는 태도를 중심으로 살펴보자. 당신은 좀더 긍정적으로 생각할 수도 있을 것이다. 그래도 당신이 원하는 곳에는 도달하지 못하지만 개의치 않을 것이다. 왜냐하면 당신의 태도가 대단히 긍정적이어서 어디로 가든 행복할 수 있기 때문이다.

그러나 문제는 당신이 아직도 헤매고 있다는 것이다. 당신이 가진 근본적인 문제는 행동이나 태도와는 아무 관계가 없고 잘못된 지도가 문제인 것이다.

만약 당신이 올바른 시카고 지도를 가지고 있다면, 그때는 부지런함이 중요한 의미를 가질 것이다. 또한 가는 도중에 방해하는 장애물을 만난다면, 그때는 당신이 갖는 태도가 중요하다. 결국, 가장 중요한 것은 지도의 정확성이다.

우리들 각자는 자신의 머리 속에 수도 없이 많은 사고의 지도를 가지고 있다. 이같은 지도는 다음과 같은 두 개의 큰 범주로 구분될 수 있다. 그 중 하나는 사물을 사실 그대로 나타내 주는 실체의 지도이고, 다른 하나는 어떤 가치가 있는가를 나타내 주는 가치관의 지도이다. 우리는 자신이 경험하는 모든 것을 이같은 두 가지 사고의 지도를 통해 해석한다.

그런데 우리는 이 사고의 지도가 갖는 정확성에 대해 좀처럼 의심하지 않는다. 심지어 우리 자신이 이같은 두 개의 지도를 갖고 있다는 사실조차도 보통은 의식하지 않고 있다. 왜냐하면 우리는 사물을 이해하는 데 실제 있는 그대로 정확히 본다고 가정하거나, 또는 사물의 진가를 정확하게 파악하고 있다고 생각하기 때문이다.

그런데 우리의 태도와 행동은 바로 이같은 가정으로부터 생성된다. 또 우리가 사물을 보는 방식은 우리가 사고하고 행동하는 방식이 나오는 원천이다.

이제 앞으로 더 나아가기 전에, 지적이고 감동적인 체험을 한번 해보자. 다음 페이지에 제시된 그림을 몇 초 동안만 관찰하라.

그 다음에는 34페이지에 제시된 그림을 보고, 당신이 본 것을 조심스레 기술해 보라.

한 여자를 보았는가? 그녀의 나이가 얼마나 되리라고 생각하는가? 그녀가 어떻게 보이는가? 그녀가 무슨 옷을 입고 있는가? 그녀는 어떤 일을 하는 여자같이 보이는가?

당신은 아마도 둘째 번 그림의 여자가 대략 25살 정도이고, 오똑한 콧날과 얌전한 모습을 지닌 매우 사랑스럽고 현대적인 여성이라고 말할 것이다. 만약 당신이 독신자라면 그녀와 함께 데이트를 하고 싶을지도 모른다. 또 만약 당신이 의류회사를 한다면 그녀를 패션모델로 채용하고 싶을지도 모른다.

그런데 만약 내가 당신의 판단이 잘못되었다고 말한다면 어떻게 될까? 이 그림의 여자는 슬픈 표정을 하고 있고, 나이는 60~70대이며, 매부리코를 가졌기 때문에 모델로 전혀 생각할 수 없는 사람이라고 한다면 어떻게 될까? 그녀는 길을 건널 때 옆에서 부축을 해주어야 할 노파이다.

누구의 판단이 옳은가? 이제 그림을 다시 한번 살펴보라. 당신은 노파의 모습을 볼 수 있는가? 그렇지 않다면 좀더 노력해 보라. 그녀의 커다란 매부리코가 보이는가? 그녀가 걸치고 있는 숄이 보이는가?

만약 당신과 내가 얼굴을 맞대고 이야기한다면, 우리는 이 그림에 대해 좀더 논의할 수 있을 것이다. 당신은 자신이 본 것을 내게 설명해 줄 수 있고, 나 역시 내가 본 것을 당신에게 얘기해 줄 수 있을 것이다. 당신이 그림에서 본 대로 나를 확인시켜 주고, 내가 본 대로 당신을 이해시킬 때까지 우리는 대화를 계속할 수 있을 것이다.

그러나 여기서 그렇게는 할 수 없기 때문에, 이제 63페이지로 넘어가서 그 그림을 자세히 본 뒤 다시 이 그림을 살펴보자. 이제는 노파의 모습

이 보이는가? 당신이 이 책을 계속해서 읽어나가기 전에 그녀를 노파로 보는 것이 중요하다.

나는 하버드 비즈니스 스쿨에서 오래 전에 이같은 실습에 참가하였다. 담당 교수는 이같은 그림을 사용하여 두 사람이 같은 사물을 보고 서로 의견을 달리 하지만, 두 사람 모두의 정당함을 분명하고 또 설득력있게 증명하였던 것이다. 사실 이것은 논리적인 것이 아니라 심리적인 것이다.

그 교수는 강의실에 큰 사이즈의 많은 카드를 가지고 왔다. 그 중 반은 33페이지에서 보았던 젊은 여자의 상(像)이었고, 나머지 반은 63페이지에서 보았던 노파의 상(像)이었다.

교수는 학생들의 절반에게는 젊은 여자의 그림을, 나머지 절반에게는 늙은 여자의 그림을 나누어 주었다. 그는 학생들에게 약 10초 동안 카드를 집중해서 보게 한 다음 되돌려 받았다. 그리고 난 후 교수는 두 가지 이미지가 결합된 34페이지 그림을 스크린에 투사한 후, 우리들로 하여금 본 것을 얘기하도록 하였다.

강의실에 있던 학생들 중 처음에 본 카드에서 젊은 여자의 이미지와 접한 사람은 이 그림에서도 대부분 젊은 여자를 보았다. 그리고 처음 카드에서 노파의 이미지를 본 대부분의 학생들은 이 그림에서도 노파를 보았다.

그리고 나서 이 교수는 한 학생으로 하여금 다른 쪽에 앉은 학생에게 자신이 본 것을 설명하도록 시켰다. 그들이 서로 이야기를 주고 받는 동안 커뮤니케이션의 문제가 발생하였다.

"'늙은 여자' 라니 도대체 무슨 말이야? 그녀는 20살이나 22살 정도밖에는 되지 않아."

"이봐, 지금 농담하고 있는 거야. 그녀는 70살, 아니 80살은 돼 보이는데."

"무슨 말이야. 눈이 멀었니? 이 여자는 젊고 예쁘단 말이야. 밖으로 데

이트하러 나가고 싶을 정도로 사랑스런 여인이란 말이야."

"사랑스럽다고? 그녀는 늙은 마귀 같다."

논쟁은 계속되었지만 두 학생은 각자의 주장을 확신하고, 또 굽히지 않았다. 이상의 모든 일은 학생들이 판단하는 데 대단히 유리한 상황 – 이 실습을 하기 전에 모든 일에는 항상 다른 관점이 존재하고 있음을 배웠음. – 이었음에도 불구하고 일어난 것이다. 물론 우리들 대부분은 다른 관점의 존재를 인정하려 들지 않는다. 사실 몇몇 학생만이 처음부터 이 그림을 다른 준거틀에 입각해서 보려고 노력했다.

일련의 덧없는 주장들이 오고 간 후 한 학생이 스크린 가까이 다가가서 그림 위의 선 하나를 가리켰다. "여기 젊은 여자의 목걸이가 있다." 그러자 또 다른 학생은 "아니야, 그것은 늙은 여자의 입이다."라고 주장하였다. 그 다음부터 두 학생은 구체적인 차이점을 중심으로 조용히 논의하기 시작하였고, 마침내 한 학생씩 스크린의 그림이 두 가지 이미지로 보여질 수 있다는 사실을 인정하게 되었다. 이들이 조용히 또 서로를 존중하면서 구체적인 커뮤니케이션을 하는 동안 강의실에 있는 우리 모두도 마침내 다른 관점에서 그 그림을 볼 수 있게 되었다.

우리들이 참고 그림을 잠깐 본 뒤에 스크린 그림을 보았다면 10초 동안에 답을 파악할 수 있었을 것이다.

나는 여러 조직 및 다양한 사람들을 컨설팅하면서 이같은 인식에 대한 실례를 이용한다. 왜냐하면 우리는 이를 통해 자기발전과 원만한 대인관계를 갖는 데 필요한 깊은 통찰력을 얻을 수 있기 때문이다. 이 사례는 무엇보다도 미리 조절됨(영향받음)이 지각, 즉 패러다임에 얼마나 강력한 영향을 미치는지를 보여 주고 있다.

만일 10초라는 시간이 우리가 사물을 보는 방식에 이처럼 큰 영향을 미칠 수 있다면, 일생 동안 조절되어 온 결과는 어떨가? 우리의 인생에 영향을 미치는 것들 – 가족, 학교, 교회, 직장, 친구들, 동료들, 그리고 성격 윤리와 같은 현행 사회의 패러다임－은 모두 소리 없이 우리가 전혀 의식하지 못하는 상태에서 영향을 미칠 뿐만 아니라, 나아가 우리의 준거 틀, 패러다임, 그리고 사고의 지도를 형성하는 데도 영향을 미치고 있다.

여기서 든 사례는 이같은 패러다임이야말로 우리의 태도와 행동의 원천임을 보여 주고 있다. 패러다임을 벗어나 언행이 일치하도록 행동할 수는 없다. 우리가 보는 것과 달리 말하고 행동해야 된다면, 우리는 완벽한 인격자가 될 수 없다. 만일 당신이 잠깐의 조절로 젊은 여자라고 주장하게 되는 집단에 속하는 경우(90% 이상이 이에 속함), 그녀가 길을 건너갈 때 부축해 줘야 한다는 생각에는 미치지 못할 것이다. 왜냐하면 그녀에 대한 당신의 태도와 행동은 당신이 그녀를 본 대로 따르게 되기 때문이다.

위의 예는 성격 윤리가 갖는 근본적인 약점 중 하나를 설명해 준다. 만일 우리가 태도와 행동의 원천인 패러다임을 검토해 보지 않고, 단지 밖으로 드러난 태도와 행동을 바꾸려고만 노력한다면 이것은 장기적으로 보아 별 도움이 안 된다.

여기서 소개한 지각 실험은 우리가 가진 패러다임이 대인관계에 얼마나 강력한 영향을 미치는가를 보여 준다. 우리 자신이 사물을 분명하고 또 객관적으로 본다고 생각하는 것처럼 비록 보는 방식은 우리와 다르지만 다른 사람 역시 자신의 관점에서는 우리처럼 분명하고 또 객관적으로 사물을 본다고 확신한다는 사실을 깨닫게 된다. "우리가 어떠한 관점을 갖고 있느냐 하는 것은 우리가 어떠한 처지에 있느냐에 달려 있다."

우리는 사물을 볼 때 있는 그대로를 본다고 생각하는 경향이 있다. 즉, 우리 자신이 객관적이라고 생각한다. 그러나 사실은 그렇지 못하다. 우리는 이 세상을 있는 그대로 보는 것이 아니라 영향받고 조절된 자기 자신의 주관적 입장에서 본다. 다시 말해서 만일 자신이 본 것을 서술하기 위해 말문을 연다면, 사실은 우리 자신, 우리의 지각, 우리의 패러다임을 서술하는 것이다.

만일 다른 사람들이 우리의 의견에 동의하지 않는다면, 우리는 즉각 그들이 뭔가 잘못되었다고 생각한다. 그러나 앞의 예에서 보듯이 진지하고 명석한 다른 사람들은 사물을 달리 본다. 즉, 각자는 스스로가 가진 독특한 경험의 렌즈를 통해 자기대로 사물을 보는 것이다.

그렇다고 해서 세상에는 우리가 함께 동의하고 인정할 수 있는 사실이 없다는 것을 의미하는 것은 아니다. 앞의 실험에서도 처음에는 서로 다른 그림을 통해 다르게 조절되도록 영향을 받은 두 사람이 마침내 셋째 번 그림을 함께 보았다. 이때 이들은 동일한 사실 — 흰색 공간과 검은 선 — 을 보았고, 두 사람 모두 이같은 사실을 인정하였다. 사실에 대한 각자의 해석은 이전의 경험을 반영하기 때문에, 사실 자체는 해석에 아무런 의미를 갖지 못한다.

우리가 자신의 기본적인 패러다임, 지도, 관점, 그리고 사회경험에 의해 조절되어진 정도에 대해 더 깊은 인식을 하면 할수록 이러한 패러다임에 대해 더 큰 책임감을 느끼게 되고, 더 자세하게 검토할 수 있고, 더 철저히 사실적 실체와 비교해 볼 수 있고, 다른 사람의 의견을 더욱 경청하고, 또 이들이 갖는 시각도 더 개방적으로 받아들일 수 있다. 그렇게 되면 우리는 시야를 넓힐 수 있을 뿐만 아니라 훨씬 더 객관적인 견해도 갖게 된다.

패러다임의 전환이 갖는 위력

지각 실험을 통해 얻게 되는 가장 중요한 통찰력은 아마도 패러다임 전환일 것이다. 마침내 이 이중적인 그림의 다른 면을 완전하게 "보았을 때" 갖게 되는 "아하." 경험이라고도 할 수 있다. 따라서 처음의 지각 때문에 제약을 받는 정도가 큰 사람일수록 더욱 강렬한 "아하." 경험을 한다. 이는 마치 캄캄한 밤에 전등이 갑자기 켜지는 것과 같다.

"패러다임 전환"이란 용어는 토마스 쿤의 대표적인 저술인 「과학 혁명의 구조」(The Structure of Scientific Revolutions)[*] 에서 처음으로 소개되었다. 쿤은 과학연구 분야에서 지금까지 일어난 거의 대부분의 중요한 업적이 연구자가 기존의 전통, 낡은 사고방식, 그리고 낡은 패러다임을 파괴함으로써 실현되었다는 사실을 보여 주었다.

고대 이집트의 위대한 천문학자인 톨레미(Ptolemy)에게는 지구가 우주의 중심이었다. 그런데 코페르니쿠스는 태양이 우주의 중심이라고 주장함으로써 새로운 패러다임 전환을 가져왔고, 이로 인해 그는 많은 저항과 박해를 받았다. 그러나 그후부터 모든 것은 갑자기 다르게 해석되었다.

물리학의 뉴턴 학설은 상당히 정확한 패러다임이었고, 이는 오늘날까지도 현대 공학의 기본이 되고 있다. 그러나 이 패러다임은 부분적이고 불완전한 것이다. 그후 과학계는 더 정확한 예상치와 현상 설명을 가능케 해 준 상대성 이론, 즉 아인슈타인의 패러다임에 의해 혁명적으로 바뀌었다.

세균이론(germ theory)이 발달하기 전까지 출산시 산모와 신생아의 사망률이 높았다. 그런데 아무도 그 이유를 이해하지 못하였다. 나아가 전장에서도 많은 군인들이 일선에서 치르는 전투 때문에 죽기보다는 작은 상처와 질병 때문에 더 많이 죽어갔다. 그후 세균이론이 개발되자 이것은 완전히 새로운 패러다임이 되었다. 즉, 이 이론은 질병에 관한 이해를 개선시켰기 때문에 의학 분야의 극적이고 중대한 발전을 가능하게 하였다.

오늘날 미국이란 나라가 존재함은 패러다임 전환 덕분이라고 볼 수 있다. 18세기까지 내려오던 정부에 대한 전통적 개념은 군주제도였다. 또 왕이야말로 권리를 하늘로부터 받는다는 왕권신수설이 지배하였다. 그런데 여기에 하나의 다른 패러다임이 개발되었다. 이것은 바로 국민에 의

---

* 역자 주 : 이 책은 이화여자대학교 출판부에서 우리말로 번역, 출판되었다.

한, 국민을 위한, 국민의 정부였다. 이것이 바로 헌정 민주주의를 탄생시켰다. 이같은 제도는 인간이 가진 거대한 에너지와 창의성을 발휘하게 했을 뿐만 아니라, 생활수준과 자유와 희망이 세계 어떤 나라와도 비교할 수 없는 훌륭한 사회를 만들어 냈다.

그런데 패러다임 전환이 모두 긍정적인 방향으로만 가는 것은 아니다. 우리가 관찰했듯이 성품 윤리로부터 성격 윤리로의 전환은 진정한 행복과 성공의 원천이 되는 바로 그 뿌리를 무시하고 멀리하게 하였다.

그러나 패러다임 전환이 우리를 긍정적 또는 부정적 방향 그 어디로 이끌든지 관계 없이, 또 그것이 일시적인 것이든 지속적인 것이든 관계없이, 이것은 우리가 세상을 보는 시각을 한 가지 방식에서 다른 방식으로 바꿔 놓는 것이다. 그러므로 이 전환은 커다란 변화를 가져온다. 우리가 가지는 패러다임은 옳든 그르든 우리의 태도와 행동의 원천이 되고, 궁극적으로는 대인관계의 근원이 된다.

나는 뉴욕의 지하철에서 어느 일요일 아침 작은 패러다임 전환을 경험한 적이 있었다. 지하철을 탄 사람들은 조용히 앉아서 신문을 읽고 있었고, 또 다른 사람들은 생각에 잠겨있거나 또는 눈을 감고 쉬고 있는 상황이었다. 전체적으로 매우 조용하고 또 평화스러운 장면이었다.

그런데 다음 정거장에서 한 중년 남자와 그의 애들이 탑승한 순간, 아이들은 매우 큰소리로 떠들고 제멋대로여서 전체 분위기가 금방 바뀌었다.

아이들과 함께 탑승한 그 남자는 바로 내 옆에 앉았는데, 두 눈을 감고 이러한 상황에 대해 전혀 신경을 쓰지 않는 듯이 보였다. 아이들은 앞뒤로 왔다갔다 하면서 큰 소리로 말하고, 물건을 팽개치며, 심지어는 어떤 사람이 읽고 있는 신문을 움켜잡기까지 하였다. 매우 소란스런 분위기였다. 그러나 내 옆에 앉아있는 이 남자는 죽은 듯이 가만히 있었다.

화를 내지 않고는 견디기 어려운 상황이었다. 나는 이 남자가 자기 아이들이 저렇게 날뛰도록 내버려 두고, 자신은 무감각하게 가만히 있으면서 아무런 책임도 지지 않는 것을 이해할 수 없었다.

거의 모든 승객들이 짜증을 내고 있음을 쉽게 알 수 있었다. 나는 마침내 더 이상 참을 수 없어서 이 남자에게 이렇게 말했다. "선생님, 아이들이 저렇게 많은 손님들에게 폐를 끼치고 있습니다. 어떻게 아이들을 좀 조용하게 할 수는 없겠습니까?"

그때야 이 남자는 마치 상황을 처음으로 인식한 것처럼 눈을 약간 뜨면서 다음과 같이 힘 없이 말하였다. "당신 말이 맞군요. 저도 뭔가 어떻게 해 봐야겠다고 생각합니다. 그런데 사실 지금 막 병원에서 오는 길인데, 한 시간 전에 저 아이들의 엄마가 죽었습니다. 저는 앞이 캄캄해서 무엇을 어떻게 해야할지 모르겠고, 아이들 역시 이 일을 어떻게 해야될지 막막한 것 같습니다."

여러분은 이 순간에 나의 심정이 어떠했는지 상상할 수 있는가? 내 패러다임이 바꾸어졌다. 나는 갑자기 상황을 다르게 보기 시작했고, 상황을 다르게 보았기 때문에 다르게 생각하게 되었고, 다르게 느끼게 되었기 때문에, 다르게 행동하기 시작했다. 나의 짜증은 사라졌고, 화가 났던 내 자신의 태도나 행동을 어떻게 다스릴까 걱정할 필요도 없었다. 내 마음은 온통 이 사람이 가진 고통으로 가득 채워졌다. 동정심과 측은한 느낌이 자연스럽게 넘쳐 나왔다. "당신의 부인이 돌아가셨다고요? 저런, 안됐습니다. 뭐라고 위로해야 할지 할 말이 없습니다." 모든 것이 순식간에 바뀐 것이다.

많은 사람들은 자신의 생명이 위협받는 위기에 직면하게 되거나 자신이 설정한 우선 순위를 갑자기 다른 관점에서 보게 되면, 여기서 소개한 것과 같은 근본적인 패러다임 전환을 체험하게 된다. 즉, 남편이나 부인,

부모 혹은 조부모, 나아가 관리자 혹은 리더 등과 같은 새로운 역할을 갑자기 담당해야 할 때 위와 유사한 근본적 패러다임 전환을 경험하게 된다.

우리가 사물을 과거와 다르게 보기만 하면 변화는 즉시 발생한다. 그런데 우리는 이것을 모르고, 자신의 태도와 행동을 변화시키기 위해 몇 주, 몇 달, 심지어는 몇 년 이상을 소모하면서 성격 윤리만 가지고 노력한다. 만일 우리가 자기 삶에 있어서 비교적 작은 변화를 원한다면, 자신의 태도나 행동을 적절하게 조정함으로써 그 목표를 달성할 수 있을 것이다. 그러나 만일 우리가 중요하고 또 커다란 변화를 원한다면, 자기 자신이 가진 기본적인 패러다임을 반드시 다루어야 한다.

소로* 는 "악의 이파리를 수천 개 잘라내는 것보다 뿌리를 잘라내는 것이 더 낫다."라고 했다. 이처럼 우리가 자신의 태도와 행동에 지엽적인 변화만 주는 것을 그만 두고, 그 대신 자신의 태도나 행동의 근본 뿌리인 패러다임을 변화시킬 때라야 비로소 획기적 개선을 달성할 수 있다.

관점과 존재

모든 패러다임 전환이 순식간에 이루어지는 것은 아니다. 지하철에서 내가 체험한 즉각적인 깨달음과는 달리 아내와 내가 우리 아들 때문에 경험했던 패러다임 전환은 느리고 어려웠으며 심각한 과정을 거쳐야 했다. 우리가 처음 아들에게 시도했던 방법은 오랜 세월 동안 주입되어 온 성격 윤리와 경험에서 나왔다.

우리 아들 문제는 우리가 가진 자녀들의 성공 척도뿐만 아니라 부모로서의 성공 척도에 대해 우리 속에 깊이 뿌리 박힌 패러다임 때문이었다. 그런데 우리가 근원적인 패러다임을 변화시켜 사물을 달리 보기 시작했을 때, 비로소 우리 자신과 그 상황 자체를 획기적으로 변화시킬 수 있었

---

* 역자 주 : Henry David Thoreau(1817~1862), 미국 매사추세츠 출생 수필가, 시인, 철학자.

다.

아들을 다르게 보기 위해서는 아내와 내가 먼저 다른 사람이 되어야만 했다. 또 이같은 새로운 패러다임은 우리 자신의 인품(성품)의 개선과 성장에 많은 노력을 기울인 결과로 가능했다.

패러다임이란 성품과는 불가분의 관계에 있다. 왜냐하면 인간적 차원에서는 존재에 따라 보는 관점이 다르기 때문이다. 즉, 우리가 무엇을 보는가는 우리가 어떤 존재인가 하는 것과 밀접한 관계에 있다.

그날 아침 지하철에서 있었던 내 자신의 순간적 패러다임 전환인 지각적 변화는 바로 내가 가진 기본적 성품에서 나온 결과였으며, 그 한계를 넘을 수 없었다.

지하철에서 갑자기 진짜 상황을 파악한 승객들 중 어떤 사람은 아내를 잃고 슬퍼하는 그 남자의 곁에 말없이 계속 앉아 있으면서, 그 남자에 대해 약간 동정하고 죄책감을 크게 느끼지는 않았을 것이다. 반면 사려가 깊은 사람은 처음부터 그 남자에게 보다 심각한 문제가 있음을 인식하고, 그를 이해해 주며 내가 말하기 전에 그를 도와 주려고 했으리라 확신한다.

패러다임은 이처럼 강력한 것이다. 왜냐하면 패러다임이야말로 우리가 세상을 보는 렌즈를 만들기 때문이다. 패러다임 전환이 갖는 힘은 그 전환이 즉각적이든 점진적이고 신중한 과정이든 획기적인 변화를 일으키는 원동력이 된다.

원칙 중심의 패러다임

성품을 중요시 하는 것은 여러 '원칙'을 착실히 따라야 인간이 사회생활에서 좋은 결과를 얻을 수 있다는 기본적인 생각에 그 근거를 두고 있다. 즉, 물리학에 중력법칙이 있는 것처럼, 인간세계에도 현실적이고 또 논쟁의 여지가 없는 불변의 자연법칙이 있다고 생각하는 것이다.

이와 같은 원칙의 실체, 그리고 이것이 미치는 영향에 대한 아이디어는 미국 해군연구소의 잡지인 〈프로시딩스(Proceedings)〉에 실린, 프랭크 코크가 설명하는 패러다임 전환 경험에서 발견할 수 있다.

훈련함대에 배속된 두 대의 전함이 수일 동안 계속되는 폭우 속에서도 대대적인 해상 기동훈련에 참가하고 있었다. 나는 선두 전함에 소속되어 야간이 되자 함교(艦橋)에서 감시 임무를 맡고 있었다. 안개가 너무 짙어 시야가 불분명했고, 이 때문에 선장은 모든 활동을 감시하기 위해 계속 함교에 남아 있어야만 했다.

완전히 어둠이 깔렸을 때 함교의 앞쪽에 근무하던 감시병이 다음과 같이 보고하였다.

"우현 이물 쪽에 빛이 보입니다."

"불빛은 가만히 있는가, 아니면 고물(배뒷전) 쪽으로 움직이고 있는가?" 하고 선장이 소리쳤다. 감시병은 "움직이지 않습니다, 선장님." 하고 대답하였다. 이는 우리 배가 그 배와 충돌할 수 있는 위험한 코스에 들어와 있음을 의미하는 것이었다.

그러자 선장은 신호수에게 소리쳤다. "저쪽 선박에 충돌 코스에 들어와 있다고 신호를 보내라. 그리고 항로를 20도 방향으로 바꾸라고 지시하라."

저쪽에서 신호가 되돌아왔다. "당신들이 항로를 20도 바꾸시오."라는 연락이었다.

선장은 "나는 선장이다. 20도를 움직여라."라고 명령하였다.

"저는 이등 항해사입니다. 선장님께서 20도 바꾸는 게 좋겠습니다."라는 응답이 돌아왔다.

그러자 선장은 매우 화가 나서 소리쳤다. "우리는 전투함이다. 당장 진로를 20도로 변경하라."

조명빛과 함께 다시 응답이 돌아왔다. "저흰 등대입니다."라고.

우리는 즉시 항로를 변경하였다.

여기서 선장이 경험한─이 얘기를 읽으면서 우리도 경험한─패러다임 전환은 주어진 상황을 완전히 다른 각도에서 보도록 바꾸어 놓는다.

우리는 제한된 지각 때문에 실체를 제대로 파악하지 못한다. 그런데 이 실체의 파악은 안개 속의 선장 경우처럼 우리가 일상적인 삶을 이해하는 데 매우 중요한 요소가 아닐 수 없다.

원칙은 등대와 같다. 따라서 이것은 파괴될 수 없는 자연법칙이다. 불후의 명작 '십계(十戒)'를 만든 세실 비 데밀 감독은 "우리가 율법을 파괴한다는 것은 불가능한 일이다. 우리는 단지 율법을 어김으로써 자신을 파괴할 뿐이다."라고 영화 속에 담겨진 율법, 즉 원칙의 진리에 관해서 말했다.

사람들은 자신이 한 경험과 또 살아오면서 주입된 관점들을 통하여 스스로의 생활과 다른 사람들과의 상호작용을 들여다 본다. 그런데 패러다임인 지도는 어떤 지역(땅) 그 자체는 아니다. 지도인 패러다임은 '주관적 실체'로서 단지 어떤 지역(땅)을 기술하고자 하는 시도에 불과하다.

'객관적인 실체'에 해당되는 지역(땅) 그 자체는 인간의 지적 성장과 행복을 지배하는 요지부동한 '등대'의 원칙으로 구성되어 있다. 여기서 말하는 원칙이란 자연법칙을 말한다. 또 이 자연법칙은 인류의 역사를 통해 모든 문명사회의 근본이었을 뿐만 아니라, 오랫동안 지탱되고 번영해 온 모든 가정과 조직의 뿌리에 해당된다. 나아가 우리 사고의 지도인 패러다임이 그 대상인 지역(땅)을 아무리 정확하게 묘사할지라도 지역 자체의 존재를 바꾸지는 못한다. 다시 말하면 패러다임은 그 자체가 아무리 정확해도 자연법칙, 즉 원칙을 바꿀 수 없다.

이러한 원칙이나 자연법칙이 실제로 존재한다는 사실은 사회역사의 순환과정을 깊이 생각하고 검토하는 사람에게는 명백하게 판명된다. 이 같은 원칙들은 시간의 흐름에 관계없이 반복해서 나타나고, 한 사회를 구성하는 사람들이 이 원칙을 인정하고 순응하며 살아가는 정도에 따라 생존과 안정, 분열과 멸망으로 가는 길이 결정된다.

여기에서 저자가 말하는 원칙들은 비법을 말하거나 '종교적인' 가르침을 의미하는 것은 아니다. 이 책에서 가르치는 원칙에는 어떤 특정한 종교나 신앙에만 해당되는 독특한 것이 하나도 없다. 이들 원칙은 오늘날까지 존속하는 대부분의 주요 종교의 일부분일 뿐만 아니라, 오랫동안 이어져 온 사회사상이나 윤리체계의 일부이다. 이들 원칙들은 자명한 것으로 누구든지 그 타당성을 쉽게 인정할 수 있다.

이같은 원칙과 법칙은 우리 모든 인간의 신체의 일부, 의식의 일부, 그리고 양심의 일부에 해당된다. 이 원칙들은 각자의 사회적인 물들음이나 또 이것을 신봉하는 여부에 관계없이 우리 모든 인류 사회에 존재한다. 이 원칙들은 존중되지 않거나 잘못 물들어진 사회 분위기 속에서 일시적으로 잠겨져 있거나 잠시 얼어 붙어 있을 뿐이다.

예컨대 '공정성'의 원칙을 들어보자. 우리는 이것으로부터 공평 및 정의(正義)에 관한 모든 개념을 발전시켰다. 어린 아이들의 경우 이들이 비록 공정성과는 거리가 먼 사회경험들에 물들어 있음에도 천부적으로는 공정성이란 감각을 가지고 있는 것 같다. 물론 공정성의 정의와 달성 방법을 논하는 데는 사람마다 큰 차이가 있으나, 이 원칙의 존재는 모두가 공통적으로 인정하고 있다.

다른 예로 '성실(언행일치)'과 '정직'을 들어보자. 이는 사람들 간의 협조와 개인 및 대인관계의 장기적인 성숙에 근원이 되는 신뢰의 기초가 된다.

또 다른 원칙으로 '인간의 존엄성'이 있다. 미국 독립선언서에 나타난 기본개념은 이러한 원칙과 가치를 반영하고 있다. "우리는 다음의 진리를 자명한 것으로 본다. 즉, 모든 사람은 평등하게 태어났고, 창조주로부터 누구에 의해서도 빼앗길 수 없는 생명, 자유, 그리고 행복을 추구하는 권리를 부여받았다."

다른 원칙으로 '봉사'가 있다. 이는 우리가 어떤 기여를 하는 것을 의미한다. 또 하나의 다른 원칙에는 '퀼리티'(자질, 양질) 또는 '우수성'(탁월성)을 들 수 있다.

나아가 '잠재성'(잠재능력)의 원칙이 있다. 이것은 우리가 태아로 태어나 성장 및 발달을 할 수 있으며, 점차 더 큰 능력을 발휘하여 더 큰 재능을 발달시킬 수 있다고 보는 것이다. '잠재성'의 원칙과 매우 밀접한 관련이 있는 것은 '성장'의 원칙이다. 이는 '인내', '훈육', 그리고 '격려' 등과 같은 원칙을 동반한, 잠재능력 및 재능을 개발하는 과정을 의미한다.

원칙은 실제적인 상황을 해결하는 '실행방법'이 아니다. 여기서 말하는 실행방법이란 구체적인 활동이나 행동을 말한다. 어떤 상황에 잘 맞는 방법이 다른 상황에서는 잘 들어맞지 않는 경우도 있다. 그 예로 큰 아이를 키울 때의 방법이 둘째 아이에게는 잘 맞지 않는 경우가 이에 해당된다.

따라서 실행방법은 상황에 따라 달라지는 것이지만, 원칙은 어디에나 보편적으로 적용될 수 있는 기본적인 진리이다. 원칙이란 각 개인은 물론, 부부, 가족, 그리고 모든 공사 조직체에 적용될 수 있다. 어떤 사람의 내면 속에 이같은 진리, 즉 원칙이 습관으로 자리잡을 때 그 사람은 다양한 상황에 현명하게 대처할 수 있는 수많은 실행방법의 창안 능력을 가지게 된다.

원칙이 '가치'는 아니다. 도둑이나 범죄자 집단도 공유하는 가치관은 가지고 있겠지만, 우리가 얘기하고자 하는 근본적인 원칙에는 위배되는 것이다. 가치가 지도라면, 원칙은 그 지도가 나타내는 지역(땅)에 해당된다. 따라서 우리가 올바른 원칙들을 중요하게 생각할 때, 우리는 땅과 같은 실체에 관한 지식, 즉 진리를 갖게 되는 것이다.

원칙이란 영구 불변의 가치를 갖는 인간 행동의 지침이다. 따라서 원칙이란 근본적인 것이다. 원칙은 그 자체가 이미 자명한 것이기 때문에, 논쟁할 여지가 전혀 없다. 원칙이 갖는 자명한 본질을 재빨리 파악하는 한 가지 방법은, 원칙에 위배되는 행동을 해 가면서 성공적인 삶을 살려고 시도하는 것이 얼마나 어리석은 짓인지를 생각해 보면 알 수 있다.

나는 이 세상의 어느 누구도 불공정, 속임수, 비열함, 무익함, 열등함, 그리고 퇴폐성 등이 성공과 행복을 지속시키는 데 필요한 기본요소라고 믿지는 않으리라고 생각한다. 물론 사람들이 이같은 원칙들에 관해 정의하고, 표현하고, 그리고 실천하는 방법에 대해서는 의견을 달리하고 논쟁할지도 모른다. 그러나 사람들이 이들 원칙들이 존재한다는 사실에 대해서는 태어나면서부터 잘 알고 있는 것 같다.

우리가 가진 사고의 지도인 패러다임이 이같은 원칙, 즉 자연법칙에 가까워지면 질수록, 이들 패러다임은 보다 더 정확해지고 더 좋은 기능을 발휘하게 될 것이다. 성공적인 개인 및 대인관계를 위해서는 올바른 지도, 즉 정확한 패러다임이 자신의 태도나 행동을 변화시키기 위해 필요한 온갖 노력으로 얻을 수 있는 결과보다 훨씬 더 크고 무한한 성과를 가져올 것이다.

성장 및 변화의 원칙들

성격 중심의 접근법이 갖는 커다란 호소력과 대중적 매력은 우리가 인생의 질—개인이 갖는 효과성과 깊고 윤택한 인간관계—을 높이는 데 빠르고 쉬운 방법이 있다고 주장하는 데 있다. 이 접근법은 다시 말해서 자연법칙적 과정과 성장 없이도 이같은 목적을 달성할 수 있다고 주장하는 것이다.

그런데 이같은 주장은 알맹이 없는 구호일 따름이다. "일하지 않고 부자가 되는 법"을 약속하는 "일확천금"식 계책일 따름이다. 따라서 우리가 이같은 방법으로 잠시 성공한 것처럼 보일지라도 결국에는 계교 부리는 사람으로 전락하게 된다.

성격 중심의 접근법은 착각에 불과하고 속임수일 뿐이다. 따라서 이같은 얄팍한 기법과 응급처치식 방법을 통해 가장 좋은 결과에 도달하려고 노력하는 것은 마치 디트로이트 지도를 가지고 시카고의 어느 장소를 찾아가려고 하는 것과 같다.

성격 중심 접근법의 뿌리와 결과에 대해 예리하게 관찰한 에리히 프롬의 글을 살펴보자.

"오늘 우리는 마치 자동 인형처럼 행동하는 어떤 사람을 우연히 만났다. 그는 자신을 알지도 또 이해하지도 못한다. 그가 알고 지향하고 있는 유일한 사람은 실존하지는 않으나 자기가 그렇게 되어야 하는 가상의 인물이다. 그 인물은 정 있게 대화하는 대신 쓸데없는 말로 재잘거리고, 참다운 웃음 대신 억지 미소만 짓는다. 그는 또 진짜 고통스러움을 감추고 자포자기의 무딘 감정만을 내보인다. 이 사람에 대해서는 다음과 같이 말할 수 있을 것이다. 첫째, 그는 치유될 수 없는 자발 행위 및 개성의 결핍증으로 고통을 받고 있다. 둘째, 그는 이 땅을 걸어 다니는 수백만의 우리들 대부분과 본질적으로 조금도 다를 바가 없다."

모든 생명체의 성장과 발달에는 반드시 순서에 입각한 몇 가지 단계들이 있다. 예컨대 어린 아이는 뒤집고, 앉고, 기어다니는 것을 배운 다음 비로소 걷고 달리는 것을 배운다. 그런데 이들 각 단계는 모두 중요할 뿐만 아니라 각 단계마다 시간을 요구한다. 나아가 그 중 어느 한 단계도 건너뛸 수 없다.

이같은 사실은 인생의 모든 국면(局面), 즉 모든 발달과정에 적용된다. 예컨대 우리가 피아노 치는 것을 배우든 함께 근무하는 동료들과 효과적으로 커뮤니케이션하는 것을 배우든 이것은 그대로 적용된다. 그것은 개인, 부부, 가족, 그리고 모든 조직에도 그대로 적용된다.

물질적 대상을 다루는 영역에서는 이같은 사실, 즉 '과정'이 존재한다는 원칙을 그대로 인정하고 받아들인다. 그러나 정신적 영역, 인간관계의 영역, 나아가 개인적 성품을 다루는 영역에서는 이를 덜 받아들일 뿐만 아니라 쉽게 인정하려 들지 않는다. 따라서 우리가 이같은 원칙을 이해한다고 해도 이를 따르며 살아간다는 것은 대단히 어렵고 흔하지 않은 일이다. 그 결과 우리는 가끔 지름길을 찾는다. 즉, 시간과 노력을 적게 들이기 위하여 몇 개의 중요한 단계를 건너뛰면서 원하는 성과를 얻으려 한다.

그런데 자연법칙의 과정에서 발달의 지름길을 찾으려고 하면 어떤 일이 발생하는가? 만일 당신이 보통 정도의 테니스 실력인데, 다른 사람들에게 과시하기 위해 테니스 선수와 겨루어 보기로 결정한다면, 어떤 결과가 나올 것인가? 적극적 사고 그 자체만 가지고 프로선수에 대항해 효과적인 시합을 할 수 있겠는가? 피아노 연주 실력은 아직 초보인데, 콘서트홀 수준에서 피아노를 연주할 수 있다고 한다면 친구들이 이를 믿겠는가? 그 답은 분명하다. 발달과정을 무시하거나 생략하면서 지름길을 찾는다는 것은 한마디로 불가능하다. 이것은 자연법칙에 반하는 것으로 지름길을 찾으려고 시도하는 것 자체는 단지 실망과 좌절만 가지고 올 따름이다.

우리가 어느 분야에서건 관계없이 10점이 만점일 때, 2점 수준에서 5점 수준으로 올라가기를 원한다면 반드시 3점 수준을 거쳐가야 한다. 왜냐하면 "천리길도 한 걸음부터 시작"이기 때문이고, 우리는 한 번에 한 걸음씩밖에 걸을 수 없기 때문이다.

우리가 질문을 하거나 아직 모른다는 사실을 선생님께 알려서 자신의 현재 수준을 알게 하지 않는 한, 우리는 배우지도 발전하지도 못한다. 우리가 아는 척한다면 언젠가는 반드시 탄로가 날 것이므로 오랫동안 그렇게 할 수도 없다. 자신의 무지를 인정하는 것이야 말로 교육의 첫 단계에 해당된다. 소로우는 다음과 같이 가르쳤다. "만일 우리가 항상 자신이 가진 지식을 사용한다면 성장하기 위해서 필요한 우리의 무지를 어떻게 생각해 낼 수 있겠는가?"

언젠가 내 친구의 딸들인 두 젊은 여성이 나를 찾아와 눈물을 흘리며 자기 아버지의 완고함과 이해 부족을 불평했던 일이 생각난다. 그들은 나타날 결과가 겁이 나서 자기 부모에게 마음의 문을 여는 것을 두려워하고 있었다. 그럼에도 불구하고 그들은 부모의 사랑과 이해, 그리고 지도를 절실히 필요로 하고 있었다.

내가 그 아버지와 대화해 본 결과, 그는 이성적으로 상황을 파악하고 있었다. 그는 자기가 성질이 급하다는 점을 인정하면서도, 그것에 대해 책임을 지는 것과 자신의 정서발달 수준이 낮다는 사실을 솔직하게 받아들이는 것을 거절하였다. 그가 변화를 위한 첫발을 떼는 데는 자신의 자존심을 포기하는 것 그 이상이 필요했다.

아내, 남편, 자녀들, 친구, 혹은 동료들과 좋은 관계를 유지하려면, 우리는 반드시 남의 말을 경청하는 법부터 배워야 한다. 그리고 이것은 높은 정서적 발달을 요구한다. 경청에는 높은 수준의 성품인 인내심, 솔직함, 그리고 이해심이 포함된다. 그런데 우리는 낮은 정서수준에 있으면서도 다른 사람에게 높은 수준의 충고를 너무나 쉽게 한다.

테니스나 피아노를 치는 일과 같은 경우 우리들의 발달수준은 상당히 분명하다. 왜냐하면 이같은 경우 속임수란 불가능하기 때문이다. 그러나 성품 및 정서 발달과 같은 영역에서는 발달 수준이 분명하게 나타나지 않는다. 따라서 우리는 낯선 사람이나 혹은 동료에 대해 자신을 "꾸미거나" 어떤 "척" 할 수 있다. 사실과 달리 마치 그런 것처럼 가장할 수 있다. 그리고 한참 동안은 그렇게 지낼 수도 있다. 특히 낯선 대중을 상대할 때 그렇게 할 수 있다. 심지어는 자신을 속이기까지 한다. 그러나 우리 대부분은 자기 내면의 진실된 세계를 알고 있다. 그리고 우리가 더불어 살고 함께 일하는 많은 사람들도 역시 알고 있다고 생각한다.

나는 비즈니스 업에서 자연법칙에 따른 성장과정을 무시하고 지름길을 찾고자 시도할 때 나타나는 결과를 종종 목격해 왔다. 이때 경영자들은 설복적인 연설, 스마일 훈련, 외부의 개입, 기업인수, 합병 등을 통해 생산성, 품질, 사기(士氣) 및 고객 서비스 등을 개선시키는 새로운 기업 문화를 '구매'하려고 시도한다. 그런데 경영자들은 이같은 인위적 조작으로 인하여 신뢰의 분위기가 낮아진다는 사실을 무시해 버린다. 만일 이같은 방법이 더 이상 먹혀들지 않으면, 이들은 또 다른 성격 위주의 기법을 찾아 나선다. 그런데 이같은 성격 중심의 접근법은 높은 수준의 신뢰가 바탕이 되어야 하는 기업문화에 있어 그 전제조건인 자연법칙의 원칙과 절차를 계속해서 무시하는 것이다.

나는 수년 전에 내 자신이 아버지로서 이 원칙을 깨뜨렸음을 기억하고 있다. 어느 날 집에 돌아오니 3살 난 딸아이의 생일 파티가 열리고 있었다. 그때 딸아이는 자기가 받은 선물들을 모두 꼭 움켜쥐고, 다른 아이들이 가지고 놀지 못하게 하고 있었다. 우선 내가 주목한 것은 우리 딸아이의 이기적인 모습을 지켜보고 있던 몇명의 다른 아이 부모들이었다. 나는 당황하지 않을 수 없었다. 특히 나를 어쩔 줄 모르게 했던 것은 내가 그 당시에 대학에서 인간관계론을 강의하고 있었기 때문이었다. 나는 이들 부모들의 기대와 생각을 느꼈고, 또 알고 있었다.

그 방안의 분위기는 정말 부담스러웠다. 아이들은 어린 딸 주위에 몰려들어 서로 손을 내밀고서 자기들이 방금 준 선물을 같이 갖고 놀려고 야단이었고, 우리 딸은 결사적으로 저항하였다. 나는 자신에게 이렇게 말했다. '오늘 나는 우리 딸에게 다른 사람들과 함께 나누어 가지며 사는 것을 가르쳐야겠다. 나누어 가지는 삶이야말로 우리가 추구하는 가장 기본적인 가치가 아닌가?'

그래서 나는 처음에 단순히 간청만 하였다. "얘야, 친구들이 준 장난감을 함께 나누어 가지고 놀아라."

"싫어." 하고 딸은 딱 잘라 대답하였다.

나의 둘째 번 방법은 약간 타당한 이유를 대는 것이었다. "자, 애야, 친구들과 장난감을 나누어 갖고 놀아야지, 이 다음에 네가 친구들 집에 갔을 때 그 애들도 자기 장난감을 나누어 갖고 놀지 않겠니?"

또 다시 딸아이의 즉각적인 대답은 "싫어."였다.

딸아이의 이같은 반응이 내가 아무런 영향력을 미치지 못한다는 사실을 입증하기 때문에 나는 더욱 더 당황하기 시작하였다. 셋째 번 방법은 뇌물을 사용하는 것이었다.

나는 아주 조용한 목소리로 "자, 아빠 말을 들으면 특별한 선물을 주지. 맛있는 껌을 주마."라고 말하였다.

"껌 따윈 필요 없어요."라고 아이는 소리쳤다.

나도 화가 나기 시작하였다. 넷째 번 시도는 위협과 공포를 동원하는 방법이었다. "말을 듣지 않으면, 진짜 혼날 줄 알아라."

"상관없어요."라고 딸애는 울면서 소리쳤다. "이 선물은 내 것이에요. 딴 애들과 나누어 갖고 놀 필요가 없어요."라고 말했다.

마지막으로 나는 완력을 사용하였다. 겨우 몇 가지 장난감을 빼앗아 다른 아이들에게 주면서 이렇게 말했다. "애들아, 이것을 가지고 놀렴."

이때 우리 딸은 아마도 남들에게 나누어 주기 전에 이 장난감들을 소유하는 경험이 필요했을 것이다. (실제로 만일 내가 어떤 것을 소유하지 않는다면, 어떻게 그것을 남에게 나누어 줄 수 있겠는가?) 우리 딸은 바로 이같은 경험을 자신에게 줄 수 있는 높은 수준의 정서적 성숙을 지닌 아빠를 필요로 했을 것이다.

그러나 그 순간에 나는 내 딸의 성장과 발달 그리고 부녀간의 관계보다는 딸아이 친구 부모들 앞에서의 내 체면에 더 많은 신경을 썼던 것이다. 나는 단지 내가 옳다고 지레 판단해 버린 것이다. 나아가 딸애는 무조건 나누어 가져야 하며, 바로 그렇게 하지 않았기 때문에 잘못되었다고 본 것이다.

아마도 내 자신이 낮은 수준에 있었기 때문에 딸아이에게 높은 수준의 기대를 하였는지도 모른다. 나는 딸아이에게 인내심이나 이해심을 보여 줄 수도 없었고, 또 주려고 생각하지도 않았다. 그러면서도 아이가 다른 애들에게 장난감을 주도록 기대한 것이다. 결국 나는 자신의 부족함을 보상하려는 시도에서 나의 지위와 권한을 동원하여 내가 원하는 행동을 딸아이에게 강요하였던 것이다.

완력을 동원한다는 것은 우리 모두를 약하게 만든다. 이것이 완력을 빌려오는 당사자를 약하게 만드는 이유는 목적달성을 위해 외적 요소에 대한 의존심을 키우기 때문이다. 또 힘을 동원하는 것은 독립적 사리판단력, 성숙 및 내면적인 자제력의 발달을 방해하기 때문에 강요받는 사람들도 약하게 만든다. 나아가 마침내는 대인관계 자체에도 악화를 초래한다. 왜냐하면 협동심 대신 두려움이 앞설 때 개입되는 두 사람은 더욱 개인적이고, 또 방어적으로 되기 때문이다.

그런데 빌려온 힘의 원천 — 이는 크기에서의 우위나 물리적인 힘, 권한, 자격, 신분, 외모 혹은 과거의 업적 등 여러 가지일 수 있다. — 이 변화하거나 더 이상 존재하지 않는다면 어떤 일이 일어날까?

만일 내가 그때 좀더 성숙하였더라면, 나는 스스로가 가진 내면적 강점 — 나눔과 성장에 대한 나의 이해, 그리고 사랑과 양육에 대한 나의 능력 — 에 의존할 수 있었을 것이다. 지금 생각해 보면 그때 내가 이같은 능력을 가졌더라면 딸아이에게 장난감을 나누어 주고 노는 여부를 스스로 결정하도록 내버려 두었을 것이다. 딸아이를 설득해 본 후에, 모두가 좋아하는 재미있는 놀이를 함으로써 우리 아이에게 쏟아지는 다른 아이들의 정신적 압박을 다른 방향으로 돌릴 수도 있었을 것이다.

나는 이를 통해 아이들이 정말로 어떤 것에 대한 소유감을 일단 가진 다음에는 매우 자연스럽게, 자유롭게, 그리고 자발적으로 그것을 나누어 가진다는 사실을 배우게 되었다. 또 나는 이 경험을 통해 우리가 가르칠

수 있는 시기와 가르칠 수 없는 시기가 있음을 배웠다. 인간관계가 서먹
서먹하고 서로 감정이 상해 있을 때는 가르치려고 하는 시도가 자칫하면
비판이나 무시의 형태로 받아들여진다. 그러나 사이가 좋을 때 조용히 아
이 혼자만 데리고 어떤 내용을 가르치거나, 가치에 대해 논의하게 되면
훨씬 더 큰 영향력을 발휘할 수 있다. 그런데 나는 그 당시에는 이렇게 할
감정의 성숙도가 없었고, 또 내가 가진 인내심과 자제 능력의 수준으로는
감당할 수 없는 상황이었다.

어쩌면 소유감이란 진정한 나눔의 감정보다 선행되어야 할 필요가 있
는 것 같다. 결혼 생활이나 가족 생활에서 그저 기계적으로 주기만 하거
나 서로 나누어 가지려 하지 않는 많은 사람들은 자기 자신까지도 소유해
보지 못함으로써 자신을 줄 수 없을 것이며, 자신에 대한 아이덴티티와
자기 가치 의식을 결코 경험하지 못했을 것이다. 우리가 아이들의 성장을
진정으로 돕는 일이란 아이들이 소유 의식을 갖도록 허용해 줄 수 있는
만큼 인내심을 가져야 할 뿐만 아니라, 우리들 자신이 솔선수범을 통해
나눔의 가치를 가르쳐 줄 수 있을 만큼 충분히 현명해져야 한다.

우리가 문제를 보는 방식이 바로 문제이다

사람들은 원칙을 충실히 따르는 개인, 가정, 그리고 조직의 활동에서
일어나는 좋은 결과들을 보게 되면 호기심을 느낀다. 그 이유는 사람들이
개인적 강인함과 성숙, 가족의 단합과 팀워크, 그리고 탄력적인 에너지를
창출하는 조직 문화를 보고 감탄하지 않을 수 없기 때문이다.

이때 사람들이 하는 즉각적인 질문이야말로 이들이 가진 기본적 패러
다임을 잘 드러내고 있다. "어떻게 그렇게 하지? 나에게도 그 기법을 가
르쳐 주게." 이렇게 말하는 이면에는 "나 자신이 겪고 있는 고통스런 상
황으로부터 나를 구해 줄 수 있는 묘책이나 비법을 알려주시오."라는 의
미가 담겨 있다.

이들은 그들의 욕구를 충족시켜 주고 비법을 가르쳐 줄 사람들을 찾을 것이다. 그리고 잠시나마 그러한 기술과 기법들은 효력을 발휘할 수 있을 것이다. 이를 통해 그들은 표면적인 문제나 격렬한 통증을 아스피린이나 반창고같은 방법으로 치료할 수 있을 것이다.

그러나 그 바탕에 깔린 만성적인 문제가 여전히 남아있는 한 결국 심각한 새로운 증상이 다시 나타나게 마련이다. 사람들이 응급처치식으로 급성에 해당하는 문제와 고통을 치료하겠다고 접근하면 할수록, 그 바탕에 깔린 만성적인 증상도 더 심해지게 된다.

이처럼 우리가 문제를 보고 해결하려고 하는 그 방식 자체가 문제인 것이다. 이제 본 장에서 소개된 몇 가지 내용을 되새겨 보고, 성격 중심의 사고방식이 미치는 영향을 살펴보기로 하자.

> 나는 관리능력 향상과정에 여러 번 참가하였다. 나는 우리 직원들에게 많은 기대를 걸고 있고, 그들을 친절하고 공정하게 대우하려고 열심히 노력하고 있다. 그러나 나는 이들의 애사심을 전혀 느낄 수 없다. 만약 내가 아파서 하루라도 집에서 쉬고 출근하지 않는다면, 아마도 이들은 대부분의 근무 시간을 잡담이나 수다를 떨면서 보낼 것이다. 왜 나는 우리 직원들을 보다 독립적이고 또 책임감있게 훈련시키지 못할까? 아니면 왜 그렇게 할 수 있는 직원들을 찾을 수 없는 것일까?

성격 중심의 접근법을 사용한다면 이같은 현상에 대해 어떤 극단적인 조처를 취할 수 있을 것이다. 즉, 조직을 한바탕 뒤흔들어 놓거나 또는 직원들을 정신 없이 바쁘게 한다. 이같은 자극을 주는 것이 조직 구성원들을 각성시키고, 현재 자신들이 차지한 직장이나 위치에 대해 감사하게 만들지도 모르겠다.

그런데 만일 이같은 조처로도 안 된다면 직원들을 몰입시킬 수 있는 동기유발 훈련 프로그램을 찾아나설 것이다. 그래도 안 된다면 일을 더 잘 할 수 있는 새로운 사람을 채용하는 길을 택할 것이다. 그러나 만일 사장인 내가 이같이 명백하게 신의없는 행동을 한다면 직원들은 내가 진정 그들에 대해 관심을 가지고 행동하고 있는지를 묻지 않겠는가? 직원들은 내가 자기들을 기계의 부품처럼 다루고 있다고 느끼지 않을까? 실상 부품처럼 간주하는 면도 있는 것은 아닐까?

나는 깊은 양심의 눈으로 직원들을 보고 있는가? 또 직원들을 바라보는 방식 자체가 문제의 일부임을 생각해 본 적이 있는가?

할 일은 너무 많은데 시간이 충분치 못하다. 나는 하루종일, 매일매일, 또 일주일 내내 압박감과 혼란스러움을 느낀다. 그 동안 시간관리 세미나에도 참석해 보았고, 대여섯 가지나 되는 시간관리 시스템도 사용해 보았다. 물론 이것이 약간 도움이 되긴 했지만, 아직도 내 생활은 내가 바라는 대로 행복하고, 생산적이고, 또 평화스럽다고 느끼지 못하고 있다.

성격 중심의 접근법은 이같은 문제를 해결할 수 있는 무엇인가가 반드시 있다고 주장한다. 즉, 무엇인가 다른 새로운 시간관리 방법이나 세미나는 이런 고민을 좀더 효율적인 방법으로 해결해 주는 데 도움을 주리라는 것이다.

그러나 효율성만이 정답이 아닐 가능성이 있지 않을까? 즉, 보다 적은 시간을 투입하여 더 많은 것을 이룩하는 것이 과연 변화를 가져다 줄 수 있는 것인가? 아니면 단지 삶을 통제하는 상황이나 사람들에 대해 반응하는 개인의 속도를 증가시키기만 할 것인가?

여기에는 내가 보다 깊고 원천적으로 생각해 보아야 될 그 무엇이 있지는 않을까? 이것이 내 시간, 내 생활, 그리고 나 자신의 본질에 관한 시각에 영향을 미치는 자신 속에 있는 어떤 패러다임은 아닌가?

우리의 결혼 생활은 이제 권태기에 들어섰다. 이제 더 이상 다투지도 않는다. 또 우리는 서로를 사랑하지도 않는다. 우리 부부는 함께 상담을 받기도 하고, 여러 가지 다른 시도도 해봤다. 그러나 우리가 과거에 가졌던 사랑의 감정을 다시 회복할 수 있을 것 같지는 않다.

이 문제를 성격 윤리의 관점에서 보면 내 배우자가 나를 좀더 잘 이해할 수 있는 방법을 가르쳐 주는 어떤 세미나나 새로운 책이 반드시 있을 것이다. 만일 이같은 방법으로 해결이 안 되면, 다른 여자와 새로운 관계를 맺는 것만이 내가 필요로 하는 사랑을 제공해 준다고 본다.

그런데 실제로 문제를 가진 것은 나의 배우자가 아닐 수도 있지 않을까? 또 내가 배우자의 약점을 드러나게 하고, 상대방의 행동에 따라 나도 똑같이 대응해 가며 살아가는 것은 아닐까?

나의 배우자, 결혼 생활, 그리고 진정한 사랑이 무엇인가에 관해 내가 가진 어떤 기본적인 패러다임에 문제가 있는 것은 아닐까?

근본적으로 성격 윤리가 갖는 패러다임이 바로 우리가 문제를 보는 방식뿐만 아니라 문제 해결에 대한 우리의 접근방식에까지도 영향을 미치고 있음을 이제 이해할 수 있는가?

알게 모르게 성격 윤리가 하는 공허한 약속 때문에 많은 사람들은 환상을 가진다. 나는 미국 전역을 여행하고 여러 회사들과 일을 하면서, 긴 안목을 가진 경영자들은 진부한 문구에다 재미있는 이야기를 곁들여 하는 것 외에 새로운 것이라고는 하나도 없는 '동기 유발식' 강연가나 단지 흥분만 야기시키는 선동술에 대해 등을 돌린다는 사실을 발견하였다.

이들은 보다 실질적인 것을 원한다. 또 이들은 자연법칙에서 볼 수 있는 과정을 원한다. 다시 말하면 이들은 아스피린이나 반창고 이상의 것을 원하고 있다. 이들은 만성적이고 근본적인 문제를 해결하기 원하고, 장기적으로 성과를 가져다 주는 원칙에 초점을 맞춘다.

새로운 차원의 사고

알버트 아인슈타인은 "우리가 직면한 중대한 문제들은 우리가 그 문제들을 발생시킨 그 당시에 갖고 있던 사고 방식을 가지고는 해결할 수 없다."고 말한 바 있다.

우리가 자신과 주위를 살펴보면, 성격 윤리의 틀 안에서 생활하며 대인관계를 가졌기 때문에 발생되는 여러 가지 문제들을 인식하게 된다. 우리는 이러한 문제들이 심각하고 근본적인 것이기 때문에 이 문제가 만들어졌던 피상적인 수준의 방법으로 접근해서는 결코 해결될 수 없음을 깨닫기 시작한다.

우리가 이처럼 심각한 문제를 해결하기 위해서는 좀더 깊고 새로운 차원의 사고방식 — 성공적인 인간과 효과적인 대인관계의 영역을 정확하게 설명해 주는 여러 가지 원칙에 근거한 패러다임 — 이 필요하다.

이러한 새로운 차원의 사고방식이 바로「성공하는 사람들의 7가지 습관」이 다루고 있는 내용이다. 새로운 차원의 사고방식은 개인적 효과성과 대인(對人)간의 효과성을 달성하기 위하여 원칙 중심으로, 성품에 근본을 두고, 그리고 "내면에서부터 변화하여 외부로 향하는" 접근법을 말한다.

"내면에서부터 변화하여 외부로 향하는" 것은 물론 자신으로부터 시작하는 것을 의미한다. 다시 말하면 이것은 가장 근본적인 것으로 자기 자신의 내면 가장 깊숙이 있는 것을 가지고 시작하는 것이다. 여기에는 자신의 패러다임, 성품, 그리고 동기 등이 있다.

이 방법은, 만약 우리가 행복한 결혼생활을 원한다면, 긍정적인 에너지를 창출하는 사람이 되어야 한다고 주장한다. 또 부정적인 에너지를 강화하는 대신 이를 피해 가는 사람이 되어야 한다고 가르친다. 우리가 좀더 명랑하고 협조적인 10대 자녀들을 갖기를 원한다면, 우리 자신이 먼저 보다 이해심이 많고, 공감적이며, 또 일관성있게 사랑을 베푸는 부모가 되어야 한다. 나아가 만약 우리가 직장에서 좀더 많은 자유를 갖고 자신이 맡은 직무에 더 큰 자율권을 가지려면, 우리 자신이 먼저 더욱 책임감이 있고, 남을 도와주고, 또 회사에 기여하는 직원이 되어야 한다. 우리가 남들로부터 신뢰를 받으려면, 먼저 신뢰받을 수 있는 사람이 되어야 한다. 끝으로 우리가 남들로부터 인정받는 재능과 같은 2차적인 강점을 갖기를 원한다면, 우리는 먼저 성품과 같은 1차적인 강점에 초점을 맞추어야 한다.

내면에서부터 시작하는 접근방법은 자기 자신에 대한 '개인의 승리'가 다른 사람들과의 관계인 '대인관계의 승리'를 앞선다고 본다. 따라서 다른 사람과 약속을 하고 그 약속을 지키는 것에 앞서, 자기 자신에 대해 약속을 하고 그 약속을 지켜야 한다. 또한 이 접근법은 성품보다 성격을 앞세우는 것은 쓸데없는 일이라고 본다. 즉, 자신을 개선하기 이전에 다른 사람과의 관계를 개선하려는 것은 결국 쓸데없는 일이라는 것이다.

"내면에서부터 시작하라."는 접근방법은 과정을 의미한다. 또 이는 인간의 성장과 발달을 지배하는 자연법칙에 근거를 두고 있는, 지속적인 자기쇄신의 과정이다. 이것은 점진적으로 보다 높은 수준의 책임있는 독립성과 효과적인 상호의존성으로 이끌어가는 상향적인 나선형 성장을 말한다.

나는 그동안 수많은 사람들을 대상으로 컨설팅하는 기회를 가졌다. 그 중에는 멋진 사람, 재능있는 사람, 행복과 성공을 얻기를 진정으로 원하는 사람, 꾸준히 탐구를 하는 사람, 그리고 남에게 상처를 주는 사람 등 아주 다양했다. 나는 또 회사 중역, 대학생, 교회 및 사회단체, 가족 및 결혼한 부부들을 대상으로 컨설팅을 한 적도 있다. 이같이 다양하고 수없이 많은 경험에 입각해도, 궁극적인 문제해결 방안 및 지속적인 행복과 성공이 외부로부터 출발하여 내면으로 들어오는 것을 한번도 본 적이 없다.

외부에서 시작하여 내면으로 접근하는 패러다임이 가지고 오는 결과는 사람들로 하여금 불행히도 자기 자신은 희생당하고 있다고 느끼거나 또 무능하다고 느끼게 만든다. 나아가 이들은 다른 사람들이 약점에 초점을 둘 뿐만 아니라 자신을 둘러싼 주위환경이 자기의 정체된 현 상태에 대해 책임이 있다고 생각한다. 나는 서로 상대방이 변화하기를 원하며, 상대방의 '잘못'을 열거하고, 또 상대방을 어떻게든 바꿔보려고 노력하는 불행한 부부를 본 적이 있다.

나는 노사간의 논쟁도 수없이 보아 왔다. 노사간의 논쟁에서 사람들은 마치 신뢰의 기초가 단단할 때나 가능할 수 있는 행동을 강요하는 규정을 만드느라 엄청난 양의 시간과 에너지를 소모하고 있었다.

나의 가족들은 지구에서 '가장 정치상황이 뜨거운 지역'인 세 곳, 즉 남아프리카, 이스라엘, 아일랜드에서 생활한 적이 있다. 나는 이러한 지역에서 끊임없이 일어나는 문제의 원천이 아마도 외부에서 출발하여 내부로 들어오고자 하는 지배적인 사회적 패러다임의 결과라고 본다. 분쟁과 갈등에 개입된 각 집단은 문제가 바로 상대집단인 "저기서 나오는 것"이라고 보기 때문에, 상대방이 "개선되거나" 또는 갑자기 "사라져" 준다면 문제 자체는 해결될 것이라고 확신하고 있다.

"내면에서부터 시작하라."는 접근법은 대부분의 사람들에게는 극적인 패러다임 전환이다. 대부분의 사람들은 현재 사회를 지배하는 패러다임인 성격 윤리에 물들어 있고, 그것에 의해 강력한 영향을 받고 있기 때문이다.

그러나 필자가 한 개인적 경험, 수천 명의 사람들을 대상으로 컨설팅하면서 얻은 체험, 그리고 여기에 추가하여 역사를 통해 성공한 사람들과 빛나는 업적을 남긴 성공적 사회에 대한 세심한 검토 결과에 의하면, 이 책의 7가지 습관 속에 포함된 여러 가지 원칙들은 이미 우리들 내면에 그리고 양심과 상식 속에 깊이 내재되어 있음을 믿게 되었다. 따라서 우리가 이같은 사실을 인식하고 개발하여 가장 심각한 문제를 해결하는 데 활용하기 위해서는 과거와 다르게 생각할 필요가 있고, "내면에서부터 시작하여 외부로 향하는" 새롭고, 더 심오하고, 나아가 다른 차원으로 가는 패러다임 전환이 반드시 필요하다.

우리가 이같은 원칙들을 진정으로 이해하고 또 자신의 삶에 통합시키기 위해 노력한다면 엘리엇이 말한 다음과 같은 진리를 새롭게 발견할 수 있으리라 확신한다.

우리는 탐구를 중단해서는 안 된다. 그리고 모든 탐구의 귀착지는 우리가 시작한 곳에 도달하는 것이며, 또한 바로 그 장소를 처음으로 아는 데 있다.

7가지 습관에 대한 개관

사람은 반복적으로 행하는 것에 따라
판명된 존재다. 따라서
우수성이란 단일 행동이
아니라 바로 습관이다.

-아리스토텔레스-

우리의 성품은 근본적으로 습관의 복합체이다. "우리가 생각의 씨앗을 뿌리면 행동의 열매를 얻게 되고, 행동의 씨앗을 뿌리면 습관의 열매를 얻는다. 습관의 씨앗은 성품을 얻게 하고, 성품은 우리의 운명을 결정짓는다."라는 격언이 있다.

이처럼 습관이란 우리 인생에서 중요한 요소이다. 왜냐하면 습관이야말로 일관성 있게 주로 무의식적인 유형으로 끊임없이 또 매일매일 우리의 성품을 나타내고, 개인의 성공 혹은 실패를 결정하는 데 중요한 역할을 하기 때문이다.

위대한 교육자 호레이스 만(Horace Mann)은 "습관은 밧줄과 같은 것이다. 우리는 습관이란 밧줄을 매일 짜고 있다. 그런데 이처럼 짜여진 습관은 절대로 파손되지 않는다."라고 했다. 나는 그가 말한 마지막 부분에 대해 개인적으로 동의하지 않는다. 습관이란 깨질 수도 있음을 알고 있기 때문이다. 습관은 학습될 수 있고, 학습을 통해 떨쳐질 수도 있다. 그러나 분명한 것은 습관이란 응급처치식으로 짧은 시간에 형성되는 것이 아니라는 사실이다. 습관이 형성되는 것은 하나의 과정이고, 나아가 당사자의 무한한 결의와 몰입을 요구한다.

아폴로 11호의 달 여행을 지켜본 사람들은 달에 착륙한 최초의 우주인들이 달 표면을 걷고 그후에 지구로 귀환하는 것을 보고 모두 깜짝 놀랐다. "환상적이다." 혹은 "믿어지지 않는다." 등과 같은 찬사만으로는 이같은 역사적 사건을 묘사하는 데 부적절했다. 우주인들은 달에 도달하기 위해 거대한 지구의 중력을 돌파해야 했다. 우주선이 발사되어 처음 몇 분간 몇 마일을 비행하기 위해 소모되는 에너지의 양은 그 후 며칠에 걸쳐 50만 마일을 여행하는 데 드는 에너지의 양보다 더 많다.

습관 역시 거대한 중력을 가지고 있다. 이는 대부분의 사람들이 깨닫고 인정하고 있는 것보다 더 큰 중력인 것이다. 할 일을 뒤로 미루는 것, 성급함, 상대에 대한 혹평이나 비판, 그리고 이기심 등과 같은 몸 깊숙이 배어든 습관적 경향을 타파하기 위해서는 상당한 의지력과 생활상의 큰 변화가 요구된다. 이러한 습관적 경향들은 효과성의 기본원칙을 깨뜨리는 것이기도 하다. 이처럼 처음 '발사'에 해당되는 시작에는 굉장한 노력이 요구되지만, 일단 중력권을 돌파하고 나면 새로운 공간을 자유자재로 돌아다닐 수 있다.

모든 다른 자연의 힘처럼 중력 역시 우리에게 긍정적 또는 부정적인 방향으로 작용할 수 있다. 우리가 가진 몇몇 습관들의 중력은 우리가 가고자 하는 방향을 가지 못하도록 방해할 지도 모른다. 그러나 우리가 사는 이 세상의 물체가 제자리에 있게 하는 것, 유성들이 자기의 궤도를 유지하게 하는 것, 그리고 우주를 질서정연하게 유지하는 것 등은 모두 이같은 중력 때문이다. 중력이란 하나의 강력한 힘이기 때문에 만일 우리가 이를 효과적으로 이용한다면, 인생에서 성공을 가져오는 데 필요한 친화력과 질서를 창조할 수 있을 것이다.

'습관'에 대한 정의

우리는 습관을 지식, 기술 그리고 욕망의 혼합체로 정의하고자 한다.

지식이란 우리가 무엇을 해야 하고, 또 왜 하는지에 대한 이론적 패러다임이다. 기술은 어떻게 해야 하는가, 즉 방법을 말한다. 욕망이란 하고 싶어 하는 것, 즉 동기를 말한다. 우리가 생활하면서 무엇인가를 습관화하기 위해서는 반드시 이상의 3가지 모두를 가져야만 한다.

우리가 직장 동료, 배우자 그리고 아이들과 상호작용을 하는 데 '비효과적'일 수 있다. 왜냐하면 우리가 생각하는 것을 그들에게 끊임없이 말하자면, 그들이 하는 말에는 귀를 기울이지 말아야 하기 때문이다. 우리가 대인관계에 대해 올바른 원칙을 찾아 내지 않는 한, 상대방의 말에 경청할 필요가 있다는 사실조차도 결코 알지 못할 것이다.

상대방과 효과적인 대인관계를 갖기 위해서 상대가 하는 말에 경청하는 것이 반드시 필요하다는 사실을 알고 있다해도 우리에게 그 기술이 없

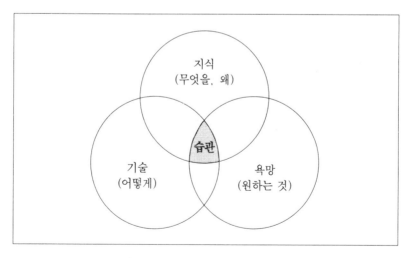

효과적인 습관 (내면화된 원칙과 행동방식)

을지도 모른다. 즉, 우리는 다른 사람이 하는 말을 진지하게 경청하는 방법을 모를 수도 있다.

그러나 상대방의 말에 경청할 필요성과 그 방법을 알고 있다고 해도 이것만으로는 충분치 못하다. 경청하고 싶은 욕망이 없다면 이것은 우리의 생활에 습관이 되지 못한다. 이처럼 습관을 만들기 위해서는 이상과 같은 3가지 차원이 모두 필요하다.

성품과 관점을 변화시킨다는 것은 하나의 상승과정이다. 즉, 성품이 관점을 변화시키고, 관점은 다시 성품을 개선시킨다. 그리고 이것은 나선형의 상향적 성장방향으로 이동한다. 우리가 지식, 기술, 그리고 욕망을 중점적으로 다루면 개인 및 대인관계의 효과성을 새로운 차원으로 이끌어 갈 수 있다. 이는 우리가 오랫동안 가지고 있는, 가짜 안정감의 원천이었던 낡은 패러다임을 타파하는 것과 마찬가지이다.

변화란 때로는 고통스러운 과정이기도 하다. 변화란 더 훌륭한 목적과 미래를 위해 현재 생각하고 원하는 것들을 포기할 수 있을 때에야 비로소 가능하다. 그러나 이러한 과정은 "우리가 존재하는 목적이자 얻기 위해 설계되어진" 행복을 가져다 준다. 행복을 부분적으로나마 정의한다면, 행복이란 궁극적으로 원하는 것을 위해 현재 우리가 원하는 것을 희생할 수 있는 욕망과 능력의 열매라고 할 수 있다.

성숙의 연속선

7가지 습관은 일련의 분리된 단편적인 심리학적 공식이 아니다. 7가지 습관은 성장의 자연법칙과 조화를 이루면서, 개인적 효과성과 대인관계의 효과성을 개발하는 데 점진적이고 순차적이며 완전히 통합된 접근방식을 제공해 준다. 일곱 가지 습관은 우리를 '의존적 단계'에서 출발하여 '독립적 단계'로, 그리고 '상호의존적 단계'로 점진적으로 나아가게 한다.

우리는 인생을 유아기로부터 시작한다. 이때 우리는 다른 사람에게 전적으로 의존한다. 다시 말해서 다른 사람에 의해 지시받고, 양육되고, 생명도 보호받는다. 만일 이같은 절대적인 보호 과정이 없다면, 우리는 단지 몇 시간 혹은 기껏해야 며칠밖에 살 수 없을 것이다.

그러나 세월이 점차 흘러가면서 우리는 육체적, 정신적, 감정적, 그리고 재정적으로 점점 더 독립적으로 되어 간다. 우리는 스스로를 마침내 돌볼 수 있게 되고, 내적 통제를 할 줄 알며, 나아가 자신감도 갖게 된다.

이 단계를 지나 성장과 성숙을 계속하면서 자연의 모든 것이 상호의존적이라는 사실을 파악하게 된다. 아울러 사회를 포함한 자연을 지배하는 생태계를 발견하게 된다. 더 나아가 우리의 본성은 다른 사람과의 관계와 밀접하게 연관되어 있으며, 인간생활 역시 상호의존적인 것임을 알게 된다. 유아로부터 성인에 이르는 성장과정은 자연 법칙과 일치한다.

또한 성장에는 많은 차원이 있다. 예를 들어 우리가 육체적으로 완전한 성숙을 이룬다는 사실이 반드시 감정적이거나 정신적인 성숙을 동시에 보장해 주지는 않는다. 이와 반대로 어떤 사람이 육체적으로 의존적이라는 사실이 그가 반드시 정신적 및 감정적으로 미숙하다는 것을 의미하지도 않는다.

성숙의 연속선에서 의존적 단계는 상대방이 주체가 되는 패러다임이다. 즉, 상대방이 나를 돌봐준다. 상대방이 나를 위해 행동한다. 또 상대방이 나를 위해 행동하지 않을 때 나는 상대방을 비난한다.

독립적 단계에서는 내가 주체가 되는 패러다임이다. 내가 그 일을 할 수 있다. 내가 책임을 진다. 나는 스스로에 의지한다. 나는 선택을 할 수 있다.

상호의존적 단계는 우리가 주체가 되는 패러다임이다. 우리는 그 일을 할 수 있다. 우리는 서로 협력할 수 있다. 우리가 가진 재능과 능력을 함께 결합하면 더 큰 일을 해낼 수 있다.

의존적인 사람은 자신이 원하는 것을 얻기 위해 다른 사람을 필요로 한다. 독립적인 사람은 스스로의 노력으로 원하는 것을 얻을 수 있다. 상호의존적인 사람은 더 큰 성과를 이루기 위해 자신의 노력과 다른 사람들의 노력을 결합한다.

만일 내가 육체적으로 의존적인 상태, 즉 신체가 마비되거나 불구가 되거나 혹은 다른 신체적인 제약을 받는 경우라면, 나를 도와 줄 상대방을 필요로 할 것이다. 또 내가 감정적으로 의존적인 상태라면, 인간적 가치 및 안정에 대한 감각은 나에 대한 상대방의 견해로부터 나오게 될 것이다. 상대방이 나를 싫어한다면, 나는 곤혹감을 느끼게 될 것이다. 만일 내가 지적(知的)으로 의존적이라면, 나는 상대방이 내 대신 사고해 주고 나아가 나의 삶의 문제도 대신 생각해 주길 원할 것이다.

만일 내가 육체적으로 독립적 단계에 있으면, 스스로 일을 처리할 수 있다. 또 정신적으로 독자적인 사고를 할 수 있으며, 하나의 추상적 개념으로부터 다른 개념으로 옮아갈 수도 있다. 나는 창의적이며, 분석적으로 생각할 수 있고, 나아가 나의 생각을 이해시킬 수 있는 방식으로 정리하고 조직할 수 있다. 감정적인 내적 통제도 가능하다. 나의 가치판단은 상대방으로부터 사랑받거나 잘 대접받는 것에 좌지우지되지 않는다.

이처럼 독립적인 단계가 의존적인 단계보다 더 성숙되었다는 것은 자명하다. 그러나 독립적 단계 그 자체로는 주요한 성취이지만 그렇다고해서 이것이 가장 높은 단계는 아니다.

그럼에도 불구하고 현대사회에서는 독립적 단계가 최상의 패러다임이다. 나아가 독립적 단계는 많은 개인들과 사회가 추구하는 공인된 목표가 되고 있다. 구체적인 예로, 대부분의 자기개선 훈련 프로그램은 독립적이 됨을 가장 중요하게 여기고 의사소통, 팀워크, 협동 등의 가치보다 우위에 놓고 있다.

여기에서 독립적 단계를 강조하고 있는 것은 사실상 의존적 단계의 문제점 때문이다. 의존적 단계에서 상대방이 우리를 통제하고, 제한하며, 이용하고, 조종하기 때문이다.

상호의존이라는 개념만큼 많은 수의 의존적인 사람들에게 잘못 이해되고 있는 것도 없다. 그 예로 우리는 독립적이란 미명하에 많은 사람들이 이기적으로 이혼을 하고, 자식을 버리고, 나아가 모든 사회적 책임을 포기하는 것을 자주 본다.

"구속에서 벗어난다.", "해방 된다.", "자기 주장을 한다.", 그리고 "자신을 위한 일을 한다." 등과 같은 반응들은 더욱 근본적인 의존성을 나타내는데, 그것은 외적 요인보다 내적 요인에서 나오기 때문에 빠져 나오거나 헤어날 수 없다. 이같은 의존성은 다른 사람들의 문제점과 약점들로 인해 자기 자신의 정서와 감정이 손상당하게 되고, 자기의 통제 밖이라 어떻게 할 수 없는 사건이나 사람들로부터도 희생당한다는 느낌을 갖는 데서 나타난다.

우리는 물론 상황을 변화시킬 필요가 있다. 그러나 의존적 단계에서는 여건과 별 관계가 없는 개인적 성숙이 문제이다. 보다 더 좋은 여건 속에서도 미성숙과 의존적 단계가 지속되는 경우가 흔히 있다.

진정한 의미에서 독립적인 성품은 우리에게 수동적이기보다는 능동적으로 행동할 수 있는 힘을 부여한다. 독립적이 됨은 우리 자신을 주위의 상황이나 다른 사람에 의존하는 것으로부터 벗어나게 해 주기 때문에 가치있는 목표이다. 그러나 그렇다고 해서 이것이 성공적인 삶의 궁극적인 목표는 아니다.

혼자 사고하는 독립성은 상호의존적인 오늘날의 현실에는 맞지 않는다. 상호의존적인 사고와 행동을 할 수 있을 정도로 성숙하지 못한 독립적 단계의 사람들은 개인적으로는 훌륭한 성과를 내는 생산자일지 모르지만, 훌륭한 리더나 팀 플레이어는 되지 못한다. 왜냐하면 이들은 결혼 생활, 가족, 조직과 같은 공동체적 현실 속에서 성공하는 데 필요한 상호의존적 패러다임을 가지고 있지 않기 때문이다.

인생이란 본질적으로 매우 상호의존적이다. 독립적인 생활을 통해 최대의 효과성을 달성하려고 노력하는 것은 마치 골프채를 가지고 테니스를 치려고 하는 것과 같다. 즉, 수단이 현실에 맞지 않는 셈이다.

상호의존성이란 더욱 성숙되고 진보된 개념이다. 만약 내가 육체적으로 상호의존적이라면, 혼자서도 자신있게 일할 능력이 있지만 함께 힘을 합하는 방법을 택한다. 나아가 나는 상대방과 함께 일하는 것이 혼자 하는 것보다 더 많은 것을 달성할 수 있다는 것을 안다.

내가 감정적으로 상호의존적이라면, 내 자신의 중요함과 가치를 인정하지만, 여기에 추가하여 사랑의 필요성, 다른 사람에게 사랑을 주고 또 사랑을 받아야 할 필요성도 깨닫게 된다. 내가 지적으로 상호의존적이라면, 다른 사람의 가장 좋은 생각을 내 자신의 생각에다 결합시킬 필요가 있다는 것을 안다.

내가 상호의존적인 사람이라면, 내 자신을 다른 사람들과 진정으로 공유하는 기회를 가진다. 나아가 나는 다른 사람들이 가진 무한한 자원과 잠재적 능력에 접근할 수도 있다.

상호의존적 단계는 독립적 단계에 있는 사람들만이 할 수 있는 선택이다. 의존적 단계의 사람들은 상호의존적으로 되는 선택을 할 수 없다. 왜냐하면 이들은 상호의존적으로 될 수 있는 성품을 가지고 있지 못하기 때문이다. 즉, 이들은 자기 스스로를 충분히 다스리지 못하고 있다.

우리가 다음의 장에서 자기완성을 위해 습관 1, 2, 3을 다루는 이유가 바로 이것이다. 즉, 습관 1, 2, 3은 우리를 의존적 단계에서 독립적 단계로 발전시켜 준다. 이같은 습관들은 성품 성숙의 본질이 되는 '개인적 승리'이다. 개인적 승리인 자신에 대한 리더십은 '대인관계의 승리'를 선행한다. 우리가 씨를 뿌리기 전에 추수할 수 없는 것과 마찬가지로 이 과정을 거꾸로 할 수는 없다. 이것은 "내면에서 시작하여 외부로 향하는" 것이다.

우리가 진실로 독립적이 된다면, 효과적인 상호의존성의 기초를 마련한 셈이다. 이제부터 우리는 팀워크, 협동, 커뮤니케이션 등과 같은 습관 4, 5, 6이 다루는 '대인관계의 승리'를 효과적으로 달성할 수 있는 성품적 기초를 가지게 된 것이다.

그러나 습관 4, 5, 6을 형성하기 이전에 반드시 습관 1, 2, 3에 완벽해야 한다는 것을 의미하는 것은 아니다. 물론 순서를 따른다는 것은 우리자신의 성정을 좀더 효과적으로 관리하는 데 도움을 준다. 하지만 우리가 습관 1, 2, 3을 완전하게 개발할 때까지 대인관계를 갖지 말라고 주장하는 것은 아니다.

상호의존적 세계에 살기 때문에, 우리는 우리가 사는 세상과 매일 관계를 가져야만 한다. 그러나 세상의 각종 긴박한 문제들 때문에 고쳐야될 성품들이 쉽게 가리워질 수 있다. 따라서 우리의 성품이 대인관계에 미치는 강력한 영향력을 이해하는 것이야말로 자연의 성장법칙을 따르면서 좋은 성품을 위한 습관들을 단계적으로 습득하는 데 도움을 줄 것이다.

습관 7은 재충전의 습관이다. 다시 말하면 이것은 우리 인생의 4가지 기본적 차원에 대한 규칙적이고 균형잡힌 쇄신을 하는 것이다. 습관 7은 다른 모든 습관들을 둘러싸고 또 포함하고 있다. 이것은 지속적인 자기 개선을 위한 습관으로 나선형의 상향적 성장을 가능케 하는데, 한 단계 더 높은 차원의 이행력으로 각종 습관들에 대한 더 높은 차원의 실행을 함으로써 점점 더 고차원의 단계로 올라가게 한다.

15페이지에 제시된 그림은 '7가지 습관'의 순서와 상호의존성을 보여준다. 이 그림은 반복해서 사용될 것이며, 여러 습관들 간의 순차적 관계와 이들 습관들이 상호관계를 형성함으로써 새로운 형태의 더 큰 가치를 만드는 시너지 효과를 살펴보는 데 이용될 것이다.

효과성에 대한 정의

7가지 습관은 효과적인 사람이 되기 위한 습관이다.* 각 습관들은 원칙에 근거를 두고 있어 최대한의 장기적이고 유익한 결과를 가져온다. 이들 습관은 개인이 효과적으로 문제를 해결하고, 기회를 극대화하고, 지속적으로 학습하며, 나아가 나선형으로 상향 성장하게 할 수 있는 올바른 지도를 형성함으로써 개인 성품의 바탕이 된다.

7가지 습관은 자연법칙에 위배되지 않는 효과성의 패러다임에 기초를 두고 있어, 효과성의 습관이기도 하다. 나는 이것을 '생산과 생산능력의 균형'이라 명명한다. 그런데 많은 사람들은 이 균형을 쉽게 깨뜨린다. 우리는 이 원칙을 거위와 황금알에 관한 이솝 우화를 기억함으로써 쉽게 이해할 수 있을 것이다.

이 우화는 옛날 어떤 가난한 농부가 어느 날 자기가 기르는 거위 우리에서 번쩍번쩍 빛나는 황금알을 발견하는 데서 시작한다. 처음에 농부는 이것을 일종의 속임수라고 생각했다. 그런데 그가 거위알을 치워버리려고 할 때, 그 알을 일단 조사해 봐야겠다는 다른 생각이 들었다.

그 결과 거위알은 놀랍게도 진짜 순금이었다! 농부는 자신의 행운을 믿을 수 없었다. 다음 날 거위가 황금알을 낳자 농부는 자신의 행운을 더욱 더 믿을 수 없게 되었다. 농부는 매일 아침 일어나자마자 우리로 달려가서 또 다른 황금알을 찾아냈다. 그 결과 농부는 놀라울 만큼 굉장한 부자가 되었다.

그러나 그는 재산이 늘어감에 따라 더욱 탐욕스러워지고 성급해졌다. 농부는 매일 하나씩 낳는 황금알을 기다릴 수 없어서 거위를 죽여 한꺼번에 모든 황금알을 얻고자 작정하였다. 그러나 그가 거위를 죽이고 배를

---

* 역자 주 : 여기에서 효과적이란 성공적인 혹은 생산적인 것과 같은 의미를 가진다.

갈랐을 때, 뱃속에 황금알은 한 개도 없었다. 이제 농부는 더 이상 황금알을 얻을 수가 없게 된 것이다. 농부는 결국 황금알을 낳는 거위를 죽여버린 셈이다.

나는 이 우화가 효과성의 기본 정의인 원칙, 즉 자연 법칙을 강조하고 있다고 생각한다. 대부분의 사람들은 효과성을 황금알의 패러다임에 입각해 이해하고 있다. 즉, 보다 더 많은 것을 생산하면 할수록, 또 더 많은 일을 하면 할수록 더 효과적이라고 생각한다.

그러나 이 우화에서 보여주듯 진정한 효과성이란 다음과 같은 두 가지 요소의 함수관계에서 나온다. 첫째는 생산되어지는 것, 즉 황금알이고, 둘째는 생산을 하게 만드는 자산, 즉 생산하는 능력인 거위이다.

만일 우리가 거위를 무시하고 황금알에 초점을 맞춰 생활해 간다면, 우리는 황금알을 낳는 생산능력을 잃어버리게 될 것이다. 반면에 황금알을 얻으려는 목표 없이 단지 거위만을 돌본다면, 우리는 우리가 생활하고, 또 거위를 키우는 데 필요한 자금을 가지지 못하게 될 것이다.

효과성은 이 책에서 생산/생산능력이라 부르는 두 가지 요소 사이의 균형에서 나온다. 이 때 생산이란 바라는 결과를 만들어내는 것, 즉 황금알을 의미하고, 생산능력은 황금알을 만드는 자산, 즉 거위를 말한다.

3가지 종류의 자산

기본적으로 보면 세 가지 종류의 자산이 있다. 물질적, 재정적 그리고 인적 자산이 바로 그것이다. 이제 이들 각각에 대해 차례로 살펴보자.

(1) 몇 년 전 나는 물질적 자산인 잔디 깎는 기계를 한 대 구입했다. 나는 이 기계를 유지, 보수하지 않고 계속하여 사용했다. 그 기계는 2년간 별일 없었으나, 그 후부터 고장이 나기 시작했다. 내가 그 기계를 고쳐서 사용하려 했을 때는 원래 가진 엔진능력이 절반 이상이나 없어진 사실을

안 뒤였다. 이 기계는 이제 더 이상 쓸모없는 것이 되어 버렸다.

만일 내가 이 기계를 정비, 보수하는 생산에다 투자를 했었더라면, 나는 이 기계의 생산결과인 잘 깎인 잔디를 여전히 즐길 수 있었을 것이다. 실상 내가 정비하고 보수를 하였더라면 다른 기계로 대체하는 데 드는 시간과 돈을 훨씬 더 절약할 수 있었을 것이다. 결국 나의 방법은 효과적이지 못했다.

우리는 단기간에 성과나 결과를 추구하면서 자동차, 컴퓨터, 세탁기, 그리고 심지어 우리의 신체나 환경 등과 같은 값비싼 물질적 자산을 종종 파괴시키곤 한다. 생산과 생산능력 사이에 균형을 유지하는 것이야말로 물질적 자산을 효과적으로 사용하는 지름길이다.

(2) 생산과 생산능력의 균형은 재정적 자산을 효과적으로 사용하는 데도 막대한 영향을 미친다. 일례로 얼마나 많은 사람들이 원금과 이자를 혼돈하고 있는가? 당신은 자신의 생활수준을 높이기 위해, 좀더 많은 황금알을 얻기 위해 원금을 까먹은 적이 없는가? 줄어드는 원금은 이자수입, 즉 생산하는 능력을 줄일 것이다. 나아가 자본이 점차 줄어들어 없어지면 우리의 기본적인 욕구마저 채우지 못하게 될 것이다.

가장 중요한 재정적 자산이란 우리가 일을 해서 돈을 벌 수 있는 우리 자신의 능력이다. 우리가 우리 자신의 생산 능력을 개선시키기 위해 계속해서 투자를 하지 않는다면, 우리가 할 수 있는 활동 범위를 크게 줄이는 셈이 될 것이다. 우리는 경제적으로 의존하고 있는 자기 회사나 상사를 두려워하고 그 앞에서 떳떳하지 못하게 된다. 그렇게 되면 결코 효과적이지 못하다.

(3) 인적 자산 영역에서도 생산과 생산능력 간의 균형은 똑같이 필수적이다. 아마 이 영역에서 이것은 더욱 중요할 것이다. 왜냐하면 사람이

야말로 물질적 자산과 재정적 자산을 통제하는 당사자이기 때문이다.

예컨대 결혼한 두 사람이 서로간의 관계를 유지하는 것보다 그 과실, 즉 황금알에 더 큰 관심이 있어서 부부간의 깊은 관계를 유지하는 데 필요한 최소한의 친절과 예의를 무시하게 된다면, 서로에게 무감각해지고 경솔해지게 될 것이다. 이때 부부는 서로를 통제하고, 자신의 욕구만을 주장할 것이고, 나아가 자신의 입장을 정당화시키기 위해 상대방의 잘못을 찾으려 노력할 것이다. 이렇게 되면 사랑과 풍요, 부드러움과 자발성은 사라지기 시작한다. 그 결과 거위는 나날이 병들어 간다.

부모와 자식 간의 관계는 어떠한가? 아이들은 어렸을 때 매우 의존적이며 상처받기 쉽다. 우리는 자식들을 훈련시키고, 이들과 대화하고, 그들의 말에 귀를 기울이는 것과 같은 생산능력을 돌보는 일을 등한시하기 쉽다. 우리는 자기 방식대로 지금 당장 원하는 것을 얻기 위해 아이들을 조종하고 이용하기 쉽다. 또 우리는 아이들보다 더 성장했고 더 많이 알기 때문에 우리의 생각이 항상 옳다. 그래서 우리는 아이들에게 잔소리 말고 명령을 따르라고 한다. 또 필요한 경우 아이들에게 고함도 치고, 위협하고, 나아가 우리의 주장을 고집한다.

정반대로 우리는 자녀들이 원하는 대로 해줄 수 있다. 즉, 항상 아이들을 기쁘게 해주고 원하는 대로 하도록 허용해 줌으로써 인기를 얻을 수도 있다. 그러면 그 결과 아이는 내적 기준이나 목표 없이 성장하게 되고, 절제 없고 책임감 없는 성인으로 성장할 것이다.

우리가 권위적이거나 또는 허용적인 그 어느 경우도 두 가지 다 황금알, 즉 생산에 중점을 두고 있다. 우리는 아이들이 우리 명령을 따르게 하거나 혹은 우리가 인기 있게 되기를 원한다. 그러는 동안 거위인 아이들은 어떻게 될까?

아이들이 올바른 선택을 하고 중요한 목표를 성취하기 위해 필요한 능력인 책임감, 자기 수양, 자신감과 같은 것의 수준은 몇 년 후에 어느 정도나 될 것인가? 그리고 아이들과 우리의 인간 관계는? 아이들이 아이덴티티의 위기를 맞는 10대 청소년이 되었을 때, 우리가 아무런 편견 없이 아이들의 이야기에 귀를 기울이고, 한 사람의 인간으로 생각해 주고 존중하며, 어떤 경우라도 우리를 믿을 수 있다는 것을 자신의 과거 경험으로부터 알 수 있을 것인가? 우리와 아이들과의 관계는 서로 커뮤니케이션을 하고, 또 서로 통할 만큼 충분히 강한 관계인가?

이제 딸이 깨끗이 정리정돈된 방을 가꾸길 원한다고 가정해 보자. 이때 정리정돈된 방은 생산, 즉 결과인 황금알에 해당된다. 이를 위해 딸아이가 자기 방을 깨끗이 치우는 것을 원한다고 가정해 보자. 이것은 생산능력에 해당된다. 당신의 딸이야말로 바로 황금알을 낳는, 거위에 해당되는 생산능력이요, 자산이다.

만약 당신이 '생산과 생산능력의 균형'을 유지하고 있다면, 딸은 잔소리 들을 필요도 없이 기쁜 마음으로 자기 방을 깨끗이 청소한다. 그 이유는 자기방 청소를 자기의무로 알고 있고, 또 의무를 완수하도록 훈련되어 있기 때문이다. 이 경우 아이야말로 황금알을 낳는 자산이다.

그러나 당신의 패러다임이 생산물, 즉 방을 깨끗이 하는데만 초점을 맞춘다면, 당신은 딸이 자기방을 깨끗이 하도록 잔소리를 하게 될 것이다. 당신은 원하는 황금알을 얻기 위해 청소하지 않는 딸에게 고함치며, 위협까지 하게 된다. 그러면 결과적으로 거위의 건강과 행복을 점차 약화시키게 된다.

이제 우리 딸아이 중 하나와 경험했던 생산능력에 대한 얘기를 해 보겠다. 나는 우리 아이들 각자와 정기적으로 데이트 하는 것을 즐기는데, 한번은 딸아이와 함께 하고 있었다. 데이트 자체도 좋지만 날짜와 차례를 정해 놓고 기다리는 재미도 보통이 아니었다.

그날도 딸아이와 약속한 데이트날이 되어 나는 "얘야, 오늘 밤은 네 차례다. 네가 하고 싶은 것이 무엇이냐?"라고 물었다.

"아빠, 괜찮아요."라고 딸아이가 대답했다. 나는 "정말로 네가 하고 싶은 것이 무엇이냐?"라고 다시 물었다.

"글쎄요. 내가 하고 싶은 것은 아빠가 싫어할 거예요."라고 말했다.

나는 진지하게 "아니, 괜찮다 얘야, 나는 네가 원하는 것을 하고 싶다. 그것이 무엇이든 네가 결정해라."라고 말했다.

그녀는 "나는 스타워즈 영화를 보고 싶어요."라고 대답했다.

"그러나 저는 아빠가 스타워즈 영화를 좋아하지 않는다는 것을 알고 있어요. 전에도 아빠는 영화관에서 계속 졸았어요. 아빠는 환상적인 영화를 좋아하지 않죠. 그러니 괜찮아요, 아빠."

"아니다. 얘야. 만일 네가 그것을 원한다면, 나도 그것을 보고 싶구나."

"아빠, 걱정하지 마세요. 또 우리가 오늘 꼭 데이트를 하지 않아도 괜찮아요." 그녀는 잠시 말을 멈추었다가 다음과 같이 말했다. "그런데 아빠가 스타워즈를 싫어하는 이유가 뭔지 알고 계세요? 그것은 그 영화에 나오는 제디나이트의 철학과 훈련을 이해하지 못하기 때문이에요."

"무엇이라고?"

"아빠는 아빠가 가르치는 것은 알고 있죠, 그렇죠? 그런데 그것은 제디나이트의 훈련과 똑같아요."

"정말이냐? 그럼 스타워즈를 보러 가자꾸나."

그래서 우리는 영화를 보러 갔다. 우리 딸은 내 옆에 앉아서 나에게 패러다임을 가르쳐 주었다. 나는 딸아이의 학생이 된 것이다. 그것은 정말로 멋진 일이었다. 나는 새로운 패러다임을 가지고 제디나이트 훈련의 기본 철학을 과거와 다른 상황에서 보게 되었다.

이 경험은 계획적으로 생산성과를 얻고자 한 것은 아니었다. 이것은 내가 생산능력에 투자함으로써 우연히 얻게 된 성과였다. 우리는 이를 통해 결속을 다졌고, 매우 만족스러웠다. 우리는 거위(부녀 관계의 질)를 잘 키움으로써 황금알인 좋은 성과를 얻을 수 있었던 것이다.

조직의 생산능력

올바른 원칙이 가지는 매우 중요한 측면 중 하나는 이것이 다양한 환경에 적용 가능하고, 또 타당성이 있다는 점이다. 이 책을 통해 나는 이같은 원칙들이 개인뿐만 아니라 가족을 비롯한 각종 조직에 적용되는 여러 가지 방법을 설명하고자 한다.

조직에서 사람들이 물질적 자산을 사용하면서 생산과 생산능력의 균형원칙을 준수하지 않는다면, 조직의 효과성은 떨어질 것이며, 결국 죽어가는 거위만 남게 될 것이다.

예를 들면, 기계와 같은 물질적 자산을 담당하고 있는 사람이 자기 상관에게 좋은 인상을 주기 위해 열심히 일한다고 하자. 회사는 급속히 성장하고 있고, 승진도 빠르다. 그래서 그는 최적 수준의 생산을 유지한다. 가끔씩 기계작동을 중단하거나, 정비 및 보수도 하지 않는다. 말하자면 그는 기계를 24시간 풀 가동시킨 것이다. 생산은 놀랄 만하게 늘고, 비용은 절감되었으며, 수익은 급상승하였다. 그는 단시간 내에 승진하게 되었다. 황금알을 얻은 것이다!

그러나 당신이 이 일을 맡는 그의 후임자가 되었다고 가정해 보자. 당신은 아주 병든 거위를 물려받은 것이다. 즉, 이때가 되자 기계는 녹슬고 고장나기 시작했다. 당신은 고장난 기계를 수리하고 보수하는 데 막대한 시간과 비용을 투입해야만 한다. 비용은 급상승하고 수익은 격감할 것이다. 누가 황금알을 얻지 못한 데 대해 비난을 받아야 될 것인가? 당신이 비난을 받을 것이다. 비록 당신의 전임자가 그 기계를 망가뜨렸을지라도 현행 회계제도는 단위생산량, 비용, 그리고 이익만 보고할 뿐이다.

생산/생산능력의 균형원칙이 고객 및 직원 등 조직내 인적 자산에 적용될 때는 특히 중요하다.

나는 조개탕 요리를 아주 잘해서 매일 점심때마다 손님이 붐비는 레스토랑을 알고 있다. 그런데 어느 날 그 레스토랑이 팔렸다. 새로운 주인은 황금알에만 관심을 두어 조개탕에 원료를 적게 쓰기 시작했다. 약 한 달간 수입은 변함이 없는 반면 비용은 절약되어 이익이 급격히 상승했다.

그러나 고객이 점차 한사람씩 사라지기 시작했다. 신용은 떨어지고 사업은 거의 망했다. 새로운 주인은 이를 회복시키려고 필사적으로 노력했지만, 고객을 무시했었고 신뢰를 저버린 결과 단골 고객을 잃어 버렸다. 이제 황금알을 낳는 거위는 더 이상 없게 된 것이다.

고객의 중요성에 대해서는 깊이 인식하고 있지만, 고객을 상대하는 직원들을 무시하는 조직이 있다. 생산능력의 원칙에 따르면 직원이 고객을 최고로 대우해 주길 원하는 만큼, 조직은 직원을 대우해 주어야 한다.

우리는 사람의 노동력인 손은 살 수 있지만, 그의 마음까지 살 수는 없다. 그런데 바로 이 마음에서 열성과 충성이 나온다. 또 우리는 짐을 짊어질 사람의 등은 살 수 있지만, 그의 두뇌는 살 수 없다. 그런데 그의 두뇌야말로 창의력, 재능, 그리고 풍부한 자원이 있는 곳이다.

생산능력을 위해서는 우리가 고객을 자원자로 대하는 것과 마찬가지로 직원들도 자원자로 대해 주어야 된다. 그러면 직원들도 자기 몸의 가장 중요한 부분인 감정과 마음을 자진해서 제공할 것이다.

나는 언젠가 "우리는 게으르고 무능한 직원들을 어떻게 개선시킬 수 있는가?"에 대하여 토의하는 그룹과 함께 자리하게 되었다. 한 사람이 "수류탄을 던져 뛰쳐나오게 하면 됩니다."라고 대답하였다. 몇몇 다른 사람들도 그와 같은 극단적인 인사관리, 즉 "개선이 안 되면 쫓아내 버리는" 식의 방법에 대해 성원의 박수를 보내는 것이었다.

그러자 또 한 사람이 "그러면 누가 그 후유증에 대해 책임을 지지요?"라고 물었다.

"아무도 없습니다."라는 대답이 나왔다.

"만일 고객들에게 그런 식으로 하면 어떻게 됩니까?"라고 묻자 또 다른 사람이 "'당신이 물건을 살 의사가 없다면 여기서 쫓아내겠소.'라고 말하면 될 것 아닙니까?"라고 제안했다.

그러자 질문자는 "고객들에게 그렇게 할 수는 없지요."라고 말하면서

"그렇다면 당신은 어떻게 직원들에게는 그렇게 할 수 있습니까?"라고 말했다.

"그 이유는 그들이 우리 직원이기 때문이지요."

"알겠습니다. 그런데 당신 회사 직원들이 당신에게 헌신을 합니까? 그들은 열심히 일합니까? 그들의 이직률은 어떻습니까?"

"지금 농담하시는 건가요? 요즘 세상에 좋은 사람을 찾기란 하늘에 별 따기지요. 요즘에는 너무 많은 결근, 이직, 그리고 이중 직업이 판치고 있지요. 사람들은 회사에 대해 더 이상 최선을 다하지 않습니다."

황금알에만 관심을 두는 패러다임은 다른 사람들의 마음과 가슴속에 들어 있는 강력한 에너지를 끌어낼 수 없다. 당장의 이익도 무시할 수 없지만, 그것이 장기적 이익에 비해 크게 중요한 것은 아니다.

효과성은 균형에 달려 있다. 생산에 대한 지나친 집착은 건강을 해치고, 기계를 망가뜨리고, 자금을 고갈시키고, 나아가 상호 관계를 파괴하는 결과를 가져온다. 생산능력에 대해 지나치게 집착하는 것은 하루에 3~4시간씩 조깅을 하는 사람이 운동으로 소비된 시간은 의식하지 못한 채 이를 통해 10년은 더 살 것이라고 자랑하는 것과 같다. 또한 직장은 갖지 않고 끊임없이 학교만 다니는 사람도 결코 황금알을 생산할 수 없다. 이것은 사실 영원한 학생 증후군이라 할 수 있다.

생산/생산능력의 균형유지, 즉 황금알(생산)과 거위의 건강과 행복(생산능력) 간에 균형을 유지하는 데는 종종 상당히 어려운 판단이 요구된다. 그러나 나는 이것이야말로 중요한 효과성의 본질이라고 생각한다. 이것

은 단기적인 것과 장기적인 것 사이에 균형을 맞추는 것이다. 이것은 또 좋은 점수 따는 것과 참다운 배움을 위해 노력하는 것 사이의 균형을 의미한다. 나아가 방을 깨끗이 하려는 욕망과 자녀가 스스로 방 청소를 기쁜 마음에서, 또 기꺼이 아무런 감독없이 하게 하는 것 간의 균형을 유지하는 것이기도 하다.

더 많은 황금알을 얻기 위해 지나치게 과로하면 아프거나 지쳐서 더 이상 황금알을 얻을 수 없게 되고, 반면 충분히 쉬고 잠을 자고 나면 온종일 능률적으로 일할 수 있음을 경험한 사람이면 누구든지 생산/생산능력의 균형유지에 관한 진리를 이해할 수 있을 것이다. 또한 우리가 다른 사람에게 자기주장을 고집할 때 서로의 관계가 소원해짐을 느낄 때나, 좋은 대인관계를 맺게 되면 진정한 협조와 대화가 가능해지고 대단한 결과가 나타남을 보았을 때도 이 진리를 체험했을 것이다.

생산/생산능력 간의 균형은 바로 효과성의 본질이다. 이것은 우리가 사는 인생의 모든 영역에서 입증된다. 우리는 이 균형에 따른 삶을 살 수도 있고, 따르지 않으며 살 수도 있다. 그러나 이 균형의 진리는 영원하다. 이것은 마치 등대와 같다. 따라서 이 균형의 진리야말로 이 책이 다루는 '7가지 습관'들이 기초로 하고 있는 효과성에 대한 정의이며, 패러다임이다.

이 책의 사용 방법

「성공하는 사람들의 7가지 습관」을 읽기 전에, 나는 이 책을 통해서 얻게 될 가치를 크게 증대시켜 줄 수 있는 두 가지 패러다임 전환을 제안하고 싶다.

첫째, 이 책을 그저 한번 읽어 보고 책꽂이에 꽂아두는 그런 종류의 책으로는 '보지 말라.'고 권하고 싶다.

당신이 이 책의 전체적인 내용을 파악하기 위하여 한번에 완전히 독파

해 버릴 수도 있다. 그러나 이 책은 자신의 변화와 성장의 지속적인 과정에 동반자가 되도록 설계되어 있다. 이 책은 순차적으로 편집되어 있고, 각 장의 끝에는 응용 아이디어를 마련해 두었기 때문에 하고 싶을 때면 언제든 특정한 습관에 대해 집중적으로 공부할 수 있도록 만들었다.

당신이 이해와 실행에 있어서 수준이 한 단계 높아질 때마다, 각 장의 원칙을 다시 학습함으로써, 이 책의 내용에 관한 지식, 기술, 그리고 욕구를 키워갈 수 있을 것이다.

둘째, 이 책을 읽으면서 당신의 패러다임을 학습자의 입장에서부터 교사의 입장으로 전환시킬 것을 제안하고자 한다. "내면에서 시작하여 외면으로 향하는", 즉 자기가 이해한 다음 남을 이해시키는 접근방법을 채택하여, 학습한 후 48시간 내에 그 내용을 누군가 다른 사람에게 가르쳐 주거나 토의하겠다는 목적을 가지고 이 책을 읽어라.

예컨대 당신이 만약 48시간 내에 누군가 다른 사람에게 생산/생산능력의 균형유지에 대한 내용을 가르쳐 주기로 했었다면, 앞장에 있는 내용을 읽을 때 더 주의해서 읽었을 것이다. 지금부터라도 이것을 실행해 보라. 당신이 이 책의 내용에 대해 기억이 생생할 때, 즉 오늘이나 내일 중에 배우자나 자녀들, 직장 동료들, 혹은 친구들에게 가르쳐 주어야 한다고 가정하고 이 책을 읽으라. 그러면 당신 자신의 정신적 및 감정적 반응이 달라짐을 느끼게 될 것이다.

따라서 만일 당신이 이러한 방법으로 각 장의 내용을 읽어 나간다면, 자신이 읽은 내용을 보다 분명하게 기억할 수 있을 뿐만 아니라, 시각도 넓어지고, 이해도 보다 확실해지기 때문에 이 내용을 적용하고자 하는 동기도 강해질 것이다.

여기에 추가하여 만일 당신이 이 책에서 배운 것을 다른 사람들과 마음을 열고 솔직하게 얘기해 본다면, 다른 사람들이 당신에 대해 가지고 있는 부정적인 인식이나 낙인이 사라지는 경향이 있음을 발견하고 깜짝 놀라게 될 것이다. 그러면 당신과 함께 배우는 사람들은 당신을 변화 및 성장하는 사람으로 바라볼 것이고, '7가지 습관'을 당신의 삶이나 그들과의 삶 속에 통합시키는 데 보다 협조적이고 우호적이 될 것이다.

이 책의 기대효과

마지막으로 메릴린 퍼거슨*의 말을 들어보자. "아무도 다른 사람을 변화하도록 설득할 수는 없다. 우리는 누구나 단지 내면에서만 열 수 있는 변화의 문을 지키고 있다. 논쟁이나 감정적 호소에 의해서는 다른 사람이 가진 변화의 문을 열 수 없다."

만일 당신이 '7가지 습관'에 포함된 원칙들을 진정으로 이해하고 이에 따라 생활하기 위해 자기 자신의 "변화의 문"을 열기로 작정한다면, 나는 몇 가지 긍정적인 일이 당신에게 일어날 것을 확신한다.

첫째, 당신의 내적 성장은 점진적으로 진전되지만, 실제 효과는 혁명적이 될 것이다. 생산/생산능력의 균형유지만이라도 완전히 실행된다면, 대부분의 개인이나 조직이 변혁되리라고 생각하지 않는가?

처음 3가지 습관(개인적 승리)에 대한 "변화의 문"을 여는 것이 가져오는 실제 효과는 당신에게 대단한 자신감을 증대시켜 줄 것이다. 당신은 이를 통해 보다 깊고 의미 심장하게 자신의 본성, 자신의 중요한 가치, 그리고 자신의 독특한 공헌 능력을 알게 될 것이다. 당신이 자신의 가치관대로 살면 아이덴티티, 성실성, 자제력, 그리고 독자성 등은 당신에게 기쁨과 마음의 평화를 불어 넣어 줄 것이다. 그러면 당신은 남들의 의견이나 남들이 하는 비교에 의해서가 아니라, 자신의 가치 기준에 의해서 모든 것을 판단할 것이다. 이때는 남들이 결정한 '옳고 그른 것'은 별로 상관하지 않게 될 것이다.

---

* 역자 주 : Marilyn Ferguson(1938~), 미국 출생 작가, 출판인, 편집인.

당신이 남들의 당신 자신에 관한 의견을 덜 염려하게 되면, 아이러니컬하게도 당신은 그들과의 관계를 포함해서 그들 자신과 세상에 관한 의견에 더욱 큰 관심을 가지게 된다. 또 당신은 남들의 약점이나 잘못에 더이상 감정적이 아니고 영향받지 않는다. 여기에 추가하여 당신은 내면에 본질적으로 변화하지 않는 것이 있기 때문에 보다 쉽고, 바람직스럽게 변화하는 자신을 발견할 것이다.

그 다음 단계에서 추가되는 세 가지 습관(대인관계의 승리)에 대해 앞에서 말한 변화의 문을 열면, 악화되고 있거나 또는 이미 파괴된 중요한 인간관계를 치유하고, 재건할 수 있는 욕망과 수단을 발견하여 쏟아 넣을 것이다. 또한 이왕의 좋은 인간 관계도 보다 훌륭한 관계로 개선될 것이며 더 깊고, 더 견고하고, 더 창의적이며, 나아가 더욱 진취적으로 변화될 것이다.

만약 당신이 이상의 습관들을 완전히 내면화시켰다면, 일곱째 습관은 앞의 6가지 습관을 새롭게 해 줄 것이다. 이것은 나아가 당신을 진정으로 독립적으로 또 효과적인 상호의존적인 사람으로 만들어 줄 것이다. 또한, 이를 통해 당신은 자신의 배터리를 재충전시킬 수 있을 것이다.

당신의 현재 상황이 어떻든지 나는 당신의 현재 습관이 당신답지 않은 것임을 확신한다. 당신은 자신을 파괴하는 낡은 행동을 새로운 방식, 즉 효과적이고 행복과 신뢰를 바탕으로 한 인간관계를 가능케 하는, 새로운 습관으로 바꿀 수 있다.

나는 당신이 이들 습관을 공부할 때 성장과 변화의 문을 열도록 격려해 주고 싶다. 우선 자신에 대해 인내심을 가져야 한다. 자기 성장은 부서지기 쉽고 신성한 영역이다. 그러나 이 세상에 이것처럼 투자 가치 있는 것은 없다.

이것은 어렵고 특효약도 없다. 그러나 나는 당신이 이것을 위해 노력하면 큰 혜택을 보게 되고, 고무적인 즉각적 이익도 얻게 될 것임을 확신한다. 이제 토마스 페인* 의 말을 빌려 보자. "우리는 쉽게 얻는 것에 대해서 너무 가볍게 생각한다. 만물(萬物)에 그 가치를 부여해 주는 것은 귀중함뿐이다. 하느님만이 만물에다 적절한 가치를 부여하는 방법을 아신다."

---

* 역자 주 : Thomas Paine(1737~1809), 영국 태생으로 1774년 미국으로 이민, 미국 개국 초기의 정치사상가, 독립운동가.

제 2 부

개인의 승리

상호의존성

경청한 다음에 이해시켜라 5

대인관계의 승리

시너지를 활용하라 6

4 상호이익을 추구하라

독 립 성

3 소중한 것부터 먼저하라

개인의 승리

1 주도적이 되라

2 목표를 확립하고행동하라

의 존 성

7 심신을 단련하라

습관 1. 주도적이 되라

-개인 비전의 원칙-

> 주도적인 노력에 의해 스스로의
> 인생을 고결하게 하는
> 인간의 불가사의한 능력보다
> 더욱 고무적인 것은 없다.
>
> -헨리 데이비드 소로-

당신이 이 책을 읽을 때, 우선 자기 자신으로부터 떠나 보라. 당신의 의식을 방 한쪽 천장 구석에 올려 놓고, 마음의 눈을 통해서 이 책을 읽고 있는 자신의 모습을 내려다보며 투사* 해 보도록 노력하라. 이제 당신은 마치 다른 사람이 된 것처럼 자기 자신을 바라볼 수 있는가?

자, 이제 다른 것을 한번 해 보자. 당신이 현재 느끼고 있는 지금의 기분에 대해 생각해 보라. 그것을 파악할 수 있겠는가? 지금 무엇을 느끼고 있는가? 당신은 현재의 정신 상태를 어떻게 기술하겠는가?

이제 잠시 동안 당신의 마음이 어떻게 작동하는가를 생각해 보자. 그것은 빠르고 민첩한가? 당신은 이 마음 작동에 관한 연습과 이 연습의 목적이 무엇인지를 재빨리 생각해 보는 것 중 어느 쪽을 할까 하고 망설이는 자신을 파악할 수 있는가?

당신이 방금 체험했던 바로 이러한 능력이야말로 인간만이 가진 독특

---

* 역자 주 : 투사(投射)는 심리학적 용어로, 자기의 감정이나 관념을 무의식적으로 다른 사람에게 강력하게 전하는 것이다.

한 것이다. 동물에게는 이런 능력이 없다. 우리는 이것을 자아의식 또는 자신의 사고과정 그 자체를 생각할 수 있는 능력이라 부른다. 이같은 능력이야말로 인간이 온 세상의 만물을 지배하고, 대대로 계속해서 눈부신 발전을 할 수 있게 된 이유를 설명해 준다.

우리가 자신의 경험뿐만 아니라 나아가 다른 사람이 한 경험을 평가하고, 또 학습할 수 있는 것도 바로 이 때문이다. 이는 또한 우리가 습관을 갖고, 또 버리는 이유이기도 하다.

우리 자신은 우리가 마음으로 느끼는 감정 자체는 아니다. 또 우리는 기분 그 자체도 아니다. 나아가 우리가 갖는 생각 자체도 아니다.

그런데 우리가 이러한 것에 대해 생각할 수 있다는 바로 이 사실 자체가 우리를 동물세계와 구분시킨다. 자아의식이란 우리가 몸에서 떨어져 나가서 우리 자신을 '보는' 방식을 검토할 수 있도록 해 준다. 우리 자신을 보는 방식은 우리가 자신에 대해 가진 패러다임이고, 이것이야말로 성공적인 삶을 위한 가장 근본적인 패러다임이다. 패러다임은 우리의 태도나 행동뿐만 아니라, 나아가 다른 사람을 보는 방식까지에도 영향을 미친다. 그것은 나아가 인간의 본성에 대해 우리가 갖는 지도에 해당한다.

사실 우리가 스스로를 어떻게 보는가, 혹은 우리가 다른 사람을 어떻게 보는가를 검토해 보기 전까지는 다른 사람들이 자신들의 세계를 어떻게 보고 느끼는가를 이해한다는 것은 불가능하다. 우리는 부지불식간에 우리 자신이 가진 의도를 그들의 행동에 투사하고는 우리 스스로를 객관적이라고 말한다.

그런데 이것이 우리 스스로의 잠재능력을 위축시키고, 우리가 다른 사람들과 좋은 관계를 맺을 수 있는 능력을 엄청나게 제한한다. 다행히 우리는 자아의식이라는 인간만이 갖는 독특한 능력이 있기 때문에 우리의 패러다임을 검증할 수 있고, 이것이 현실에 기초를 둔 것인지, 원칙에 바탕을 둔 것인지, 아니면 주위의 여건에 의해 물들고 조절되어진 것인지를 알아볼 수 있다.

사회적 거울

만일 우리 자신에 관한 견해가 오로지 사회적 반영 — 현 사회의 패러다임과 우리를 둘러싼 주변 사람들의 의견, 인식, 그리고 그들의 패러다임 — 에서 오는 것이라면, 자신에 대한 관점은 마치 요술거울*에 비친 반사물을 보는 것과 다를 바 없다.

"너는 제 시간에 온 적이 한번도 없구나."

"왜 너는 물건을 정리정돈해 두지 못하니?"

"당신은 예술가임에 틀림없소."

"당신이 이겼다는 것을 믿을 수 없군요"

"이것은 아주 쉬워. 그런데 도대체 너는 왜 이것을 이해하지 못하지?"

·이러한 견해들은 비뚤어지고 균형을 잃은 것들이다. 왜냐하면 이것은 어떤 것의 모습을 있는 그대로 반영한 것이라기보다 투사를 하고 있기 때문이다. 사람들을 실제대로 정확하게 반영하는 대신 그들에 관한 우려와 걱정이나 그들이 가진 약점을 지적하고 우리의 생각을 투사하고 있는 것이다.

현행의 사회적 패러다임은 우리들이 대부분 주위의 환경과 조건들에 의해 물들어 있고 조절되어 있음을 반영해 준다. 우리가 스스로의 삶 속에 존재하는 조절화의 엄청난 위력을 인정하는 것과, 자신은 이같은 조절화에 의해 결정되어지며 이것의 영향력으로부터 벗어날 수 없다고 보는 것 사이에는 상당한 차이가 있다.

인간의 본질을 설명하기 위해 널리 수용되는 이론에는 세 가지 결정론, 즉 세 가지 사회적 패러다임이 존재한다.

---

* 역자 주 : 앞에 서면 자신의 키가 작아지기도 하고 커지기도 하며, 몸이 뚱뚱하게 보이기도 하고 홀쭉해 보이기도 하는 거울.

(1) 유전적 결정론은 기본적으로 조상이 우리를 결정했다고 말한다. 조상이야말로 우리가 이같은 기질을 갖게 한 이유라는 것이다. 즉, 우리 조상이 급한 기질을 가졌기 때문에 우리의 유전인자(DNA) 속에 그 기질이 들어 있다는 것이다. 또 이것이 세대를 거쳐 유전되어 마침내 우리도 이 기질을 물려 받았다는 것이다. 만일 당신이 아일랜드 계통 사람이라면 급한 기질이 그쪽으로부터 유전되었다고 보는 것이다.

(2) 심리적 결정론은 부모가 우리를 기본적으로 결정했다고 말한다. 우리가 양육된 방식과 어린 시절의 경험이 바로 개인적 성향과 인격구조를 결정한다는 것이다. 우리가 집단 앞에 나서기를 두려워한다면, 그 이유는 바로 우리 부모가 우리를 키운 방식 때문이라고 보는 것이다. 실수를 저지르면 큰 죄책감을 느낀다. 그 이유는 우리가 아주 연약하고, 부드럽고, 의존적일 때 이같은 깊은 내면적, 정신적 영향을 받은 것을 '기억' 하기 때문이다. 또 우리는 기대된 만큼 잘하지 못했을 때 받은 정신적 학대, 거부 반응, 그리고 다른 사람과의 비교를 '기억' 한다.

(3) 환경적 결정론에 의하면 나의 현재 모습이 근본적으로 내가 모시는 상사, 배우자, 동료, 또 말 안 듣는 10대 자녀 때문이라는 것이다. 그리고 경제적 여건 또는 국가정책 때문에 우리가 그렇게 되었다고 말한다. 이것은 우리 주변의 누군가나 어떤 것이 자신이 처한 상황에 대해 책임이 있다는 것이다.

이러한 각각의 운명론은 흔히 파블로프* 가 실시한 개의 실험과 관련지어 생각하는 자극/반응 이론에 기초한다. 이 이론의 기본적인 생각은 우리를 특정한 자극에 대해 특별한 방법으로 반응하게끔 조절되어 있다

---

* 역자 주 : Ivan Petrovich Pavlov(1849~1936), 러시아 태생 생리학자.

자극	반응

대응적 모델

는 것이다.

그러면 이같은 결정론적 지도는 얼마나 정확하게 그리고 기능적으로 그 대상영역을 설명하고 있는가? 또 이러한 거울들은 인간의 진정한 본질을 얼마만큼 분명하게 반영하고 있는가? 그것들은 사실임이 입증될 예언이 되는가? 또한 이 이론들은 우리가 경험을 통하여 인정하고 있는 여러 가지 원칙에 기초를 두고 있는가?

자극과 반응 사이

위의 질문들에 대한 대답으로 빅터 프랭클(Victor Frankl)의 이야기를 소개해 보자.

프랭클은 프로이드 심리학을 배우며 자라난 운명론자였다. 즉, 그는 어릴 때의 사건들이 인간의 성격과 성품을 결정지어 개인의 삶 전체를 기본적으로 지배한다는 프로이드 학설을 신봉하였다. 이 학설에 의하면 우리의 삶의 범위와 기준은 이미 정해져 있기 때문에 근본적으로 우리 스스로는 이것에 대해 어쩌지 못한다는 것이다.

프랭클은 정신과 의사이자 유태인이었다. 그는 나치독일의 유태인 수용소에 갇혀 있을 때 우리의 상식으로는 상상조차 할 수 없도록 비참하여 말만 들어도 전율하게 되는 일들을 경험했다.

그의 부모, 형제와 부인은 수용소에서 죽거나 가스실로 보내졌다. 여동생을 제외한 모든 가족이 몰살당한 것이다.

프랭클 자신도 언제 가스실로 보내질지, 아니면 죽은 이들의 시체와 재를 치우는 '구원된' 사람중에 끼일지 일순간도 전혀 모른 채 고문과 이루 말할 수 없는 모욕으로 고통을 받았다.

　어느 날 그가 작은 감방에 홀로 발가벗겨진 채로 있을 때 자신이 후에 '인간이 가진 가장 마지막의 자유' — 나치들도 빼앗아 가져갈 수 없는 — 라고 명명한 상태를 자각하기 시작했다. 나치들은 그의 주변 환경 전체를 통제하고, 원하는 대로 그의 육체를 다룰 수 있었지만, 빅터 프랭클은 자신의 상태를 관찰자의 입장에서 바라볼 수 있는, 자아의식 할 수 있는 사람이 되었던 것이다. 그의 기본적인 아이덴티티는 그대로 였으나, 수용소의 모든 일들로 영향받고 안 받고의 여부는 자기 마음대로 결정할 수 있었던 것이다. 그는 자신에게 일어나는 것, 즉 자극과 그것에 대한 반응 사이에 바로 그 반응을 선택할 수 있는 자유, 즉 권한을 가졌던 것이다.

　이같은 경험을 하면서 프랭클은 자신이 죽음의 강제수용소로부터 풀려난 후 제자들을 가르치는 것과 같은 다른 상황을 투사해 보곤 하였다. 그는 마음의 눈을 통하여 강의실에 서 있는 자신을 들여다 보고, 자신이 강제수용소에 있는 동안 지독한 고문을 통해 얻은 교훈을 학생들에게 가르치는 모습을 그려 보았다.

　그는 기억력과 상상력을 이용하여 정신적, 감정적, 도덕적인 각종 분야를 생각해 가며 처음에는 작고 겨우 싹튼 정도의 자유를 점점 크게 만들어 마침내 그를 수감하고 있던 나치 감시자들보다 더 많은 자유를 얻게 되었다. 나치들은 그보다 더 많은 육체적 자유와 환경의 선택권이 있었지만, 프랭클은 이들보다 더 많은 참된 자유와 선택을 마음대로 행사할 수 있는 보다 큰 내적인 힘을 가질 수 있었다. 그는 주위에 있는 동료 수감자뿐만 아니라 몇몇 감시병도 감화시켰다. 그는 또 다른 삶들로 하여금 수감 중에 받는 고통의 의미와 인간으로서의 존엄성을 찾을 수 있도록 도와주었다.

　프랭클은 상상할 수도 없는 가장 치욕적인 상황에서 자아의식이라는 인간의 천부적 능력을 사용하여 인간의 본성에 대한 기본적인 원칙인

"자극과 반응 사이에서는 선택할 수 있는 자유가 있다."는 사실을 발견해 냈다.

선택할 수 있는 자유에는 인간만이 갖고 있는 다음과 같은 천부적 능력들이 있다.

우리는 자아의식과 더불어 상상력을 가지고 있다. 이것은 우리가 현실을 떠나 마음속에 무엇인가를 만들어 내는 능력을 말한다. 우리는 또 양심을 가지고 있다. 이것은 옳고 그른 것에 대한 깊은 내면적 자각으로서 우리의 행동을 지배하는 원칙이다. 나아가 이것은 우리의 사상과 행실이 원칙과 조화를 이루고 있는 정도를 말한다. 우리는 또 독립적 의지를 가지고 있다. 이것은 우리가 다른 모든 영향력을 무시하고 오직 자아의식에 따라 행동하는 능력이다.

세상에서 가장 영리한 동물들조차도 이러한 천부적 재능을 하나도 갖고 있지 못하다. 컴퓨터에 비유하면 동물들은 본능과 훈련에 의해 프로그램된다. 그런데 동물은 책임지도록 훈련될 수는 있지만, 훈련시키는 책임을 지울 수는 없다. 즉, 동물들은 지시할 수가 없다. 또 동물은 스스로 프로그램을 바꿀 수도 없다. 사실 동물은 이것조차 깨닫지 못하고 있다.

그러나 인간은 천부적 능력을 가지고 있기 때문에 우리의 본능과 훈련으로부터 완전히 별개인 새로운 프로그램을 짤 수 있다. 이것이 바로 동물의 능력은 한계가 있지만, 인간의 능력은 무한하다는 이유이다. 그런데 만일 우리가 자신의 본능과 조절화, 주위의 상황, 그리고 과거의 경험에 의존하며 동물처럼 산다면, 우리 역시 한계를 가지게 된다.

결정론적 패러다임은 주로 동물들 − 쥐, 원숭이, 비둘기, 개 등 − 에 대한 연구와 정신병 환자들을 대상으로 한 연구에서 나온 것이다. 그런데 이 연구들은 측정 가능하고 예측 가능한 것처럼 보이기 때문에 몇몇 연구자들이 설정한 어떤 기준을 충족시키는 것처럼 보이지만, 사실은 인류의 역사와 우리 자신이 가진 자아의식 이론에 맞추어 보면 전혀 설득력을 지니지 못하고 있다.

인간만이 가진 독특한 천부적 능력들은 인간을 동물의 세계보다 우월한 위치로 격상시켰다. 우리가 이러한 능력들을 더 활용하고 발전시키면 시킬수록 우리 자신이 가진 독특한 인간적 잠재력을 최대로 발휘할 수 있을 것이다. 자극과 반응 사이에서 선택할 수 있는 자유라는 위대한 권한을 우리가 가지고 있기 때문이다.

"주도성"에 대한 정의

프랭클은 인간의 본질에 대한 기본원리를 발견하면서 정확한 자기 패러다임(지도)을 기술하였다. 그는 여기서부터 어떠한 환경하에서도 매우 성공적인 사람이 가지는 가장 중요하고 기본적인 습관인, 주도적인 삶의 습관을 개발하기 시작했다.

주도성(proactivity)이란 단어를 요즈음 경영학 문헌에서 쉽게 찾아볼 수 있게 되었지만, 대부분의 사전에서는 찾지 못할 것이다. 이것은 단순히 솔선해서 사는 것 이상을 의미한다. 이 말의 의미는 스스로의 삶에 대해 책임을 져야한다는 뜻이다. 우리의 행동은 우리가 하는 의사결정에 의한 것이지, 결코 우리를 둘러싼 여건들에 의해 좌우되는 것이 아니다. 우리는 감정보다 가치를 우위에 놓을 수 있다. 또 우리는 어떤 일을 수행하는데 있어 주도적으로 하고 그 책임도 질 수 있다.

책임감(responsibility)이란 말을 살펴보자. 이것은 당신이 어떻게 반응할지를 선택할 수 있는 능력(response-ability)을 말한다. 매우 주도적인 사람은 이같은 책임을 인정한다. 이들은 자신이 한 행동에 대해 분위기, 주변 여건, 무슨 영향 때문이라는 등의 핑계를 대지 않는다. 주도적인 사람이 하는 행동은 가치관에 기초를 둔 스스로의 의식적 선택의 결과이지, 기분에 좌우되고 주변 여건에 영향을 받은 결과는 아니다.

우리는 본질적으로 주도적이다. 그런데 우리의 삶이 주위의 여건이나

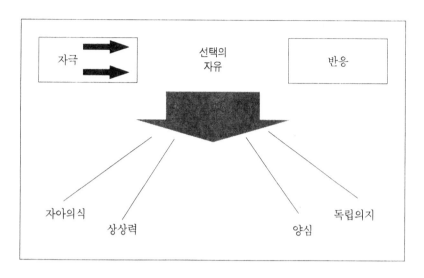

주도적 모델

상황 등에 따라 좌우된다면, 그 이유는 우리가 선택한 의식적인 결정이나 태만 때문에 그것들에게 우리를 지배할 수 있는 권한을 양도해 주었기 때문이다.

우리가 이같은 선택을 한다면 우리는 대응적(對應的)으로 된다. 대응적인 사람은 종종 물리적인 환경에 의해 영향을 받는다. 그들은 날씨가 좋으면 기분이 좋다고 느낀다. 그러나 날씨가 좋지 않으면 이는 그들의 태도나 수행능력에 영향을 미친다. 그런데 주도적인 사람들은 자신이 날씨를 결정할 수 있다. 즉, 비가 오든지 햇볕이 나든지 날씨 자체는 이들에게 별로 중요하지 않다. 왜냐하면 이들은 가치관에 따라 행동하기 때문에 자기의 가치관이 양질(良質)의 일을 수행하는 것이라면 날씨가 그 작업 자체에 영향을 미치지 않기 때문이다.

또한 대응적인 사람은 그들의 '사회적 날씨'에 해당되는 사회적 여건에 의해 영향을 받는다. 즉, 주위의 사람들이 자기를 잘 대해 줄 때 그들은 기분이 좋아진다. 그러나 만일 주위 사람들이 그렇지 못할 때 방어적으로 되고 자기 보호적으로 된다. 대응적인 사람은 다른 사람들이 하는 행동에 의해 자신의 감정적인 삶을 영위하고, 다른 사람들을 통제하기 위해 이들의 약점을 이용한다.

가치보다 충동을 하위에 두는 지혜는 주도적인 사람의 본질이다. 대응적인 사람은 기분, 분위기, 조건, 그리고 주변 여건에 따라 행동한다. 이에 반해 주도적인 사람은 심사숙고하고, 선택하며, 내면화된 가치기준에 따라 행동한다.

주도적인 사람 역시 외부자극, 즉 물리적, 사회적, 심리적 자극에 의해 영향을 받는다. 그러나 이들의 반응은 의식적이든 무의식적이든 가치관에 입각한 선택이나 반응이다.

엘리노어 루스벨트(Eleanor Roosevelt)가 말했듯이 "아무도 당신의 동의 없이 당신에게 고통을 가하지 못한다." 간디의 말처럼 "우리가 주지 않는다면, 그들은 결코 우리의 자존(自尊)을 빼앗을 수 없다." 다시 말하면 일어난 사건 자체보다 훨씬 더 우리를 고통스럽게 하는 것은 우리가 그 사건이 일어날 수 있도록 허용했고, 또 방치했다는 사실이다.

여기서 말하는 이같은 내용을 납득하기 매우 어려울 것이라는 점을 인정한다. 특히 우리가 지난 여러 해 동안 받은 고통과 비참함의 원인을 환경이나 다른 사람의 행동 때문이라고 돌려왔다면 더욱 어려울 것이다. 하지만 우리가 진심으로 "오늘의 나는 어제 내가 한 선택의 결과이다."라고 진지하고 또 정직하게 말하기 전까지는 "나는 다른 것을 선택하겠다."라고 말할 수 없다.

언젠가 내가 새크라멘토에서 주도성을 주제로 강연을 할 때, 청중 속에서 한 여자가 일어나 흥분해서 말을 하는 것이었다. 청중의 수는 아주 많았다. 여러 사람들이 그 여자를 돌아보자, 그녀는 갑자기 자신의 행동을 깨닫고 당황해서 제 자리에 주저 앉았다. 그러나 그녀는 자신을 억제하기가 어려웠던지 주위 사람들에게 다시 이야기를 하기 시작했다. 그녀는 아주 행복해 보였다. 나는 무슨 일인지 알아보기 위해 휴식시간을 기다렸다. 마침내 휴식시간이 되자 즉시 그녀에게 다가가 그녀의 경험을 이야기해 줄 용의가 있는지 물었다.

그녀는 "선생님은 저에게 무슨 일이 일어났는지 상상조차 할 수 없을 겁니다. 저는 감사할 줄 모르는 한 남자를 돌보는 간호사입니다. 제가 해주는 어떤 일도 그에게는 만족스럽지 못하고, 또 그는 결코 감사를 표시한 적도 없습니다. 심지어는 저를 거들떠 보지도 않습니다. 그는 제게 끊임없이 잔소리를 하며, 저의 잘못만을 들추어 내려고 합니다. 그는 제 인생을 비참하게 만들었고, 저는 이같은 고통을 때때로 가족들에게 화풀이하곤 했습니다. 다른 간호사들도 마찬가지예요. 우리는 모두 그가 죽기를 기도할 정도입니다."

"당신은 강단에서 '어떠한 것도 자신에게 상처를 주지 못하고, 또 스스로의 동의 없이는 그 누구도 고통을 줄 수 없다. 때문에 고통스러운 삶은 바로 내가 선택한 것이다.'라고 말씀하셨는데, 저는 그것을 도저히 납득할 수가 없었습니다."

"그러나 계속해서 이것에 대해 생각을 했지요. 그리고 자신에게 진심으로 이렇게 묻기 시작했습니다. '내가 과연 내 자신의 반응을 선택할 권한이 있는가?' 하고 말이에요."

"마침내 제가 그 선택권을 갖고 있다고 깨닫게 되자, 그 싫은 일과 비참해지게 된 것도 내가 선택한 것임을 인식함과 동시에 고통을 선택하지 않을 수도 있음을 처음으로 깨닫게 되었습니다."

"그 순간 제가 벌떡 일어났던 것입니다. 저는 갑자기 감옥에서 석방된 기분이었습니다. 저는 세상을 향해 이렇게 큰 소리로 외치고 싶었습니다. '나는 자유다! 나는 풀려났다! 나는 더 이상 다른 사람에 의해 통제받지 않을 것이다.'라고."

우리 자신이 고통스럽게 되는 것은 일어난 사건 자체가 아니고 그것에 대해 반응하면서 고통을 택하기 때문이다.

물론 우리에게 무언가가 육체적으로나 경제적으로 손해를 입혀 줌으로써 슬픔을 줄 수도 있다. 그러나 그렇다고 해서 우리의 성품, 즉 기본적인 아이덴티티가 반드시 상처를 받아야 할 필요는 없다. 사실 우리가 겪은 가장 어려운 경험들은 우리 자신의 성품을 형성시키고, 또 내면적 힘을 개발시켜 주는 시련이다. 이는 또 장차 닥칠 어려운 여건을 다스리는 능력과 다른 사람들에 대한 인내력도 고무시킨다.

프랭클은 어려운 환경에서도 개인의 자유를 개발하여 다른 사람들을 격려하고 용기를 줄 수 있었던 많은 사람들 중의 한 사람이다. 또 베트남 전쟁에서 포로들이 저술한 자서전은 그러한 개인적 자유로의 변환능력과, 또 이것이 감옥문화와 포로들에 대하여 미친 영향력을 여실히 보여주는 또 하나의 설득력 있는 증거이다.

우리는 매우 어려운 여건 속에서 살아가는 사람들을 알고 있다. 이들은 불치의 병을 앓고 있거나 혹은 심한 신체적 장애를 가지고서도 놀라울 정도로 강인한 마음을 가지고 있다. 이들의 고결함이란 얼마나 감동적인가! 고통을 초월하고, 어려운 여건을 극복하여 삶을 고상하게 하며, 또 향상시키는 가치관을 지니고 실천하는 사람들보다 우리에게 깊고 지속적인 감명을 주는 것은 없다.

나와 아내 샌드라가 함께 체험한 가장 감동적인 경험 가운데 하나는 지난 4년 동안 암선고를 받고 고통스러워하던 우리의 친구 캐롤과의 교우였다. 그녀는 우리 결혼식에 들러리를 섰으며 근 25년 이상이나 샌드라의 가장 절친한 친구였다. 캐롤이 암의 말기 단계에 들어섰을 때, 아내는 그녀의 병석에서 자서전을 쓰는 것을 도우며 시간을 보냈다.

아내는 그 어렵고 지루한 일을 하면서도, 친구가 그녀의 애들이 성장

단계 별로 읽을 수 있도록 충고의 글을 쓰기 위하여 갖게 된 강한 소망과 투병의 용기를 보고 너무나 감격하여 집에 돌아오는 것이었다.

캐롤은 자신의 정신적, 감정적 능력을 글 쓰는 데 최대한 발휘하기 위해 되도록 진통제를 자제하였다. 그녀는 이같은 상태에서 녹음기에 직접 입을 대고 속삭이거나 아내가 받아 쓸 수 있도록 했다. 캐롤은 주도적이었고, 용감했으며, 또 다른 사람에 대해 세심한 배려를 했기 때문에 주위의 많은 사람들에게 큰 감동을 주었다.

나는 캐롤이 죽기 바로 전날 그녀의 눈을 깊이 들여다 보았다. 그리고 그때의 경험을 결코 잊을 수 없다. 나는 살을 깊이 도려내는 듯한 고통을 당하고 있는 그녀의 눈빛 속에서 그녀의 고귀한 본성과 가치를 느낄 수 있었다. 나는 그녀의 눈 속에서 사랑, 관심, 감사와 더불어 성실함과 공헌 그리고 봉사의 삶을 보았다.

나는 지난 수년 동안 임종하는 사람이 관대한 태도로 사랑과 자비를 나누는 것을 몇 번이나 경험했는지 많은 사람들에게 물어 보았다. 일반적으로 청중의 4분의 1 정도는 그러한 경험을 하였다고 대답했다. 나는 그 다음에 그들 중 과연 몇 명이나 이같은 사람들을 결코 잊지 않을 지를 물어보았다. 즉, 얼마나 많은 사람들이 이러한 용기에 고무되어 적어도 일시적이나마 변화되고 깊이 감동되어 봉사와 자비의 고귀한 행위들을 하려는 동기를 갖게 되었는지 물어 본 셈이다. 그러면 앞의 경험을 한 사람들은 예외없이 그런 동기를 갖는다고 대답하였다.

빅터 프랭클은 인생에 세 가지의 중심적 가치가 있다고 주장한다. 즉, 우리에게 발생한 일을 통한 경험적 가치, 우리가 어떤 것을 만들어 내는 창조적 가치, 그리고 불치의 병과 같은 어려운 여건에서도 우리가 하는 반응인 태도적 가치 등이 있다.

지금까지 많은 사람들을 대상으로 해 온 경험에 의하면 세 가지 중심적 가치 중 최고의 가치는 패러다임, 즉 재구성을 하는 태도적 가치라는 프랭클의 주장이 맞는 것 같다. 다시 말하면 가장 중요한 것은 우리가 생활을 하면서 경험하는 것에 대해 어떻게 반응하는가 하는 점이다.

우리가 직면하는 어려운 역경들은 종종 패러다임을 전환하도록 만들어 준다. 다시 말해서 이것은 세상과 우리 자신 그리고 다른 사람들을 보는 전반적인 가치기준을 새롭게 바꾸도록 해준다. 이같은 시각의 개선과 확대는 우리 모두를 향상시켜 주고 고무시켜 주는 태도적 가치를 반영하고 있다.

적극적이 되라

우리가 가진 기본적인 본성은 자기 스스로 주체가 되어 행동하는 것이지, 남의 행동에 의해 이끌려 가는 것이 아니다. 이 본성은 주어진 상황에 대한 반응을 선택하도록 해 줄 뿐만 아니라 유리한 상황을 만들 수 있게 해 준다.

적극적이 된다는 것은 무모하게 밀어붙이고, 비난의 대상이 되며, 공격적으로 된다는 의미는 아니다. 그 대신 이것은 우리가 어떤 일을 완수할 책임을 인식하는 것을 뜻한다.

나는 지난 수년 동안 더 나은 직업을 원하는 사람들에게 적극적이 되라고 상담해 왔다. 이는 흥미검사 및 적성검사를 해 보고, 관심 있는 산업분야를 연구하며, 경우에 따라서 조직이 직면하는 문제까지도 조사하는 것이다. 그 다음에 면접에서 자신이 그 조직에 들어가면 조직의 문제를 해결할 방안이 있음을 설명해 주는 적극성을 말한다. 이러한 전략은 '해결책의 판매'라고 불리는 것으로 기업이 성공하는 데 중요한 패러다임이다.

이같은 상담에 대한 반응은 대개 긍정적이다. 즉, 대부분의 사람들은 이러한 접근법이 취업하고 또 승진하는 데 강력한 영향을 미친다는 사실을 알고 있다. 그러나 그들 중 많은 사람들은 필수적인 단계인 행동하는 것, 즉 적극적인 실행을 하지 못한다.

"나는 어디에 가서 흥미검사와 적성검사를 해야 하는지 모릅니다."

"내가 어떻게 기업과 조직체의 문제들을 연구할 수 있을까? 아무도 나를 도와주려고 하지 않는데."

"나는 효과적으로 설명하는 방법을 모릅니다."

사실 많은 사람들은 좋은 일이 저절로 일어나 주거나 누군가 자신을 돌보아 주기를 기다린다. 하지만 결국 좋은 직장을 갖는 사람은 문제를 해결하는 주도적인 사람이지, 그들 스스로가 문젯거리인 사람들은 아니다. 이같이 주도적인 사람은 자신의 직무를 수행하기 위해 올바른 원칙을 따르며, 필요한 일은 모두 적극적으로 수행해 가는 유형이다.

우리 집에서는 가족 중 무책임하게 누군가 어떤 일을 시작해 주기를 바라거나 해결책을 내놓기만 기다리는 경우, 어린 아이일지라도 "네가 가진 수완과 적극성을 사용해라." 라고 말해 준다. 그러므로 종종 누가 기다리다가도 "아, 알아요! 수완과 적극성의 활용."하면서 일을 시작한다.

사람들에게 책임지도록 하는 것은 인격을 무시하는 것이 아니라 존중해 주는 것이다. 주도성은 인간 본성의 일부이다. 비록 이 주도성의 능력이 경우에 따라 눈에 띄지 않고 내면 속에 잠재되어 있을 수 있지만, 이것이 존재한다는 사실은 분명하다. 우리가 다른 사람의 주도적 성향을 높이 평가해 주면, 우리는 이들에게 사회적 거울에서 반영되어 나온 하나의 확실한 기준을 제공해 주는 셈이다.

이때는 물론 개인의 성숙도도 반드시 고려되어야 한다. 예컨대 정서적 의존심이 강한 사람으로부터 대단히 독창적인 협조를 기대할 수는 없다. 하지만 우리는 적어도 이들이 가진 기본적인 본성을 지지해 주고 기회를 포착할 수 있는 분위기를 만들어 줌으로써 이들이 점차 자신있게 문제를 해결하도록 도와줄 수 있다.

주도적 행동과 피동적 행동

어떤 일을 솔선해서 적극적으로 하는 사람과 그렇지 못한 사람 간의 차이는 문자 그대로 밤과 낮의 차이만큼이나 크다. 그 차이의 정도는 효과성에서 25%나 50%만 나는 것이 아니라 5,000% 이상이 난다. 특히 영리하고, 사려깊고, 나아가 다른 사람에게 섬세한 사람이 적극적으로 일하는 경우 그 차이는 이처럼 크다.

성공적인 삶을 위하여 생산/생산능력 사이에 균형을 유지하려면 반드시 자기 자신이 주체가 되어야 한다. 7가지 습관을 개발하는 데도 우리가 주체가 되어야 한다. 앞으로 다룰 6가지 습관 각각이 우리의 주도적인 능력의 개발에 그 기반을 두고 있음을 깨닫게 될 것이다. 이들 습관은 우리가 주체가 되어 행동해야만 얻을 수 있다. 그런데 만일 우리가 남에게 끌려 가기를 기다린다면 피동적으로 될 것이다. 그렇게 되면 자기 성장과 기회는 우리로부터 점점 더 멀어지게 될 것이다.

나는 언젠가 주택개량 산업계의 20개 유관단체 및 기업체 대표자들을 대상으로 컨설팅을 한 적이 있었다. 이들은 일년에 분기마다 한 번씩 만나서 사업실적과 각 단체가 직면하고 있는 문제를 허심탄회하게 얘기하곤 하였다.

내가 이들을 대상으로 컨설팅할 그 시점은 심각한 불황 때문에 이 산업분야가 직면하는 어려움이 특히 심각하였다. 처음 회의를 시작할 때부터 사람들은 의기소침해 있었다. 첫날 토의 주제는 "우리 업계의 현황은 어떤가? 대책은 무엇인가?"라는 것이었다. 많은 문제점들이 지적되었다. 특히 규제 문제는 심각한 것이었다. 실직이 확대되고 있었고, 회의에 참가한 대표자들도 기업의 생존을 위해 오랫동안 동고동락해 온 직원들까지 해고하고 있는 실정이었다. 첫날 회의를 마치고 참가자 모두는 상당히 위축되었다.

둘쨋날, 이들이 다루는 주제는 "미래의 전망은 어떤가?"였다. 참가자들은 환경규제의 변화추세를 분석하고, 이것이 그들의 장래에 큰 영향을 끼칠 것이라는 가정 하에 대응전략을 수립했다. 둘쨋날 과정이 끝나고 나서도, 참가자들은 더욱 더 침울해 있었다. 왜냐하면 상태가 호전될 때까지 더욱 더 악화될 것을 모두가 알고 있었기 때문이었다.

마침내 셋쨋날 우리는 주도적인 스타일의 주제를 택하기로 결정했다. "우리는 어떻게 대처할 것인가? 우리의 구체적인 대책은 무엇인가? 우리가 어떻게 하면 이 상황을 주체적으로 극복할 수 있을까?" 이날 오전에는 관리개선 및 원가절감에 대해 토의했고, 오후에는 시장점유율을 어떻게 하면 높일 수 있을까에 대해 토의하였다.

우리는 이상 두 분야를 대상으로 브레인스토밍* 을 실시하고, 그 다음 몇 가지 매우 실용적이고 실행 가능한 것을 중심으로 토의를 진행하였다. 그러자 흥분과 희망 그리고 주도적인 자각의 새로운 분위기가 도출되었다. 셋쨋날이 거의 끝날 때쯤 우리는 "사업의 전망은 어떠한가?"라는 회의 결론을 위한 질문에 대해 다음과 같은 세 가지 답을 낼 수 있었다.

1. 우리의 현재 상태는 좋지 않다. 현재의 추세로 보아 상태가 호전될 때까지는 좀더 악화될 것으로 보인다.

2. 그러나 우리가 세운 대책의 전망은 대단히 좋다. 왜냐하면 우리는 보다 나은 관리와 원가절감 그리고 시장점유율의 제고를 추구하기 때문이다.

3. 따라서 사업은 과거보다 더 나아질 것이다.

---

* 역자 주 : 창의력 개발 기법의 일종. 다른 사람의 제안을 비난하거나 비판하지 못하도록 규칙을 정해둠으로써 보다 많은 창의적인 아이디어가 제안될 수 있도록 함.

그런데 만일 여기서 대응적으로 사고하는 집단이 모였다면 어떻게 되었을까? 아마 "이봐, 현실을 제대로 보자고. 긍정적인 사고와 각종 심리작전에도 한계가 있어. 우리는 조만간 현실을 직시할 수밖에 없을 걸세."라고 반응했을 것이다.

현실의 직시, 바로 그것이 긍정적 사고와 주도적 사고 간의 차이이다. 우리는 현실을 직시한 다음 장래의 전망을 내다보았다. 그리고 또 우리는 이러한 현실과 장래 전망에 관하여 긍정적인 쪽의 결론을 주체적으로 선택할 수 있는 권한을 가졌다는 사실도 파악하였다. 만일 그러한 사실을 파악하지 않았더라면 환경이 우리의 운명을 결정짓는다는 환경결정론을 받아들였을 것이다.

기업, 지역사회 단체, 그리고 가족을 포함하는 모든 종류의 조직은 주도적으로 될 수 있다. 즉, 주도적인 사람들이 가진 창의력과 풍부한 재능을 통하면 조직 내에 주도성 위주의 조직문화를 창조할 수 있다. 조직은 환경에 의해 영향받을 필요가 없고, 조직 구성원들의 가치와 목적을 달성하기 위해 주도적으로 행동할 수 있다.

주도적인 말을 하라

태도와 행동은 우리 자신이 가진 패러다임에서 나온다. 따라서 이같은 태도와 행동을 검토하기 위해 자아의식을 사용해 보면 그 바탕에 깔린 패러다임을 종종 볼 수 있다. 예를 들어 우리가 쓰는 말은 자신을 얼마나 주도적인 사람으로 보는가에 대한 아주 좋은 측정기준이 된다. 그 예로 대응적인 사람들이 쓰는 말에는 책임감이 없다.

"이게 나야. 내가 할 수 있는 모두야."—나는 한정되어 있다. 그 문제에 대해 나는 어떻게 할 수 없다.

"그가 나를 이처럼 화나게 한다."—나는 책임이 없다. 내 자신의 감정과 기분은 내가 통제할 수 없는 무언가에 의해 지배된다.

"나는 그것을 할 수 없다. 또 시간도 없다."—나 자신이 아닌 다른 것, 즉 제한된 시간이 나를 통제한다.

"만약 내 아내가 좀더 인내심이 있다면."—다른 사람이 나의 행동을 제한하고 있다.

"난 그것을 반드시 해야 돼."—주위의 여건이나 다른 사람이 내가 그 일을 하도록 강요하고 있다. 나는 내 스스로의 행동을 선택할 수 있는 자유가 없다.

앞에서 소개한 말들은 결정론에 입각한 기본적 패러다임에서 나온 것이다. 그런데 이같은 표현에서 나타나는 일반적인 공통점은 책임전가이다. 나는 책임이 없다. 나는 반응을 선택할 수 없다는 것이다.

한번은 한 학생이 나에게 다음과 같이 물었다. "죄송하지만 강의를 좀 빠져도 되겠습니까? 제가 원정 테니스 시합에 출전해야 하거든요." 그때 나는 "꼭 가야만 하는 것인가, 아니면 가기로 자네가 선택한 것인가?"라고 물었다. "저는 꼭 가야만 합니다."라고 대답하였다.

"만일 자네가 안 가면 어떻게 되는가?"

"그러면 아마 제가 팀에서 쫓겨나게 될 것입니다."

"그런 결과를 원하는가?"

대응적인 말	주도적인 말
내가 할 수 있는 방법이 없다.	자, 대안을 찾아보자.
내가 할 수 있는 모두야.	나는 다른 방법을 선택할 수 있다.
그가 나를 미치도록 화나게 한다.	나는 자신의 감정을 조절한다.
그 사람들이 허락해 주지 않을거야.	나는 효과적으로 설득을 할 수 있다.
나는 그것을 반드시 해야만 돼.	내가 적절한 방안을 선택한다.
나는 할 수 없어.	내가 선택한다.
해야만 해.	내가 원한다.
만일 할 수만 있다면.	내가 할 것이다.

"저는 원치 않습니다."

"다르게 말해서 자네는 팀에 계속 남기 위해 시합에 가는 걸 택한 것인데, 만일 내 수업에 빠지면 그것은 어떻게 되나?"

"모르겠는데요."

"잘 생각해 봐. 수업에 참가하지 않는 것이 어떤 결과를 가지고 올까?"

"저를 이 강의에 못 들어오게 하지는 않으시겠지요. 그렇죠?"

"그것은 사회적 결과일세. 또 그것은 인위적인 일이야. 그런데 만일 자네가 테니스 팀에 참가하지 않는다면 시합을 할 수 없겠지. 그것은 자연적인 결과라네. 수업에 참가하지 않는 것에 대해서는 무엇이 자연적인 결과이겠나?"

"배울 기회를 잃게 됩니다."

"맞았네. 그러니 자네는 두 가지 결과의 중요성을 비교해서 하나를 선택해야 하는 걸세. 만일 나라면 테니스 경기에 가는 것을 선택하겠네. 그러나 다음부터는 무엇을 반드시 해야만 한다는 식으로 말하지는 말게나."

"저는 테니스 시합에 가는 것을 선택하겠습니다."그는 공손하게 대답했다.

"내 수업은 빠지고?" 나는 일부러 믿을 수 없다는 표정을 짓고 웃으면서 대답했다.

대응적인 말이 갖는 심각한 문제는 바로 이 말이 씨가 되고 예언이 된다는 점이다. 다시 말해 자신의 운명은 이미 결정됐다는 패러다임을 강화시키게 되고, 이같은 숙명론이 정당화 된다. 이것이 가져오는 결과는 자신의 인생이나 운명에 대한 책임을 상실하게 될 뿐만 아니라 점차 피해의식을 갖게 되고 스스로에 대한 통제력을 상실하게 된다. 이같은 사람들은 자신이 처한 상황 및 여건은 다른 사람, 주위 환경, 그리고 심지어 하늘에 떠 있는 별과 같은 외부의 영향력 탓으로 돌린다.

　내가 어떤 세미나에서 주도성의 개념에 관해 강연을 할 때, 한 참가자가 다가와 이렇게 말한 적이 있다. "스티븐, 나는 당신의 얘기가 일리 있다고 생각합니다. 하지만 상황이란 천차만별입니다. 내 결혼생활을 한번 보십시오. 나는 정말 걱정이 됩니다. 내 아내와 나는 서로에 대해 예전과 같지 않습니다. 아마도 나는 더 이상 그녀를 사랑하지 않고, 또 그녀 역시 나를 사랑하지 않는 것 같습니다. 이런 경우 어떻게 해야 합니까?"

　"예전과 같은 감정이 전혀 없습니까?"라고 나는 물었다.

　"없습니다." 하고 그는 재차 확인한 뒤에 "그런데 우리는 돌보아야 할 아이들이 셋이나 있습니다. 당신의 의견은 무엇입니까?"라고 물었다.

　나는 "그녀를 사랑하시오."라고 대답해 주었다.

　"내가 말했지 않습니까? 더 이상 그 느낌이 없다고요."

　"그녀를 사랑해 보세요."

　"이해를 못 하시는군요. 사랑의 감정은 이제 남아 있지 않아요."

　"그렇다면 그녀를 더욱 사랑해야 돼요. 만일 그런 감정이 없다면 그것 자체가 그녀를 사랑해야 할 이유입니다."

　"하지만 당신은 사랑하지 않는 사람을 어떻게 사랑합니까?"

　"선생님, 사랑은 하나의 동사(動詞)입니다. 사랑한다는 감정은 사랑하는 행동에서 나온 결심입니다. 그러니 먼저 사랑하시오. 그녀에게 잘 해 주시오. 희생하시오. 그녀의 말에 귀기울이고, 공감해 주고, 감사하시오. 그녀를 믿고 지지해 주시오. 그렇게 할 의사가 있습니까?"

　모든 선진사회에서 출판되는 위대한 문학작품들은 사랑을 행동하는 동사로 본다. 그런데 후진적이고 대응적인 사람들은 사랑을 느끼는 감정으로 본다. 또 이들은 이같은 감정의 노예가 된다. 그런데 헐리우드 영화의 각본은 대부분이 우리는 감정의 동물이기에 우리의 행동에 대한 책임을 지지 않아도 되는 것처럼 믿게 한다. 이들 각본은 현실을 있는 그대로 기술하지 않는다. 만일 감정이 우리가 하는 행동을 통제한다면, 그것은 우리가 자신의 책임을 포기하고 감정으로 하여금 그렇게 하도록 내버려 뒀기 때문이다.

주도적인 사람들은 사랑을 동사로 만든다. 사랑은 당신이 행하는 그 무엇이다. 마치 한 어머니가 새로운 생명을 탄생시키는 것처럼 자신을 희생하고 또 자신을 주는 것이다. 만일 당신이 사랑을 공부하고 싶다면, 다른 사람을 위해 희생을 하는 사람들에 대해 연구해야 한다. 그들은 사랑을 받고도 모욕을 주거나 사랑을 되돌려 주지 않는 사람들까지도 사랑한다. 만일 당신이 부모라면, 자녀들을 위해 희생했던 사랑을 생각해 보라. 사랑은 사랑하는 행위를 통해 실현되는 하나의 가치이다. 주도적인 사람은 감정보다는 가치를 우선시 한다. 사랑이란 감정은 회복될 수 있다.

관심의 원/영향력의 원
우리가 자신의 주도성 정도를 스스로 자각할 수 있는 또 하나의 훌륭한 방법은 바로 자신의 시간과 에너지를 어디에 집중시키는가를 살펴보

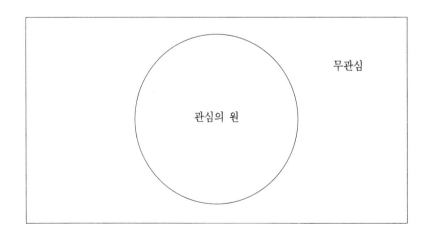

는 것이다. 우리는 각자 광범위한 관심의 영역을 가지고 있다. 여기에는 예컨대 자신의 건강, 자녀, 직장 문제, 외채 그리고 핵전쟁 등 여러 가지가 있을 수 있다. 우리는 이와 같은 "관심의 원"을 그리고, 모든 관심의 영역을 그 안에 포함시킴으로써 특별한 정신적 혹은 감정적인 관심이 없는 영역과 구분할 수 있다.

이제 우리가 '관심의 원'에 들어 있는 대상들을 살펴보면, 이것은 우리가 전혀 통제력을 갖지 않는 것과 또 통제력을 갖고 있는 것으로 구분할 수 있다. 나아가 우리는 이처럼 통제력, 즉 영향력을 발휘할 수 있는 대상들을 더 작은 "영향력의 원" 내에 둠으로써 전자와 구별할 수 있다.

우리가 이러한 두 가지 영역 중 어디에 시간과 에너지의 대부분을 집중시키는가를 살펴보면, 자신의 주도성의 정도가 어떠한가 발견할 수 있을 것이다.

주도적인 사람은 자신의 노력을 '영향력의 원'에 집중시킨다. 이들은 자신이 영향력을 행사 할 수 있는 일을 중점적으로 한다. 또 이들이 가진 에너지의 본질은 영향력의 원을 증가시키는 긍정적, 적극적, 확장적 특성을 가지고 있다.

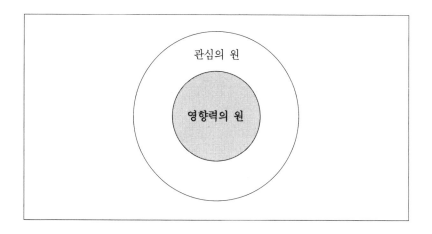

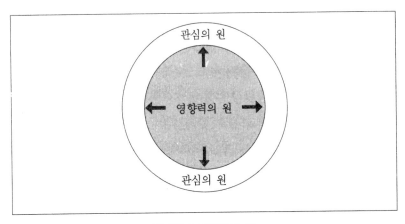

주도적인 사람들의 원
(적극적인 에너지가 영향력의 원을 확장시킨다.)

대응적인 사람은 이와 반대로 자신의 노력을 '관심의 원'에 집중시킨다. 이들은 자기의 관심을 다른 사람이 갖는 약점, 환경상의 문제, 그리고 자신이 통제하지 못하는 여건 등에 집중시킨다. 대응적인 사람들이 이같은 대상에 관심을 집중함으로써 비난하고 책망하는 태도, 반발적인 말, 그리고 피해의식의 증대와 같은 결과가 초래된다. 그런데 바로 이같은 대상에 집중하면 부정적, 즉 소극적 에너지가 나타나게 되고, 또 자신의 영향력권 내에 있는 것에 무관심하게 되기 때문에 마침내는 '영향력의 원'을 축소시킨다.

우리가 '관심의 원' 안에 있는 대상에 노력을 집중하면, 이것들이 우리를 통제하도록 권한을 부여하는 셈이다. 그 결과 우리는 긍정적인 변화를 일으키는 데 필요한 주체적인 주도권을 잡지 못하게 된다.

나는 앞에서 학교에서 심각한 문제를 가지고 있던 우리아들에 관해 이야기한 적이 있다. 아내와 나는 아들이 가진 많은 약점과 다른 사람들이 그를 대하는 태도 때문에 많은 걱정을 하였다. 그런데 이러한 대상은 우리의 영향력과는 거리가 먼 '관심의 원'에 있었다. 따라서 우리가 여기에

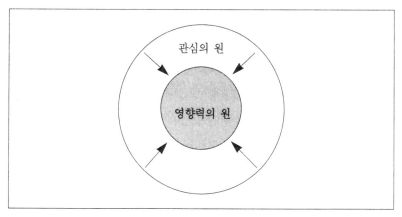

대응적인 사람들의 원
(소극적인 에너지가 영향력의 원을 축소시킨다.)

노력을 집중시키는 동안 우리의 능력 부족과 무기력감만 느꼈을 뿐만 아니라 나아가 아들의 의존심만 크게 하고 그밖에는 아무 것도 달성하지 못하였다.

그런데 우리 부부가 그에 대해 가진 패러다임, 즉 '영향력의 원'에 있는 대상에 우리의 관심을 집중했을 때 우리 스스로를 변화시키는 적극적인 에너지를 창조해내기 시작했고, 이것이 마침내 우리부부는 물론 아들에게도 영향을 미치게 되었다. 우리가 조건이나 여건에 대해 걱정하는 대신 우리 자신이 할 수 있는 것을 행한 것이 바로 그 여건에 영향을 미칠 수 있게 된 것이다.

지위와 부, 역할 또는 인간 관계 때문에 한 개인이 가진 '영향력의 원'이 '관심의 원'보다 더 큰 경우가 있다.

이러한 상황은 우리 자신을 단지 감정적인 근시안으로 만들고, 천박하고 경솔한 영향력을 행사하도록 한다. 즉, 자신의 생활 스타일을 '관심의 원'에 집중함으로써 무절제하고 이기적이고 대응적이 된다.

주도적인 사람은 우선 순위를 가지고 영향력을 행사하며, 그것을 효과

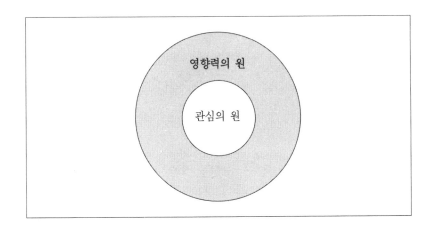

영향력의 원

관심의 원

적으로 행사하는 것에 대한 책임을 받아들이기 때문에 최소한 '관심의 원'과 같은 크기의 '영향력의 원'을 가지고 있다.

직접적 통제, 간접적 통제, 그리고 통제할 수 없는 경우

우리가 직면하는 문제들을 구분하면 다음 세 가지 중 하나에 속한다.

(1) 직접적인 통제를 할 수 있는 경우(우리 자신의 태도와 관계되는 문제들),

(2) 간접적인 통제를 할 수 있는 경우(다른 사람의 행동과 관계되는 문제들),

(3) 통제를 할 수 없는 경우(우리의 과거나 상황이 만든 현실과 같이 우리로서는 어떻게 할 수 없는 문제들).

주도적인 접근방법은 이같은 세 가지 종류의 문제들을 해결할 때 모든 문제를 '영향력의 원' 안에 두는 것이다.

직접적인 통제를 할 수 있는 문제들은 우리의 습관을 다루어 봄으로써 해결된다. 이는 분명히 우리의 '영향력의 원' 안에 있는 것으로 습관 1, 2, 3인 '개인적 승리'에 해당되는 것이기도 하다.

간접적인 통제를 할 수 있는 문제들은 우리가 영향력을 행사하는 방법을 바꿈으로써 해결된다. 이것은 습관 4, 5, 6에 해당되는 '대인관계의 승리'이다. 나는 개인이 영향력을 행사하는 방법이 30여 가지나 된다는 사실을 알아냈다. 예컨대 여기에는 공감 대(對) 대결 그리고 사례제시 대(對) 억지설득 등과 같이 구분이 분명하다.

그런데 대부분의 사람들은 30여 가지나 되는 많은 방법 중에서 단지 3~4개만 주로 사용한다. 그 예로 사람들은 보통 이성적으로 시작하지만 이것이 먹혀 들어가지 않을 때는 언성을 높이거나 또는 싸운다. 우리가 누군가를 "개선"시키기 위해 케케묵고 비효과적인 방법을 사용하려고 애쓰지 말고, 영향력 있는 새로운 방법을 배울 수 있다면 얼마나 신나는 일인가?

통제를 할 수 없는 문제에 관해서는 얼굴에 주름살이 안 생기게 하는 책임만 지면 된다. 즉, 웃으면서 진지하고 편안하게 받아들이고, 싫더라도 기꺼이 인정해 가며 사는 방법을 배우는 것이다. 이렇게 하면 이같은 문제들도 우리를 더 이상 통제하지 못하게 된다. 이제 '알콜중독자 자주치료협회'에서 하는 기도 속에 들어 있는 정신을 함께 음미해 보자.

"주여, 저에게 변화할 수 있고, 또 변화되어야 하는 것은 변화시킬 수 있는 용기를 주소서. 우리 힘으로 변화시킬 수 없는 것들은 그대로 받아들일 수 있는 침착함을 주시옵고, 그 차이들을 구별할 수 있는 지혜를 주시옵소서."

이상을 정리하면 당면한 문제가 직접적 통제, 간접적 통제, 또는 통제할 수 없는 것 중 어떤 것이든 해결의 첫단계는 우리 손에 달려 있다. 이것은 우리가 습관을 바꾸고, 영향력을 행사하는 방법을 바꾸며, 통제할 수 없는 문제들은 보는 방식을 바꾸는 것으로, 이상의 모두는 우리가 가진 '영향력의 원' 안에 들어 있다.

영향력의 원 확대

우리가 어떤 상황에 대해 반응을 선택하게 되면, 그 상황이 크게 영향을 받고 바뀌어진다는 대단히 고무적인 사실을 알게 된다. 이는 마치 우리가 화학구조식의 어느 한 부분을 바꿈으로써 그 결과의 본질 자체를 바꾸는 것과 같다.

　나는 아주 활동적인 최고경영자가 운영하는 어떤 회사에서 몇 년 동안 고문으로 일한 적이 있다. 그는 세상이 돌아가는 추세를 파악하고 있었다. 그는 창의적이고, 재능이 있고, 유능하고, 총명한 사람이었으며, 모든 사람은 이 사실을 알고 있었다.

　그런데 그의 관리방식은 매우 독재적이었다. 그는 직원들을 마치 아무 판단력도 없는 존재인 "잔심부름꾼"으로 취급하는 경향이 있었다. 따라서 직원에게 던지는 그의 말투는 "이렇게 하세요. 저렇게 하세요. 이젠 이 일을 하세요. 이젠 저 일을 하세요. 결정은 내가 합니다."라는 식이었다.

　이같은 결과 그는 주변의 거의 모든 중역들로부터 자신을 소외시키게 되었다. 이들은 복도에서 불평을 했다. 중역들이 지적하는 내용은 일리도 있고 근거도 있는 것이었다. 하지만 이들은 끊임없이 불평만 했고, 모든 책임을 사장이 갖는 결함탓으로 돌렸다.

　"이번에는 어떤 일이 있었는지 아십니까? 며칠 전에 사장이 우리 부서에 들렀지요. 그때 우리는 이미 모든 계획이 완료되어 있었습니다. 그런데 그가 들어와서 완전히 다른 지시를 내렸습니다. 우리가 몇달 내내 해왔던 일은 그 때문에 바로 물거품이 되었습니다. 계속해서 이 사람 밑에서 어떻게 일을 해나가야 할 지 모르겠습니다. 도대체 그가 은퇴할 때까지 얼마나 남았지요?"

　"그는 이제 겨우 쉰 아홉이오. 6년이나 남았어요." 누군가가 대답했다.

　"당신은 그때까지 견디어 낼 수 있을 거라고 생각합니까?"

　"나도 모르겠소. 그는 아마 쉽게 은퇴하지 않을 그런 종류의 사람이요."

그러나 중역 중 한 사람만은 주도적이었다. 그는 감정이 아닌 가치관에 따라 움직이는 사람이었다. 그는 자신이 주체가 되어 행동하였다. 그는 예측을 하고, 입장을 바꿔 생각하고, 또 상황을 파악했다. 그도 사장의 결점을 모르는 것은 아니었지만, 그것을 헐뜯는 대신 보완해 주었다. 그는 사장과 직원들 사이에서 완충 역할을 하면서 사장의 결점을 무마시키려 노력하였다. 그러면서 그는 사장의 강점인 비전, 재능, 그리고 창의력을 회사 발전에 활용하였다.

이 중역은 자신이 가진 '영향력의 원'에 노력을 집중하였다. 그도 사장으로부터 하찮게 취급당하기는 마찬가지였다. 그러나 그는 사장이 잔심부름꾼으로부터 기대하는 것보다 훨씬 더 많은 일을 했다. 우선 사장이 필요한 것을 사전에 파악하였다. 또 사장이 우려하는 사항에 대해 공감하며, 사장 입장에서 생각해 보았다. 그래서 사장에게 보고할 때도 자신이 분석한 것과 이에 기초한 대안을 함께 제시했다.

어느 날 내가 자문을 하기 위해 사장과 함께 자리했을 때, 그는 다음과 같이 말했다. "스티븐, 나는 이 사람이 이처럼 일을 잘 하는지 믿을 수가 없네. 그는 내가 요구하는 정보뿐만 아니라, 정말로 필요한 추가적인 정보까지 제공하고 있네. 심지어 내가 깊은 관심을 갖는 분야에 대해 분석하고 보고할 뿐만 아니라 나아가 몇 가지 대안까지 제시하네."

"그 대안들은 분석 내용과 일치하고, 나아가 그 분석 결과는 자료들과 일치하지. 그는 대단한 사람이야! 그가 맡고 있는 사업에는 걱정거리가 없네."

그 다음날 개최된 회의에서도 그는 임원들에게 여전히 "이래라 저래라."하는 방식으로 일관했지만, 단지 이 사람에게만은 예외였다. 이 임원에게는 "당신의 의견은 어떻소?"라고 묻는 것이었다. 즉, 그의 '영향력의 원'이 점차 커지기 시작한 것이다.

이 일은 그 조직 내에 굉장한 센세이션을 불러일으켰다. 중역들 중 대응적인 생각을 가진 사람들은 이 주도적인 중역에 대해 뒷전에서 딴소리 하기 시작했다.

책임을 회피하려는 것은 대응적인 사람들이 갖는 본성이다. "나는 책임이 없다."라고 말하는 것은 자신을 보호하기 위한 것이다. 만일 내가 "내 책임이다."라고 말한다면, "나는 책임이 없다."라고도 해야 할 것이다. 스스로 결정할 능력이 있으며, 내가 결정한 것이 부정적이고 바람직하지 못한 결과를 가져왔다고 말하기는 대단히 어렵다. 특히 내가 오랫동안 결과에 대한 책임을 지지 않고 다른 약점 때문이라고 해 왔다면 더욱 그러할 것이다.

따라서 다른 중역들은 자기 자신이 왜 책임이 없는가를 입증하기 위해 더 많은 정보와 공격거리 그리고 증거를 찾는 데만 열중하고 있었다.

그러나 이 임원은 다른 사람들에 대해서도 역시 주도적이었다. 그 결과 다른 임원들을 향한 '영향력의 원'도 점차 커지기 시작하였다. 이같은 현상은 점차 더 확대되어, 마침내 그 조직 안에서 그의 개입과 승인 없이는 사장을 포함한 어느 누구도 중요한 결정은 할 수 없을 정도까지 되었다. 그러나 사장은 이 사람의 능력이 자신의 강점을 지원하고, 결점은 보완해 주었기 때문에 이 사람에 대해 전혀 위협을 느끼지 않았다. 그 결과 사장은 보완적인 팀으로 두 사람의 능력을 갖게 되었다.

이 임원의 성공은 자신이 상황의 노예가 되지 않았기 때문에 달성되었다. 왜냐하면 많은 다른 임원들도 처한 상황이 똑같았기 때문이다. 이 사람이 다른 임원들과 차이를 낸 것은 상황에 대한 대책으로 '영향력의 원'에 초점을 맞춘 그의 결정이었다.

혹자는 '주도적'이라는 말을 밀어붙이고 공격적이거나 또는 비정함의 의미로 해석하는 경우가 있다. 그러나 사실은 전혀 그렇지 않다. 주도적인 사람은 무모하게 밀어붙이지 않는다. 이들은 스마트하고, 가치 지향적이며, 현실을 파악할 줄 알며, 또한 무엇이 필요한 지 안다.

간디를 보라. 그는 자신의 반대파들이 의사당에 모여 대영제국의 인도 국민에 대한 탄압을 성토하면서 그가 합류하지 않는다는 사실을 비난하고 있을 때, 시골에서 조용히, 천천히, 그리고 눈에 띄지 않게 자기 자신의 '영향력의 원'을 농민들에게 넓혀가고 있었다. 그 결과 간디에 대한 지지, 신뢰, 그리고 믿음의 열기가 점차 전국적으로 확산되었다. 간디는 비록 아무런 공식적 지위나 정치적 지위도 갖지 않았지만, 자신이 가진 열정, 용기, 단식과 도덕적 설득을 통해 '영향력의 원'을 확대시켰고, 드디어는 3억의 인도인을 지배하던 영국을 마침내 무릎 꿇게 하였다.

'기대' 와 '결의'

어떤 용건이 어떤 원에 속해 있는가를 파악하는 방법의 하나는 그것이 기대적인 것인지 결의적인 것인지를 알아보면 된다. 우선 '관심의 원'은 기대적인 표현으로 가득 차 있다.

"집을 구입하기 위해 빌린 돈을 모두 갚을 수 있으면 행복할 텐데."

"사장이 저런 독재자만 아니라면."

"내 남편이 좀더 무던한 사람이라면."

"우리 아이들이 좀더 말을 잘 듣는다면."

"만일 내가 학위를 가졌더라면."

"내 스스로 활용할 시간적 여유가 조금만 더 있다면."

이상과 비교하면 영향력의 원은 결의적인 표현으로 차 있다. 예컨대 나는 보다 참을성 있는 사람이 될 수 있다, 나는 더 현명하게 될 수 있다, 나는 더 사랑스럽게 될 수 있다 등과 같이 초점을 자기 성품과 결의에 맞춘다. 만일 문제가 "외부에" 있다고 생각한다면, 그 생각 자체가 바로 큰 문제이다. 이것은 외부에 있는 것에 우리 자신을 통제할 수 있는 권한을 부여해 주기 때문이다. 이때의 변화 패러다임은 "외부에서 시작하여 내면으로" 향한다. 다시 말하면 자기가 변화되기 이전에 반드시 외적인 것이 먼저 변화되어야 한다고 생각하는 것이다.

주도적인 접근 방법은 '내면에서 외부로' 향하여 변화하는 방법이다. 즉, 외부에 있는 것들을 긍정적으로 변화시키기 위해 우리 자신이 뭔가 달라져야 된다는 것이다. 예컨대 나는 보다 현명하게 될 수 있다, 보다 부지런하게 될 수 있다, 보다 창조적이 될 수 있으며, 나아가 좀더 협력적으로 될 수 있다는 식이다.

내가 좋아하는 구약성서 내용*에는 유태인의 기독교 전통에 대한 부분이 있다. 그것은 17세의 나이로 형제들에 의해 이집트에 노예로 팔려간 요셉에 관한 이야기이다. 우리는 '얼마나 요셉이 죄없는 자신을 팔아넘긴 형들과 노예상인들의 나쁜 짓을 원망할 수 있었으며, 보디발의 종으로서 자신의 불쌍한 신세를 보고 괴로워할 수 있었을까.'를 상상할 수 있을 것이다.

하지만 요셉은 주도적인 사람이었다. 그는 '될 수 있다'고 결의하며 열심히 일했다. 그 결과 그는 얼마 안 가서 보디발의 가사를 돌보는 관리자가 되었다. 그는 큰 신망을 얻었기 때문에 보디발의 모든 재산을 관리하게 되었다.

어느 날 요셉은 매우 어려운 상황에 처했지만, 불의와의 타협을 거부하여 결국 13년 간이나 부당한 옥살이를 하게 되었다. 그러나 그는 주도적이었다. 즉, 그는 '영향력의 원'에 집중하였고, 의존적 기대보다는 '될 수 있다.'의 결의로 최선을 다했다. 얼마 가지 않아 요셉은 감옥에서도 큰 영향을 미치게 되었다. 그 후 요셉은 마침내 이집트에서 왕 다음 가는 제 2인자가 되었다.

나는 이러한 아이디어가 많은 사람들에게는 극적인 패러다임 전환이라는 것을 안다. 우리는 자신이 처한 어려운 상황에 대해 다른 사람들 혹

---

* 역자 주 : 창세기 37장 2절.

은 주위 여건이나 제약조건들을 원망하기 쉽다. 하지만 책임은 우리에게 있다. 우리가 자신의 생활을 통제하고, 자기 자신과 '될 수 있다'의 결의에 노력을 집중한다면 주위 상황에 영향력을 행사할 수 있다.

결혼생활에 어떤 문제가 있다고 하자. 만일 내가 계속해서 아내의 잘못만 지적한다면 실제로 무슨 이익이 있겠는가? 나는 책임이 없고 아내만 책임이 있다고 말하는 것은 스스로를 무력한 희생물로 인정하는 것이다. 다시 말하면 이것은 자기 스스로를 부정적인 상황에 집어 넣고 요지부동하게 만드는 것이다.

이것은 아내에게 영향력을 행사할 수 있는 나의 능력을 줄이게 한다. 아내를 괴롭히고, 비난하고, 또 비판하는 행동은 그녀로 하여금 자기는 결점이 많아 개선이 힘든 인간이라고 자포자기 하도록 만들기 때문이다. 나의 비판은 내가 고치고 싶어 하는 그녀의 행동보다 더 나쁘게 작용한다. 그 결과 이같은 상황에 긍정적으로 미칠 수 있는 나의 영향력은 줄어들 뿐만 아니라 마침내 사라지고 만다.

만일 내가 진정으로 어떤 상황이 개선되기를 원한다면, 내가 통제할 수 있는 단 한 가지, 즉 나 자신에게 초점을 맞춰서 노력해야 한다. 나는 아내를 개조시키려는 시도를 멈추고, 나 자신의 결점을 고치기 위해 노력해야 한다. 나는 조건없는 사랑과 지원을 해 주는 바람직한 남편이 되기 위하여 노력해야 한다. 그렇게 하면 아내도 내가 보여 주는 주도적인 본보기의 영향력을 느끼고 같은 방법으로 반응하게 될지도 모른다. 그러나 그녀가 반응하든 하지 않든 내가 나의 상황에 영향을 줄 수 있는 가장 긍정적인 방법은 내 자신, 즉 내가 '될 수 있는' 것에 대해서 노력하는 것이다.

나의 '영향력의 원' 안에 있는 일을 할 수 있는 방법은 매우 많다. 여기에는 더 나은 경청자가 되는 일, 보다 더 사랑하는 배우자가 되는 일, 좀 더 모범적인 학생이 되는 일, 그리고 보다 협력적이고 최선을 다하는 직원이 되는 일 등이 있다. 이따금 우리가 할 수 있는 가장 주도적인 것은 행복하게 느끼는 것, 즉 진심으로 웃는 것이다. 행복은 불행과 마찬가지로 하나의 주도적인 선택이다.

그러나 이와는 반대로 날씨와 같이 우리의 영향력의 원에 결코 포함되지 않는 것들도 있다. 그러나 만일 우리가 주도적인 사람이라면 우리 자신이 물리적 날씨 또는 사회적 날씨를 가지고 다닐 수 있다. 다시 말해 우리가 통제할 수 있는 일들에 대해 자신의 노력을 집중시키면서, 현재로는 우리가 통제할 수 없는 일들도 그대로 받아들인다면, 우리 자신은 좀더 행복해질 수 있을 것이다.

결과와 실수

우리가 삶의 초점을 '영향력의 원'에 맞추기 전에, '관심의 원' 안에 있으며 심사숙고 해야 할 두 가지가 있다. 이것은 바로 결과와 실수이다. 우리는 자신의 행동을 선택할 자유는 가지고 있지만, 그러나 이같은 행동이 가져오는 결과를 선택할 자유는 없다. 결과는 자연 법칙에 의해 지배되므로 '관심의 원' 안에 속한다. 그 예로 달리는 기차에 뛰어들기로 결정할 수는 있다. 그러나 기차가 우리를 덮쳤을 때 우리에게 무슨 일이 일어날지를 결정할 수는 없다.

사업상 거래에서 남을 속이기로 결정할 수 있다. 이러한 결정이 가져올 사회적 결과는 속임수가 탄로가 나는지 아닌지에 의해 좌우되는 데 반해, 우리의 본성에서 나오는 행동에 대한 자연적 결과(자연법칙, 즉 원리의 결과)는 이미 정해져 있다.

우리의 행동은 원칙들에 의해 지배된다. 원칙을 따르는 행동은 긍정적인 결과를 초래한다. 우리는 어떠한 상황에서도 우리가 하는 행동을 선택할 자유를 가지고 있다. 그러나 우리가 그렇게 함으로써 붙어다니는 결과도 선택하게 된다. 이는 마치 "우리가 지팡이의 한쪽 끝을 집으면, 또 다른 쪽 끝도 따라오는 것"과 같다.

우리는 누구나 각자의 상황에서 선택한 지팡이가 나중에는 잘못된 지팡이였음을 알게 되는 그런 경험을 가지고 있다. 우리가 했던 어떤 선택은 차라리 없었으면 더 좋았을 그런 결과를 초래한다. 만일 우리에게 다시 한번 선택 기회가 주어진다면, 이때 우리는 다르게 선택할 것이다. 우리는 이러한 선택을 실수라고 부르며, 이것이 바로 우리가 심사숙고해 보아야 될 둘째 번 것이다.

후회로 가득찬 사람들이 주도적으로 되기 위해 가장 필요한 것은 과거의 실수도 '관심의 원'에 속한다는 사실을 깨닫는 것이다. 즉, 우리는 실수를 취소할 수도 없고, 원상태로 되돌릴 수도 없으며, 나아가 그것으로 인해 나타난 결과를 통제할 수도 없다.

미식축구 팀의 쿼터백을 맡았던 우리 아들 중 한 아이는 그 자신이나 혹은 팀 멤버가 '세팅 백'의 실수를 범할 때면 일종의 심리적인 보상을 하기 위하여 플레이 사이에 팔뚝 밴드를 덥석 잡았다 놓는 방법을 배웠다. 이것은 이미 일어난 실수가 다음 플레이에 영향을 미치지 않도록 결의하고 플레이에 임하고자 한 것이다.

실수에 대한 주도적인 해결방법은 그것을 즉시 인정하고 수정해서, 그로부터 교훈을 얻는 것이다. 이렇게 하는 것은 실패를 성공으로 바꾼다. "성공은 실패의 다른 한 편에 있다."라고 IBM의 창립자인 토마스 왓슨은 말하였다.

그러나 실수를 인정하지 않고, 그것을 고치지 않고, 또 그것으로부터 교훈을 얻으려 하지 않는다면, 이것은 또 하나의 큰 실수이다. 이같은 경우 흔히 자기 기만과 자기 정당화의 길을 택하여 자기 자신과 다른 사람들에게 변명과 궤변을 늘어 놓기도 한다. 게다가 이 둘째 번 실수는 첫째 번 실수를 덮어주고, 정당화시키며, 나아가 부적절한 중요성을 부여하기 때문에 우리 자신에게 보다 깊은 상처를 주는 원인이 된다.

우리 자신에게 가장 큰 상처를 주는 것은 다른 사람이 우리에게 하는 행동이 아니고, 우리 자신이 하는 실수도 아니다. 오히려 그러한 실수들에 대해 우리가 하는 대응이다. 우리가 만일 우리를 물은 독사를 잡으려고 쫓아간다면, 우리 몸 전체에 독사의 독이 더 빨리 퍼지게 할 뿐이다. 따라서 독사를 잡아죽이는 것보다 즉시 그 독을 제거하기 위해 조치를 취하는 것이 더 낫다.

우리가 실수에 대해 어떻게 대처하는가는 장차의 삶의 질에 큰 영향을 준다. 따라서 우리가 즉시 실수를 인정하고, 이것을 고침으로써 이같은 실수가 앞으로 우리의 삶에 영향을 미치지 못하게 한다면, 우리 자신은 다시 무한한 능력을 갖게 된다.

약속과 이행

'영향력의 원'에서 가장 중요한 것은 우리가 약속을 하고 또 지킬 수 있는 능력이다. 다시 말해 우리가 자기 자신 및 다른 사람에게 약속을 하고 이를 성실하게 지키는 것이야말로 주도성의 본질이자 명확한 표현이다.

그것은 또한 자기성장의 본질이다. 우리는 '자아의식과 양심'이라는 천부적 능력을 통해 결점과 개선해야 될 점, 개발해야 될 재능, 또 바꾸거나 없애야 될 버릇 등을 의식하게 된다. 그 다음 우리는 상상력과 독립의지를 활용하여 문제점들의 해결에 착수한다. 즉, 결심을 하고 목표를 설정하며, 이를 성실히 이행한다. 이렇게 함으로써 우리는 자신의 인생에서 긍정적인 일들이 일어날 수 있도록 만드는 좋은 성품을 형성하게 되고, 또 실제로 이렇게 행동하는 존재가 될 수 있다.

우리가 자신의 생활을 직접적으로 통제하는 데는 두 가지 방법이 있다. 우선 약속을 하고 그것을 지키는 것과 둘째는 목표를 설정하고 이를 달성하는 것이다. 아주 작은 약속일지라도 이것을 실천한다면, 우리는 자기 통제의 장점을 깨닫게 하는 내적인 성실성을 갖추기 시작할 뿐만 아니라, 나아가 자신의 인생에 대해 더 큰 책임을 지는 능력과 용기를 갖게 된다. 우리가 스스로와 다른 사람에게 약속을 하고 또 이를 지키면, 자신의 신용과 명예는 감정이나 기분보다 점차 더 중요해진다.

이처럼 자신에 대해 약속을 하고 또 이것을 실행하는 능력이야말로 효과성의 기본적 습관을 개발하기 위해 필요한 본질이다. 지식, 기술, 욕망이 모두 우리의 통제 안에 있다. 우리가 어느 한 가지를 개선하면 다른것들도 따라서 개선된다. 이 세 가지의 공통 영역이 점차 커지면, 습관들이 기초를 두는 원칙을 보다 깊이 내면화시킬 수 있다. 또 이를 통해 우리는 강직한 성품을 갖추게 되고, 자신의 인생에서 효과성을 증대시켜 가며 살아갈 수 있다.

주도성 : 30일간의 실험

우리가 자신의 주도성을 인식하고 개발하기 위해 프랭클이 경험했던 죽음의 강제수용소를 거칠 필요는 없다. 또 우리가 인생에서 비정상적인 압박을 주는 문제들을 다루기 위해 주도성의 능력을 개발하는 것은 일상적인 일에 속한다. 다시 말해서 이것은 우리가 어떻게 결심하고 그것을 지키는가, 도로상의 교통마비에 어떻게 대처하는가, 화가 난 고객이나 불손한 아이에 대해 어떻게 반응하는가 등과 같은 것들이다. 여기서는 우리가 문제를 어떻게 판단하고, 우리의 노력을 어디에 집중시키는가가 그 관건이다. 이것은 또 우리가 사용하는 말씨이기도 하다.

나는 당신에게 주도성의 습관을 30일 동안 실험해 보라고 권하고자 한다. 그것을 실제로 해본 뒤에 어떤 일이 일어나는지를 보라. 30일 동안 자신의 '영향력의 원' 안에 있는 것들만 대상으로 일해 보라. 작은 결심을 하고, 이를 지켜라. 심판하지 말고, 안내자가 되라. 비판가가 되지 말고, 본보기가 되라. 문젯거리가 되지 말고, 해결사가 되라.

이상을 당신의 결혼생활, 가족생활, 그리고 직장생활에 적용해 보라. 다른 사람의 단점에 대해 왈가왈부하지 마라. 자신에 대해 떠벌이지 마라. 실수를 했을 때 즉시 그것을 시인하고, 이를 시정하고, 또 이로부터 배우라. 남을 비난하고 고자질하지 마라. 당신이 통제할 수 있는 것에 열중하라. 자기 자신을 고치려고 애쓰라. 즉, '될 수 있다.'에 열중하라.

다른 사람의 결점을 비난이 아닌 동정의 눈으로 바라보라. 관건은 그들이 무엇을 안 하고 있고, 또 무엇을 잘못하고 있는 것이 아니라, 이러한 상황에 대해 당신 자신이 선택하는 반응이다. 문제가 '외부'에 있다는 생각이 들기 시작하면, 이를 곧 중단하라. 그러한 생각 자체가 바로 문제이다.

매일 조금씩 싹트는 선택의 자유를 실행하는 사람은 그 자유를 조금씩 확장시켜 나갈 것이다. 그렇게 하지 않는 사람은 그 자유가 점차 소멸되어, 결국 자신이 단지 "수동적으로 남에 의해 지배되는 존재"라는 것을 알게 될 것이다. 그들은 부모와 동료 그리고 사회에 의해 쓰여진 각본에 따라 행동하게 된다.

우리는 우리 자신의 성공과 행복 나아가 궁극적으로는 우리의 현재 처지에 대해 대부분의 책임을 져야 한다.

사뮤엘 존슨* 은 "만족의 기쁨은 마음 속에서 솟아나는 것이라야 한다. 인간의 본질을 파악하지 못하고, 자신의 성품이 아닌 다른 것을 변화시켜 행복을 찾으려는 사람들은 그의 삶을 헛수고로 낭비하고, 또 고통만 더 크게 만들 뿐이다."라고 하였다.

우리에게 책임이 있다는 것, 즉 "반응을 선택할 수 있다."는 사실을 아는 것이야말로 효과성의 근본이 되고, 또 우리가 앞으로 다루게 될 다른 모든 효과성에 대한 습관들의 기초가 될 것이다.

---

* 역자 주 : Samuel Johnson(1709~1784), 영국 태생의 사전편찬가, 작가, 시인.

습관 1의 적용을 위한 제언

1. 하루를 잡아서 당신 자신과 주위의 다른 사람들이 하는 말에 귀를 기울여 보라. 당신은 "만일… 하기만 한다면.", "나는 할 수 없어.", 혹은 "나는 꼭 해야만 해."와 같은 대응적인 말들을 얼마나 자주 사용하고 또 듣는가?

2. 가까운 장래에 당신이 과거의 경험에 비춰어 볼 때, 아마도 대응적으로 행동하게 될 것 같은 경우를 생각해 보라. '영향력의 원'이라는 맥락에서 그 상황을 다시 되새겨 보라. 어떻게 하면 주도적으로 반응할 수 있겠는가? 잠시 시간을 가지고 주도적인 방식으로 반응하는 것을 그리면서 마음속에 이같은 경험을 실감 있게 해 보라. 자극과 반응 사이에 있는 공간을 상기해 보라. 당신이 선택의 자유를 행사하겠다고 결심해 보라.

3. 당신이 직장이나 개인적 생활에서 좌절감을 느끼는 문제를 하나 선택하라. 이것에 대해 직접통제, 간접통제 혹은 통제할 수 없는 것 중 어느 범위에 속하는지를 결정하라. 당신이 이 문제를 해결하기 위해 '영향력의 원' 안에서 취할 수 있는 첫째 단계를 찾아낸 다음 이를 실행에 옮기라.

4. 주도성에 대해 30일 동안 실험해 보라. 그 다음 당신의 '영향력의 원'에서 일어난 변화를 알아보라.

습관 2. **목표를 확립하고 행동하라**
-개인 리더십의 원칙-

> *우리 주위에 있는 물질들은*
> *우리의 몸안에 있는 역량과 비교해 볼 때*
> *대수롭지 않은 것들이다.*
> -올리버 웬델 홈즈* -

이제부터 다음 몇 페이지를 혼자서 조용히 읽을 수 있는 곳으로 가라. 모든 일로부터 마음을 비우고, 읽을 내용과 내가 지시하는 것에만 정신을 집중하라. 즉, 자신의 스케줄, 가족, 사업, 친구들에 대한 생각은 하지 말고, 내가 시키는 대로 당신의 마음을 열어라.

이제 사랑하는 사람의 장례식에 참가하기 위해 가고 있는 자기 모습을 마음속에 상상해 보라. 장례식이 거행되는 교회로 차를 몰고 가서 주차시키는 장면을 그려 보라. 당신은 그 장례식장 안으로 들어가면서 줄지어 선 화환과 은은하게 연주되는 오르간 소리를 듣게 된다. 당신은 걸어가면서 친구들과 가족들의 얼굴과 마주치게 된다. 당신은 고인을 상실한 슬픔과 생전에 알고 지냈음의 자랑스러운 감정이 조문객들의 마음속에서 우러나오고 있음을 느끼게 된다.

그런데 당신은 식장 앞으로 가서 관 속을 들여다 보는 순간 깜짝 놀란

---

* 역자 주 : Oliver Wendell Holmes(1809~1894), 미국 매사추세츠 태생 의사, 시인, 수필가.

다. 왜냐하면 그 관 속의 주인이 다름아닌 바로 당신 자신이기 때문이다. 이것은 지금으로부터 3년 뒤에 치르게 될 당신의 장례식이다. 또 여기에 온 모든 사람들은 당신에 대한 사랑과 존경을 마지막으로 표시하기 위해서 찾아왔다.

당신이 자리를 잡고 장례식이 시작되기를 기다리는 동안 손에 들고 있는 식순을 들여다본다. 조사를 읽을 사람이 4명이다. 첫째 번 읽을 사람은 당신의 가족과 친인척을 대표하는 사람이다. 즉, 이 사람은 각지에서 온 자녀, 형제, 조카, 질녀, 삼촌, 이모, 사촌, 그리고 조부모들을 대표해서 조사를 한다.

둘째 번 조사를 읽을 사람은 당신 친구들 중의 한 사람이다. 이 친구는 당신이 한 인간으로서 어떠했는가를 말할 것이다. 셋째 번 사람은 당신 직장이나 또는 같은 전문 분야에서 일하는 동료 가운데 한 사람이다. 넷째 번 사람은 당신이 봉사하기 위해 몸 담았던 교회나 또는 지역사회 단체에서 온 사람이다.

자, 이제부터 한번 깊이 생각해 보라. 당신은 이 사람들이 당신 자신과 당신의 삶에 대해 어떻게 이야기해 주기를 바라는가? 당신은 이들이 조사에서 당신을 어떤 종류의 남편, 아내, 아버지, 혹은 어머니였다고 말해 주기를 바라는가? 당신이 어떤 종류의 아들, 딸, 혹은 사촌이었다고 평해 주기를 바라는가? 또 당신이 어떤 종류의 친구였다고 회상해 주기를 바라는가? 나아가 당신이 어떤 종류의 직장동료였다고 회상해 주기를 바라는가?

당신은 그들이 당신으로부터 어떤 성품을 보았기를 바라는가? 당신은 자신이 지금까지 해 온 어떤 종류의 공헌이나 업적을 기억해 주기를 바라는가? 이제 식장에 모여 있는 사람들을 자세히 살펴보라. 당신은 그들의 삶에 어떤 영향과 도움을 주고 싶었는가?

이 글을 읽는 것을 잠깐 중단하고, 위의 가상적인 상황에서 받은 느낌

과 여러 가지 질문에 대한 답을 간단하게 적어보라. 그러면 습관 2를 이
해하는 데 큰 도움이 될 것이다.

"목표를 확립하고 행동하라."는 무엇을 의미하는가?

만일 당신이 앞장의 장례식 경험을 진지하게 해 보았다면, 잠시 동안
자신이 가장 중요하게 여기는 가치관에 접하는 경험을 가졌을 것이다.
즉, 당신은 '영향력의 원' 중심에 위치하는 내면적 가이드 시스템을 잠깐
이나마 접촉한 셈이다. 조셉 애디슨* 의 다음 말들을 생각해 보자.

> 위대한 사람들의 무덤을 바라볼 때, 내 마음속에 있는 시기심과 같은 모
> 든 감정은 사라져 버린다. 미인(美人)들의 묘비명을 읽을 때, 무절제한 욕망
> 은 사라져 버린다. 아이들 묘비에 새겨진 부모들의 슬픔을 읽을 때, 나의 마
> 음은 동정으로 누그러진다. 옆에 있는 그 부모들의 무덤을 볼 때, 곧 따라가
> 만나야 될 사람을 슬퍼하는 것이 얼마나 헛된 일인가를 생각하게 된다. 쫓
> 겨난 왕들이 그들을 쫓아낸 사람들과 나란히 묻혀 있는 것을 볼 때, 또 서로
> 경쟁하고 다투었던 사람들이 나란히 묻혀 있는 것을 볼 때, 세상을 시끄럽
> 게 하고 놀라게 했던 성인들의 무덤을 볼 때, 나는 인간들의 하잘것없는 경
> 쟁, 불화, 논쟁에 대해서 슬픔과 놀라움에 젖는다. 묘비에 적혀 있는 날짜들
> 을 읽어가면, 어제 죽은 사람도 있고, 600년 전에 죽은 사람도 있다. 이를 보
> 며 나는 우리 모두가 부활하여 함께 살고 동시대의 사람이 되는 그날을 생
> 각해 본다.

습관 2는 다양한 상황과 삶의 여러 단계에 적용될 수 있다. 또 "목표를
확립하고 행동하라."는 말의 가장 근본적인 적용은, 오늘부터 시작하여
자신의 최후 순간에 갖고 싶은 이미지, 모습, 그리고 패러다임을 매사를
검토하는 기준틀과 표준으로 삼는 것이다. 그러면 인생의 각 부분을 구성

---

* 역자 주 : Joseph Addison(1672~1719), 영국 태생 수필가, 극작가, 시인.

하는 오늘의 행동, 내일의 행동, 내주의 행동, 그리고 내달의 행동 등을 우리가 가장 중요하게 생각하는 전체적 가치관에 따라 검토할 수 있을 것이다.

우리가 이같이 최후의 순간을 마음속에 분명하게 간직하면, 어느 날 어떤 일을 하게 되어도 우리가 가장 중요하다고 생각한 기준을 위반하지 않게 된다. 나아가 우리가 살아가는 하루하루의 생활은 우리가 갖고 있는 전체적인 삶의 비전을 실현하는 데 의미있게 기여할 수 있도록 한다. 인생목표를 확립하고 행동한다는 것은 우리가 가는 목적지를 정확히 이해하고 출발한다는 것이다. 다시 말해서 우리의 현재 위치를 더 잘 파악하고, 또 항상 올바른 방향으로만 갈 수 있도록 어디로 가는가를 알아야 한다는 것이다.

우리가 정신없이 바쁜 생활을 하고 남보다 더욱더 열심히 해서 성공의 사다리에 올라가 보면, 그 사다리가 원하지 않는 쪽의 벽에 걸려 있음을 발견하는 것은 매우 흔한 일이다. 다시 말해 우리는 아무런 효과적인 방법 없이 너무나 바쁘기만 할 수 있다.

사람들은 종종 자신이 경쟁에서 획득한 승리가 허무한 것임을 알게 되고, 또 성공의 대가로 잃은 것들이 자신에게 훨씬 더 중요한 것이었다는 사실을 갑자기 깨닫게 된다. 여러 종류의 직업에 종사하는 사람들 — 의사, 학자, 연극배우, 정치가, 사업가, 운동선수, 연관공 — 은 더 많은 수입과 전문분야에서의 능력을 인정받기 위하여 고군분투한다. 그러나 이들은 결국 자신의 목표달성에 너무나 지나치게 집착한 나머지 눈멀게 되었고, 자신에게 정말로 중요한 것을 잃어버렸음을 뒤늦게야 발견하게 된다.

우리가 만약 자신에게 참으로 중요한 것이 무엇인지를 알고, 또 이를 항상 유념하여 매일매일 실천으로 옮긴다면, 우리의 삶은 얼마나 달라질 것인가. 그런데 만약 우리의 사다리가 올바른 벽에 기대어져 있지 않다면, 우리가 계단을 빨리 올라갈수록 우리를 더욱 빨리 잘못된 곳으로 인도할 뿐이다. 우리는 매우 바쁠 수도 있고, 효율적일 수도 있다. 그러나 우리가 인생목표를 가지고 시작할 때라야만 참으로 효과적이 될 것이다.

만약 당신이 앞에서 한 장례식장 경험에서 자신에 대해 어떤 평가가 나오기를 원했는가를 신중하게 생각해 보았다면, 당신은 자신의 성공에 대한 정의를 찾았을 것이다. 그것은 당신이 지금까지 생각해 오던 성공에 대한 정의와 다를지도 모른다. 우리가 추구하는 명예, 업적, 돈, 혹은 다른 것들은 아마도 사다리의 올바른 벽, 즉 성공의 목표가 아닐 것이다.

당신이 인생목표를 확립하게 되면, 전혀 다른 관점을 갖게 된다. 어떤 친구의 장례식장에서 한 친구에게 다른 친구가 물었다. "그는 얼마나 남기고 떠났나?" 하고 묻자 그 친구는 "모두 다 남기고 떠났네." 라고 대답했다.

모든 것은 두 번 창조된다

"목표를 확립하고 행동하라."는 말은 모든 것은 두 번 창조된다는 원리에 기초하고 있다. 이때 첫째 번 창조는 마음속에서 하는 것을 말하며, 둘째 번 창조는 실제적으로 하는 것을 말한다.

집 짓는 예를 들어보기로 하자. 우리는 망치로 못질을 하기 전에 먼저 마음속에 상세히 설계를 한다. 우리는 자신이 원하는 집의 형태에 대해 최대한 자세히 그려 보려고 애쓸 것이다. 만약 가족 중심의 집을 원한다면, 거실의 위치를 식구들이 자연스럽게 모일 수 있는 곳에 잡을 것이다. 이때 우리는 어린 아이들이 마음대로 뛰어 놀 수 있도록 미닫이 문과 테라스를 설계할 것이다. 이처럼 우리는 먼저 여러 가지 아이디어를 가지고, 짓고 싶은 집의 모습을 마음속에 그려보고 확정한다.

그 다음 이같은 생각을 청사진으로 만들고 건축계획을 수립한다. 이상의 모든 것은 공사가 시작되기 전에 이루어진다. 그런데 만일 이렇게 하지 않는다면, 둘째 번 실제적인 창조인 공사과정에서 집을 짓는 비용이 두 배나 드는 여러 가지 값비싼 변경을 해야 될지도 모른다.

목수들에게는 하나의 규칙이 있다. 즉 "한 번 자르기 위해 두 번을 재라."는 것이다. 따라서 첫째 번 창조인 청사진이 우리가 참으로 원하는 것인지, 또 모든 것들이 철저히 고려되었는지를 반드시 확인하여야 한다. 그런 다음에야 벽돌을 쌓고, 모르타르를 바를 수 있다. 또 우리는 매일 집 짓는 현장에 가서 청사진에 따른 그날의 작업을 지시하게 된다. 결국 이것은 우리가 최종목표를 염두에 두고 진행한 것이다.

다른 예로 사업의 경우를 살펴보자. 당신이 만약 성공적인 기업 경영을 원한다면, 우선 달성하고자 하는 것을 분명히 규명해 놓아야 한다. 우선 만드려는 제품과 제공하려는 서비스가 목표로 하고 있는 시장을 신중하게 생각해 보아야 한다. 그 다음 겨냥하는 목표에 맞도록 재정, 연구개발, 생산, 마케팅, 인사, 설비 등의 제 요소를 준비하게 된다. 당신이 사전에 얼마나 철저하게 준비했느냐가 그 사업의 성패를 결정짓기도 한다.

사업이 실패하는 대부분의 경우는 잘못된 첫째 번 창조 때문이다. 여기에는 예컨대 불충분한 자본 공급, 시장에 대한 이해 부족, 사업계획의 부재 등이 있다. 자식 기르는 것도 이와 마찬가지이다. 우리가 만약 자기 자식을 책임감 있고, 스스로 절제할 줄 아는 아이로 키우고자 한다면, 자녀와 늘상 접촉하는 일상 생활에서 이같은 목표를 분명히 마음속에 두어야 한다. 즉, 우리는 절대로 자녀들의 자율 정신이나 자존심을 상하게 행동해서는 안 된다.

정도의 차이가 있지만 많은 사람들은 여러 가지 분야에서 이 두 가지 창조의 원리를 이용하고 있다. 우리는 여행을 떠나기 전에 우선 목적지를 결정하고, 여기에 도달하는 최적의 행로를 계획한다. 정원에 나무를 심기 전에 우리는 우선 마음속으로 계획을 하고, 경우에 따라서는 종이에 설계해 보기도 한다. 연설을 하기 전에 이를 우선 원고로 작성해 보고, 자기 마당에 조경을 하기 전에 조경 설계를 머리 속에 구상해 본다.

끝으로 옷을 만들기 위해서 디자인을 한 다음 바느질을 시작한다. 우리가 이같은 두 가지 창조의 원리를 더 잘 이해하고 더 철저히 실행하면, 우리는 노력을 영향력이 미치는 분야에 집중하게 되고, 영향력의 범위를 더욱 넓힐 수 있다. 그러나 우리가 이 원리를 제대로 따르지 않고, 첫째 번 창조인 목표 확립을 등한시하면 할수록 영향력의 범위를 그 만큼 축소시키게 된다.

자기 설계와 남의 설계

모든 사물이 두 번 창조된다는 것은 하나의 원리이다. 그러나 모든 첫째 번 창조물이 의식적인 설계에 의해 만들어진 것은 아니다. 우리가 개인생활의 첫째 번 창조인 인생목표에 대해 자각하지 못하거나, 이것에 대해 책임질 수 없다면, 이는 자신의 영향력의 원 밖에 있는 다른 사람이나 주변 여건으로 하여금 우리 인생의 많은 부분의 방향을 정하도록 내버려 두는 셈이 된다. 즉, 이것은 우리가 가족들, 친지들, 다른 사람들의 각본에 따라 대응적으로 살아가는 것이며, 자신의 과거 처지, 훈련 과정, 물들고 조절됨과 같은 환경의 영향을 받게 된다.

이같이 우리에게 영향을 주는 각본들은 원칙에서 나온 것이 아니라 다른 사람들로부터 나온다. 이것들은 우리의 나약함, 다른 사람에 대한 의타심, 수용과 사랑에 대한 욕구, 소속되려는 욕망, 자신의 중요성과 가치성에 대한 욕구, 그리고 실력자가 되고 싶은 욕구 때문에 영향력을 발휘하게 된다. 우리가 이 과정을 의식했든 못했든, 그리고 통제를 했든 못했든 관계없이 우리 인생의 모든 부분에는 항상 첫째 번 창조가 이미 존재한다. 따라서 우리는 자신이 주도적으로 설계한 둘째 번 창조물이든지 다른 사람들, 주위 환경, 혹은 과거의 습관에 의해 만들어진 둘째 번 창조물인 것이다.

그러나 인간만이 가진 독특한 능력인 자아의식, 상상력, 그리고 양심이 우리로 하여금 첫째 번 창조를 검토해 볼 수 있게 해 주고, 또 그 창조의 각본이 스스로에 의해 쓰여졌을 때는 그것에 대해 책임을 질 수 있게 해 준다. 다르게 표현하면, 습관 1은 "당신은 창조자이다."이고, 습관 2는 자신의 각본에 의해 만들어진 첫째 번 작품에 해당한다.

리더십과 관리능력 – 두 개의 창조물

습관 2는 개인적 리더십의 원칙에 그 바탕을 두고 있다. 곧, 리더십이란 첫째 번 창조물이다. 리더십은 관리하는 행위가 아니다. 관리는 둘째 번 창조물이다. 이에 관해서는 습관 3에서 다시 논의하기로 하고, 우선 리더십을 살펴보자.

관리는 손익결과에 관심을 둔다. 즉, 내가 어떤 일을 어떤 방법으로 가장 잘 성취할 수 있을 것인가에 관심을 둔다. 그러나 리더십은 보다 중요한 문제를 다룬다. 즉, 내가 성취하려고 하는 일은 도대체 무엇인가를 다룬다. 피터 드러커와 워렌 베니스*는 "관리하는 것은 어떤 일을 바르게 하는 것이지만 리더십은 바른 일을 하는 것이다."라고 했다. 관리한다는 것은 성공의 사다리를 어떻게 효율적으로 올라가느냐의 문제이고, 리더십은 그 사다리가 올바른 벽에 걸쳐져 있는가를 결정하는 것과 관계된다.

이제 이 두 가지 차이를 파악하기 위해, 길이 없는 정글을 큰 칼을 가지고 잡목이나 잡초를 쳐서 길을 만들면서 나아가는 한 집단의 사람들을 상상해 보자. 그들은 문제를 해결하는 일꾼들, 즉 생산자에 해당된다. 그들은 정글 속의 잡목을 제거하며 앞으로 나아가고 있다.

그 뒤를 관리자가 따르면서 칼날을 갈아주고, 방침과 절차를 개발하고, 능률개선 프로그램을 수립하며, 새로운 기술을 도입하고, 작업 계획과 보상 프로그램을 짜고 있다.

리더는 가장 높은 나무 위에 올라가서 전체 상황을 살핀 후 "길을 잘

---

* 역자 주 : Warren Bennis.「뉴 리더의 조건」(1993, 김영사)의 저자.

못 들었네!"라고 외친다.

그러면 바삐 움직이고 효율성 위주인 생산자들이나 관리자들은 어떻게 반응하겠는가? "입 닥쳐! 우리의 작업은 잘 진전되고 있어."

우리는 어떤 개인, 집단, 혹은 기업이 잘못 접어든 길인지도 모르고 열심히 잡목들을 제거하며 앞으로 나아가는 것을 종종 보게 된다. 그런데 요즘같이 급속히 변화하는 환경 속에 사는 우리들에게 훌륭한 리더십은 그 어느 때보다도 중요하다. 이는 독립적 및 상호의존적 생활의 모든 부문에서 필요하다.

우리는 길을 알려주는 지도보다 비전, 목표, 그리고 나침반(원칙, 혹은 방향의 집합체)을 점차 더 필요로 한다. 우리는 앞에 놓여 있는 지대의 형세를 모를 때가 많으며, 그곳을 헤쳐 나아가기 위해 무엇이 필요한 지도 모를 때가 많다. 그래서 대부분의 경우 자신의 판단에 의존하게 된다. 이때 우리가 가진 내면의 나침반은 우리에게 항상 나아갈 방향을 제시해 준다.

효과성은 ─ 경우에 따라서는 생존까지도 ─ 우리가 얼마나 많은 노력을 기울였는가에 달려 있는 것이 아니고, 올바른 길이나 정글에서 노력하고 있는지 여부에 달려 있다. 따라서 항상 급변하고 있는 산업계 및 전문업종에서는 먼저 리더십이 요구되고, 그 다음 관리가 요구된다.

사업계에서는 시장이 너무나 급속도로 변하고 있기 때문에, 몇 년 전까지만 해도 소비자들의 기호와 욕구에 잘 맞던 제품이나 서비스가 오늘에 와서 쓸모없게 되는 수도 있다. 주도적이고 강력한 리더십은 반드시 기업환경의 변화, 즉 고객의 구매 습관 및 동기를 꾸준히 조사해야 하며, 이를 통해 회사의 제반 자원이 올바른 방향에서 쓰여지도록 노력해야 한다.

항공업계의 규제 해제, 의료업계의 엄청난 비용 상승, 수입되는 외제 자동차의 질적 개선과 수량 증가는 기업환경에 대단히 큰 영향을 미치고 있다. 따라서 기업이 자체의 인력수급을 포함한 각종 환경변화를 파악하지 못하고 올바른 방향으로 가도록 창의적인 리더십을 발휘하지 못한다면, 아무리 천재적인 경영 관리자라도 실패를 막을 도리가 없을 것이다.

효과적인 리더십이 뒷받침 되지 않는 효율적인 관리란 어떤 친구가 말한 것처럼 "침몰하는 배 위에서 갑판의자를 고치고 있는 것과 같다." 이것은 만일 리더십이 제대로 기능을 발휘하지 못하면, 어떤 경영관리도 실패를 막을 수 없다는 것이다. 그러나 리더십을 발휘하는 것은 쉽지 않은 일이다. 왜냐하면 우리는 경영관리의 중요성에 대한 패러다임만 가지고 있기 때문이다.

시애틀에서 일년짜리 프로그램으로 진행되는 고급경영자 양성반의 마지막 모임에서 한 정유회사 사장이 내게 다가와 다음과 같이 말했다. "스티븐, 당신이 리더십과 경영관리의 차이를 둘째 번 모임에서 지적하였을 때, 사장으로서 내 자신이 해 온 역할을 한번 생각해 보고 내가 여태까지 리더십을 제대로 발휘하지 못했음을 깨달았습니다. 난 날마다 밀려드는 일에 빠져 관리하는 데에만 급급했어요. 그래서 난 경영 일선에서 물러나기로 결심하고, 다른 사람들로 하여금 경영을 맡도록 했었지요. 나는 진정한 의미의 리더가 되어 회사를 이끌고 싶었습니다."

"그것은 무척이나 어려운 일이었습니다. 경영 관리에서 물러남으로 인해 생기는 고통을 느끼게 되었기 때문입니다. 즉, 바로 내 앞에 놓여 있는, 즉각적인 성취감을 맛보게 해 주던 긴급한 일에서 손을 떼기로 결정했기 때문입니다. 처음에는 회사의 진로를 잡는 일, 기업문화를 정립하는 일, 각종 문제를 분석하는 일, 그리고 새로운 기회를 포착하는 일 등을 다루면서 별 만족감을 가질 수 없었습니다. 중역들도 그들의 새로운 책임에 대해 고통을 느끼게 되었지요. 그들은 종전의 체제를 아쉬워 했고, 내가 다시 날마다 발생하는 문제들을 해결하는 데 도움을 주었으면 하고 바라는 것 같았습니다."

"그러나 나는 버티었지요. 제가 리더십을 발휘할 필요가 있다고 굳게

믿었던 것입니다. 그래서 난 그렇게 했어요. 최근 우리 사업은 완전히 변모되었습니다. 우리는 환경변화에 더욱 잘 적응하게 되었고, 매출은 2배, 이익은 4배나 올랐죠. 나는 리더십을 발휘하고 있습니다."라고 그는 말했다.

나는 자식을 키우는 부모들 역시 가풍, 목표, 가족 유대보다는 지식에 대한 통제, 효율성, 그리고 규칙 등을 생각하는 관리의 패러다임에 젖어 있다고 확신한다.

리더십은 개인의 삶에 있어 특히 부족하다. 우리는 자기 자신의 가치관을 확립도 하기 전에 삶의 효율관리 또는 목표설정과 달성에만 집착하고 있다.

재각본화 : 자신에 대한 첫째 번 창조자가 되라

앞에서 살펴보았듯이 주도성이란 인간이 가진 천부의 능력인 자아 의식에 바탕을 두고 있다. 그러나 인생에서 주도성을 확대하게 해 주고, 개인적인 리더십을 발휘케 해 주는 인간만이 가진 추가적인 독특한 두 가지 능력은 바로 상상력과 양심이다.

우리는 상상력을 통해 아직은 창조되지 않았으나 우리 안에 존재하는 무한한 가능성의 세계를 마음속에 그려 볼 수 있다. 그 다음에 양심을 통해 독자적인 재능과 수단으로 공헌함으로써 보편적인 법칙이나 원칙들과 접촉할 수 있다. 이같이 상상력과 양심이 자아의식과 결합되면 우리는 자신에 대한 패러다임인 각본을 쓸 수 있게 된다.

내 생각으로 이같은 재각본 작성과정에 대한 가장 좋은 예는 이집트의 전 대통령이었던 안와르 사다트를 들 수 있다. 사다트는 어릴 때부터 이스라엘에 대해 증오하도록 교육을 받았고, 또 그러한 분위기에서 성장하였다. 그는 국영 TV방송에서 다음과 같이 말하곤 했다. "이스라엘이 아랍 영토의 1인치라도 점령하고 있는 한, 나는 절대로 이스라엘 사람하고는 악수하지 않겠다. 절대로, 절대로!" 그러면 전국의 국민들도 열광적으로 "절대로, 절대로, 절대로!"를 외쳤다. 그는 이러한 각본에 따라 국민을 단결시키고, 그들의 뜻을 한 곳에 집중시켰다.

사다트의 각본은 매우 독립적이고 민족주의적이었으며, 또 국민들에게 대단한 공감을 불러일으켰다. 그러나 그것은 동시에 매우 어리석은 것이기도 했다. 사다트는 이 사실을 잘 알고 있었다. 왜냐하면 이 각본은 상호의존적인 현실을 간과하고 있었기 때문이다. 그래서 그는 각본을 다시 썼다.

그는 젊었을 때 이집트의 화로크 왕 모반음모 사건에 연루됐다는 이유로 카이로 중앙교도소 독방에 갇힌 적이 있었다. 그때 사다트는 각본을 다시 쓰는 과정에 대해 깨달았다. 그는 자기의 현재 심정을 떠나 자신이 갖고 있는 각본이 적절하고 지혜로운 것인지를 판단해 보는 방법을 알게 되었다. 그는 일단 자신의 마음을 비우고, 깊은 명상을 통해 자기가 갖고 있는 각본을 점검해 보고, 기도를 통해 새로운 각본을 작성했다.

사다트는 사실 그 감옥에서 나오기를 주저했다고 기록하고 있다. 왜냐하면 바로 그 감옥에서 진정한 성공이란 자신을 제대로 파악하는 데서 온다는 사실을 깨달았기 때문이다. 진정한 성공이란 물질을 소유하는 데 있는 것이 아니고, 자신과의 싸움에서 이기는 데 있다.

나세르 대통령이 통치하던 기간 동안 사다트는 비교적 중요하지 않은 직책으로 좌천되었다. 사람들은 그의 정신이 허물어졌다고 느꼈지만, 그렇지 않았다. 사람들이 자신의 시각에서 그를 바라보았기 때문에 이해할 수 없었던 것이다. 사다트는 자기 시대가 오기를 기다리고 있었다.

마침내 사다트의 시대가 도래하였다. 그가 이집트의 대통령이 되어 정치적 현실에 직면했을 때, 이스라엘에 대해 새로운 각본을 쓰고 있었다. 그는 예루살렘에 있는 이스라엘 국회를 방문하여 세계 역사상 획기적인 평화정착 발언을 하였으며, 마침내 캠프 데이비드 평화협정을 체결하는 성과를 만들어 냈다.

사다트는 스스로의 자아의식, 상상력, 그리고 양심을 활용하여 개인적 리더십을 행사하고, 본질적인 패러다임을 변화시키며, 또 상황을 보는 방식을 바꿀 수 있었다. 그는 자신의 '영향력의 원' 안에서 훌륭하게 일을 해냈다. 그는 새로 쓴 각본인 패러다임의 변화로부터 자신의 행동과 태도 등을 변화시킬 수가 있었고, 또 이것이 더 넓은 '관심의 원'에 있던 수많은 양국 국민들에게 엄청난 영향을 미칠 수가 있었다.

자신에 대한 자아의식을 발전시키다보면 상당수는 자신이 얼마나 가치없는 습관, 즉 비효과적인 각본에 따라 살고 있는지, 또 삶에서 진정으로 가치를 두는 것과는 얼마나 무관하게 살고 있는지를 알게 된다. 습관 2는 우리에게 그러한 각본에 따라 살 필요가 없다고 말하고 있다. 우리는 자신의 상상력과 창의력을 이용하여 새로운 각본을 쓸 책임이 있다. 새 각본은 삶을 사는 데 좀더 효과적이고, 우리가 가장 가치있게 생각하는 것과 좀더 일치하고, 나아가 우리의 가치를 더욱 의미있게 해 주는 올바른 원칙에 좀더 가깝게 해 줄 것이다.

예를 들어 내가 자녀들에게 지나친 반응을 하는 부모라고 가정해 보자. 또 내가 생각하기에 좋지 않다고 생각되는 일들을 아이들이 할 때마다 몹시 성질이 난다고 가정해 보자. 그러면 나는 벼르고 벼르다가 한번 호되게 혼낼 준비를 한다. 이때 나는 아이들의 성장에 대해 장기적 안목을 가지고 신경을 쓰는 게 아니라, 당장의 거슬린 행동에만 관심을 가진 것이다. 이는 마치 내가 전쟁에서 승리하려고 하는 것이 아니라, 단지 지역 전투에서 이기려고 하는 것과 같다.

그래서 나는 전투를 시작한다. 나는 아이들보다 키도 크고, 권위도 가지고 있기 때문에 고함을 치기도 하고, 겁을 주기도 하며, 벌을 주기까지 한다. 그리고 마침내 내가 승리한다. 그러나 아이들은 겉으로는 순종하는 척 하지만 속으로는 반항심을 키우게 되고, 언젠가는 상당히 좋지 않게 표출되고야 말 감정을 억누르게 되며, 여기서 우리의 관계는 깨어지게 된다.

자, 앞에서 경험했던 장례식 장면을 다시 한번 생각해 보자. 내 아이들 중 어느 하나가 막 추도사를 읽으려고 한다. 나는 이 아이가 가능하면 '우리 아버지는 소소하게 작은 데만 신경을 쓰는 그런 사람이 아니었고, 사랑으로 우리를 가르치고 교육시켰던 훌륭한 분이었다.' 라고 얘기해 주기를 바라고 있다. 또 '나의 머리 속에는 아버지와 함께 보낸 즐겁고 행복했던 추억들로 가득 차 있습니다.' 라고 말하기를 바라고 있다.

이 아이가 '나의 아버지는 사랑이 많으셔서 기쁠 때나 슬플 때나 늘 항상 우리와 함께 하셨다.' 라고 말하기를 바라고 있다. 또한 '만일 어떤 문제나 고민거리가 있으면, 맨 먼저 아버지께 달려갈 수 있을 만큼 자상한 아버지였다.' 라고 기억해 주기를 바라고 있다. '아버지는 내 말을 경청해 주셨고, 사랑을 베푸셨으며, 도움을 주시려고 했다.' 라고 말하기를 바라고 있다. 나아가 '아버진 비록 완벽하진 않으셨지만 항상 최선을 다하신 분으로, 나는 아마 이 세상의 어느 누구보다 아버지를 사랑하였다.' 라고 회상해 주기를 바라고 있다.

내가 이런 얘기들을 듣고 싶은 이유는 진실로 나의 자식들을 소중하게 생각하고, 사랑하고, 또한 도와주고 싶은 그런 아버지이기 때문이다. 나는 아이들에 대한 아버지의 역할을 매우 소중하게 생각하고 있다. 그러나 나는 종종 이같은 가치와 중요성을 망각할 때가 있다. 왜냐하면 "하찮은 바쁜 일" 때문에 정신이 없을 때가 많기 때문이다. 급박한 일들, 당장의 관심사, 그리고 물질 욕심에 관련된 문제들 때문에 내가 가장 소중하게 생각하는 문제가 등한시되거나 묻혀 버리게 된다. 그 때문에 나는 대응적으로 행동하게 되고, 아이들을 대하는 태도가 마음속으로 그들을 사랑하고 생각하는 것과는 상당히 달라져 버린다.

그러나 나는 자아의식, 상상력, 그리고 양심을 가지고 있기 때문에 내가 가장 가치있게 생각하는 것을 검토해 볼 수 있다. 그러면 내가 지금 따라서 행동하고 있는 각본들은 내가 가치있다고 생각하는 것과 맞지 않고, 내 자신의 주도적인 설계에서 나온 것도 아니며, 단지 환경이나 다른 사람들의 영향을 받아 만들어진 첫째 번 창조의 결과라는 것을 깨닫게 된다. 나는 변화할 수 있다. 나는 과거를 잊고 밝은 미래를 상상해 가며 살 수 있다. 또 나는 과거의 편협한 생각들로부터 해방되어 무한한 잠재 능력을 발휘할 수 있다. 즉, 나는 내 자신을 첫째로 창조한 설계자가 될 수 있다.

인생목표에 따라 행동하라는 것은 부모 역할이나 혹은 인생에서 해야 되는 다른 여러 가지 역할을 나의 가치관과 목표에 따라 수행함을 의미한다. 이것은 자기 자신이 첫째 번 창조에 대해 책임진다는 것을 의미한다. 또 이것은 나의 행동과 태도의 원천이 되는 패러다임이 내가 진실로 가치있다고 생각하는 것과 일치되도록 하며, 올바른 원칙들에 전혀 위배되지 않도록 각본을 다시 쓰는 것을 의미한다. 이것은 또한 우리가 매일매일 가치있다고 생각하는 것들을 마음속 깊이 새기고 살아간다는 의미이기도 하다.

그러면 우리는 어떠한 인생의 부침이나 도전에도 흔들리지 않고 이같은 가치 기준에 따라 판단과 결정을 할 수 있게 된다. 결국 나는 성실하고 정직하게 행동할 수 있다. 나는 또 감정적이 되거나 어떤 상황에도 대응적인 반응을 하지 않아도 된다. 나아가 이처럼 나의 가치 기준이 분명하게 되면, 나는 진정한 의미에서 주도적으로 또 가치중심적으로 될 수 있다.

자기사명 선언서

인생목표를 확립하고 행동하는 가장 좋은 방법은 자기사명, 즉 자기 자신의 인생철학(哲學) 내지 신조(信條)를 작성하는 것이다. 즉, 자기사명 선언은 우리가 어떤 사람이 되기를 원하는가(성품), 무엇을 하기를 원하는가(공헌 및 업적)를 기술하고, 자신의 존재와 행동이 바탕을 두고 있는 가치와 원칙에 초점을 맞춘다. 그러나 사람은 누구나 나름대로 다른 특성을 가지고 있기 때문에 자기사명 선언의 형태나 내용 역시 각자의 독특성을 반영한다. 나의 친구인 롤페 커(Rolfe Kerr)는 자신의 개인적 신조를 다음과 같이 표현하고 있다.

우선 가정에서 성공하라.
신의 도움을 갈구하라.
정직함을 결코 타협의 대상으로 삼지 말라.
인간 관계를 맺고 있는 사람들을 늘 기억하라.
판단을 내리기 전에 우선 양측의 말을 다 들어라.
다른 사람의 충고를 귀담아 들어라.
그 자리에 없는 사람을 옹호하라.
성실하되 결단력을 가져라.
능숙하게 할 수 있는 무언가를 일년에 하나 정도 계발하라.
내일의 계획을 오늘 짜라.
기다리는 동안 시간을 낭비하지 말고 무엇인가를 하라.
적극적인 태도를 가져라.
유머 감각을 잃지 마라.
몸소 정돈된 생활을 하고 정연하게 일하라.
실수를 두려워하지 마라. 그 대신 그러한 실수들에 대한 창의적, 건설적
그리고 개선적인 대책의 부재를 두려워하라.
부하들이 성공할 수 있도록 이끌어 주라.
두 번 듣고 한 번 말하라.
현재하고 있는 일에 최선을 다하라. 다음 일이나 승진에 대해서 미리부터
걱정하지 마라.

가정일과 직장일 사이에 균형을 유지하고자 하는 어떤 부인은 자신의

자기사명 선언을 다음과 같이 피력하고 있다.

가정과 직장은 나에게 모두 중요하기 때문에 나는 이 두 가지의 임무 사이에 균형을 유지할 수 있도록 노력하겠다.

나의 가정은 나를 포함한 가족, 친구, 손님들이 늘 기쁨과 평화, 안정과 행복을 누릴 수 있는 장소가 될 것이다. 나는 우리 가정을 활기차고 안락하게 하고, 집을 깨끗하게 하며, 잘 정돈하겠다. 나는 우리 가족을 위하여 먹고, 읽고, 보고, 행동하는 것들을 고를 때 지혜롭게 선택할 것이다. 나는 특히 우리 아이들이 사랑하고, 열심히 배우며, 또 웃으며 살도록 가르칠 것이다. 또한 그들이 자신만이 가진 독특한 능력을 계발할 수 있도록 도와줄 것이다.

나는 민주사회의 권리, 자유, 그리고 의무 등을 소중하게 여긴다. 나는 정치적인 일에도 관심을 갖고 투표권을 행사함은 물론, 여러 문제들에 밝은 여성이 되어 정치권에 나의 의견을 알려주는 국민이 될 것이다.

나는 자신의 인생목표를 달성하는 데 있어서 자발적이고 적극적인 사람이 될 것이다. 나는 좋은 여건이나 기회를 위해 가만히 앉아서 기다리지 않고 적극적으로 행동하는 사람이 되겠다.

나는 중독성이 있고 건강에 해로운 습관은 멀리하도록 노력할 것이다. 나는 과거에 나를 얽매였던 습관에서 벗어나 자신의 역량과 장래성을 키워주는 새로운 습관들을 만들어 나가겠다.

나는 금전과 재산의 노예가 아닌 주인이 될 것이다. 나는 점차 경제적인 자립을 추구할 것이다. 나는 지출을 절제하고, 꼭 필요한 것만 살 것이다. 즉, 주택자금, 승용차 구입을 위한 융자 외에는 어떤 빚도 지지 않을 것이다. 나는 수입보다 적게 지출하고, 그 차액의 일부를 정기적으로 저축하고 투자할 것이다.

더 나아가 나는 어려운 사람들이 인생을 좀더 즐길 수 있도록 봉사와 자선을 할 것이다.

자기사명 선언을 '개인헌법'이라고 불러도 좋다. 왜냐하면 이것은 미국헌법처럼 근본은 바뀌지 않기 때문이다. 미국헌법은 근 200년 동안 26

번의 수정밖에 없었으며, 그 중 10번의 수정은 원래의 권리장전에 들어 있는 내용이었다.

미국헌법은 모든 다른 법률의 토대가 되는 기본법이다. 대통령이 취임할 때 원래 '충성의 맹세'를 통해 이 헌법을 지키고 보호할 것을 맹세한다. 외국인이 시민권을 취득할 때도 이 헌법을 지킬 것을 서약한다. 헌법에 바탕을 두고 있기 때문에 미국 국민들은 남북 전쟁, 베트남 전쟁, 워터게이트 사건 등과 같은 커다란 충격도 잘 극복해 낼 수 있었다. 이처럼 헌법이야말로 모든 것의 판단 기준이 되고, 방향을 잡아주는 성문화된 문서이다.

이 헌법은 지금까지도 건재하며, 또 중요한 기능을 수행하고 있다. 왜냐하면 헌법은 올바른 원칙, 즉 독립 선언서에 담겨 있는 자명한 진리에 그 바탕을 두고 있기 때문이다. 이 원칙들은 비록 사회가 아무리 혼란스러워지고 격변하여도 이 헌법으로 하여금 강력한 힘을 끊임없이 발휘할 수 있도록 해 준다. 토마스 제퍼슨은 말하기를 "우리가 특히 안전한 이유는 바로 성문화된 헌법을 갖고 있기 때문이다."라고 하였다.

올바른 원칙에 기초를 둔 자기사명 선언서는 헌법이 국가에 대해 갖는 기능과 같은 역할을 개인에 대해 한다. 이것이 바로 개인헌법으로, 우리가 자신의 생활에 큰 영향을 미치는 어려운 상황이나 흥분된 감정 속에서 주요 결정을 할 때, 또 그날그날의 일들을 판단할 때 하나의 기준체계를 제공해 준다. 이것은 나아가 격변하는 환경 속에 살고 있는 우리에게 강력한 힘을 끊임없이 제공한다.

만일 우리가 내면 깊이 불변하는 준거체계, 즉 인생 가이드를 갖고 있지 않다면 오늘날처럼 급변하는 환경에서 도저히 살아갈 수 없다. 격변의 상황에 대처하는 능력의 관건은 나는 누구이고, 무엇을 하려 하며, 무엇을 가장 가치있게 생각하느냐에 대한 불변하는 인생 가이드에 달려 있다.

우리가 이 자기사명 선언서만 가지고 있으면 어떤 변화도 헤쳐 나갈 수 있다. 또 우리는 어떤 편견이나 선입견에 따라 판단할 필요가 없다. 나아가 우리는 일상에서 발생하는 모든 것을 어림짐작 해 보려고 애쓸 필요도 없게 될 뿐만 아니라, 남들이 하는 것처럼 모든 대상 그리고 모든 사람을 경솔하게 단정해 버리고 카테고리로 분류할 필요도 없게 된다.

우리 주위의 환경은 끊임없이 급속도로 변화하고 있다. 그래서 많은 사람들이 지쳐 버리고 급변하는 환경에 적응할 수도 극복할 수도 없다고 한탄한다. 그 결과 이들은 대응적이 될 뿐만 아니라, 실제 모든 것을 운명에 맡겨버리고 포기한다. 그러나 우리가 이렇게까지 할 필요는 없다.

빅터 프랭클은 죽음의 나치수용소에서도 주도성의 원칙을 체득하였고, 인생의 목적과 의의가 얼마나 중요한가를 파악하였다. 그가 나중에 발전시키고 또 강의한 "의미(언어)치료법"(logotherapy)의 핵심은 상당수의 정신병 및 정서적 병이 주로 공허감이나 무의미하다고 느끼는 심리적 상태에서 오는 증상이라는 것이다. 의미치료법은 환자로 하여금 인생의 목적과 사명을 찾게끔 도와줌으로써 이 공허감을 없애주는 것이다.

우리가 일단 이같은 사명을 가지게 되면, 주도적인 행동의 본질을 갖게 되고, 삶의 방향을 제시해 주는 비전과 가치관도 갖게 된다. 나아가 자신의 장·단기적인 목표를 세우게 해 줄 기본방침을 가지는 셈이다. 또 올바른 원칙에 바탕을 두고 있는 성문화된 헌법을 갖고 있는 까닭에, 자신의 시간, 재능, 그리고 에너지를 쓰는 모든 행동이 과연 최대한으로 활용되었나를 실제로 평가해 볼 수 있다.

삶의 네 가지 요소

우리가 자기사명 선언을 작성하기 위해서는 반드시 '영향력의 원', 바로 그 핵심에서부터 출발해야 한다. 이때 핵심은 우리가 세상을 보고 이해하는 시각 렌즈와 같은 것이며, 가장 기본적인 패러다임으로 구성되어 있다.

우리는 바로 이 핵심에서 자기 자신의 비전과 가치를 다루게 된다. 우리는 여기에서 천부의 재능인 자아의식을 사용하여 우리 자신의 시각 지도, 즉 패러다임을 검토한다. 말하자면 우리가 올바른 원칙에 가치를 부여하는지, 우리가 가진 지도가 해당되는 땅이나 지역을 정확히 기술하고 있는지, 나아가 우리의 패러다임들이 원칙과 진리에 그 기반을 두고 있는지 등을 확인한다.

바로 여기에서 양심이란 천부의 힘이 자신의 독특한 재능과 최적의 공헌분야를 찾아내는 데 도움을 주는 나침반의 역할을 해 준다. 또 여기서 우리가 원하는 인생목표를 확립하는 데 천부의 재능인 상상력을 활용한다. 이 상상력은 삶의 방향과 목적을 부여하며 자기사명 선언의 내용을 제시한다.

우리가 이 핵심에 노력을 기울이면 큰 성과를 얻을 수 있다. 우리는 바로 여기에서부터 시작하여 그 범위를 점차 확대해 나간다. 그러면 우리 인생의 모든 국면을 대단히 효과성 있게 해 주고 최상의 결과를 낳아 주는 생산능력에 대한 투자가 된다. 삶의 핵심에 있는 것은 우리 자신의 안정감과 지침 그리고 지혜와 역량의 원천이 될 것이다.

'안정감' 이란 가치의식, 아이덴티티, 정서적 침착, 자존의식, 그리고 개성의 강도로부터 나타난다.

'지침' 이란 우리 인생의 방향을 인도해 주는 길잡이를 뜻한다. 일상생활에서 일어나는 일을 해석하는 우리 내부의 준거틀인 패러다임이야말로 매순간의 의사 결정과 행동을 다스리는 표준이고, 원칙이고, 또 내재하는 기준이다.

'지혜' 는 인생을 보는 시각과 균형유지의 감각에서 나오며, 다양한 개체들과 원칙이 어떻게 상호 관련되고 적용되는지에 대한 이해력이다. 지혜는 판단하고, 분별하고, 이해하는 능력을 다 포함한다. 즉, 지혜는 하나의 게슈탈트요, 단일성이며, 그리고 통합된 총체이다.

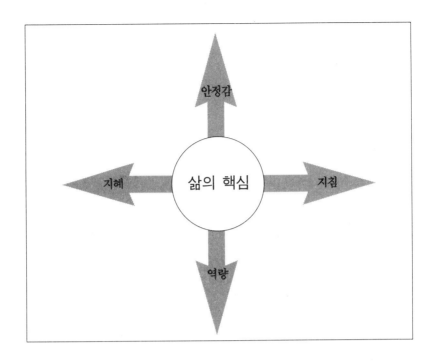

　'역량' 이란 어떤 것을 성취하는 잠재력 및 정신력, 행동하는 능력과 자질을 의미한다. 역량은 선택과 결정을 하기 위한 필수 불가결의 수단이다. 또 역량에는 물들어 버릇이 되어버린 습관을 개선하여, 더 낫고 효과적인 새로운 습관을 개발하는 능력도 포함된다.

　안정감, 지침, 지혜, 역량 이상의 네 가지 요소는 상호의존적이다. 안정감과 명확한 지침은 참된 지혜를 낳고, 지혜는 역량에 불을 붙이는 스파크이자 촉매가 된다. 이 네 요소가 다 존재하고, 조화되고, 활성화될 때 이것은 멋진 성격, 균형잡힌 성품, 그리고 매우 성실한 개인을 만드는 훌륭한 도구가 된다.

　이렇게 우리 삶의 도구가 되는 요소들은 나아가 인생의 모든 다른 차원에 대해서도 뒷받침해 준다. 이 네 요소들의 개발 정도는 완벽하지도 않고 전혀 안 된 것도 아니다. 이들 각 요소들의 개발 정도를 연속선상의 어느 지점에 표시할 수 있다. 이것은 앞에서 설명한 성숙연속선과 같다.

개발 정도가 이 연속선상의 하단 끝에 있다면, 이들 요소는 약한 상태이다. 이때는 우리가 직접적인 통제능력을 갖지 못한 주변 여건과 다른 사람에게 기본적으로 의존적이 된다. 그러나 정도가 연속선상의 상단 끝에 있으면, 우리 자신이 상황을 지배한다. 즉, 우리는 독립적인 능력을 갖게 되고, 상호의존적이고 원만한 대인관계를 위한 튼튼한 기초를 갖게 된다.

예컨대 당신의 안정감이 연속선상 양 극단 사이의 어느 한 지점에 놓여 있다고 하자. 이때 하단 끝은 극단적으로 불안정한 경우로서, 자신의 삶은 모든 변덕스러운 외부세력의 작용에 의해 시달리게 된다. 반면에 당신의 안정감이 상단 끝에 위치한다면, 이는 고도의 본질적인 가치의식과 개인적인 안정을 의미한다. 당신의 지침도 연속선상에 위치할 수 있다. 그것은 불안정하고 변동하는 것에 의존하는 하단 끝으로부터 분명한 내면적 방향을 갖는 상단 끝 사이의 어디엔가 위치한다.

당신의 지혜는 모든 것이 왜곡되고 불완전하고 부정확한 인생의 지도와 모든 개체와 원칙들이 이상적으로 관련되어 있는 완전하고 정확한 인생의 지도 그 사이 어디 쯤에 놓여 있다. 당신의 역량은 다른 사람의 조종에 의해 끌려다니는 꼭두각시 혹은 움직이지 못하는 불구자 상태의 하단 끝과 다른 사람이나 상황을 따르지 않고 자신의 가치관에 따라 주도적으로 행동하는 상단 끝 사이의 어디엔가 위치하게 될 것이다.

이러한 요소들의 연속선상에서의 위치, 즉 이러한 요소들이 우리 삶의 모든 국면에서 얼마나 통합되고, 조화되고, 균형되고, 그리고 긍정적인 영향을 끼쳤나 하는 것은 우리 삶의 핵심, 즉 내면의 가장 중심에 위치한 여러 가지 기본적 패러다임의 기능에 달려 있다.

각종 생활 중심

우리는 누구나 하나의 생활 중심을 갖고 있다는 사실을 의식하지 못하고 있다. 또한 이것이 우리 삶의 모든 국면에 막대한 영향을 미치고 있다는 사실도 잘 깨닫지 못하고 있다.

이제 사람들이 가지고 있는 전형적인 주요 패러다임들, 즉 몇 가지 대표적인 중심들을 간략히 검토해 보자. 이를 통해 이 패러다임들이 앞에서 말한 4가지 요소와 또 이 요소들이 형성하고 운명지우는 전체적인 삶에 어떤 영향을 미치는가를 이해할 수 있기 때문이다.

배우자 중심 : 결혼은 가장 친밀하고, 만족을 주며, 오래 지속되고, 성숙을 낳는 인간 관계이다. 따라서 자신의 배우자인 남편이나 부인에 대해 생활 중심을 두는 것은 자연스럽고 좋을 것같이 보인다.

그러나 경험과 관찰에 비추어보면 그렇지 않다. 내가 문제 있는 부부들을 도와주는 일에 여러 해 동안 관여하면서 카운슬링한 모든 배우자 중심의 관계는 하나의 공통점을 가지고 있었다. 즉, 이것은 너무 기분이나 정에 의존한다는 것이었다.

만일 우리의 가치 의식이 합리적인 것이 아니고 날마다의 결혼생활에서부터 나온다면, 우리는 배우자의 의견에 너무 의존하게 된다. 예컨대 배우자의 일시적 기분과 감정, 행동과 처신에 의해 쉽게 상처를 받게 될 것이고, 부부 관계에 영향을 미치는 외적인 사건들 — 새로 태어나는 아기, 처가 및 시집 식구들, 경제적 차질, 사회적 성공 등 — 에 대해서도 취약하게 된다.

결혼생활에서 가장으로서의 책임이 증가하고, 또 여기서 오는 스트레스도 점차 커지면, 우리는 결혼 전의 각본으로 되돌아가려는 경향을 갖는다. 그러나 배우자 역시 똑같은 경향을 보인다. 그런데 보통은 부부간에 이같은 각본들이 서로 다르다. 금전 문제, 자녀양육, 인척 문제 등에서도 입장의 차이가 나타난다. 그런데 내면 깊숙이 자리잡은 이러한 차이점들이 배우자에 대한 감정적 의존과 결합하게 되면, 배우자 중심의 관계는 마침내 각종 문제점을 드러낸다.

상호간에 갈등을 갖고 있는 사람과 의존적 관계를 가지는 경우에는 욕구와 갈등이 증폭되기 마련이다. 따라서 사랑과 미움의 과민 반응, 싸우거나 도피만하려는 경향, 허탈감, 공격성, 혹독함, 증오감, 냉담함, 겨루기 등이 통상적인 결과로 나타난다. 이러한 일들이 일어나면 결혼 전의 습관과 각본의 사고 방식으로 되돌아가 자기 자신의 행동을 정당화시키고 배우자의 행동을 공격하려고 한다.

우리가 공격을 당해 낼 수 없을 때는 더 큰 피해를 막기 위해 자기 방어의 필요성을 느낄 때가 있다. 이때 우리는 빈정거림, 예리한 비꼼, 흠잡기 등 부드럽지 않은 말만 골라서 표현한다. 우리는 상대방이 먼저 반성하고 사랑해 주기를 바라지만, 결과는 단지 실망뿐이고, 또 상대방의 문제점에 대한 재확인뿐이다.

이같은 부부관계는 원만한 것처럼 보이지만 사실은 겉보기의 안정일 뿐이다. 그 결과 지혜와 역량은 반의존적이고 부정적인 상호작용 속으로 실종되고 만다.

가족 중심 : 또 다른 전형적인 생활 중심은 가족이다. 이 역시 자연스럽고 타당하게 보일 수 있다. 가족은 많은 관심과 정신적인 노력을 들여야하는 생활 영역으로, 깊은 관계와 애정, 역할분담, 그리고 인생을 가치 있게 해 주는 것들을 위해 노력하는 곳이다. 그러나 가족 중심의 패러다임은 아이러니컬하게도 성공적인 가족 관계에 필수적인 이것들을 파괴시킨다. 가족 중심의 가치관을 가진 사람은 자신의 안정감과 자신의 가치의식을 가족의 자랑스러운 전통이나 분위기 또는 가족의 명성을 통해 얻는

다. 그 결과 이들은 가족의 전통이나 분위기에 변화가 오면 상처를 받게 되고, 가족의 명성에 영향을 주는 요소들에 취약하게 된다.

가족 중심의 부모는 자기 자녀를 그들의 복지와 진정한 행복을 위한 최선의 방법대로 기르지 못하고 자기의 소신대로 할 자유를 가지지 못한다. 만약 부모들이 자신의 안정감을 자녀들로부터의 좋은 평판을 통해 얻고자 한다면, 자녀들에게 인기있는 부모가 되기 위한 욕구가 자녀들의 성장과 발달에 필요한 장기적인 안목(버릇들이기 등)을 갖지 못하게 만들 것이다. 그렇지 않으면 부모들은 자식들의 일거일동이 적절하고 올바른지 여부에 관심의 초점을 둘 것이다.

이들은 부적절하다고 여기는 자녀들의 행동을 볼 때마다 불안하게 느끼게 되고, 자녀들의 장기적 성장과 발달보다는 순간의 기분대로 즉흥적으로 반응함으로써 크게 화를 낸다. 이때 부모들은 소리치거나 고함지르지도 모르며, 화를 못참고 과잉반응을 하거나 심한 벌을 줄 지도 모른다. 이같은 부모들은 자기 자녀들을 조건적으로 사랑함으로써 자녀들로 하여금 눈치를 보게 하거나 지나치게 독립적이고 반항적으로 만드는 경향이 있다.

금전 중심 : 또 다른 논리적이고 흔히 볼 수 있는 생활 중심은 돈과 재산이다. 물론 경제적 안정은 다른 필수조건보다 더 중요하고 기본적인 것이다. 또 우리가 욕구의 순서를 살펴보아도 생존 요건과 경제적 안정은 가장 먼저 필요한 것들이다. 따라서 다른 욕구는 이같은 기본적 욕구가 최소한이나마 해결되기 전에는 충족되지 않는다.

우리들 대부분은 경제적인 걱정을 하고 있다. 이 세상의 복잡한 여건들이 우리의 경제상태에 영향을 끼치고, 경우에 따라서는 생활에 혼란을 가져와 종종 애타는 걱정과 근심을 하게 된다.

돈을 버는 일에 집중한다는 것은 가족을 돌보는 것처럼 때로는 아주

숭고한 이유가 된다. 사실 이런 일은 중요하다. 그러나 돈버는 자체를 삶의 중심으로 둔다면, 이것은 파멸을 가져 올 수 있다.

인생살이의 4가지 요소인 안정, 지침, 지혜, 그리고 역량 등을 다시 생각해 보자. 우리가 자기 자신의 안정감을 대부분 직업, 수입, 그리고 재산에서 얻게 된다고 생각해 보자. 세상의 많은 요인들이 이같은 경제적 토대에 영향을 미친다. 따라서 우리는 영향을 주는 모든 요인들에 대해서 걱정하고, 불안해하고, 보호적이고, 또 방어적이 된다.

만일 우리의 가치의식이 순전히 자신의 재산 가치에서만 온다면, 우리는 그 재산에 영향을 끼치는 모든 것에 대해 약하게 되기 쉽다. 그러나 일과 돈 그 자체는 지침도 지혜도 제공하지 못하고, 단지 제한된 정도의 역량과 안정만을 제공한다. 금전 중심의 패러다임이 갖는 문제는, 바로 여기에 과도하게 집착하면, 이것이 자기인생의 위기나 또는 사랑하는 가족의 위기로 이끌어가기 쉽다는 것이다.

금전을 생활 중심으로 가진 사람은 가족이나 다른 우선 순위의 것을 무시하면서, 사람들이 모두 경제적인 것을 가장 중요하게 생각한다고 가정한다. 내가 아는 어떤 아버지는 자녀들과 서커스 구경을 가기로 한 약속을 지키려고 막 집을 떠나려 할 때, 전화가 걸려와서 서커스 대신 일할 것을 요구받은 경우가 있었다. 이때 그는 이것을 거절했다. 그의 부인이 회사에 가서 일을 봐야 하는 것이 아니냐고 묻자, 그는 다음과 같이 대답했다. "일은 나중에 다시 할 수 있지만 아이들의 어린 시절은 다시 오지 않는다." 자녀들은 이 작은 사건을 일생 동안 기억하면서 우선 순위에 대한 아버지의 교훈으로 받아들였고, 자기들에 대한 아버지의 극진한 사랑을 가슴 속에 간직하게 되었다.

일 중심 : 일 중심적인 패러다임을 가진 사람은 "일에 미친 사람"이라 할 수 있다. 이같은 사람은 자신의 건강 및 친교 그리고 삶의 다른 중요한

분야들까지 희생하면서 일에 몰두한다. 이같은 사람의 근본적 아이덴티티는 자기가 하는 일에서 나온다. 즉, "나는 의사다.", "나는 작가다.", "나는 배우다."라고 하면서 자신을 과시한다.

그는 자신의 아이덴티티와 자신에 대한 가치의식이 일에 쏠려 있기 때문에, 자신이 일을 계속하는 데 방해가 되는 것은 모두 다 자신의 안정감을 위협한다고 본다. 또 생활 지침은 일의 필요성에 관한 것이다. 나아가 그가 가진 지혜와 역량은 일하는 분야에만 제한되어 있기 때문에 삶의 다른 분야에서는 무능한 사람이 된다.

소유 중심 : 많은 사람들로 하여금 열심히 노력하게 하는 추진력은 소유욕에서 나온다. 화려한 옷, 자동차, 보트, 그리고 보석 등과 같이 손에 잡히는 물질적인 소유물 외에도 명예나 영화 그리고 사회적 명성 등과 같은 무형의 소유물도 있다. 우리들 대부분은 자신의 경험에 비추어 소유 중심적인 생활이 얼마나 허망한 것인가를 알고 있다. 왜냐하면 소유한 것은 금방 사라질 수 있고, 또 매우 많은 요인들에 의해 영향받을 수 있기 때문이다.

만일 우리의 안정감이 자신의 명성이나 소유하는 것으로부터 나온다면, 우리의 삶은 항상 이같은 소유물들이 상실되거나, 분실되거나 또는 가치가 떨어질 것을 두려워하고 불안감을 갖게 될 것이다. 또 만일 자기 자신 보다 더 큰 재산, 명예, 그리고 지위를 가진 사람과 같이 있다면, 우리는 열등감을 느낄 것이다. 반면에 만일 우리가 자신보다 더 적은 재산, 명예, 지위를 가진 사람과 함께 있다면, 우리는 우월감을 느낄 것이다. 따라서 이같은 경우 우리의 가치의식은 항상 변한다. 즉, 우리는 불변하고, 고정되고, 영속적인 자아관념을 갖지 못한다. 우리는 자신의 동산과 부동산, 주식, 지위, 그리고 평판을 보호하고 확보하기 위해 끊임없이 애쓴다. 우리는 주가 급락으로 재산을 날려 자살한 사람들이나 정치적 패배로 명예를 잃고 자살한 사람에 대한 이야기를 들은 적이 있다.

쾌락 중심 : 소유와 밀접하게 관련되어 있고, 주위에서 흔히 볼 수 있는 또 다른 생활 중심은 재미나 쾌락이다. 우리는 즉각적인 욕구 충족이 가능하고 또 장려되는 그러한 세계에 살고 있다. 텔레비전과 영화는 사람들의 기대감을 증가시키는 중요한 역할을 하고 있다. 이들 대중매체는 다른 사람들이 하고 또 할 수 있는 안락하고도 "재미"있는 삶을 적나라하게 묘사한다.

그러나 쾌락 중심적 생활방식의 화려함은 화면에 적나라하게 묘사되는 반면, 그러한 생활방식으로 인해 초래된 결과, 즉 내면적 인격, 생산성, 그리고 인간관계 등과 같은 것에 미치는 영향은 정확히 보여 주지 않는다.

묘사가 적당하고 재미있는 오락 프로그램은 심신의 피로를 풀어 줄 수 있고, 가족 관계 및 다른 인간 관계를 더 가깝게 할 수 있다. 그러나 쾌락 그 자체는 깊고 지속적인 만족이나 충족감을 제공하지 못한다. 쾌락 중심적인 사람은 "단계별 재미"의 각 단계에 너무나 빨리 싫증을 느끼기 때문에, 끊임없이 더 수준 높은 쾌락을 찾아서 갈구한다. 따라서 다음 번의 새로운 쾌락은 반드시 더 즐겁고, 더 좋으며, 더 자극적이어야 하고 나아가 더 신나야 한다. 결국 이러한 상태에 있는 사람은 거의 모두 자기 도취적으로 되고, 자기 인생의 모든 것을 당장 자신에게 얼마나 멋진 쾌락을 줄 수 있느냐를 가지고 판단한다.

너무 자주 갖는 장기간의 휴가, 너무 지나친 영화 보기와 텔레비전 시청, 지나치게 하는 비디오 게임 등과 같이 너무 많은 여가시간을 함부로 쓰는 사람은 계속해서 쉬운 일만 찾게 되고 점차 인생을 헛되게 만든다. 이런 삶은 개인의 능력을 잠자게 하고, 재능이 개발되지 않은 채로 남게 하고, 정신과 영혼을 둔감하게 만들며, 나아가 감정을 메마르게 한다. 안정, 지침, 지혜, 그리고 역량은 다 어디로 갔는가? 그것들은 앞에서 설명한 연속선상의 하단 끄트머리에 있다.

말콤 머저리지(Malcolm Muggeridge)는 「20세기의 고백」이라는 책에서 다음과 같이 썼다.

> 요즈음 내가 때때로 나의 삶을 돌이켜 볼 때 나를 가장 감명깊게 하는 것은, 당시에는 가장 의미있고 매력적으로 보였던 것들이 이제와서는 가장 헛되고 모순된 것으로 보인다는 것이다. 여러 가지 모습을 가진 성공, 남에게 알려지고 칭찬받는 것 등이 바로 그것이다. 또, 축재한다든지 여자를 유혹하는 것, 사탄처럼 이 세상을 이리저리 여행하고 다닌다는 것, 나아가 베니티 페어* 가 제공하는 것이란 무엇이든 경험해 보는 것 등과 같은 외적인 향락도 우스꽝스럽게 생각된다. 돌이켜 보면 자기만족을 위해 행한 모든 짓들이 순전히 환상이었다. 이를 파스칼은 "지구를 혀로 핥는 것"이라고 비유하였다.

친구/적(敵)중심 : 특히 젊은 사람들은 다른 연령층보다 친구 중심적으로 되기 쉽다. 이들에게는 동료 그룹에 받아들여지고 소속되는 것이 더할 나위 없이 중요하기 때문이다. 이때는 왜곡되고 또 항상 변화하는 사회적 거울, 즉 주위의 기준과 관점이 이들의 삶을 이끌어 나가는 네 가지 요소의 바탕이 된다. 또, 친구나 동료들의 변동하는 기분, 감정, 태도, 그리고 행동 등에 크게 의존한다.

또 친구 중심의 패러다임은 오직 한 사람과 가까운 관계를 유지하는 경우도 있어 결혼 중심과 비슷한 몇 가지 특성을 띠기도 한다.

한 개인에 대한 지나친 감정적 의존, 상승하는 욕구/갈등의 악순환, 그리고 그 결과로 나타나는 부정적 상호작용 등은 친구 중심의 생활에서도 나타난다.

---

* 역자 주 : 베니티 페어(Vanity Fair), 허영의 도시, 상류층을 위한 잡지 이름.

그런데 적(敵)을 자기의 생활 중심으로 두는 것은 어떠한가? 아마 대부분의 사람들은 여기에 대해 생각해 본 적도 없을 것이고, 또 아무도 의식적으로 그렇게 하지는 않을 것이다. 그럼에도 불구하고 적을 생활 중심으로 하는 경우는 흔히 있는 일이다. 특히 이것은 서로 갈등관계에 있는 사람들이 빈번하게 접촉해야 될 때 흔히 발견된다.

예컨대 누군가가 감정적으로 또는 사회적으로 중요한 배우자나 또는 직장의 상사와 같은 사람에 의해 부당하게 취급받아 왔다고 느낀다면, 그는 이같은 불의에 너무나 골몰한 나머지 상대방을 자신 생활의 중심으로 삼기 쉽다. 적 중심적인 사람은 스스로의 삶을 주도적으로 살기보다는 적으로 간주되고 있는 사람의 행동과 태도에 반항적으로 대응한다.

대학교수인 내 친구는 자기와 사이가 좋지 않은 대학행정을 담당하는 어떤 사람 때문에 매우 괴로워한 적이 있었다. 그는 이 사람에 대해 계속 생각하다가 나중에는 강박관념으로까지 발전하였다.

이 대학행정 담당자와의 문제가 그의 생활 중심이 되었고, 이 때문에 자신의 가족, 교회, 그리고 직장 동료들과의 친교 관계에까지도 영향이 미치게 되었다. 그는 마침내 이 대학을 떠나 다른 대학으로 가야 한다는 결론에 다다랐다. 나는 이 친구에게 "만일 그 사람이 여기에 없더라도 이 대학에서 떠나고 싶은가?" 하고 물어 보았다. "물론 안 떠나지. 그러나 그가 여기에 있는 한, 내가 이 대학에 머무르는 것은 인생의 모든 것에 파멸을 가지고 올 수 있어. 난 가야만 해."라고 그는 대답했다. "그런데 자네는 왜 그 행정 담당자를 자기 생활의 중심에 두고 있나?" 하고 그에게 다시 물었다. 그는 이 질문에 무척 당황했다. 그리고 그는 이것을 부정했다. 그러나 나는 그에게 한 개인과의 나쁜 관계 때문에 자기 인생의 전반적인 방향이 흔들리고, 신앙을 약화시키며, 나아가 사랑하는 사람들과의 관계까지 손상시키도록 스스로에게 허용하고 있다고 사실을 지적해 주었다.

마침내 그는 행정 담당자가 자기에게 커다란 영향을 끼치고 있음을 시인하였다. 그러나 그는 여전히 자기 자신이 이같은 선택을 했다는 사실을 부정하였다. 게다가 그는 이 불행한 사태에 대한 모든 책임을 그 행정 담당자에게 돌리면서 자기 자신은 아무 책임이 없다고 주장하였다.

그러나 우리가 서로 대화하면서 그는 점차 자신에게 책임이 있다는 사실을 깨닫게 되었다. 나아가 자기 스스로가 이같은 책임을 바로 다루지 않았기 때문에 결국 무책임한 사람이 되었다는 사실도 깨닫게 되었다.

이혼한 사람들의 대부분이 이와 비슷한 유형에 해당된다. 그들은 이미 헤어진 전처나 전남편의 일로 화내고 괴로워하며, 또 자기 정당화를 하려고 애쓴다. 아직껏 서로 미워하는 것을 보면, 이들은 심리적으로 아직도 결혼상태에 있다. 이들은 자신의 비난을 정당화하기 위해 상대방이 가진 약점을 필요로 하고 있다.

"성숙한" 많은 수의 어린이들은 자신의 부모를 비밀리에 또는 공공연히 미워하면서 성장한다. 그들이 커서 성인이 되면 지난 날에 받은 학대, 무관심, 또는 편애를 이유로 부모들을 비난하고, 삶의 중심을 증오에 두며, 그러한 삶을 정당화하면서 대응적으로 살아간다.

친구(또는 적) 중심적인 사람은 본질적인 안정감이 전혀 없다. 이들은 자기 가치의식에 대한 관념이 확고하지 않아, 다른 사람의 기분이나 행동에 쉽게 좌우된다. 이들의 인생 지침은 다른 사람들이 자신의 행동을 어떻게 생각할 것인가에 대한 감지에서 나오고, 지혜는 이들의 사회적 렌즈, 즉 적을 생활 중심으로 하는 과대망상 때문에 제한될 수밖에 없다. 따라서 이들은 스스로의 역량을 발휘하지 못하고, 단지 다른 사람들이 조종하는 대로 따라간다.

교회 중심 : 나는 믿음이 훌륭한 대부분의 교인들은 교회를 다닌다는 것 자체가 개인적 신앙심과 별 상관이 없음을 인정할 것이라고 믿는다.

어떤 사람은 예배와 교회 일에 너무나 바빠서 자기 가족이나 주위 사람들을 돌보는 일을 등한시한다. 그런데 이것은 그들이 깊이 믿는다고 서약한 바로 그 계율을 어기는 것이다.

그러나 이와 반대로 교회를 가끔 나가거나 또는 전혀 나가지 않지만 자신의 태도와 행동은 유태교와 그리스도교의 기본 윤리관에 중심을 두는 매우 진실한 사람들도 있다. 일생동안 교회와 사회봉사 단체에 참가했던 나는 교회를 다닌다는 것이 반드시 거기에서 배운 원칙에 따라 충실하게 사는 것을 의미하지는 않는다는 사실을 알게 되었다. 우리가 교회에는 충실할 수 있으나, 거기서 베푸는 가르침에 대해서는 소극적일 수 있기 때문이다.

교회 중심으로 생활하는 사람은 자신의 이미지나 체면을 가장 중요하게 생각하여 위선적이 되고, 자신의 안정감과 본질적인 가치의식을 훼손시킨다. 이들의 인생 지침은 사회적인 시각에서 나오기 때문에 다른 사람들을 "적극적이다.", "소극적이다.", "진보파다.", "정통파다." 또는 "보수파다." 등과 같이 인위적으로 분류하고 낙인찍는 경향이 있다.

교회란 정책, 프로그램, 예배, 그리고 사람들로 구성되는 공식적인 조직일 뿐이므로 교회 자체만으로는 인간에게 어떤 심오하고, 항구적인 안정감이나 본질적인 가치의식을 줄 수 없다. 다시 말하면 교회에서 가르치는 원칙들에 충실하게 살면 이것이 가능할 수 있지만, 교회라는 조직 자체가 그렇게 할 수는 없다.

교회는 우리에게 한결같고 불변하는 생활 지침을 줄 수 없다. 교회 중심적인 사람들은 빈번히 마치 이중생활을 하는 것처럼, 안식일에는 평일과는 전적으로 다르게 행동하고, 생각하고, 느끼는 듯이 생활한다. 그런데 이같은 총체감, 일체성, 그리고 완전성의 결여야말로 자신의 안정감에 대한 위협요소가 될 뿐만 아니라 나아가서는 상대방에 대한 낙인찍기와 자기정당화의 필요성을 점점 증가시킨다.

교회를 어떤 인생 목표를 성취하기 위한 수단이 아닌 목표 그 자체로 보는 것이야말로 사람들로 하여금 지혜와 삶의 균형감각을 잃게 한다. 교회가 비록 사람들에게 새로운 힘의 원천, 즉 역량에 대하여 가르친다고는 하지만 교회 자체가 힘이요 역량이라고는 주장하지 않는다. 교회는 단지 하느님의 능력이 인간의 본성에 닿을 수 있도록 하는 하나의 매체임을 주장할 뿐이다.

자기 중심 : 오늘날 가장 흔한 삶의 패러다임은 아마도 자기 중심일 것이다. 이 경우 가장 확실한 형태는 이기심으로, 대다수의 사람들의 가치관에 해를 끼친다. 그러나 인기있는 많은 자기성장과 자기달성을 위한 방법과 비결들을 면밀히 조사해 보면, 우리는 종종 자기중심주의가 그것들의 핵심임을 발견하게 된다.

자기가 생활 중심이 되면 모든 것이 제한되기 때문에 안정감, 지침, 지혜, 그리고 역량은 거의 존재하지 않는다. 또, 자기 중심은 팔레스타인의 사해(死海)처럼 받아들이기만 할 뿐 결코 주는 법이 없기 때문에 흐르지 않고 고여서 탁해지고 타락하게 된다.

우리가 봉사하고, 생산하고, 그리고 훌륭한 일에 기여하기 위해 자신의 능력을 더 관대하고 이타적으로 개발한다면, 인생의 4가지 필수요소를 극적일 만큼 증진시킬 수 있을 것이다.

지금까지 살펴본 것은 우리가 삶을 살아가는 데 중심이 되는 몇몇의 예이다. 그런데 이같은 중심은 자신의 삶에서보다 다른 사람의 삶에서 훨씬 더 쉽게 알아볼 수 있다. 우리는 돈버는 것을 다른 어떤 것보다 더 중요하게 여기는 사람을 알고 있을 것이다. 또, 우리는 계속되는 적대 관계 속에서 자신의 입장을 정당화시키는 데 온갖 정력을 낭비하고 있는 사람을 알고 있을 것이다. 그런데 우리가 아주 유심히 살펴보면 이런 사람들이 하는 행동의 이면에는 그러한 행동을 일어나게 하는 생활 중심이 있음을 파악할 수 있을 것이다.

자기생활 중심

당신의 삶은 어디에 속하는가? 당신의 인생에서 생활 중심은 무엇인가? 이것을 파악하기란 쉽지 않다.

우리가 자신의 중심을 확인할 수 있는 가장 좋은 방법은 우리 삶의 4가지 필수요소들을 면밀히 살펴보는 일일 것이다. 다음 표에 제시된 설명을 읽어 보면, 자신이 속하고 있어 성공적인 사람이 되지 못한 바로 그 생활 중심을 알아볼 수 있을 것이다.

우리가 가지고 있는 생활 중심은 대체로 여러 가지 중심들이 복합된 것이다. 대부분의 사람들은 여러 가지 요인들 때문에 자기자신의 삶에 영향을 받는다. 내적 및 외적 요인에 따라 하나의 특정한 생활 중심이 활성화되고, 이 요인이 해결될 때까지 지속된다. 그 다음에는 다른 생활 중심으로 변화한다.

하나의 생활 중심에서 다른 생활 중심으로 변화하는 것은 결국 상대적인 변동이며, 이는 우리가 마치 롤러코스터*를 타는 것과 같다. 즉, 한 순간에는 높이 떠 있고, 다음 순간에는 낮아 지면서 한 가지 약점을 보충하려다가 다른 약점을 더 심하게 만든다. 이때는 일관된 방향감각도, 지속적인 분별력도, 꾸준한 역량의 공급이나 개인적이고 본질적인 가치의식도, 나아가 아이덴티티도 없다.

물론 가장 이상적인 것은 우리가 일관되게 고도의 안정감, 지침, 지혜, 그리고 역량을 끌어낼 수 있고, 자신의 주도성을 촉진시키며, 삶의 모든 분야에 일치와 조화를 부여할 수 있는 하나의 확실한 생활 중심을 창출하

---

*역자 주 : 유원지에 있는, 원형의 물 선로를 달리는 오락용 활주차.

생활 중심	안 정 감	지 침	지 혜	역 량
만약 당신이 배우자 중심 이라면	• 안정감은 배우자가 당신을 대하는 방법에 의해 좌우된다. • 배우자의 감정에 의해 크게 상처받을 수도 있다. • 배우자가 자신의 뜻에 동의하지 않거나 당신의 기대에 어긋날 때 깊은 실망에 빠질 수 있다. • 부부 관계에 영향을 주는 것은 무엇이나 위협으로 생각한다.	• 행동방향은 자신과 배우자의 욕구로부터 결정된다. • 의사 결정 기준은 배우자의 의견이나 기호에 따라 제한된다.	• 자신의 인생에 대한 시각은 배우자에 죽은 부부 관계에 긍정적/부정적 영향을 주는 것과 관계되어 있다.	• 행동력은 배우자 그리고 자신의 약점 때문에 제한된다.
만약 당신이 가족 중심 이라면	• 자신의 안정감은 가족의 승인과 기대에 부응함으로써 이루어진다. • 안정감은 가족의 안정과 직결된다. • 자아가치에 대한 감정은 가족의 평판에 의해 이루어진다.	• 가족 위주의 생활방식이 모든 태도와 행동의 원천이 된다. • 의사 결정 기준은 가족에게 이익한 것, 또 가족이 원하는 것이다.	• 모든 인생사를 가족 위주로 해석하기 때문에 세상사를 부분적으로만 이해하고, 지나친 가족애에 빠진다.	• 행동력은 가족의 행동 규범과 가족 전통에 의해 제한 받는다.
만약 당신이 금전 중심 이라면	• 개인적 가치의식은 재산에 의해 결정된다. • 경제 안정을 위협하는 것들에 의해 상처를 받기 쉽다.	• 이익이 의사 결정의 기준이다.	• 금전획득이 인생을 보고 이해하는 렌즈이기 때문에 어긋난 판단을 하게 된다.	• 금전과 제한된 시간의 역량이 한계를 결정한다.

생활 중심	안 정 감	지 침	지 혜	역 량
만약 당신이 일 중심이라면	• 직업상의 역할이 자신을 규정짓는 기준이다. • 일하고 있을 때 마음의 평정을 느낀다.	• 일의 요구와 필요에 따라 모든 의사 결정을 한다.	• 직업상의 역할에 의해 제한을 받는 경향이 있다. • 일 자체를 자기의 인생으로 여긴다.	• 행동력은 직업 역할 모델, 직업 기회, 조직적 제한, 상사의 생각, 특정 업무에 대한 수행 능력에 의해 제한된다.
만약 당신이 소유 중심이라면	• 안정감은 자신의 평판, 사회적 지위, 재산 등에 의해 이루어진다. • 타인의 재산과 자신의 재산을 비교하는 경향이 있다.	• 무엇이 자기의 재산을 보호, 증가, 또 전시효과 있게 하는가에 따라서 의사 결정을 한다.	• 세상을 경제법과 사회적 위치를 비교하는 차원에서 본다.	• 구매 능력과 자신이 달성할 수 있는 사회적 탈피성과 내에서 활동을 가능하다.
만약 당신이 쾌락 중심이라면	• "신나게" 즐길 때에만 안정감을 느낀다. • 안정은 일시적인 것이고 개인적 사정에 따라 다르다.	• 가장 큰 쾌감을 주는 것이 무엇인지에 따라 의사 결정을 한다.	• 세상을 볼 때 자신을 위해 좋은 것은 무엇이 있느가를 살핀다.	• 자신의 역량은 거의 없다.
만약 당신이 친구 중심이라면	• 안정감은 사회적 거울, 즉 주위의 존재와 판정에 달려 있다. • 타인의 견해에 크게 의존하는 편이다.	• 의사 결정 기준은 "진구들이 어떻게 생각할까. 에 달려 있다. • 남의 의견에 쉽게 다행한다.	• 사회적 렌즈를 통해 세상을 본다.	• 행동력은 사회적 여론과 관점에 의해 제한된다. • 행동은 진해와 마찬가지로 변덕스럽다.

생활 중심	안 정 감	지 침	지 혜	역 량
만약 당신이 적의 중심이라면	• 안정감은 적의 동향에 달려 있으므로 변하기 쉽다. • 항상 적이 무엇을 피하고 있는지 궁금해 한다. • 자기 생각이 같은 독특함으로부터 타기 정당화와 확인을 추구한다.	• 적의 행동에 반항적으로 대응한다. • 적을 방해하는 방침과 방향으로 의사를 결정한다.	• 판단력은 편협하고 비뚤어지게 된다. • 방어적이고, 과민반응, 과대망상증을 종종 보인다.	• 분노, 원한, 시기, 복수 등의 부정적 에너지를 소모함으로써 무력하게 되고 다른 역할은 없다.
만약 당신이 교회 중심이라면	• 안정감은 교회 활동과 교회 내 권한, 영향력 등으로 연계 되는 존경에 달려 있다. • 교회의 종교적 특성과 우월감에 의해 아이덴티티와 안정감을 느낀다.	• 타인들이 교회의 가르침과 기대라는 매타에서 어떻게 평가할 것인가를 생각하면서 행동한다.	• "신자"와 "비신자", 소속된 자와 "소속되지 않은 자"를 구분해 가며 세상을 살아 간다.	• 역량은 교회의 지위와 역할에서 온다.
만약 당신이 자기 중심이라면	• 안정감은 항상 변화하고 이동적이다.	• 판단기준은 "얼마나 좋게 느껴지는가", "내가 원하는 것", "내가 필요로 하는 것" 그리고 "나를 위해 좋은 것이 있는가." 등이다.	• 세상을 볼때 의사결정, 사건, 상황이 자신에게 미치는 영향을 중시한다.	• 행동력은 상호의존성의 도움없이 자기자신만의 역량에 국한된다.

는 것이다.

원칙 중심

우리가 자기 삶의 중심을 올바른 원칙에 둔다면, 네 가지 필수적인 요소들을 개발하는 탄탄한 기초를 만들게 된다.

사람이나 사물에 기초를 둔 생활 중심들은 빈번히 금방 변화하지만, 올바른 원칙은 절대로 변화하지 않기 때문에 우리의 안정감은 바로 여기에서 나온다. 따라서 우리는 이들 원칙에 의존할 수 있다.

우리가 원칙을 가지면 모든 일에 대응적으로 반응하지 않는다. 원칙은 우리를 불공정하게 하거나 화나게 하지도 않는다. 원칙은 우리가 이혼을 하게 하거나 가장 친한 친구로부터 멀어지게 하지 않는다. 원칙은 우리를 사로잡기 위해 나서지 않는다. 원칙은 지름길이나 임시방편을 제공해 줄 수도 없다. 원칙은 다른 사람의 행동이나 환경 또는 변덕스러운 유행을 따라 변하지 않는다. 원칙은 사라져 버리지 않고 영원하다. 원칙은 재산처럼 화재나 지진에 의해 파괴되지 않고 도적맞을 수도 없다.

원칙이란 심오하고 근본적인 진리이고, 전통적인 진리이며, 또 보편적인 공통분모요 표준이다. 원칙이란 우리의 인생을 정확성, 일관성, 아름다움, 그리고 능력과 같은 여러 가닥의 실로 촘촘히 짜 준다.

우리는 이같은 원칙들을 무시하는 경향이 있는 사람들과 상황 속에 살지만, 원칙은 사람들의 의견이나 사회적 관행보다 훨씬 더 우위에 있음을 알고 안심할 수 있다. 지나온 수천 년간의 세월 속에서도 원칙은 항상 사필귀정해 왔다. 그러나 더욱 중요한 것은 자신의 경험을 통하여 우리의 인생에서 이같은 원칙들에 관한 진리를 확인할 수 있다는 사실이다.

우리가 전지전능하지 않으므로 올바른 원칙들에 대한 우리들의 지식과 이해는 제한을 받는다. 이같은 제한은 자신의 진짜 본성에 대한 이해 부족, 우리 주위의 세계에 대한 무지, 올바른 원칙과 부합하지 않는 유행적인 철학과 이론들 때문이다. 이같은 유행적인 아이디어들은 한때 받아들여지겠지만, 이제껏 많은 경우에서 보아왔듯이 오랫동안 지속되지 못한다. 그 이유는 이것들이 바로 잘못된 기초 위에 세워졌기 때문이다.

우리의 원칙들에 대한 지식과 이해는 제한받고 있지만, 그 제한된 영역을 넓혀 갈 수는 있다. 우리들 자신이 성장하면서 깨달은 사실, 즉 우리는 더 많이 배울수록 세상을 보는 렌즈의 초점을 더 정확하게 맞출 수 있다는 점을 확신하기 때문에 올바른 원칙의 파악에도 똑같은 이치를 적용하면 된다. 원칙이란 변하지 않는다. 사실 변화하는 것은 원칙에 대한 우리의 이해이다.

원칙 중심의 생활에 동반되는 지혜와 지침은 삶의 정확한 지도, 즉 사실에 대해 과거와 현재를 정확하게 파악하고 미래를 예측할 수 있는 능력에서 나오는 것이다. 만일 우리가 올바른 지도를 가지고 있다면, 우리가 가고 싶어 하는 곳과 또 그곳에 도달하는 방법을 분명히 제시할 수 있다. 우리가 이러한 지도의 정확한 정보를 이용하여 의사결정을 하게 되면 실천이 용이할 뿐만 아니라 더 좋고 의미있는 실천이 된다.

원칙 중심의 생활을 하게 되면 자아의식, 지식, 그리고 주도성과 같은 개인적인 역량을 갖게 된다. 이같은 것들은 다른 사람의 태도, 반응, 그리고 행동에 의해 제한을 받지 않으며 나아가 많은 주변 상황과 환경이 미치는 영향력에 대해서도 다른 사람들과는 달리 구속되지 않는다.

개인적 역량에 실제적 제한을 가하는 유일한 것은 원칙에 따른 행동으로부터 나오는 자연법칙의 결과이다. 우리는 올바른 원칙에 대한 지식을 사용하여 자신의 행동을 자유롭게 선택할 수 있다. 그러나 이같은 행동들이 가져오는 결과에 대해서는 선택할 수 없다. "만약 당신이 막대기의 한쪽 끝을 집어 올리면, 다른 쪽 끝도 따라 온다."는 사실을 명심하라.

원칙은 항상 자연법칙에 따른 결과를 수반한다. 우리가 원칙에 입각하여 산다면 긍정적인 결과를 얻게 된다. 또한 원칙은 그것을 의식하든 못

생활 중심	안 정 감	지 침	지 혜	역 량
만약 당신이 원칙 중심이 이라면	• 자신의 안정감은 외부상황이나 환경과는 상관없이 올바른 원리에 근거한다. • 자신의 경험을 통해서 참다운 원리들이 자기의 인생에서 반복해서 그 올바름이 입증되리라는 것을 알고 있다. • 올바른 원리들은 정확성, 일관성, 아름다움, 느낌과 함께 작용하고, 자기기만의 측정 수단이 된다. • 올바른 원리들은 자기 개발을 이해하는 데 도움을 주며, 배움에 대한 자신감을 부여해 줌으로써 지식과 이해를 증가시켜 준다. • 안정감의 원천이 올바른 원리들은 불변적이고 확고하고 성숙된 생활 중심을 제공해 준다. 이 중심을 당신의 변화를 중요요한 곤경을 할 수 있는 흥미로운 도전과 기회로 보게 해 준다.	• 자신의 인생목표가 어디로 향하고 있고 어떻게 도달하느기를 정화하게 보여주는 나침반 같은 원리에 의해 방향이 정해진다. • 정확한 정보를 이용하기 때문에 의사결정을 실천이 용이하고, 의미있게 된다. • 상황, 감정, 자신의 처지 등에 좌우되기 보다는 삶의 전체적인 균형을 고려한다. 결정과 행동은 장기적 배려와 영향을 둠을 반영한다. • 모든 상황에서 인격과 양심에 근거하여 최선의 방안을 의식적으로 또 주도적으로 결정한다.	• 판단은 광범위한 장기적 안목을 반영한다. • 대중적인 사람과는 다르게 보고, 생각하고, 행동한다. • 효과적이고 신중한 삶을 위해 세상을 인과 중심이라는 관점을 통해 본다. • 타인을 돕고 가르치기 위한 주도적인 생활 방식을 갖고 있다. • 모든 인생경험들을 배움과 봉사를 위한 기회라는 견지에서 해석한다.	• 역량은 자연 법칙과 올바른 원리에 대한 이해와 실행력에 의해서 제한되고, 원리이 갖는 자연법칙적 결과에 의해서도 제한된다. • 타인의 태도나 행동에 의해 구속되지 않고, 자아의식, 지식, 주도적인 상품을 맞추게 된다. • 행동력은 자신이 가진 제주를 능가하게 되고, 상호의존성의 개념을 촉진시킨다. • 자신의 경제력이나 신용에 따른 제한에 구애받지 않는 결정과 행동을 하고, 상호의존적인 독립을 성취한다.

하든 상관 없이 모든 사람에게 적용되기 때문에 이같은 결과는 보편적인 것이다. 우리가 올바른 원칙에 대해 더 많이 알수록 현명하게 행동할 수 있는 개인적 자유는 더 커지게 마련이다.

우리가 영원하고 불변하는 원칙들에 삶의 중심을 둔다면, 성공적인 삶을 살아가는 데 필요한 기본적인 패러다임을 창조하게 된다. 그리고 이 원칙 중심은 모든 다른 중심들을 올바른 견해로 들여다보게 해 준다.

우리가 가진 태도와 행동은 패러다임으로부터 나온다는 사실을 명심하라. 패러다임은 마치 안경과 같아서 우리가 인생에서 모든 사물을 보는 방식에 영향을 미친다. 우리가 올바른 원칙으로 된 패러다임을 통해 사물을 보는 것은 다른 생활 중심의 패러다임을 통해 사물을 보는 것과 완전히 다르다.

이 책의 부록에는 앞에서 논의한 각각 다른 생활 중심의 패러다임이 우리가 사물을 보는 방법에 어떤 영향을 미칠 수 있는가를 보여주는 도표가 제시되어 있다. 이제부터 우리가 가진 생활 중심이 어떤 차이를 만드는가를 쉽게 이해하기 위해서 한 가지 구체적인 사례를 가지고 각각 다른 패러다임을 가진 사람들이 이 문제를 보는 시각을 살펴보자. 다음의 내용

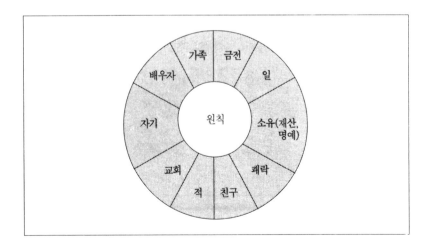

을 읽으면서 각각의 다른 안경(중심)을 통하여 그 대상을 보도록 시도해 보자. 나아가 각각 다른 생활 중심에서 나올 수 있는 반응들을 상상해 보자.

당신이 오늘밤 음악회에 가기로 부인과 약속했다고 가정해 보자. 그래서 이미 입장권을 준비했고, 부인은 연주회에 대한 기대로 들떠 있다. 지금은 퇴근시간이 임박해 오는 오후 4시이다. 그런데 갑자기 사장이 당신을 자기 사무실로 오게 한 후, 내일 오전 9시에 중요한 회의가 있기 때문에 이를 준비하기 위해 오늘 밤 늦게까지 당신의 도움이 필요하다고 말했다고 하자.

만약 당신이 배우자 중심 혹은 가족 중심의 안경을 끼고 있다면, 당신의 주된 관심은 부인이 될 것이다. 이 경우 당신은 상사에게 그럴 수 없다고 말하고 부인을 기쁘게 하기 위해 그녀를 연주회에 데리고 갈 것이다. 그렇지 않다면 당신이 파면될까 두려워 남아서 일하기로 결정한 다음, 불평하며 그 일을 하게 될 것이다. 이때 당신은 부인이 보일 반응에 대해 신경을 쓰고, 자신의 결정을 합리화시키려고 애쓰면서, 그녀의 실망과 노여움으로부터 자신을 보호하려는 궁리를 하게 될 것이다.

만약 당신이 금전 중심의 사고방식을 가졌다면, 주된 관심사는 시간외 근무수당, 또는 늦게까지 일하는 것이 봉급 인상에 미칠 영향에 대해 생각하게 될 것이다. 또, 자신의 경제적 성취가 최우선임을 아내도 이해해 줄 것으로 믿고, 못 간다는 전화만 할 것이다.

만일 당신이 일 중심으로 생각한다면, 이같은 야근이야말로 아주 좋은 기회라고 생각할 것이다. 왜냐하면 일을 더 많이 배울 수 있고, 상사로부터 더 좋은 점수를 딸 수 있으며, 나아가 이것이 승진에도 좋은 영향을 미칠 것이라고 생각하기 때문이다. 당신은 정상근무 이상의 시간을 일하는 자신에 대해서 우쭐해질 것이고, 스스로가 부지런한 일꾼이라고 평가하며 만족해 할 것이다. 당신의 부인도 틀림없이 당신을 자랑스럽게 여길 것이다.

만약 당신이 소유 중심의 사고를 가졌다면, 시간외 수당으로 나오는 돈으로 살 수 있는 물건들을 생각하게 될 것이다. 혹은 회사에 늦게까지 남아서 근무하는 것이 부서에서 얻을 좋은 평판에 보탬이 될 것인가를 생각할지도 모른다. 왜냐하면 내일이면 부서직원들이 당신이 얼마나 성실하고, 희생적이며, 헌신적인 사람인가에 대해 소문을 듣게 될 것이기 때문이다.

만약 당신이 쾌락 중심의 사고방식을 가졌다면, 비록 부인이 늦게까지 근무하는 것을 바랄지라도 그 일을 하지 않고 연주회에 갈 것이다. 낮에는 열심히 일하고, 밤에는 즐겨야 하지 않겠는가?

만약 당신이 친구 중심이라면, 결정은 연주회에 친구를 초청했는지 여부에 의해 좌우될 것이다. 아니면 직장의 동료들도 늦게까지 함께 일할 것인가에 의해 좌우될 것이다.

만약 당신이 적 중심이라면, 직장 내에서 자신이 가장 열심히 일한다고 생각되는 경쟁 상대보다 더 많은 점수를 딸 기회가 되기 때문에 늦게까지 남아 있게 될 것이다. 그 미워하는 자가 퇴근하여 쉬는 동안, 당신은 그 사람의 몫과 자기 자신의 몫까지 합하여 열심히 일할 것이다. 그 미워하는 자는 회사의 발전에 무관심하지만, 당신은 자신의 개인적 즐거움까지 희생하면서 늦게까지 근무한다.

만약 당신이 교회 중심이라면, 다른 신도들도 그 연주회에 가는지, 혹은 다른 신도들이 함께 야근을 하는지, 나아가 무슨 종류의 연주회인지 ─헨델의 '메시아'가 록 음악보다 우선순위가 높다.─에 따라 결정할 것이다. 또한 당신의 결정은 '훌륭한 신도'로서 해야 될 행동이 무엇이냐에 따라 좌우된다. 나아가 '야근'을 '봉사'라고 보는지 아니면 '물질적 부의 추구'라고 보는지에 따라 좌우될 것이다.

만약 당신이 자기 중심이라면, 무엇이 자신에게 가장 좋을까하는 것에 초점을 맞출 것이다. 저녁을 바깥에서 즐겁게 보내는 것이 나을까, 아니면 사장에게 잘 보임으로써 좋은 점수를 따는 것이 자신에게 유리할까? 이상의 두 가지가 자신에게 미칠 영향이 주된 관심사일 것이다.

우리는 이와 같이 하나의 사례를 보는 데도 여러 가지 관점을 가진다. 앞에서 실시한 지각시험에서도 '젊은 여자'와 '늙은 여자'라는 서로 상반된 관점을 가졌다. 당신은 자신이 가진 생활 중심이 스스로에게 얼마나 본질적인 영향을 미치는가를 알고 있는가? 또한 동기와 의욕, 일상생활에서의 의사결정, 그리고 행동들(혹은 대부분의 경우 우리의 반응), 나아가 어떤 사건에 대한 해석에 어떠한 영향을 주는지 아는가? 우리가 자기 삶의 중심을 철저하게 이해하는 것은 대단히 중요하다. 만약 우리가 가진 생활 중심이 자신을 주도적인 사람으로 되지 못하게 한다면, 그렇게 해 줄 수 있는 생활 중심으로 패러다임 전환을 하여 삶의 효과성을 증진시키는 것이 중요하다.

우리가 원칙 중심의 사람이라면, 자신에게 영향을 미칠 감정이나 다른 요소들로부터 초연하려고 노력하면서 여러 가지 선택의 길을 검토할 것이다. 우리는 직장 요구, 가족 요구, 그리고 관련된 다른 요구들과 다양한 대안들의 장단점들이 전체적인 균형을 이루게 하고, 모든 요소들을 고려하면서 최선의 해결방안을 찾으려고 애쓸 것이다.

연주회에 가느냐 아니면 회사에 남아서 일을 하느냐 하는 것은 효과적인 의사 결정의 극히 작은 부분에 불과하다. 우리는 여러 가지 다른 생활 중심들을 가지고도 똑같은 결정을 내릴 수 있다. 그러나 우리가 원칙 중심의 패러다임에서 이같은 결정을 한다면, 이는 다음과 같은 몇 가지 중요한 차이점이 있다.

첫째, 다른 사람들이나 주변 여건 때문에 자신의 행동이 좌우되지는 않을 것이다. 또 자신이 최선이라고 생각하는 방안을 주도적으로 선택할 것이다. 그러므로 당신은 모든 결정을 철저하게 또 주의해서 하게 될 것이다.

둘째, 당신은 자신의 결정이 장기적으로 확실한 결과가 보장된 원칙에 입각하여 이루어졌기 때문에, 이 결정이 가장 효과적이라는 것을 안다.

셋째, 당신이 선택한 결정은 자기 삶의 궁극적인 가치관에 기여하게 된다. 자기 자신이 사장의 회의가 효과적이 되게 준비해 주고, 회사의 발전을 위해 순수하게 공헌하기 위해 늦게까지 근무하는 것은, 회사 내의 누군가보다 더 나은 점수를 따려고 늦게까지 남아 근무하는 것과는 확실히 다른 것이다. 스스로 한 결정을 실행하는 것은 자신의 전체적인 삶의 질을 높여주고, 의미를 부여해 줄 것이다.

넷째, 당신은 이미 맺어둔 좋은 상호의존적 인간관계에 입각하여 사장 및 부인과 커뮤니케이션을 할 수 있을 것이다. 그 이유는 당신이 독립적이기 때문에 대단히 효과적으로 상호의존적인 관계를 만들 수 있다. 이 경우 당신이 사장의 요청을 받았을 때, 다른 사람에게 위임할 수 있는 일은 나누어서 맡기고, 그 나머지 일만 다음날 아침 일찍 출근하여 마칠 수도 있다.

마지막으로, 당신은 자신이 선택한 결정에 대해 압박감을 갖지 않고 기분 좋게 느낄 것이다. 따라서 무슨 일이든 그것을 위해 최선을 다하게 되고, 또 그것을 즐길 수 있게 될 것이다.

당신이 원칙 중심의 사람이라면 사물을 다르게 본다. 그러면 그것에 대한 견해가 달라지고, 또 다르게 행동하게 된다. 나아가 당신은 내면의 확고부동한 핵심으로부터 생성되는 높은 수준의 안정감, 지침, 지혜, 그리고 역량을 가지기 때문에 고도로 주도적이고 성공적인 인생을 살아가는 기초를 갖게 된다.

자기 사명선언서의 작성 및 활용방법

우리가 자신의 내면 깊숙이 들어가서 기본적인 패러다임들을 파악하고 조정하여 올바른 원칙과 조화시키려고 한다면, 효과적이고 능력을 부여해 주는 생활 중심을 창조해야 할 뿐만 아니라 세상을 정확하게 볼 수 있는 깨끗한 렌즈도 함께 가져야 한다. 이렇게 되면 우리는 이 렌즈를 통하여 독특한 개체로서 내 자신이 이 세상과 어떤 관계를 가지는가를 알아볼 수 있다.

프랭클은 자기의 인생 사명을 만들어 내기보다는 찾아야 한다고 주장한다. 나는 이 표현을 좋아한다. 우리는 내면에서 감시자 역할을 해 주는 양심을 가지고 있어서, 우리 자신의 독특성을 파악하게 해 주고 우리가 독자적으로 무슨 공헌을 할 수 있는지를 알게 해 준다.

프랭클은 다음과 같이 말했다. "사람은 누구나 자신의 삶에서 자기만의 과업 또는 사명을 가지고 있다. 그런데 이것은 다른 사람에 의해 대체될 수 없고, 또 자신의 인생이 반복할 수도 없다. 따라서 모든 사람이 갖는 과업이 독특한 것처럼 그것을 이행할 수 있도록 주어진 기회 또한 독특한 것이다."

우리가 이같은 독특성을 말로 표현하려면, 근본적으로 주도성과 '영향력의 원'의 중요성을 다시 한번 상기해야 한다.

우리가 '관심의 원'으로부터 인생의 의미를 찾는 것은 마치 주도적인 책임을 버리는 것과 같다. 이는 우리 자신에 대한 첫째 번 창조를 다른 사람들이나 환경에 맡기는 것과 같다.

우리들이 갖는 삶의 의미는 우리의 내면에서 나온다. 다시 프랭클의 말을 빌려보자. "사람들은 결국 자기 삶의 의미가 무엇인지를 물어서는 안 되고, 이같은 질문을 받는 당사자는 바로 자기 자신이라는 사실을 인식해야 한다. 즉, 우리 각자는 인생에 대해 질문을 받고 있다. 따라서 자신의 삶에 대해 대답함으로써만 인생에 대해 답할 수 있다. 인생에 대해 책임을 지는 것만이 그 대답이다."

개인적인 책임감 혹은 주도성은 첫째 번 창조를 위한 기본이다. 이를 다시 컴퓨터에 비유해 보자. 습관 1은 "당신은 프로그래머이다."라고 말한다면, 습관 2는 당신에게 "프로그램을 짜라."고 말하는 것과 같다. 그러나 우리는 자신이 책임을 진다는 생각, 즉 자신이 프로그래머라는 생각을 수용하기 전에는 프로그램 짜는 일에 애쓰지 않을 것이다.

우리는 주도적인 사람으로서 자신의 인생을 통하여 어떤 존재가 되고 싶고, 또 무엇을 하고 싶은지 표현할 수 있다. 즉, 우리는 자기사명 선언인 개인헌법을 작성할 수 있다.

사명선언은 하룻밤에 걸쳐 간단히 작성하는 것이 아니다. 사명선언은 깊은 성찰과 주의깊은 분석을 통한 심오한 생각의 표현이며, 대부분의 작성자들은 완성할 때까지 여러 차례 고쳐 쓴다. 우리가 사명선언의 내용에 진정으로 만족하게 되고, 이것이 우리 내면의 중요한 가치와 방향을 완전히 집약해서 표현했다고 느끼게 되기까지, 아마 몇 주 혹은 몇 달의 작성 기간이 걸릴지도 모른다. 심지어 그런 연후에도 우리는 정기적으로 이것을 다시 살펴보고, 추가적인 생각이나 변화된 상황에 따라 약간의 수정을 해야 될 것이다.

우리의 사명선언은 본질적으로 우리 자신의 개인헌법이며, 확고한 비전과 가치관의 표현이다. 이것은 또한 우리가 인생을 살아가면서 모든 것을 판단하는 기준이 될 것이다.

나는 최근에 내 자신의 사명선언을 다시 검토해 보았다. 나는 이같은 검토를 정기적으로 하고 있다. 그날 나는 타고 간 자전거를 세워 놓고, 혼자 해변가에 앉아서 수첩을 꺼내 놓고 사명선언에 대해 검토했다. 이를 하는 데는 여러 시간이 걸렸지만, 명확감, 정돈감, 책임감, 그리고 해방과 자유의 감정을 느꼈다.

나는 과정이 결과 못지않게 중요하다는 것을 알고 있다. 사명선언을 작성하거나 검토하는 일은 우리를 변화시켜 준다. 왜냐하면 이것은 자신에게 무엇이 가장 중요한지를 깊고 조심스럽게 생각하게 해 주며, 나아가 자신의 생각과 행동을 일치시켜 주기 때문이다. 이렇게 하면, 다른 사람들은 우리가 외부의 영향력에 좌지우지되지 않는 사람이라고 느끼기 시작할 것이다. 또한 우리는 자신이 하고자 하는 것에 대한 분명한 사명감을 갖게 되고, 그것에 대해 열중하게 될 것이다.

종합적 사고를 하라

우리의 자아의식은 우리 자신의 생각을 검토하는 능력을 준다. 이것은 특히 자기사명 선언을 작성하는 데 큰 도움을 준다. 그 이유는 우리로 하여금 습관 2를 실행 가능하도록 해 주는 상상력과 양심은 인간만이 갖는 독특한 두 가지 능력으로 오른쪽 뇌가 갖는 기본적 기능이기 때문이다. 또 오른쪽 뇌의 역량을 증가시키는 방법을 아는 것은 첫째 번 창조력을 크게 향상시키는 것이다.

뇌의 특성 이론이라 불리우는 이 분야에 대한 많은 연구가 지난 수십 년에 걸쳐 이루어졌다. 연구 결과들에 의하면 뇌의 왼쪽과 오른쪽은 각각 특성있고 상이한 기능을 수행하고 있으며, 또 서로 다른 종류의 정보와 문제를 처리하고 있음을 밝혀주고 있다.

특히 왼쪽 뇌는 논리적 및 언어적 기능을 맡고, 오른쪽 뇌는 보다 직관적이고 창의적인 기능을 맡는다. 따라서 왼쪽 뇌는 어휘를 다루는 반면, 오른쪽 뇌는 화면을 다룬다. 또 왼쪽 뇌는 부분과 세부적인 것을 다루는 반면, 오른쪽 뇌는 전체 및 각 부분 간의 관계를 다룬다. 왼쪽 뇌는 각 부분을 쪼개어 개별적으로 분석하고, 오른쪽 뇌는 이들 부분을 함께 모으는, 즉 종합하는 일을 맡고 있다. 왼쪽 뇌는 순서에 따라 단계별로 사고를 하는 반면, 오른쪽 뇌는 동시에 전체적으로 본다. 말하자면 왼쪽 뇌는 시간과 차례를 따르는 반면, 오른쪽 뇌는 이것들에 구애받지 않는다.

사람들은 양쪽 뇌를 모두 사용하고 있지만, 개인에 따라 어느 한 쪽이 다른 쪽보다 더 발달될 수 있다. 물론 이상적인 것은 양쪽 뇌가 가진 각각의 능력을 양성하고 개발시켜서, 균형적인 발달을 하게 해 주는 것이다. 이렇게 되면 상황에 따라 어떤 쪽의 뇌 기능이 필요한가를 파악하고, 그 쪽의 뇌를 적절히 사용할 수 있다. 그러나 더 우세한 쪽을 선호하는 성향 때문에 사람들은 더 발달된 쪽의 뇌기능에 편함을 느끼고 안주(安住)하게 되어, 모든 상황을 그쪽 뇌의 사고방식대로 처리해 버린다.

아브라함 매슬로우는 다음과 같이 말했다. "망치를 잘 다룰 줄 아는 사람은, 모든 것을 못이라고 생각해 버린다." 이러한 발달된 쪽의 선호 및 안주 현상은, 앞서 한 지각실험에서 "젊은 여자/늙은 여자"를 분별하는 데 영향을 미치는 또 하나의 다른 요소이다. 오른쪽 뇌 유형과 왼쪽 뇌 유형의 사람들은 각각 사물을 서로 상이한 방식으로 보려고 한다.

우리는 주로 왼쪽 뇌가 지배하는 세계 — 논쟁과 측정, 그리고 논리가 중요시 되는 반면, 우리의 본질 중 보다 창조적이고, 직관적이며, 감각적이고, 나아가 예술적인 측면은 종종 무시되는 세계 — 에 살고 있다. 또 많은 사람들은 자신의 오른 쪽 뇌의 능력을 활성화시키는 데 상당한 어려움을 느끼고 있다.

이상의 설명은 자세하지 못하지만, 새로운 연구 결과가 나오면 뇌의 기능에 대해 좀더 확실한 답을 주게 될 것이다. 그러나 여기에서 강조하고자 하는 것은 우리가 매우 많은 종류의 사고기능을 수행할 수 있음에도 불구하고, 이같은 잠재능력을 거의 개발하지 못하고 있다는 점이다. 따라서 우리가 이러한 다양한 잠재 능력에 대해 파악을 하게 되면, 보다 효과적인 방법으로 각종 문제들을 해결할 수 있도록 의식적인 노력을 할 수 있을 것이다.

오른쪽 뇌 개발을 위한 두 가지 방법

만일 우리가 뇌의 특성 이론을 모델로 사용한다면 첫째 번 창조의 질은 창의적인 오른쪽 뇌의 활용 능력에 따라 크게 좌우될 것이다. 다시 말하면 우리가 오른쪽 뇌의 능력을 활용할수록 보다 더 생생하게 마음속에 그려 볼 수 있고, 더 완전하게 종합시킬 수 있고, 또 시간과 현재의 상황을 초월할 수 있을 것이다. 나아가 이것은 우리가 인생에서 진정으로 하고 싶은 것과 되고 싶은 것에 대해 총체적인 영상을 투사해 줄 것이다.

1. 시각을 넓혀라

우리는 뜻밖의 돌발 사건에 의해 때때로 왼쪽 뇌의 행동과 사고 방식으로부터 벗어나서 오른쪽 뇌의 생각과 행동으로 바꾸는 경우가 있다. 사랑하는 사람의 죽음, 불치병, 파산, 그리고 심각한 재난을 당하면 우리는 모든 일을 중단하고 물러앉아 자신의 인생을 들여다보며, "진정 중요한 것은 무엇인가? 나는 왜 이것을 하고 있는가?" 등과 같은 어려운 질문을 스스로에게 던지게 된다.

그런데 만일 우리가 주도적이라면 돌발 사건들이 우리의 시각을 넓혀 줄 때까지 기다릴 필요가 없다. 왜냐하면 우리 스스로의 노력에 의해 오른쪽 뇌 위주로 바꿀 수 있기 때문이다.

이렇게 바꾸는 방법에는 여러 가지가 있다. 우리가 본장의 첫 부분에서 경험해 봤듯이 상상력의 힘을 빌려 자기 자신의 장례식을 그려 볼 수 있다. 자기 자신의 추도사를 써 보라. 실제로 종이에 구체적이고 상세하게 써 보라.

자신의 25주년 결혼기념일인 은혼식이나 50주년 결혼기념일인 금혼식을 상상해 볼 수도 있다. 이것을 배우자와 함께 해 보라. 둘이서 25, 50년 동안의 결혼 생활을 하면서 날마다 이루어 보려고 애쓸 가족관계가 무엇인지를 생각해 보라.

우리는 현재 직장에서 정년 퇴직하는 것을 상상해 볼 수도 있다. 현재 종사하는 분야에서 어떤 공헌과 성취를 하고 싶은가? 정년퇴직 후의 계획은 무엇인가? 새로운 직업을 구해 보겠는가?

생각을 넓혀라. 상세하고 또 구체적으로 마음속에 그려 보라. 이용할 수 있는 모든 감정과 느낌을 동원하라.

나는 대학강의에서 이와 비슷한 종류의 실습을 하였다. 나는 학생들에게 이렇게 말했다. "만일 학생 여러분들이 앞으로 한 학기밖에 살 수 없기에 마지막 학기 동안 좋은 학생이었다는 인상을 남기기로 작정하였다면, 이번 학기를 어떻게 보낼 것인지를 상상해 보라."

이 실습을 통해 학생들은 모든 것을 갑자기 다르게 보기 시작하였다. 과거에는 깨닫지 못한 가치있는 것들이 갑자기 중요하게 생각되었다. 나는 학생들에게 한 주일 동안 이같이 넓혀진 시각을 가지고 생활하면서, 매일의 결과를 일기에 적도록 요청했다.

결과는 아주 괄목할 만한 것이었다. 학생들은 부모님께 편지를 쓰면서 자신들이 부모님을 얼마나 사랑하고 감사하는지를 밝히기 시작하였다. 그들은 형제, 자매에게 잘못을 사과하고, 그 동안 관계가 악화되었던 친구들에게 화해를 청했다. 그런데 이들이 이같은 행동을 하는 데 있어서 지배적이고 중심이 되는 원칙은 사랑이었다. 학생들이 앞으로 한 학기 동안만 살 것이라고 가정하자, 악담을 하는 것, 나쁜 생각을 갖는 것, 나아가 깔보거나 비난하는 것 등은 모두 쓸데없는 짓이라고 생각하게 되었다. 학생들 모두에게 원칙의 중요함과 가치 기준이 더욱 분명하게 되었다.

상상력을 동원하여 자신의 가치 기준과 접할 수 있도록 하는 기법에는 여러 가지가 있다. 그런데 내가 지금까지 사용해 온 여러 가지 방법들이 가지고 온 결과는 거의 똑같은 것이었다. 사람들이 자신의 인생에서 가장 중요하다고 생각하는 것, 즉 진정으로 되고 싶고 또 하고 싶은 것을 찾으려면 대단히 경건해진다. 왜냐하면 그들은 오늘이나 내일의 일이 아닌 먼 장래의 일을 생각해 보아야 되기 때문이다.

2. 상상하고 다짐하라

자기 삶을 올바르게 이끌 수 있는 리더십은 한번의 실습이나 경험으로 얻을 수 있는 것이 아니다. 또한 이것은 자기사명 선언을 작성하면 다 되는 것도 아니며, 우리가 설정한 비전과 가치관을 지켜 나가고 자기가 가장 중요하게 생각하는 것과 일치되는 삶을 살아가는 지속적인 과정이다. 이같은 과정에서 우리의 오른쪽 뇌 기능이 강력하면 자기사명 선언을 일상생활에 적용시키는 데 커다란 도움이 된다. 나아가 이것은 "인생목표를 확립하고 행동하라."는 습관 2에 대한 또 하나의 다른 적용이다.

앞에서 언급했던 예로 다시 돌아가 보자. 내가 우리 아이들을 진심으로 사랑하는 부모라고 가정해 보자. 또 이것이야말로 나의 사명선언에 명시되어 있는 기본적이고 중요한 것 가운데 하나라고 하자. 그런데 내가 아이들에 대한 과잉반응 때문에 매일 고통을 당하고 있다고 가정해 보자.

이때 나는 오른쪽 뇌가 가진 상상력을 이용하여, 일상생활이 내가 보다 중요하게 생각하는 것과 좀더 일치되도록 도움을 주는 다짐을 할 수 있다.

훌륭한 다짐을 하는 데는 5가지 요소들이 있다. 이 요소에는 개인적, 긍정적, 현재시제, 시각적, 그리고 정서적 요소 등이 포함된다. 따라서 나는 앞의 경우를 다음과 같이 작성할 수 있다. "나는 우리 아이들이 잘못할 때도 내가 가진 지혜와 사랑, 확신, 그리고 자제력(긍정적)을 가지고 반응하는(현재시제) 것이 나에게(개인적)는 가장 큰 만족(정서적)을 준다."

그 다음 나는 이것을 상상해 볼 수 있다. 우선 매일 몇 분의 시간을 내어 긴장을 풀고 편하게 쉬면서, 딸이 잘못을 범하는 상황을 구체적으로 상상해 본다. 나는 내가 앉아 있는 의자와 발밑의 마룻바닥 또 내가 입고 있는 스웨터의 감촉까지도 느낄 수 있다. 나는 딸이 입고 있는 옷과 그녀의 얼굴 표정도 그려 볼 수 있다. 이처럼 내가 보다 더 자세하고 명확하게 세부적인 것까지 마음속에 그려 낼수록 체험이 더 심오하게 되고 더 실제적인 참여자가 될 것이다.

다음 단계로 나는 딸 아이가 나를 화나게 하고 성질을 돋우게 하는 잘못을 구체적으로 상상해 낸다. 그때 나는 평상시에 내가 흔히 반응하는 행동 대신 다짐에 쓰여진 대로 모든 사랑과 힘 그리고 자제력을 동원하여 상황에 대처하는 내 자신의 모습을 볼 수 있다. 나는 이처럼 가치관과 자기사명 선언에 일치되는 프로그램과 각본을 작성할 수 있다. 만약 내가 이렇게 한다면 나의 행동은 나날이 변화할 것이다. 그 이유는 내가 부모님, 사회, 나아가 유전과 환경에 의해 주어진 각본에 따라 생활하는 대신 내 자신이 선택한 가치기준에 입각하여 작성한 각본에 의해 살아갈 것이기 때문이다.

나는 이와 같은 다짐 과정을 미식축구 선수인 우리 아들 신(Sean)이 선수 생활에 적용해 보도록 도와주었다. 나는 이것을 그가 고등학교 미식축구 팀의 쿼터백을 맡았을 때부터 시작했고, 그가 이 방법을 스스로 활용할 수 있도록 가르쳐 주었다. 나는 그가 심호흡과 단계적인 근육이완요법을 통하여 편안한 마음상태를 갖도록 한 다음, 그가 상상할 수 있는 가장 어려운 시합장면을 마음속에 그려 보게 했다.

이때 우리 아이는 자기를 향하여 빠른 속도로 방어 팀의 선수가 돌진해 오는 장면을 상상한다. 순간적으로 그는 이같은 기습에 대응해야 한다. 그는 일단 방어 팀을 파악한 다음 대체 플레이하는 것을 상상한다. 그는 재빨리 첫째 번 리시버, 둘째 번 리시버, 셋째 번 리시버를 살펴보고, 보통은 잘하지 않는 여러 가지 플레이의 가능성도 상상해 본다.

우리 아이는 어느 시점부터 시합을 앞두고 자꾸만 초조감을 느낀다고 했다. 그것은 그가 시합장면에 대한 초조감을 상상하고 있기 때문이라는 사실이 대화하는 도중에 판명되었다. 그래서 우리는 함께 커다란 긴장감을 주는 상황을 그리면서도, 자신은 전혀 초조하게 되지 않도록 상상하는 연습을 하였다. 이때 우리는 상상하는 방법이 매우 중요하다는 것을 발견했다. 만약 우리가 잘못된 것을 상상한다면, 잘못된 것을 얻게 되기 때문이다.

찰스 가필드 박사는 육상경기와 비즈니스에서 최고의 업적을 남긴 사람들에 대해 광범위한 연구를 해 왔다. 그는 나사(NASA)가 성취한 성과에 관한 연구에서 우주항공사들이 우주여행을 시작하기 전에 지상의 가상 환경에서 반복해서 연습하는 훈련 프로그램에 매료되었다. 그는 이미 수학에서 박사학위를 받았지만, 크게 성취한 사람들의 특성을 연구하여 심리학 박사학위도 취득하였다.

그의 연구 중 중요한 것은 세계적인 운동선수들뿐만 아니라 우수한 업적을 달성한 사람들 대부분이 훌륭한 상상력을 가졌다는 사실이다. 이들은 실제 행하기 전에 마음속에 그 결과를 그려 보고, 느끼며, 또 경험한다. 다시 말하면 이들은 마음속에 목표를 가지고 행동한다.

우리는 이것을 자기 생활의 모든 분야에 적용할 수 있다. 공연발표회, 상품설명회, 어려운 담판, 나아가 어떤 목표 달성을 위한 매일의 도전 등을 하기 이전에 마음속에 최종목표를 명백하게, 분명하게, 그리고 쉬지않고 반복하여 그려 보라. 그리고 마음속에 어떤 상황에 대한 "안전대책"을 만들어 두라. 이렇게 하면 우리가 그 상황에 봉착할 때 상황 자체가 낯설지 않을 것이다. 또 우리는 이 상황이 겁나거나 두렵지 않게 된다.

창의적이며 상상력을 가진 오른쪽 뇌는 자기사명 선언을 작성할 때나 자신의 삶에 통합시키는 데 있어서 가장 중요한 자산의 하나이다. 이렇게 마음속에 미리 상상해 보는 것과 다짐과정을 훈련시키는 분야에는 많은 문헌, 오디오, 그리고 비디오 테이프 등이 있다. 이 분야에서 최근에 개발된 몇 가지 프로그램에는 잠재의식 프로그램, 신경언어학적 프로그램, 그리고 새로운 긴장완화 프로그램 및 자기와의 대화 프로그램 등이 있다.

이상의 프로그램들은 모두 자세한 설명과 구체적인 사례 그리고 첫째 번 창조에 대한 기본원칙 등을 제시한다.

나는 성공을 다루는 문헌을 검토하면서 이 분야를 다루는 수백 권의 책을 접할 수 있었다. 일부는 비록 과장된 주장을 하고 또 과학적인 근거보다는 경험담과 일화를 담은 내용이지만, 대부분의 자료들은 근본적으로 충실하다고 생각되었다. 또 많은 내용들은 성서연구에서 나온 것 같이 보인다.

자기 삶을 효과적으로 이끄는 리더십에서 상상하는 것과 다짐 기법은 삶의 중심이자 충분히 숙고된 목적과 원칙들로 이루어진 근본바탕에서 자연스럽게 나오게 된다. 이같은 기법은 우리가 자신의 마음속에 수행할 목적과 원칙들을 깊이 새기고, 각본을 다시 쓰며, 프로그램을 다시 짜는 데 대단히 유용하게 쓰여진다. 나는 이 사회에서 지속하는 모든 종교들의 중심에는 비록 명칭은 서로 다르지만 동일한 원칙과 의식을 가지고 있다고 믿는다. 다시 말하면 명상, 기도, 서약, 율법, 성서공부, 경전공부, 공감, 회개, 그리고 양심과 상상력을 활용한 여러 형태의 의식들은 거의 모든 종교가 사용하는 방법이다.

그런데 만일 이러한 기법들이 '성격 윤리'의 일부가 되고, 성품과 원칙의 근본바탕을 무시해 버린다면, 이것은 다른 생활 중심이 되도록, 주로 자기 중심적 삶이 되도록 잘못 이용되고 또 남용될 것이다.

다짐과 상상기법은 프로그래밍의 형태들이다. 따라서 우리는 근본적인 생활 중심과 일치하지 않는 것, 예컨대 금전 중심, 자기 중심과 같이 올바른 원칙들 이외의 다른 것들에 생활 중심을 두도록 프로그램 되어서는 안 된다.

상상력은 어떤 물질적 이득이나 혹은 "나에게 돌아오는 이익이 있나." 등과 같은 것에 중점을 두어 일시적 성공을 성취하기 위해 이용될 수도 있다. 그러나 상상력의 보다 훌륭한 용도는 자신을 초월하고, 자신의 목적과 상호의존적인 현실을 지배하는 원칙들에 입각해 헌신적인 삶을 창조할 수 있도록 양심을 잘 활용하는 데 있다.

역할과 목표의 확인

우리가 사명선언을 작성할 때 오른쪽 뇌가 포착한 이미지, 느낌, 그리고 영상 등을 문자로 정연하게 표시하려면, 논리적 및 언어적 기능을 가진 왼쪽 뇌의 기능 또한 중요하다. 호흡운동이 마치 심신의 융합을 도와주듯 글로 쓰는 것은 의식과 잠재의식을 연결하고 융합시키는 데 도움을 주는 일종의 정신 – 신경적 근육활동이다. 또 글로 쓰는 것은 생각을 정리시켜 주고, 구체화시키고, 명확케 하며, 나아가 전체를 부분들로 분할시켜 준다.

우리는 자신의 생활에서 여러 가지 역할을 맡고 있다. 다시 말하면 우리는 스스로가 책임을 지는 다양한 분야와 능력을 가지고 있다. 예를 들면, 나는 한 개인, 남편, 아버지, 교사, 교회의 신도, 그리고 사업가로서의 역할을 하고 있다. 그런데 이런 각각의 역할들은 매우 중요하다.

우리가 인생을 살아가면서 좀더 성공적으로 되기 위해 노력할 때 대두되는 중요한 문제의 하나는, 대국적으로 폭넓게 생각하지 못한다는 사실이다. 그 결과 우리는 효과적인 삶에 필수적인 조화, 균형, 그리고 자연 생태계의 원리를 망각하게 된다. 예컨대 우리는 일에 너무 빠져서 자신의 건강을 해칠 수도 있다. 자기 직업에서의 성공이라는 명목 하에 우리는 자신의 삶 속에서 가장 소중한 인간관계를 소홀히 할 수도 있다.

만약 우리가 사명선언서를 자신이 인생에서 맡고 있는 구체적인 역할로 세분화시키고, 각 역할분야에서 성취하고자 하는 목표들로 구분시킨다면, 그 사명선언은 훨씬 더 균형을 이루게 될 뿐만 아니라 실천하기도 쉽다는 사실을 발견하게 될 것이다.

이제 우리가 현 직장에서 가진 역할을 살펴보자. 예컨대 우리는 세일즈맨, 관리자, 또는 제품개발 담당자일 수도 있다. 우리는 이 분야에서 어떤 존재인가? 우리를 이끌어주는 가치기준은 무엇인가? 다음에는 개인적 역할들도 생각해보자. 남편, 아내, 아버지, 어머니, 이웃, 친구. 이러한 역할들을 우리는 제대로 하고 있는가? 우리에게 중요한 것은 무엇인가? 지역 사회를 위한 역할들도 생각해 보자. 또 정치분야, 공공 서비스 그리고 자원봉사 단체에서의 역할도 생각해 보자.

어떤 기업의 임원은 자신의 사명선언서를 역할과 목표를 구분해서 다음과 같이 작성하였다.

나의 사명은 정직하게 살고, 다른 사람의 삶을 개선시키는 것이다

본 사명을 수행하기 위해 :

나는 자비심을 갖는다 : 나는 상대방의 처지에 관계없이 누구든지 사랑한다.
나는 희생한다 : 나는 시간, 재능, 그리고 금전을 비롯한 각종 자원을 바친다.
나는 영감을 일으킨다 : 나는 우리 모두가 하느님 아버지를 사랑하는 자녀들이고, 어떤 어려움도 극복할 수 있다는 것을 몸소 실천함으로써 가르쳐 준다.
나는 영향력이 있다 : 나는 다른 사람의 삶을 개선시킬 것이다.

다음의 역할들은 나의 사명을 수행하는 데 우선 순위가 높은 것들이다.

남편 : 아내는 나의 일생에서 가장 중요한 사람이다. 우리는 조화, 근면, 자비심, 그리고 검소함을 위해 함께 노력한다.
아버지 : 나는 우리 아이들의 인생이 점차적으로 보다 더 기쁜 삶이 되도록 도와준다.
아들/형제 : 나는 도움과 사랑을 주기 위해 자주 방문한다.
기독교인 : 나는 하느님과의 서약을 준수하고, 다른 사람들에게 봉사한다.
이웃 : 나는 다른 사람에 대한 그리스도의 사랑을 행동으로 보여줄 것이다.
업무개선위원 : 나는 우리 회사에서 높은 업무성과를 이룩해 내는 촉매자의

역할을 한다.

학자 : 나는 매일 새롭고 중요한 것들을 공부한다.

우리가 자신의 사명을 현재 맡고 있는 주요 역할들에 따라 작성하면, 이것은 우리에게 균형되고 조화된 삶을 갖게 해 준다. 나아가 이것은 우리에게 각각의 역할이 해야 할 임무를 명백하게 보여 준다. 이같은 역할들을 자주 검토함으로써 우리가 한 가지 역할에만 빠져 들어가는 것을 방지해 준다. 왜냐하면 이때 배제되는 다른 역할들이 똑같이 중요하거나 경우에 따라서는 더 중요할 수 있기 때문이다.

우리는 스스로가 맡은 여러 가지 역할을 파악한 후에, 각각의 역할에서 성취하기를 원하는 장기적 목표를 생각할 수 있다. 우리는 이 단계에서 다시 상상력과 창의력, 양심, 그리고 영감을 얻기 위하여 오른쪽 뇌를 활용한다.

그런데 만약 이러한 목표들이 올바른 원칙에 입각한 사명선언서를 확장한 것이라면, 이는 우리가 평상시에 설정한 목표와는 근본적으로 다를 것이다. 왜냐하면 올바른 원칙 위주의 목표는 자연법칙과도 조화를 이룰 뿐만 아니라, 이 원칙들이 목표 달성을 위해 커다란 힘을 제공할 것이기 때문이다. 이들은 다른 사람 것을 조금도 모방한 것이 아닌 바로 우리 자신의 목표들이며, 우리가 가장 중요하게 생각하는 것, 독특한 재능, 그리고 사명감을 반영한다. 그렇기 때문에 이 목표들은 우리가 인생에서 선택한 역할들로부터 생겨 난다.

효과적인 목표는 행동보다 결과에 주로 초점을 맞춘다. 이것은 도달하기 원하는 목표를 분명하게 해 주고, 그곳에 도달하는 과정에서 우리가 어디에 와 있나를 알려 준다. 또 그곳에 도달하는 방법에 대한 중요한 정보를 제공할 뿐만 아니라 언제 그곳에 도달하게 될 지도 알려 준다.

목표는 우리의 노력과 에너지를 통합시켜 주고, 우리가 하는 모든 행위에 의미와 목적을 부여해 준다. 또 우리가 주도적으로 되고 삶에 책임을 지게 되어, 목표 자체가 날마다의 행동으로 바꾸어진다. 그 결과 우리는 자기사명 선언을 실현시켜 주는 일들이 매일 일어날 수 있게 한다.

역할과 목표는 자기 사명에 뼈대와 체계적인 방향을 제공한다. 만약 우리가 아직도 자기사명 선언서를 가지고 있지 않다면, 이것이 바로 새출발을 위해 맨먼저 해야 할 일이다. 우리 인생의 여러 가지 분야를 확인하고, 각 분야에서 우리가 반드시 성취하고자 하는 두세 가지의 주요한 결과들을 알아봄으로써, 우리는 자기 인생을 보는 전반적 시각과 방향감각을 얻을 수 있다.

우리는 습관 3에서 단기적 목표들에 관한 것을 보다 심도있게 다룰 것이다. 여기서는 단지 역할과 장기적 목표가 자기사명 선언과 어떤 관계를 가지고 있는가를 살펴보는 것이다. 이러한 역할과 목표는 효과적인 목표 수립에 기본 바탕을 제공할 것이고, 나아가 습관 3으로 넘어가서 매일의 시간 관리 및 생활 관리를 효과적으로 달성할 수 있는 기초를 제공할 것이다.

가족의 사명선언서

습관 2는 원칙에 근거를 두고 있기 때문에 광범위한 분야에 적용 가능하다. 따라서 개인뿐만 아니라 가족, 봉사 단체, 그리고 모든 종류의 조직체들이 "목표를 가지고 행동하면" 매우 효과적일 수 있다.

많은 가정이 건전한 원칙이 아닌 위기, 기분, 응급 처치, 나아가서는 일시적인 만족을 위해 생활하고 있다. 따라서 집안에 스트레스와 어려운 일이 생길 때마다 가족들은 여러 가지 증후를 보인다. 그 결과 냉소적이거나 비판적으로 되고, 또 경우에 따라서는 말을 하지 않거나 큰 소리치는 과민반응을 보이기도 한다. 이러한 종류의 행동들을 지켜보며 자라는 자녀들은 문제해결의 유일한 방법이 회피 또는 투쟁이라고 생각하게 마련이다.

모든 가족이 가져야 될 가장 중요한 핵심은 확고부동하고 변치 않는 공유된 비전과 가치관이다. 따라서 우리가 가족의 사명선언을 작성하면 이는 가정의 진정한 근본 토대를 표현하게 된다.

이같은 사명선언은 가정의 헌법과 표준이 되고, 가족 구성원의 가치판단과 의사 결정의 기준이 된다. 이것은 가족 구성원 모두를 가깝게 하고, 단결시키며, 나아갈 방향을 제시한다. 개별구성원의 가치기준이 가족 전체의 기준과 조화를 이룰 때, 모든 구성원들은 공동의 목적을 향해 함께 노력한다.

다시 강조하건대 과정은 결과만큼 중요하다. 사명선언을 함께 쓰고, 다듬는 과정 자체가 가족집단을 개선시키는 중요한 열쇠이다. 따라서 가족구성원들이 함께 이것을 작성하는 과정이야말로 생산능력을 만드는 절차에 해당된다.

모든 가족구성원들의 의견을 들으면서 사명선언서의 초안을 작성하고, 서로 다른 의견을 토론하고 내용을 개선시킴으로써 가족간에 진짜 중요한 것에 대하여 대화를 나누고 상의하게 된다.

가장 훌륭한 사명선언서는 가족들이 함께 모여서 서로를 존중하는 마음으로 다른 견해를 표명하고, 어떤 한 사람이 혼자서 할 수 있는 것보다 더 좋은 것을 창조하기 위해 힘을 합치는 데서 나온다. 또 가족 사명선언을 정기적으로 검토함으로써 서로의 시각을 넓히고, 강조점과 방향을 재조정하고, 현실에 맞지 않는 문구들을 수정할 수 있고, 가족을 공통된 가치기준과 목적 아래 단합시킬 수 있다.

가족 사명선언은 가정을 다스리는 생각과 행동의 기준이다. 가정에 큰 문제와 위기가 도래할 때, 가족헌법이야말로 가족들에게 가장 중요하고 가치있는 것이 무엇인지를 상기시켜 주고, 올바른 원칙에 입각하여 문제해결과 의사결정을 할 수 있는 방향을 제시해 준다.

우리 집에서는 가족 사명선언서를 거실 벽에 걸어두고, 이를 매일 바라보고 하루하루의 일을 반성한다. 따라서 우리 가족들은 가정에서의 사랑, 질서, 책임있는 자립심, 협동, 협조, 의무이행, 재능개발, 서로의 재능에 대한 관심 표시, 그리고 다른 사람에 대한 봉사 등에 관한 문구를 매일 읽어 본다. 이것은 우리 가족에게 가장 중요한 일이 무엇인가 또 이를 실행하는 기준이 무엇인가를 알려 준다.

우리는 가족의 목표나 활동을 계획할 때 다음과 같이 질문한다. "우리가 성취하고자 하는 목표가 우리의 사명선언을 잘 반영하고 있는가? 우리가 목표를 성취하고 이러한 가치 기준을 실현하고자 할 때, 우리의 행동계획은 무엇인가?"

우리는 학기 초인 9월과 학기말인 6월에 가족 사명선언을 재검토하고, 목표와 과업을 재조정한다. 이를 통해 우리 가족은 사명선언을 검토하고, 개선하며, 나아가 이를 보강시킨다. 이것은 우리 가족의 마음가짐을 새롭게 해 주고, 우리가 옳다고 믿고 있고 주장하고 있는 것들을 위하여 새로운 서약을 할 수 있게 해 준다.

조직의 사명선언서

사명선언은 성공적인 조직에 필수적이다. 내가 여러 조직들을 대상으로 컨설팅할 때, 가장 중요한 임무 가운데 하나는 효과적인 사명선언의 작성을 위해 도와주는 것이다. 사명선언이 효과적으로 되기 위해서는 반드시 조직 내부에서 나와야 한다. 즉, 조직 내의 가장 뛰어난 기획능력을 가진 사람들뿐만 아니라, 모든 구성원들이 이에 적극적으로 참여해야 한다. 다시 강조하면 조직 구성원들 모두를 참여시키는 과정이 완성된 사명선언서 그 자체 못지않게 중요하고, 선언의 실천을 위한 필수조건이다.

나는 IBM에서 훈련과정을 진행할 때마다 이 회사가 하는 진행방식에 항상 흥미를 느낀다. 우선 최고경영층이 늘 교육과정에서 와서 IBM이 추구하는 3가지 사명을 말한다. 이것은 개인에 대한 존중, 탁월성 그리고 서비스이다.

이상은 IBM의 3대 원칙이요 수칙이다. 따라서 다른 모든 것이 변할지라도 이 3가지는 바뀌지 않을 것이다. 이 3대 원칙은 삼투현상과 같이 전 회사 내에 스며들 뿐만 아니라, IBM에 근무하는 사람들의 개인적 안정감과 공유된 가치관에 튼튼한 기본토대를 제공한다.

뉴욕에서 IBM 직원들을 대상으로 훈련할 때의 일이다. 수강생이 약 20명으로 구성된 작은 규모였는데, 그 중 한 명이 몸이 불편하였다. 그는 캘리포니아에 있는 아내에게 전화를 했다. 그의 아내는 남편의 병이 특별 치료를 요한다며 크게 걱정했다. 이 훈련과정을 책임진 IBM의 진행요원은 그 병의 전문의가 있는 부근의 일류 병원에 그를 데려가도록 조처했다.

그러나 환자의 아내가 불안해 하고, 지금까지 쭉 치료를 해 준 주치의가 직접 돌봐주었으면 하고 희망했기 때문에, IBM 연수 담당측은 그를 집에 보내주기로 결정하였다. 공항까지 차로 가는 시간과 정기 항공기를 기다리는 것이 환자에게 부담될까봐 헬리콥터로 공항까지 모셔 갔고, 그를 캘리포니아로 데려가기 위해 특별기를 전세 내었다.

나는 여기에 든 비용이 얼마였는지 잘 모른다. 아마 짐작컨대 수만 달러는 들었을 것이다. 이처럼 IBM은 개인의 존엄성을 존중한다. 이 회사는 바로 이것을 추구한다. 그 과정에 참가했던 사람들은 이같은 일이 회사의 3대 원칙을 실천하는 것이라며 별로 놀라지도 않았다. 그러나 나는 깊은 감명을 받았다.

또 다른 시기에 나는 어느 호텔에서 175명의 쇼핑 센터 지배인을 대상으로 훈련을 시킨 적이 있었다. 그런데 나는 그곳의 서비스 수준에 놀랐다. 그것은 눈가림이 아니었다. 거기에는 감시감독자도 없이 모든 계층의 직원들이 자발적으로 근무하고 있음을 볼 수 있었다.

우선 나는 이 호텔에 매우 늦은 밤에 도착하여 첵크 인을 한 뒤, 룸 서비스가 되는지 물었다. 데스크의 한 남자직원이 "룸 서비스가 안 됩니다, 코비씨. 하지만 원하신다면 제가 들어가서 주방에 있는 샌드위치나 샐러드 등 원하시는 것을 가져다 드리지요."라고 말했다. 그의 태도는 나의 편의에 대해 지대한 관심을 나타내는 것이었다. "회의장을 보시렵니까? 필요한 것은 가지고 계십니까? 무엇을 도와드릴까요? 당신의 편의를 봐드리는 것이 저의 임무입니다."

거기에는 그를 감독하는 사람은 아무도 없었다. 그러나 이 종업원은 성실했다.

이튿날 내가 강의를 하는 중에 꼭 필요한 필기도구인 칼라매직펜이 없음을 알았다. 그래서 짧은 휴식시간을 이용하여 회의장 밖에 나와 보니 벨 보이 한 사람이 다른 회의장으로 급히 가고 있었다. 나는 그에게 "문제가 있는데요. 나는 이 호텔에서 관리자 교육을 하고 있는데, 지금은 짧은 휴식시간입니다. 그런데 몇 가지 색깔 있는 필기구가 필요합니다."라고 말했다. 그는 내 말에 귀를 기울이고, 내 이름표를 본 뒤 "코비씨, 제가 해결해 드리죠."라고 말했다. 그는 "글쎄요. 저는 잘 모르겠습니다." 혹은 "데스크에 가서 알아보십시오."라고 말하지 않았다. 그는 내 문제를 즉시 해결해 주었다. 그리고 그렇게 하는 것이야말로 자신의 영광이라고 생각하는 것 같았다.

나중에 로비 벽에 걸려 있는 미술품들을 보고 있을 때, 호텔 측의 누군가가 다가와서 "코비씨, 이 호텔에 걸려있는 미술품 해설집을 보시렵니까?"라고 물었다. 마치 미리 대기하고 있던 것같은 모습이었다. 얼마나 봉사정신이 투철한가!

그 다음에 나는 종업원 한 사람이 로비에 있는 유리창을 닦느라고 사다리 높이 올라가 있는 것을 보았다. 그 높은 위치에서 이 직원은 정원에서 목발을 짚고, 걷기에 약간의 불편을 겪는 한 여자를 발견하였다. 그 여자는 넘어지지도 않았고, 또 많은 사람들이 곁에 있었다. 그러나 그는 사다리를 내려와서, 그녀를 로비로 모시고 들어와 다른 도움이 필요한지를 확인한 후 다시 돌아가 유리창을 닦았다.

나는 이 조직이 직원들에게 이처럼 훌륭한 고객봉사의 가치관을 심어 준 조직 문화를 도대체 어떻게 만들었는지 알고 싶었다. 나는 이 호텔에 근무하는 청소부, 웨이트리스, 그리고 벨보이들을 인터뷰해 보았다. 그런 봉사정신은 여기에 근무하는 모든 사람들의 마음, 가슴, 그리고 태도에 배어 있었다.

나는 뒷문을 통해 주방으로 들어가 보았다. 그런데 바로 거기에 이 호텔의 중심적인 가치관이 있었다. 써 있는 표어는 "고객 각자의 필요에 따른 철저한 봉사"였다. 나는 결국 지배인에게 가서 "내 직업은 조직의 강력한 워크 정신과 팀 문화를 개발하는 일을 돕는 것입니다. 이 호텔의 조직문화에 대해 놀랐습니다."라고 말했다.

"정말 우리 호텔의 비결을 알고 싶습니까?" 그는 웃으면서 이 체인 호텔의 그룹 전체 사명선언서를 내놓았다.

나는 그것을 읽고 "매우 훌륭한 사명선언서군요. 그러나 세상에는 이처럼 훌륭한 사명선언서를 가진 회사가 많지만, 다 잘 하지는 않습니다."라고 말했다.

"그러시면 우리 호텔의 사명선언서를 보시겠습니까?" 하고 그가 물었다.

"이 호텔만을 위해 따로 작성된 것이 있단 말씀입니까?"

"예."

"호텔 체인의 그룹 전체 사명선언서와는 다릅니까?"

"다르지요. 그러나 이것은 그 사명선언서와 조화를 이룹니다. 이것은 우리 호텔의 사정, 환경, 그리고 이곳의 계절과 시간 등을 중심으로 만든 것입니다." 그는 다른 종이를 한 장 내게 보여 주었다.

"누가 이것을 만들었습니까?"

"우리 모두가 만들었습니다."

"모두가요? 정말 모두입니까?"

"예."

"청소부들까지도 말입니까?"

"예."

"웨이트리스도요?"

"예."

"출납계원도요?"

"예. 어젯밤에 당신을 맞은 직원이 쓴 사명선언을 보시겠습니까?" 그는 다른 사람들의 것과 섞여 있는 그 직원의 사명선언을 꺼냈다. 서로 다른 직위에 있는 모든 직원들이 작성에 참여하고 있었다.

이 호텔의 사명선언서는 호텔의 원활한 경영을 위하여 중추적인 역할을 하고 있었다. 또 부서에 따라 직원들의 사려깊고, 전문화된 사명선언들이 많이 쓰여 있었다. 이것은 직원들이 무슨 가치관과 목표를 가지고 있는지, 즉 직원들이 고객을 어떻게 대할 것인지와 직원들 상호 간에는 어떻게 서로 대할 것인지를 분명히 보여 주는 것이었다.

이것은 나아가 지배인과 관리자의 경영 스타일에도 영향을 미쳤다. 또 급여 및 보상체계에도 영향을 미쳤다. 나아가서는 채용될 직원들의 자질과 이들에 대한 교육 및 훈련을 시키는 방법에도 영향을 주었다. 결국 이 조직의 모든 활동이 사명선언서의 직접적인 영향을 받고 있었다.

그 후 나는 같은 체인에 속하는 다른 호텔을 방문하였다. 체크인 수속을 한 뒤, 곧바로 이 호텔의 사명선언서를 볼 수 있느냐고 물었다. 그들은 그것을 곧 바로 보여 주었다. 이 호텔에서는 "고객 각자의 필요에 따른 철저한 봉사"라는 표어를 좀더 잘 이해할 수 있었다.

나는 3일간 이 호텔에 머무르면서 온갖 종류의 서비스가 요청될 때 어떻게 대응하는지를 자세히 보았다. 물론 이들의 서비스는 항상 인상적이고 훌륭한 것이었다. 그런데 모든 서비스는 항상 고객 각자의 편의 위주로 행해지고 있었다. 예를 들면, 나는 수영장에서 근무하는 직원에게 마실 물이 어디에 있는지를 물었다. 그는 나를 그곳까지 데려다 주었다.

그러나 가장 깊은 인상을 준 것은 직원이 상관에게 자기의 실수를 인정하는 모습이었다. 우리가 룸 서비스에 부탁하여 뜨거운 초콜릿을 방으로 가져다 달라고 주문하자, 언제쯤 방으로 가지고 오겠다고 시간을 알려 주었다. 그런데 우리 방으로 오던 직원이 테이블 보에 뜨거운 초콜릿을 쏟았기 때문에 되돌아 가서 새 보에 새 초콜릿을 가져 오느라 몇 분이 더 걸렸다. 그 결과 룸 서비스가 약 15분 정도 늦어졌다. 그러나 우리에게는 별 문제가 되지 않는 일이었다. 그럼에도 불구하고 그 이튿날 아침 지배인은 우리에게 사과 전화를 하면서, 불편을 끼친 데 대한 보상으로 뷔페식 아침식사나 룸 서비스로 방에서 하는 아침 식사를 선택하도록 요청하였다.

직원이 남들 모르게 일어난 실수를 인정하고, 고객을 더욱 잘 보살필 수 있도록 하기 위해 지배인에게 자기 잘못을 보고하는 이 호텔의 조직문화에 대해 무엇을 더 이야기하겠는가!

내가 처음에 갔던 호텔의 지배인과 이야기한 것처럼 나는 훌륭한 사명선언서를 가지고 있는 많은 회사들을 알고 있다. 그러나 그 조직에 소속된 모든 사람이 함께 작성한 사명선언서와 호화스런 사무실에서 몇몇 최고경영층에 의해 작성된 사명선언서의 효과는 천양지차로 다르다.

가족을 포함하여 여러 조직에서 일어나는 근본적 문제 중 하나는 사람들이 다른 사람의 결의나 결심에 헌신하지 않는다는 점이다. 즉, 사람들은 남의 결의나 결심에는 방관자가 되어 버린다.

나는 많은 회사를 대상으로 컨설팅을 하면서 조직구성원들이 가지고 있는 목표가 조직의 목표와 전혀 다른 경우를 자주 보아 왔다. 또 명시된 가치체계와 전혀 일치하지 않는 보상체계도 흔히 보아 왔다.

사명선언서를 가지고 있는 회사와 일을 시작할 때 나는 그들에게 이렇게 묻는다. "이 회사에서는 얼마나 많은 사람들이 회사에 사명선언서가 있다는 사실을 알고 있습니까? 거기에 어떤 내용이 적혀 있는지를 아는 사람은 얼마나 됩니까? 그것을 작성할 때 얼마나 많은 사람들이 참가했습니까? 얼마나 많은 사람들이 그것을 자기 것으로 생각하고, 또 의사결정을 할 때 참고기준으로 활용하고 있습니까?"

참여하지 않으면 헌신이란 없다. 이 말은 반드시 강조해야 하고 별표 표시를 하고, 동그라미를 그리고, 나아가 밑줄까지 그어줘야 할 정도로 중요하다. 참여하지 않으면 절대로 헌신하지 않는다.

사실 가정에서 자녀가 어렸을 때나 회사에서 신입사원이 들어온 초기 단계에는 그들에게 목표를 쉽게 주입할 수 있고 이들도 목표를 쉽게 수용한다. 특히 인간관계, 오리엔테이션, 그리고 교육훈련 프로그램이 훌륭하다면 용이하게 된다.

그러나 우리가 좀더 성숙하게 되고, 또 독자적인 인생관을 가질 때 우리는 결정에 참여하고 싶어하고, 형식적이 아닌 진정한 참여를 원한다. 그런데 만약 이같은 참여가 없으면, 우리는 절대로 헌신적으로 노력하지 않는다. 이렇게 되면 우리는 그 문제를 발생시킨 그 당시의 사고방식을 가지고는 결코 해결할 수 없는 중대한 의욕부족의 문제에 직면하게 된다.

이것이 바로 조직의 사명선언을 작성하는 것이 시간이 많이 걸리고 인내와 참여, 능숙함과 공감대 형성이 필요한 이유이다. 다시 말하지만 사명선언이란 후딱 만드는 것이 아니고, 충분한 시간과 신중함, 올바른 원칙을 필요로 한다. 또 이것은 공유된 비전과 가치관에다 시스템 조직구조, 경영 스타일 등을 일치시키려는 용기와 성실성 등을 필요로 한다. 이것이 올바른 원칙에 근본토대를 두고 있다면 위력을 발휘할 것이다.

　조직 내의 모든 사람들이 마음속 깊이 공유하는 비전과 가치관을 진실로 반영하는 조직 사명선언서는 일치단결과 헌신적 참여를 창출한다. 또 이것은 각자의 마음과 가슴속에 스스로를 지배하는 준거틀, 즉 기준 및 지침을 만들어 준다. 사명선언서가 있으면 다른 사람들의 지시, 통제, 비판, 그리고 불필요한 간섭 등을 필요로 하지 않는다. 이들은 해당 조직이 추구하는 확고한 사명에 적극 참여한다.

습관 2의 적용을 위한 제언

　1. 이 장의 처음 부분에서 실습해 본 장례식 장면을 상상하면서 당신이 받은 인상을 기록해 보라. 다음에 제시된 도표를 이용하여 자신의 생각을 정리하라.

　2. 약간의 시간을 내어 당신이 현재 맡고 있는 자신의 역할을 모두 써 보라. 당신은 자신의 생활에서 여러 역할을 제대로 수행하고 있는가?

　3. 당신이 매일 하는 일상적인 활동과 완전히 격리된 상태에서 자신의 사명선언서를 작성하라.

　4. 서로 다른 생활 중심을 제시하는 부록 표를 보고, 당신에게 해당되

활동영역	특　　징	공　헌	성　과
가족			
친구			
일			
교회/지역 사회 활동 등			

는 것은 모두 원으로 표시하라. 당신은 어떤 종류의 유형에 속하는가? 당신 자신이 한 분석 결과에 대해 만족하는가?

5. 당신이 자신의 사명선언을 작성하는 데 필요한 단평, 인용문, 그리고 아이디어 등을 수집하라.

6. 가까운 장래에 직면하게 될 상황을 하나 생각해 보고, 마음속에 미리 그려 보는 상상력을 사용해 보라. 당신이 원하는 결과를 기록하고, 어떤 단계를 통해 여기에 도달할 것인지 적어보라.

7. 습관 2의 원칙을 당신의 가족 또는 회사동료들에게 설명해 주고, 가족 및 회사의 사명선언서를 작성해 보는 과정을 함께 시작하자고 제안해 보라.

습관 3. 소중한 것부터 먼저 하라

－개인 관리의 원칙－

가장 중요한 것이 가장 하찮은 것에
의해 좌우되서는 안 된다.

－괴테－

잠시 시간을 내어 다음의 두 가지 질문에 대해 간단한 답을 해 보라. 당신이 하는 대답은 습관 3을 이해하는 데 매우 중요하다.

질문 1 : 당신이 지금은 하고 있지는 않지만 만일 규칙적으로 행할 경우, 자신의 삶에 좋은 결과를 가져다 줄 수 있는 것이 한 가지 있다면 그것은 무엇인가?

질문 2 : 당신이 하는 사업이나 직장생활에서 이와 비슷한 결과를 가져다 줄 수 있는 것이 한 가지 있다면 그것은 무엇인가?

여기에 대한 답은 나중에 논의하기로 하고, 우선 습관 3에 대해 살펴보기로 하자.

습관 3은 개인적 성과로서 습관 1과 2를 실질적으로 완성하는 것을 의미한다.

습관 1은 "당신은 창조자이다. 당신은 스스로에 대해 책임을 지고 있다."라고 말한다. 이는 인간의 독특한 4가지 천부적 자질인 상상력, 양심, 독립의지, 특히 자아의식에 근거하고 있다. 습관 1은 당신이 다음과 같이 말할 수 있도록 한다. "이 각본은 내가 태어나면서부터 부여되었고, 사회적 반영에 의해 만들어진 불건전한 프로그램이다. 나는 이같은 비효과적인 각본을 좋아하지 않는다. 나는 변화할 수 있다."

습관 2는 첫째 번, 마음속으로 한 창조물에 해당된다. 이것은 상상력과 양심에 기초를 두고 있다. 우선 상상력은 비전을 수립하는 능력, 잠재적인 것을 파악하는 능력, 현재의 눈으로 볼 수 없는 것을 마음속에 창조할 수 있는 능력을 말한다. 양심은 자기 자신의 개성을 알아내는 능력, 즐겁고 기쁘게 목표실현을 할 수 있는 개인적, 도덕적, 윤리적 지침들을 알아내는 능력을 의미한다. 습관 2는 우리가 가진 기본적 패러다임과 가치관 그리고 우리가 실현할 수 있는 비전과의 가깝고 깊은 접촉이다.

이에 비해 습관 3은 둘째 번 창조물이며, 실제적 창조이다. 습관 3은 습관 1과 습관 2의 완성이고, 실현이며, 두 습관으로부터의 자연스러운 발생이다. 습관 3은 원칙 중심적으로 되기 위한 독립의지의 실천으로, 하루하루 그리고 매 순간의 행동을 지배한다.

습관 1과 2는 습관 3에 절대적으로 필요한 전제조건이다.

우선 자신이 주도적 본질을 미리 알고 개발하지 않고서는 원칙 중심적으로 될 수 없다. 우리가 자신의 패러다임을 파악하고, 이것을 어떻게 전환시켜 원칙과 일치시키는가를 알지 못한다면, 원칙 중심적으로 될 수 없다. 또 우리 자신의 비전이 없다거나 우리 자신만이 할 수 있는 공헌에 초점을 맞추지 않고서는 원칙 중심적으로 될 수 없다.

이러한 기초 위에서 습관 3에 입각하여 효과적인 자기관리를 하면서 하루하루 또 매 순간을 보내면 원칙 중심적으로 될 수 있다.

관리는 리더십과는 분명히 다르다는 사실을 기억하라. 리더십은 본질적으로 커다란 능력을 발휘하는 오른쪽 뇌의 활동이다. 이것은 기술 이상의 의미를 가지며, 하나의 철학에 기초한다. 따라서 우리가 리더십이란 문제를 다룰 때, 인생에 대해 궁극적인 질문을 던져야 한다.

우리가 일단 이러한 질문들을 하고, 또 여기에 대해 어떤 해답을 얻었다면, 우리는 자신의 해답과 일치하는 삶을 살기 위하여 스스로를 효과적으로 관리하여야 한다. 그런데 만일 우리가 "올바른 밀림"에 들어가기조차 못했다면, 잘 관리한다는 능력 자체는 별 의미가 없다. 그 대신 우리가 "올바른 밀림"에 들어갔다면, 관리야말로 현격한 차이를 낼 것이다.

관리능력은 삶의 질과 둘째 번 창조물의 존재까지도 결정한다. 관리란 문제를 분해하고, 분석하고, 순서를 정하고, 나아가 구체적인 적용 방법을 다루고, 또 시간의 제약을 받는 효과적인 자기지배를 하기 위한 왼쪽 뇌의 활동이다. 효과적인 사람이 되기 위한 우리들의 신조는 다음과 같다. 왼쪽 뇌로 관리하고, 오른쪽 뇌로 리드하라.

독립의지의 힘

자아의식, 상상력, 양심에 추가해서 우리가 가진 넷째 번 천부적 자질인 독립의지야말로 효과적인 자기관리를 가능케 한다. 독립의지는 결정하고, 선택하며, 나아가 여기에 일치되도록 행동하는 능력이다. 독립의지는 다른 사람에 의해 영향을 받는 것이 아니라, 자기가 주체가 되는 것이다. 또, 이것은 우리가 다른 세 가지 천부적 능력을 통해 개발한 것을 주도적으로 실천하게 하는 능력이다.

인간의 의지는 놀라운 면을 가지고 있다. 인간의 의지는 절망적인 상황을 극복하고 수많은 기적을 이룩해 왔다. 헬렌 켈러와 같은 사람은 독립의지의 가치와 위력을 극적으로 입증해 주는 대표적인 사례이다.

우리가 독립의지를 효과적인 자기관리 면에서 살펴보면, 이것은 극적이거나 가시적인 것이 아니며, 성공을 혼자 힘으로 성취하기 위해 일생에 꼭 한번 사용하는 그런 것도 아니다. 그러나 우리가 이 천부적 능력을 일상생활에서 활용하는 방법을 배우게 되면 대단한 위력을 발휘한다.

우리가 일상생활에서 자신의 독립의지를 얼마나 개발했는지의 정도는 성실성과 언행일치의 정도를 보면 알 수 있다. 성실함이란 본질적으로 자기 자신에게 부여하는 가치이다. 그것은 "언행일치"를 가능케 하는 자질이고, 자신에게 약속을 하며, 또 이것을 지키는 능력이다. 그것은 자기자신에 대한 존엄성이고, 성품윤리의 기초 가운데 일부이며, 나아가 주도적 자기발전의 핵심이 된다.

효과적 관리란 소중한 것을 먼저 하는 것이다. 리더십은 소중한 것이 무엇인가를 결정하는 것인데 비해, 관리란 이것을 항상 맨먼저 행하는 버릇을 갖는다. 버릇들이기(discipline)란 말은 문하생(disciple) 또는 추종자라는 말에서 나왔다. 다시 말하면 철학에 대한 추종, 원칙에 대한 추종, 일련의 가치를 따르는 것, 중요한 목적을 따르는 것, 나아가 위대한 목표 또는 이것을 상징하는 사람에 대한 추종 등이라고 이해할 수 있다.

만약 우리가 자기 스스로에 대한 효과적인 관리자라면, 버릇들이기는 자신의 마음먹기에 달려 있다. 또 이것은 우리의 독립의지에 달려있다. 이때 우리는 자기 자신의 중요한 가치관과 또 이것이 나오는 원천에 따르는 추종자이다. 그러면 우리는 의지 및 언행일치의 성실성을 갖출 뿐만 아니라, 이러한 가치 있는 자질을 가지고 자신의 감정, 충동, 그리고 기분을 통제할 수 있게 된다.

내가 좋아하는 수필 중 하나로 그레이(E. M. Gray)가 쓴 「성공의 공통분모」(The Common Denominator of Success)라는 글이 있다. 성공적인 삶을 산 사람들이 갖고 있는 하나의 공통분모를 찾고자 그는 일생 동안 노력하였다. 그가 발견한 결과에 의하면, 열심히 일하고 운이 좋고 또 인간관계가 좋다는 특징이 중요하긴 하지만 성공비결은 아니었다. 그 대신 다른 요인들보다 두드러지게 나타난 한 가지 성공비결은, 습관 3을 요약한 "소중한 것을 먼저 행하는 것"이었다.

그는 "성공적인 인간은 실패자들이 하기 싫어하는 일을 기꺼이 하는 습관을 가지고 있다. 그들은 필요에 의해 해야 하는 일을 좋아하지 않는다. 그 대신 싫어하는 일도 목적이 분명하면 수행한다."라고 밝히고 있다.

싫어하는 일을 수행하려면 분명한 목적과 사명이 필요하다. 또 이것은 '목표를 확립하고 행동하라.'라는 제2습관의 가치관과 방향감각이 필요하고, 소중한 일에 열렬히 찬동하고, 다른 것들을 거절할 수 있는 용기를 필요로 한다. 나아가 순간적인 충동이나 혹은 욕구에 의해 행동하는 것이 아니라, 가치관에 입각해서 행동하도록 하는 독립의지와 자신이 하고 싶지 않을 때도 필요한 것이라면 그 일을 해내는 강한 의지를 필요로 한다. 이 강한 의지가 우리의 주도로 만들어진 첫째 번 창조물, 즉 인생목표를 성실하게 따르도록 한다.

시간관리의 네 가지

습관 3에서 우리는 생활관리 및 시간관리와 관련된 많은 질문들을 다룬다. 나는 이러한 흥미로운 분야를 오랜 기간 연구해 온 학자로서, 시간관리 분야에서 가장 훌륭한 견해의 핵심은 "우선 순위에 따라 계획하고 실행하라."라는 문구라고 생각한다. 이 문구는 시간관리 이론이 제3세대까지 발전하고 있음을 보여준다. 이 문구를 실천하는 최선책들이 현재 시간관리 분야의 여러 가지 다양한 접근법과 보조자료 등에 의해 다루어지고 있다.

자기 관리는 인간이 노력해 온 많은 분야들과 비슷한 형태로 진화되고 발전되었다. 역사상 주요한 혁명적 단계들, 즉 앨빈 토플러가 "물결"이라고 지칭한 것들은 단계별로 더 중요하고 새로운 차원으로 연결되었다. 예컨대 사회발전을 살펴보면, 농업혁명 다음에 산업혁명이 뒤따랐고, 그 다음을 다시 정보혁명이 뒤따랐다. 이러한 각각의 혁명은 사회적 및 개인적인 발전면에서 대약진을 가능케 하였다.

시간관리 분야에서도 각 세대는 이전 세대보다 더 발전되어 왔다. 즉, 각 시간관리 세대는 우리가 자기 생활을 더 잘 관리할 수 있도록 만들어 주었다.

시간관리의 제1세대, 즉 최초의 물결은 메모지에 기록을 하고 목록표를 이용하는 것이다. 즉, 시간과 에너지가 많이 요구되는 여러 가지 일들을 표시하여, 인식하고 총괄시키려는 시도라고 할 수 있다.

시간관리의 제2세대는 달력과 약속기록부라고 할 수 있다. 제 2세대는 우리가 앞일을 계획할 수 있도록 미래에 있을 일과 활동에 대해 스케줄을 작성하는 것이다.

시간관리의 제3세대는 현재 널리 사용되고 있는 시간관리 방법이다. 이 제3세대에 와서는 이전 세대의 시간 관리에 우선 순위 개념을 추가하였고, 가치있고 중요한 것들을 명확하게 밝혔으며, 이들의 가치성을 참작하여 각 활동들로부터 얻은 이익을 서로 비교하는 새로운 아이디어를 추가하였다. 또 제3세대 시간 관리는 목표설정에 초점을 맞춘다. 여기에는 구체적으로 장기, 중기, 그리고 단기적 목표가 있는데, 우리는 이같은 목표를 향해 가치기준과 일치되도록 하면서 시간과 에너지를 투입한다. 이것은 매일매일의 계획수립과 최대의 이익을 가져 올 수 있는 목표와 활동을 수행하는 구체적인 계획도 포함한다.

제3세대 시간관리가 비록 중대한 공헌을 해왔지만, 사람들은 "효율적"인 스케줄 작성과 시간 통제가 자주 역효과를 가져온다는 사실을 깨닫기 시작하였다. 왜냐하면 효율성을 중시하는 것은 좋은 인간관계의 형성을 저해하고, 인간욕구를 충족시키지 못하며, 또 매일 각자가 얽매이지 않고 자연스러운 순간들을 즐길 수 없기 때문이다.

그 결과 많은 사람들은 시간관리 프로그램과 시간관리 책임자들이 자기 자신을 너무나 스케줄에 얽매이게 할 뿐만 아니라 또 제한시킨다고 느끼게 되었다. 이는 마치 마틴 루터가 한 말인 "목욕물과 함께 목욕시키는 아기도 버리는 격"이 된 것이다. 그 결과 많은 사람들이 좋은 인간관계를 유지하며, 얽매이지 않고 자진해서 일하고, 나아가 삶의 질을 보전하기 위하여 제3세대 시간관리 테크닉을 버리고 제1 및 제2세대로 되돌아가게 된 것이다.

여기서 새롭게 등장한 것이 바로 제4세대 시간관리이다. 제4세대에서는 "시간관리"란 표현 자체가 진정한 의미에서 보면 잘못된 것이라고 생각한다. 왜냐하면 우리는 시간을 관리하는 것이 아니라 우리 자신을 관리해야 하기 때문이다. 만족이란 기대와 실현에 좌우된다. 그런데 기대(곧, 만족)는 우리의 영향력의 원 안에 놓여 있다.

따라서 제4세대 시간관리는 대상과 시간에 초점을 맞추기보다, 인간관계의 유지와 증진 그리고 결과의 달성을 강조한다. 이를 간단히 말하면 생산/생산능력 간의 균형 유지에 더 중점을 두고 있는 것이다.

제2 상한

제4세대 시간관리의 근본적 초점은 다음에 제시된 시간관리 매트릭스에서 파악할 수 있다. 기본적으로 우리가 시간을 쓰는 활동이나 일의 종류는 4가지 상한 중 하나에 속한다.

다음 표에서 보는 바와 같이 어떤 활동을 결정하는 두 가지 요소는 바로 '긴급성'과 '중요성'이다. 긴급한 일은 즉각적인 행동이 요구되고 영향을 주기 때문에 "지금 당장!"해야 하는 것이다. 예컨대 전화벨이 계속 울릴 때는 급하다. 따라서 대부분의 사람들은 전화가 계속 울리도록 내버려 두지 못한다.

우리가 어떤 자료를 준비하느라 여러 시간을 보내고, 어떤 특정 문제를 논의하기 위해 옷을 정장으로 갈아입고, 누군가의 사무실에 막 가려

	긴 급 함	긴급하지 않음
중 요 함	Ⅰ 활동 : • 위기 • 급박한 문제 • 기간이 정해진 프로젝트	Ⅱ 활동 : • 예방, 생산 능력 활동 • 인간관계 구축 • 새로운 기회 발굴 • 중장기 계획, 오락
중 요 하 지 않 음	Ⅲ 활동 : • 잠깐의 급한 질문, 일부 전화 • 일부 우편물, 일부 보고서 • 일부 회의 • 눈앞의 급박한 상황 • 인기 있는 활동	Ⅳ 활동 : • 바쁜 일, 하찮은 일 • 일부 우편물 • 일부 전화 • 시간 낭비거리 • 즐거운 활동

한다고 하자. 그런데 그 순간 전화벨이 계속 울린다면, 그 사무실로 가는 것을 멈추고 우선 전화를 받을 것이다.

아무도 전화통화를 하면서 "15분 내로 갈게. 끊지 말고 기다려."라고 말하는 사람은 없다. 그러나 이렇게 하지 않는 사람도 누군가와 전화통화를 하면서, 방문객을 15분 이상이나 사무실에 기다리게 하는 경우는 흔히 있는 일이다.

긴급한 일들은 보통 눈앞에 보인다. 따라서 이것들은 우리에게 압박감을 주고, 행동하도록 졸라댄다. 이것들은 대개 바로 우리 코앞에 있다. 이 같은 일은 종종 즐겁고, 쉽고, 또 재미있다. 그러나 이런 긴급한 일은 대부분의 경우 중요하지 않다!

반면 중요성은 결과와 관계된다. 만일 어떤 일이 중요하다면, 이것은 우리의 사명, 가치관, 그리고 우선 순위가 높은 목표에 기여하는 일이다.

우리는 급한 일에는 즉각적으로 반응한다. 그러나 급하지는 않지만 중

I	Ⅱ
Ⅲ 결과 : • 단기 성과 위주 • 위기 관리 • 평판 – 경박한 성격 • 목표와 계획을 무시함 • 피해 의식, 자제력 부족 • 피상적이거나 단절된 인간관계	Ⅳ

요한 일은 보다 더 큰 자발성과 보다 더 많은 주도성을 요구한다. 어떤 일을 성사시키기 위해서는 기회를 포착하도록 해야 한다. 그런데 만약 우리가 습관2를 실천하지 않아서 인생목표가 무엇인지를 알지 못한다면, 급한 일을 처리하는 데만 주로 시간을 보내게 된다.

이제부터 시간관리 매트릭스의 4가지 상한 각각에 대해 살펴보자. 제1상한에 속하는 것은 모두 급하고 중요한 것들이다. 이것은 즉각적인 처리가 요구되고, 또 결과도 중대한 사안들을 다룬다. 따라서 보통 제1상한의 활동들을 "위기" 혹은 "문제"라고 부른다. 우리 모두는 인생을 살아가면서 제1상한에 속하는 활동들을 경험하고 있으며, 상당수는 많은 시간을 빼앗기고 피로해진다. 여기에 속하는 사람들은 위기관리자이고, 문제해결사들이며, 나아가 납기달성 전문가들이다.

우리가 제1상한의 활동들에만 관심을 둔다면, 이것들은 점점 더 늘어나서, 마침내 우리를 지배하게 된다. 이것은 마치 거대한 파도와 같다. 엄청나게 큰 문제가 다가와서 우리를 쓰러뜨리고, 겨우 다시 휘청거리며 일어서면 다른 더 큰 문제가 나타나 우리를 파괴시킨다.

어떤 사람은 문자 그대로 매일매일을 문제들에 둘러싸여 괴로워하고 있다. 따라서 이들에게 있어 유일한 탈출구는 중요하지 않고 급하지도 않

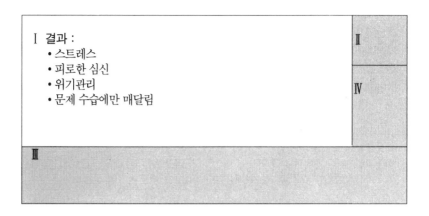

Ⅰ 결과 : • 스트레스 • 피로한 심신 • 위기관리 • 문제 수습에만 매달림	Ⅱ
	Ⅳ
Ⅲ	

은 제4 상한으로 도피하는 것이다. 따라서 이같은 사람들이 활용하는 시간관리 매트릭스를 살펴보면, 자기 시간의 90%는 제1 상한에, 나머지 10%는 제4 상한의 활동에 투입한다. 그리고 제2 상한과 제3 상한에 속하는 활동에는 거의 시간을 쓰지 않는다. 이것이 바로 위기 중심의 삶을 사는 사람이 하는 시간관리 방법이다.

어떤 사람들은 제1상한에 속하는 일이라고 생각하지만 사실은 제3 상한에 속하는 ― "급하지만 중요하지 않은" ― 일에다 자기시간의 대부분을 투입한다. 이들은 대부분의 자기 시간을 급한 일에 투입하면서 스스로 이 일이 중요하다고 가정한다. 그러나 자세히 살펴보면, 이들이 이같은 일을 급하다고 보는 이유는 종종 다른 사람이 설정하는 우선 순위와 기대에 근거를 두고 있기 때문이다.

그런데 자기 자신의 시간을 거의 전적으로 제3 상한과 제4 상한에 해당되는 일로 보내는 사람은 근본적으로 책임감이 없는 사람이다.

성공적인 삶을 사는 사람은 제3 및 제4 상한에 대한 시간 투입을 삼가한다. 그 이유는 여기에 속하는 일들은 중요하지 않기 때문이다. 그 대신 제2 상한에 속하는 일에 더 많은 시간을 투입함으로써 제1 상한에 속하는 활동을 줄인다.

I		II
III	IV	

결과 :
- 완전한 무책임
- 직장에서 파면
- 의식주를 다른 사람이나 봉사기관에 의존

제2 상한은 효과적인 자기관리의 심장부이다. 여기에는 급하지는 않으나, 중요한 사안들이 포함된다. 예컨대 인간관계 구축, 자기 사명선언서 작성, 장기 계획 수립, 신체적 운동, 예방적 정비, 그리고 사전 준비 등이 속한다. 우리 모두는 이같은 일들을 반드시 해야 한다고 알고 있으나, 긴급하지 않기 때문에 행하지 않는 경우가 많다.

피터 드러커의 말을 빌리면, 성공적인 사람은 당면 문제 위주가 아니라 미래 기회 위주이다. 이들은 기회는 증가시키지만, 문제는 감소시킨다. 또 이들은 예방적으로 생각한다. 이들도 역시 제1 상한에 속하는 위기와 긴급사태를 가지고 있지만, 그 수는 상대적으로 적다. 그러나 중요하지만 급하지 않은, 즉 제2 상한에 속하고, 매우 효과적인 능률 및 자질 향상을 위한 각종 활동에 초점을 맞춤으로써 생산과 생산능력 간의 균형을 유지한다.

시간관리 매트릭스를 염두에 두고 이제 잠시 시간을 내어 본장의 처음에 제시했던 질문들에 대해 당신이 어떻게 대답했는가를 살펴보자. 대답은 어떤 상한에 해당하는 활동인가? 중요한 것인가? 긴급한 것인가?

나는 당신이 대답한 것들이 아마 제2상한에 속할 것이라고 생각한다. 이것들은 매우 중요하지만 급하지는 않다. 그리고 급하지 않기 때문에 그

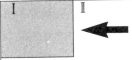

결과 :
- 비전, 멀리 내다 봄
- 균형
- 규율
- 자제
- 극소수의 위기

것들을 실행하지 않는다.

이제 다시 이 질문의 본질을 살펴보자. 만약 당신이 규칙적으로 행할 경우, 자신의 삶에 좋은 결과를 가져다 줄 수 있는 개인생활과 직장생활에서 할 수 있는 한 가지 행동은 무엇일까? 제 2 상한의 활동들이 이같은 영향을 주는 것이다. 우리가 이같은 일을 할 때, 우리의 효과성은 엄청나게 커진다.

나는 이와 비슷한 질문을 쇼핑센터 관리자들에게 한 적이 있다. "여러분이 직장에서 하는 일 중에서 어떤 한 가지를 하면 틀림없이 좋은 결과가 나올 수 있다고 합시다. 그러면 그 한 가지 일은 무엇이겠습니까?" 그들이 만장일치로 한 대답은 쇼핑센터 내 점포주들, 즉 임대한 사람들과의 인간관계를 개선하는 일이었다. 이것이야말로 제2 상한에 속하는 활동을 지적한 것이다.

우리는 쇼핑센터 관리자들이 이러한 활동을 위해 투입하고 있는 시간을 분석해 보았다. 그런데 여기에 투입되는 시간이 차지하는 비율은 전체 근무시간의 5% 이하였다. 물론 그들에게는 그만한 이유가 있었다. 즉, 이들이 해결할 문제들이 너무 많았다. 이들은 보고서를 작성해야 하고,

회의에 나가야 하고, 서신 회답을 해야 하고, 전화를 해야 하고, 불쑥불쑥 나타난 동료들의 인사나 질문에 응해 주어야 했다.

이들은 제1 상한의 활동에 너무나 지쳐 있었다. 점포주들을 위해서 매우 적은 시간을 보냈으며, 그 시간 자체도 화기애애 하거나 좋은 일이 아니었다. 이들이 점포주들을 만나는 유일한 이유는 그들과 체결한 계약조건을 집행하고자 할 때였다. 즉, 임대료 수금이라든지, 광고비나 쇼핑센터 지침에 어긋나는 관행을 지적한다든지, 기타 이와 비슷한 행위들을 하기 위한 것이었다.

점포주들은 사업이 잘되기는 커녕, 불경기로 생존을 위해 허덕이고 있는 중이었다. 그들은 직원 채용 문제, 비용 문제, 재고 문제 등 수도 없는 문제들을 가지고 있었다. 그들 중 대부분은 경영관리에 대한 교육을 전혀 받은 바가 없었다. 몇 명은 훌륭한 상인이었지만, 그래도 도움이 필요했다. 점포를 임대한 사람들은 쇼핑센터 소유주와 만나기 싫어했다. 왜냐하면 그를 만나는 것은 단지 골치만 아픈 또 하나의 문제였기 때문이었다.

그래서 쇼핑센터 관리자들은 주도적인 행동을 취하기로 결정하였다. 그들은 자신의 목적, 가치관, 소중한 것들의 우선 순위 등을 재검토하였다. 그리고 이러한 우선 순위에 맞춰, 자기 시간의 3분의 1 정도를 임대를 든 사람들과의 관계개선에 활용하였다.

내가 이 조직을 약 1년반 정도 컨설팅하는 동안, 이들이 관계개선에 할애한 시간이 20% 정도 증가한 것을 발견하였다. 과거에 비해 4배 이상의 시간이 증가한 것이다. 게다가 그들은 자신의 역할을 바꾸어 임대자들의 이야기를 경청하고, 훈련시키고, 또 컨설팅해 주었다. 그 결과 상호간의 관계는 건설적이고 가깝게 되었다.

관계개선의 효과 역시 극적이고 막대한 것이었다. 시간과 방법의 효율보다 인간관계와 성과에 중점을 둠으로써 임대자들은 새로운 아이디어와 판매기법을 개발하고, 이를 통해 증가된 경제수치에 감동받았다. 쇼핑센터 관리자들은 임대해 준 점포의 매출액이 증가했기 때문에 임대료 수익이 커졌고, 점포 임대 희망자가 증가함으로써 보다 효과적이고 만족스러운 경영관리자가 되었다. 이제 이들은 더 이상 단속 경찰관이나 감독자가 아니라 문제 해결사가 되었고, 도움을 주는 사람들이 되었다.

여러분이 대학생이든, 조립 라인에 근무하는 노동자이든, 가정 주부든, 패션 디자이너든, 회사의 사장이든 관계없이 제2 상한에 해당되는 일을 찾아내어 이를 주도적으로 실행한다면, 역시 이같은 성과를 얻을 수 있을 것이다. 여러분의 효과성은 극적으로 증가될 것이다. 또 여러분이 직면한 골치아픈 문제와 위기는 감당할 수 있을 정도로 줄어들 것이다. 왜냐하면 자기 자신이 위기로 번져나갈 상황을 방지하기 위하여 사전에 생각하고, 문제의 근원을 해결하고, 나아가 예방적인 행동을 하기 때문이다. 이를 시간관리 용어로는 '파레토* 원칙'(Pareto Principle)이라 부른다. 즉, 80%의 결과는 20%의 활동에서 나온다.

"못한다." 라고 말할 수 있는 용기

제2 상한을 위해 필요한 시간을 끌어올 수 있는 곳은 처음에는 제3 상한과 제4 상한뿐이다. 제2 상한의 예방과 준비활동에 보다 많은 시간을 투입함으로써 제1 상한의 크기를 줄일 수 있지만, 여기에 속하는 긴급하고 중요한 활동들을 처음부터 무시할 수는 없다. 그러므로 제2 상한을 위해 투입할 시간은 처음에는 반드시 제3 상한과 제4 상한에서 나와야 한다.

제1 상한과 제3 상한에 속하는 일들이 우리의 마음을 이끄는 반면, 제2상한에 속하는 일들은 우리의 결심과 주도성을 요구한다. 따라서 이처

---

* 역자 주 : Vilfred Pareto(1848~1923), 이탈리아의 경제학자, 사회학자, 엔지니어.

럼 중요하고 우선 순위가 높은 제2 상한에 속하는 활동에 대해 "하겠다." 라고 답하기 위해서는, 때로 긴급하게 보이는 다른 활동에 대해서 "못한다."라고 할 수 있어야 한다.

얼마 전 아내는 지역사회 활동을 하는 어떤 위원회에서 위원장으로 일하도록 요청받은 적이 있다. 그녀는 해야 할 많은 중요한 일들이 있었기 때문에 그 일을 정말로 맡고 싶지 않았다. 그러나 그녀는 은근한 압력 때문에 거절하지 못하고, 마침내 그 일을 맡겠다고 수락하였다.

그 후 아내는 절친한 친구에게 전화를 걸어 위원회 일을 도와달라고 요청하였다. 그녀의 친구는 오랫동안 경청하고 나서 "샌드라, 그 일은 정말 좋은 일인 것 같구나. 그 일에 참여하도록 초청한 너에게 진심으로 감사한다. 그러나 여러 가지 이유 때문에 내가 그 일에 참여하기는 어렵다. 하지만 나를 항상 생각해 주는 너의 후의에 대해 얼마나 고맙게 생각하는지 알아주기 바란다."

아내는 그 친구가 좋은 말로 "못한다."라고 하자 당황했다. 그녀는 나에게 와서 한숨을 쉬며 말했다. "나도 그렇게 말했어야 했는데."

여기서 말하고자 하는 것이 중요한 봉사활동에 참가해서는 안 된다는 의미는 아니다. 사실 이러한 일들은 매우 중요하다. 그러나 우리는 자신의 삶에서 가장 소중하고 우선 순위가 높은 것이 무엇인가를 결정한 다음, 다른 일들에 대해서 좋은 말로, 그러나 변명이 되지 않게 "못한다."라고 말할 용기도 가져야 한다. 그런 용기는 자신의 내면에서 '우선 순위가 높은 것부터 하겠다.'라는 강렬한 결심에서 나온다. 마치 '최선(最善)'에 대한 훼방꾼은 종종 '무난함'인 것처럼 말이다.

우리는 어떤 일에 대해서 항상 "못한다."라고 말하고 있다는 사실을 명심해야 한다. 우리가 "못한다."라고 말하는 그 일이 우리의 삶에서 눈

앞에 닥친 긴급한 것은 아닐지라도, 무엇보다 기본적이고 대단히 중요한 것일 수도 있다. 비록 긴급한 일부터 처리하는 것이 '무난한' 방침이라고 할지라도, '무난함'이 자신의 '최선'을 방해하고, 자신만이 할 수 있는 독특한 공헌을 수행치 못하게 한다.

내가 어떤 큰 종합대학에서 홍보처장의 일을 맡고 있을 때, 매우 재능 있고 주도적이며 또 창의적인 문필가를 한 사람 채용한 적이 있었다. 그가 일을 시작한지 몇 개월이 지난 어느 날, 나는 그의 사무실에 찾아가서 골칫거리가 되고 있는 긴급한 문제를 처리해 달라고 요청하였다.

그는 다음과 같이 말했다. "스티븐, 나는 당신이 부탁하는 일은 무엇이든지 해 주고 싶습니다. 그러나 우선 제 사정을 들어 보시죠."

그리고 나서 나를 자신의 스케줄이 적혀 있는 벽 칠판으로 데리고 갔다. 거기에는 이미 사전에 확정된 실행 목표와 완료 날짜까지 적혀 있는 24개 이상의 프로젝트들이 나열되어 있었다. 그는 대단히 독립적이고 자제력이 있는 사람이었기에 그를 제일 먼저 찾아간 것이었다. 나는 "만약 당신이 어떤 일이 되도록 하려면, 그것을 바쁜 사람에게 맡겨라."하는 격언을 따른 것이었다.

그는 말을 계속했다. "스티븐, 당신이 지금 원하는 일을 잘하기 위해서 며칠은 걸릴 겁니다. 제가 당신의 일을 해 주기 위해 여기 일들 중 어떤 일을 연기시키거나 취소시키면 좋겠습니까?"

나는 물론 그의 일 중에 어떤 것을 취소 또는 연기시키는 데 대해 책임지고 싶지 않았다. 또 나는 내가 처한 위기상황의 문제를 해결하기 위해 스태프 중 가장 유능한 사람의 업무를 방해하고 싶지도 않았다. 사실 그 문제는 긴급하기는 했지만, 중요한 것은 아니었다. 그래서 나는 다른 사람을 찾아서 그에게 이 일을 맡겼다.

우리는 하루에 수도 없이 "하겠다." 혹은 "못한다."라는 대답을 한다. 그런데 우리가 올바른 원칙을 생활 중심으로 삼고 자신의 사명선언에 초점을 두면, 이러한 대답을 효과적으로 할 수 있는 지혜를 얻게 된다.

서로 다른 집단을 대상으로 교육을 시킬 때, 효과적인 시간관리와 생활관리의 핵심은 삶에서 소중한 것들의 우선순위를 균형되게 설정하고 이에 따라 실천하는 것이다. 그리고 나서 나는 다음의 질문을 던진다. 만약 당신들이 다음의 세 가지 능력 중 가장 부족한 것이 있다면 그것은 어떤 것인가?

(1) 우선 순위 결정능력,

(2) 우선 순위에 따라 준비하고 계획하는 능력,

(3) 우선 순위의 실행계획을 수행하는 실천력과 자제력.

대부분의 사람들은 자신의 실천력과 자제력이 부족하다고 말한다. 그러나 깊이 분석해 보면 그런 것 같지는 않다. 근본적안 문제는 자기가 만든 삶의 우선 순위가 자신의 마음과 정신 속에 깊이 뿌리내리지 못한 데에 있다. 즉, 이것은 진정한 의미에서 습관2 를 내면화하지 않은 것이다.

많은 사람들은 제2 상한에 속하는 활동들이 자신의 생활에 필수적이라고 믿는지 여부에는 차이가 있지만, 이 활동들이 갖는 가치는 인정하고 있다. 그래서 사람들은 제2상한의 활동들을 우선적으로 해 보려고 시도하면서, 결심과 자제력만을 믿고 이를 자신의 생활에서 실천해 보고자 한다.

그러나 만일 사람들에게 중심적인 원칙과 자기 사명선언이 없다면, 이러한 시도를 실천하는 데 필요한 근본 바탕이 없는 것과 마찬가지다. 이는 마치 밑바탕인 뿌리에 해당되는, 태도와 행동을 규제하는 기본적인 패러다임은 그대로 두고, 나뭇잎에 해당되는 자기 절제의 태도와 행동만 다루는 셈이다.

제2 상한에 초점을 두는 삶은 원칙 중심에서 나오는 하나의 패러다임이다. 만약 우리가 배우자, 금전, 친구, 쾌락, 그리고 기타 본질적이 아닌 외적 요소에 중심을 둔다면, 자신의 삶이 외부세력에 의해 영향받기 때문에 제1 상한이나 제3 상한을 되돌아가게 된다. 또 우리가 자기 자신에게 중심을 두는 경우에도, 일순간의 이기적인 충동에 영향받게 되어 결국 제1 상한과 제3 상한으로 되돌아가게 된다. 결국 독립의지만 가지고는 생활 중심의 영향력을 극복할 정도로 효과적인 자기자제를 할 수 없다.

건축학에서 쓰는 격언을 빌려보자. 모양은 기능을 따른다. 이와 마찬가지로 관리는 리더십을 따라 간다. 우리가 시간을 사용하는 방법은 시간의 중요성을 어떻게 보는가와 삶의 우선순위를 실제 어떻게 생각하느냐에 따라 달라진다. 따라서 만약 우리가 정한 삶의 우선 순위가 원칙 중심과 자기 사명선언에 입각한 것이라면, 또 이것이 우리의 가슴과 마음속에 깊이 뿌리 내리고 있다면, 우리는 제2 상한의 활동들이야말로 시간을 투입하기에 너무나 당연하고 훌륭한 것들임을 인식하게 될 것이다.

만일 우리가 마음속에 ‘우선 순위 높은 것부터 하겠다.’ 라는 강렬한 결심을 갖고 있지 않다면, 제3 상한에 속하는 인기있는 일들, 나아가 제4 상한에 속하는 즐거움을 추구하는 일들에 “못한다.”라고 대답하는 것은 거의 불가능하다.

결국 우리가 자신의 인생 프로그램을 검토할 수 있는 자아의식을 가질 때만이, 우리 자신이 “하겠다.”라고 결심할 수 있는 새롭고, 독특하고, 나아가 원칙 중심의 인생 프로그램을 만들 수 있는 양심과 상상력을 가질 때만이, 중요하지 않은 일은 “못한다.”라고 순수한 미소를 띠고 거절할 수 있는 충분한 독자적 의지력을 가질 수 있을 것이다.

제2상한으로의 이동

만약 제2 상한에 속하는 활동들이 분명히 효과적인 자기관리의 핵심이고 “먼저 해야 될 소중한 것”이라면, 우리는 어떻게 이러한 활동들을 계획하고 실행할 수 있을까?

제1세대의 시간관리는 우선 순위에 대한 개념을 인식조차 하지 못했다. 그 대신 제1세대의 작업은 일이 끝나면 하나씩 선을 그어 지워버리는 노트와 "해야 할 일"에 대한 목록작성이었다. 이것을 하나씩 지워 나갈 때마다 순간적인 성취감을 맛볼 수 있으나, 그 목록에는 아무런 우선 순위가 없다. 말하자면, 목록에 있는 것과 삶의 궁극적 가치 및 목적 사이에는 아무런 상관 관계가 없다. 결국 단순히 우리의 주의를 끌게 하는 것과 명백히 해야 할 필요가 있는 사안에 대해서만 대처한다.

많은 사람들은 제1세대의 패러다임에 입각해서 일을 처리한다. 이같은 방법은 저항이 가장 적고, 고통이라든가 긴장이 없다. 다시 말해서 "흐름대로 따라 가면"고생스럽지 않고 재미있다. 게다가 자기 마음속에서 우러나온 자기 절제와 일정계획이 아니므로, 우리는 결과에 대한 책임을 별로 느끼지 않는다.

시간관리를 제1세대에 입각해서 하는 사람은 효과적이지 못하다. 이들은 생산적이지 못하고, 생활 스타일도 생산능력을 구축하는 데 아무 도움을 주지 못한다. 또 뿌리가 깊지 못해 외부 세력에 시달리게 됨으로써, 신망없고 무책임하게 보이며, 자제력과 자존심을 갖지 못한다.

제2세대 시간관리자는 제1세대에 비하면 약간 더 큰 자기 통제력을 갖고 있다. 이들은 사전에 일을 계획하고, 일정계획을 세우며, 나아가 참석해야 될 자리에 "나타나기" 때문에 좀더 책임감 있게 보인다.

그러나 스케줄에 따라 하는 활동 역시 우선 순위가 없고, 소중하고 가치 있는 것 및 인생목표와 인정할 만한 상관관계를 갖지 못한다. 따라서 이들도 큰 성과를 달성하는 경우가 드물고, 단지 스케줄 중심으로 생활하는 경향이 있다.

제3세대 시간관리는 크게 진전하여 한 단계 더 나아간 것이다. 여기에 입각하여 시간관리를 하는 사람은 가치기준을 명확히 하고 목표를 설정한다. 이들은 매일을 계획하고, 자신이 하는 활동에 대해 그날의 우선 순위를 설정한다.

이미 언급했듯이 이 제3세대가 오늘날 활용되고 있는 시간관리 기법이다. 그런데 이것조차 몇 가지 결정적 한계점을 가지고 있다.

첫째, 이것은 비전을 제한한다. 그 이유는 하루를 기준으로 한 계획수립은 넓은 관점에서만 볼 수 있는 소중한 것들을 자주 놓칠 수 있기 때문이다. "당일 계획수립"이란 말의 의미는 오늘 긴급한 것, 즉 "오늘"에 초점을 맞춘 것이다.

둘째, 제3세대에 입각한 우선 순위 설정방식은 활동에 대해 순서를 제시해 주긴 하지만, 활동 자체가 근본적으로 중요한 것인지 여부에 대해서는 질문을 제기하지 않는다. 나아가 이것은 원칙, 개인적 사명, 역할, 그리고 목표를 고려해서 활동을 계획하는 것도 아니다. 제3세대의 당일 계획 수립은 근본적으로 제1상한과 제3상한의 급한 문제들과 그날그날 발생하는 위기를 우선적으로 처리하는 시간 관리 방식이다.

마지막으로 제3세대 시간관리는 여러 가지 역할을 균형적으로 관리해 줄 준비가 되어 있지 않다. 따라서 이것은 현실성을 결여하고 있다. 다시 말해서 하루계획을 수립할 때 너무 많게 계획함으로써 좌절감을 갖게 되고, 때로 계획 자체를 포기하며, 제4상한으로 도피하게 된다. 또 이같은 실적 위주의 시간관리는 좋은 인간관계를 구축하기보다 이를 약화시키는 경향이 있다.

지금까지 살펴본 세 가지 세대의 시간 관리는 어느 정도까지 시간관리 도구로서의 가치를 가진다. 그러나 그 중 어느 것도 우리에게 원칙 중심적인, 즉 제2상한에 입각하여 생활할 수 있게 해 주진 못한다. 제1세대의 메모 수첩과 "해야 할 일"에 대한 목록은 우리가 그것들을 잊지 않도록 상기시켜 주는 역할만 할 따름이다. 제2세대의 약속 수첩과 달력은 우리가 단지 약속시간에 장소에 갈 수 있도록 미래의 약속과 언질을 기록

할 뿐이다.

또한 제3세대의 시간 관리조차도 그렇게 많은 종류의 시간 관리 수첩과 보조 자료가 있음에도 불구하고, 주로 제1상한 및 제3상한의 활동에 대해 우선적으로 실행하게 하고, 계획수립하는 데만 도움을 준다. 시간관리를 가르치는 많은 트레이너와 컨설턴트들이 제2상한에 속하는 활동이 갖는 가치를 인정하고 있지만, 제3세대에 속하는 시간관리 책자와 자료들은 제2상한의 활동들을 계획하고 실행하는 데 도움을 주지 못하고 있다.

시간관리의 각 세대가 선행한 이전의 시간관리 세대를 바탕으로 하여 발전된 것과 같이 제4세대도 처음 세 가지 세대가 가진 모든 장점과 일부 도구들을 기본적인 토대로 쓰고 있다. 그러나 원칙 중심적으로 되기 위해, 또 진정 가장 소중한 것을 중심으로 시간관리를 하기 위해, 새로운 차원이 추가적으로 필요하다. 여기서 새로운 차원이란 우리가 제2상한의 활동 위주로 생활할 수 있도록 해 줄 패러다임과 실행방법을 의미한다.

제2상한의 도구

제2상한을 중심으로 시간을 관리하는 목적은 우리가 인생을 효과적으로 관리하는 데 있다. 즉, 건전한 원칙과 자기사명을 따르면서, 급하고 중요한 일에 초점을 맞추고, 생산과 생산능력을 동시에 증가시켜 균형을 유지하는 것이다.

이것은 분명히 제3상한과 제4상한의 하찮은 일들로 휩싸여 있는 사람들에게는 거창하고 야심적인 목표가 될 것이다. 그러나 이것을 달성하기만 하면 개인의 효과성에 엄청난 영향을 미칠 것이다.

제2상한을 중심으로 시간을 관리할 수 있는 도구는 다음 6가지의 중요한 기준을 충족시켜야 한다.

• **일치성** : 여기서 말하는 일치성은 비전과 사명 사이, 역할과 목표 사이, 우선 순위와 계획 사이, 그리고 욕망과 자기절제 사이의 조화, 통일, 통합이다. 따라서 우리의 시간관리 수첩에는 반드시 반복하여 참조할 수 있는, 자기 사명선언을 기록할 장소가 있어야 한다. 나아가 여기에는 우리가 자신의 역할들과 장단기 목표를 기록할 공간을 가져야 한다.

• **균형 유지** : 시간 관리 도구는 자기 생활에서 균형을 유지하고, 여러 가지 역할을 확인하게 하고, 나아가 이것을 잊어버리지 않도록 도와주는 것이라야 한다. 이를 통해 우리는 주요 영역인 건강, 가정, 직장 업무, 그리고 자기 개발 등을 망각하지 않게 된다.

대부분의 사람들은 인생의 한 분야에서의 성공이 다른 분야에서의 실패를 보상할 수 있는 것처럼 생각한다. 정말 그러한가? 아마도 어떤 분야에서는 제한된 기간 동안 가능할 지 모른다. 그러나 당신이 가진 직업에서의 성공이 파괴된 결혼생활, 나빠진 건강, 나아가 인격적 약점을 보상할 수 있는가? 정말 효과적인 사람이 되기 위해서는 균형유지가 필요하기 때문에, 우리의 시간관리 도구도 우리가 균형을 만들어 내고 또 이를 유지하는 것을 도와주는 것이라야 한다.

• **제2상한 위주** : 우리는 자신에게 용기를 북돋아 주고, 의욕을 자극시키며, 나아가 제2 상한의 활동에 입각해 시간을 보내도록 도와주는 도구가 필요하다. 이것은 위기만을 우선적으로 해결하기보다 위기를 예방하는 활동이다. 이를 위해서는 일주일을 단위로 생활계획을 조직하는 것이 최선이라고 생각한다. 물론 하루를 단위로 우선 순위를 정할 수 있고 융통성 있게 조정할 수도 있으나, 기본적으로는 주 단위로 계획되어야 한다.

일주일을 단위로 하는 계획 수립은 하루 단위 계획 수립보다 더 좋은 앞뒤 연결과 균형 유지를 가능하게 해 준다. 세계적으로도 이미 일주일을 하나의 이상적인 시간 단위로 인정하는 것 같다. 실제로 사업, 교육, 그리고 기타 사회에서 일어나는 많은 일들은 일주일이라는 틀 속에서 운용된다. 또 이것은 집중적인 시간과 에너지를 투입해야 하는 날과 휴식과 영감을 얻기 위해 필요한 날들로 구성되어 있다. 유대교 및 기독교인들의 기본 윤리는 안식일을 준수하는 것오로 일주일 중 하루를 영적인 목적으로 사용한다.

대부분의 사람들은 일주일을 단위로 생활한다. 그러나 제3세대에 속하는 대부분의 시간계획 도구들은 하루 중심의 계획 수립에 주어진 것들이다. 물론 이같은 도구가 활동에 대한 우선 순위를 결정하는 데 도움을 줄지는 모르지만, 본질적으로는 위기와 바쁜 일들을 계획하는 것에 불과하다. 문제의 핵심은 우리가 스케줄 상에 있는 것 중에서 우선 순위를 매기는 것이 아니라, 소중하게 생각하는 것들 중에서 우선 순위를 매기고 일정을 계획하는 것이다. 그런데 이것은 일주일이라는 시간 단위로 가장 훌륭히 달성될 수 있다.

• **"사람" 위주** : 우리는 단지 일정만 다루는 것이 아니라, 사람을 위주로 하는 시간관리 도구가 필요하다. 시간만을 다룰 때는 효율성을 생각하게 되지만, 원칙 중심적인 사람이 다른 사람을 다룰 때는 효과성을 생각하게 된다. 제2상한의 원칙 중심적인 생활은 일정의 강행보다 인간관계를 더 중요하게 생각한다. 시간관리 도구는 우리가 일정대로 일을 진행시키지 못할 때, 죄의식을 갖기 보다는 그 진행을 촉진시켜 주는 인간관계의 중요한 가치를 반영해야 한다.

• **융통성** : 시간관리 도구는 우리의 하인이 되어야 하지 상전이 되어서는 안 된다. 또 우리를 위해서 존재하기 때문에 우리의 스타일, 필요,

그리고 특수 사정에 따라 조종될 수 있는 융통성이 있어야 한다.

• **휴대 가능성** : 시간관리 도구는 휴대 가능하여 항상 가지고 다닐 수 있어야 한다. 우리가 버스를 타고 있는 동안에도 자신의 자기 사명선언을 검토할 수 있고, 이미 수립된 것과 새롭게 떠오른 아이디어와의 가치를 비교하고 검토할 수 있어야 한다. 만약 시간관리 수첩이 휴대 가능하다면, 우리는 중요한 정보를 항상 가지고 다니면서 언제나 이에 접근할 수 있다.

제2상한이야말로 효과적인 자기 관리의 핵심이기 때문에, 우리가 자신을 제2상한으로 이동시키자면 시간 관리 도구가 필요하다. 필자가 개발한 제4세대에 속하는 시간관리 도구는 앞에서 나열한 기준에 따라 특별하게 설계되었다. 그러나 제3세대에 속하는 상당수의 우수한 시간관리 도구들도 쉽게 조정해서 사용할 수 있다. 말하자면 이같은 시간관리 도구들이 갖는 원칙은 건전하기 때문에, 활용 방안이나 적용 방법도 각 개인의 필요에 따라 적절히 조정될 수 있다.

제2상한의 자기 관리자

본서에서 다루는 내용은 효과성의 실제 적용이 아닌 원칙을 가르치는 것이지만, 만약 우리가 실제로 원칙 중심적인 제2상한의 활동들을 위주로 한 주일을 계획하는 실제 경험을 갖는다면, 우리는 원칙에 대한 이해와 제4세대 시간관리가 갖는 본질에 대해 좀더 잘 파악하게 될 것이다.

제2상한 중심의 시간관리는 다음의 4가지 주요 활동을 포함한다.

• **역할 규명** : 첫째 번 할 일은 우리의 여러 가지 주요 역할을 기록하는 것이다. 만약 우리가 자기인생에서 맡은 역할에 대해 깊이 생각해 본 적이 없었다면, 당장 마음에 떠오르는 대로 여러 가지 역할을 적으면 된

다. 우리는 개인으로서의 역할을 갖고 있다. 또 가족의 구성원으로서, 남편 또는 부인, 엄마 또는 아빠, 아들 또는 딸, 그리고 친척 관계에서 이모, 삼촌, 사촌 등 하나 혹은 그 이상의 역할을 적을 수 있다. 우리는 직장인으로서의 몇 가지 역할, 즉 정기적으로 우리의 시간과 에너지를 투입하는 각각 다른 임무에 대해 그 역할을 적을 수 있다. 또 우리는 종교단체나 지역단체의 역할도 적을 수 있다.

우리가 자기 여생에서 해야 될 역할에 대해 신경 쓸 필요는 없다. 오직 다가 오는 한 주일을 고려하고, 앞으로 7일 동안 자신이 어떻게 시간을 보낼 것인가만 기록하면 충분하다.

다음 두 가지 사례는 사람들이 자신의 다양한 역할을 적어놓은 것이다.

1. 개인	1. 자기개발 담당자
2. 남편/아빠	2. 아내
3. 신제품 개발업무 책임자	3. 어머니
4. 연구업무 책임자	4. 부동산 중개인
5. 인력개발 업무 책임자	5. 주일학교 교사
6. 행정업무 책임자	6. 교향악단 멤버
7. 자선기금 모금위원	

• **목표 선택** : 둘째 번 단계는 당신이 각 역할에 있어서 다음 7일 동안 성취하고 싶은 두세 가지 결과를 생각해 내는 것이다. 이것들은 목표란에 기록되어야 한다.(다음의 그림을 참조할 것)

이들 목표 중 적어도 몇 개는 제2 상한의 활동을 반영하여야 한다. 이러한 단기 목표들이 우리의 개인적 사명과 연관된 장기목표와 연결된다면 대단히 이상적이다. 비록 아직 자신의 사명선언을 작성하지 않았다 해도 각각의 역할 중 어떤 것이 중요한가 그리고 각 역할에 대해 두세 개의

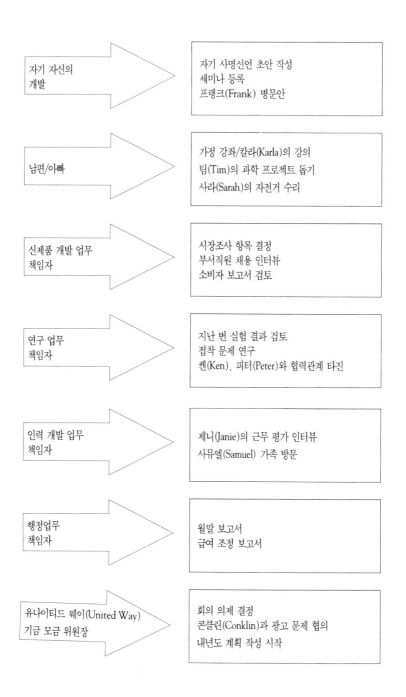

자기 자신의 개발	자기 사명선언 초안 작성 세미나 등록 프랭크(Frank) 병문안
남편/아빠	가정 강좌/칼라(Karla)의 강의 팀(Tim)의 과학 프로젝트 돕기 사라(Sarah)의 자전거 수리
신제품 개발 업무 책임자	시장조사 항목 결정 부서직원 채용 인터뷰 소비자 보고서 검토
연구 업무 책임자	지난 번 실험 결과 검토 접착 문제 연구 켄(Ken), 피터(Peter)와 협력관계 타진
인력 개발 업무 책임자	제니(Janie)의 근무 평가 인터뷰 사뮤엘(Samuel) 가족 방문
행정업무 책임자	월말 보고서 급여 조정 보고서
유나이티드 웨이(United Way) 기금 모금 위원장	회의 의제 결정 콘클린(Conklin)과 광고 문제 협의 내년도 계획 작성 시작

주간계획표			주일 :	일	월
역 할	**목 표**		**금주의 주요활동**	**오늘의 중요활동**	
					⑯ 급여 조정 보고서
자기자신 개발	자기 사명선언				
	초안 작성	①			
	세미나 등록	②			
	프랭크 병문안	③			
남편/아빠	가정강좌/칼라의 강좌	④			
	팀의 과학프로젝트 돕기	⑤		**약속 및 실천사항**	
	사라의 자전거 수리	⑥			
신제품개발업무 책임자	시장조사 항목 결정	⑦		8 ① 개인시간	8
	부서직원 채용 인터뷰	⑧		9 사명선언작성	9
	소비자 보고서 검토	⑨		10	10
연구업무 책임자	지난번 실험결과 검토	⑩		11	11 ⑧ 부서직원
	접착문제연구	⑪		12	12 채용 인터뷰
	켄, 피터와			1	1
	협력관계 타진	⑫		2	2
인력개발업무 책임자	제니의 근무평가			3	3
	인터뷰	⑬		4	4 ③ 프랭크 병문안
	사뮤엘 가족 방문	⑭		5	5
행정업무 책임자	월말보고서	⑮		6	6
	급여조정 보고서	⑯		7	7 ⑥ 사라의
				8	8 자전거 수리
유나이티드웨이 기금모금위원장	회의 의제 결정	⑰		저녁	저녁
	콘클린과 공고문제협의	⑱			
	내년도 계획작성 시작	⑲			

심신의 단련

신(身) _____

심(心) _____

영(靈) _____

교제/정서 _____

화	수	목	금	토
오늘의 중요활동				
② 세미나	⑫ 켄		⑭ 사뮤엘 가족	
등록	피터		방문	
약속 및 실천사항				
8	8	8	8	8 ④ 가정강좌/
9	9 ⑦ 시장 조사	9 ⑪ 접착 문제	9 ⑩ 실험 결과 검토	9 칼라의 강의
10	10 항목 결정	10	10	10
11	11	11	11	11
12	12	12	12 ⑱ 콘클린	12
1 ⑨ 소비자	1	1	1	1
2 보고서 검토	2	2	2	2
3	3	3 ⑬ 제니의	3 ⑮ 월말 보고	3
4	4	4 근무 평가	4	4
5	5	5	5	5
6 ⑤ 팀의	6	6 ⑰ 회의 의제	6	6
7 프로젝트	7	7	7	7
8	8	8 ⑲ 내년도 계획	8	8
저녁	저녁	저녁	저녁	저녁 7 : 00 극장 브라운 가족과 함께

중요한 목표가 무엇인지 느낌이나 직감으로 알 수 있을 것이다.

• **일정 계획 :** 이제 우리는 자신의 목표를 염두에 두고 앞으로 올 한 주일을 전망하면서, 이들 목표를 달성하는 시간 계획을 수립할 수 있게 되었다. 예를 들어, 우리의 목표가 자기 사명선언의 초안을 작성하는 것이라면, 이 일을 수행하기 위하여 일요일에 2시간을 할애할 수 있을 것이다. 일요일(자신의 신앙이나 사정에 따라 자신에게 특별한 의미를 주는 어떤 다른 날도 관계 없음.)은 종종 일주일의 계획수립을 포함하여 보다 개인적이고 영적인 활동을 계획하는 데 이상적인 시간이다. 또 일요일은 우리가 지난 날을 회고해 보고, 영감을 얻고, 나아가 원칙과 가치기준의 관점에서 자신의 삶을 들여다보는 좋은 시간이다.

만약 운동을 통해 육체적인 컨디션을 좋게 하는 것을 목표로 설정한다면, 우리는 목표 달성을 위해 일주일 중 3 ~ 4일에 각각 1시간씩, 또는 일주일 내내 매일 한 시간씩 할애해야 할 것이다. 목표에 따라서는 근무시간에만 달성할 수 있는 것이 있고, 또 어떤 것은 아이들이 집에 있는 토요일에만 이루어질 수도 있다. 이제 하루가 아닌 일주일 계획에 이점이 있음을 알 수 있겠는가?

역할 규명과 목표 수립이 이루어지고 나면, 각각의 목표를 수행할 요일과 시간을 결정하고, 그날의 중요 활동란이나 약속 및 실천사항란에 옮겨 써서 계획 수립을 할 수 있다. 또 이전에 약속했던 일들을 연간 달력, 혹은 월간 달력에서 확인한 다음, 이들 약속이 우리의 목표와 어떤 맥락에서 중요성을 갖는지를 평가하고, 이를 스케줄에 포함시킬 것인지 또는 취소할 것인지를 결정할 수 있다.

이제 다음의 주간 계획표에서 대부분 제2 상한에 속하는 19가지의 가장 중요한 목표들이 각각 어떤 방법으로 스케줄로 나누어지고 구체적 실행 계획으로 옮겨지는지를 살펴보자. 좌하측에 있는 '심신을 단련하라'

란을 살펴보라. 이것은 습관 7에서 설명될 제2 상한을 새롭게 재활성화하는 4가지 차원의 각각에 대한 계획을 써 넣는 란이다.

일주일 동안 19가지의 중요한 목표들을 수행하기 위한 시간을 할애한 것 외에 계획표상에 계획을 하지 않고 비어있는 공간이 있다는 사실을 주목하라! 이것은 우리가 중요한 것부터 먼저 함을 의미한다.

또 제2 상한에 입각한 주간계획 수립은 예상치 못한 일들을 대비하고, 다른 사람과의 인간관계 및 교제를 원활히 하며, 얽매이지 않고 자연스러운 순간들을 충분히 즐기고, 나아가 자신이 필요하면 약속시간을 조정할 수 있도록 계획의 자유스러운 이동과 융통성을 허용한다. 이를 통해 우리는 한 주 단위로 자기 생활의 핵심 목표를 주도적으로 계획할 수 있다.

• **매일의 적용** : 우리가 제2 상한을 중심으로 일주일 계획을 수립하면 매일 계획을 우선 순위에 따라 해당 날짜에 배당하고, 예기치 않은 일, 인간관계, 그리고 감동적인 경험 등에 따라 조정해서 실행한다.

매일 아침 몇 분의 시간을 내어 자신의 일과표를 점검하면, 우리는 갑자기 닥쳐 올 예기치 않은 일들도 대비할 수 있다. 나아가 일주일을 계획할 때 고려하였던 결정의 배경도 상기해 볼 수 있다. 또, 하루 일정을 검토하면서 자신의 역할과 목표의 우선 순위가 내면적 균형감각에서 자연스럽게 나오고 있음을 알 수 있을 것이다. 이것은 결국 자기 사명감에서 나오는 보다 관대하며 좀더 오른쪽 뇌에 의존한 우선 순위 설정이다.

우리는 아직도 제3 세대의 시간관리에서 통상 이용하는 A, B, C 혹은 1, 2, 3으로 우선 순위를 매기는 방식이 매일의 활동에 필요한 계획을 해 준다고 생각할 수도 있다. 그러나 우리가 이처럼 활동들을 중요하다 중요하지 않다라고 결정해 버리는 것은 잘못된 흑백 논리이다. 그 이유는 이같은 활동들의 중요성은 분명히 연속선상의 어느 지점에 있는 것이며, 몇몇 중요한 활동들은 다른 것들에 비해 상대적으로 더 중요할 뿐이다.

장기 계획 조직화

제3 세대의 시간관리는 주간계획을 수립할 때도 하루를 중심으로 중요성의 순위를 결정한다.

우리가 이같은 활동들이 자신의 개인사명과 어떤 관계를 가지고 있는지, 또 자기가 균형된 삶을 사는 데 어떤 작용을 하게 되는지를 알기도 전에 이들의 우선 순위를 매긴다는 것은 효과적인 방법이 아니다. 왜냐하면 우리가 원하지 않거나 전혀 할 필요조차 없는 것에 우선 순위를 부여하거나 달성하려고 노력할 수 있기 때문이다.

이제 당신은 원칙 중심적인 제2 상한의 관리자로서 자신의 일주일을 계획하는 것과 개인 중심적이거나 다른 어떤 것에 생활 중심을 두고 하루를 계획하는 것 사이의 차이점을 이해할 수 있겠는가? 제2 상한에 중점을 두게 되면, 현재의 효과성을 엄청나게 개선시킬 수 있다는 것을 깨닫기 시작하였는가?

나는 원칙 중심적인 제2 상한의 시간 관리가 갖는 위력을 체험하였고, 수백 명의 다른 사람들도 똑같은 효과를 얻고 있음을 확인하였다. 이 방법이야말로 과거 방법과는 크게 다른 차이, 즉 엄청난 긍정적 차이를 낸다. 주간 목표들이 올바른 원칙이라는 광범위한 기준 및 자기 사명선언의 내용과 잘 조화되면, 효과성은 더욱 증대하게 될 것이다.

실행 방법

컴퓨터에서 사용되는 용어로 다시 한번 비유하자. 만약 습관 1이 "당신은 프로그래머다."라고 말한다면, 습관 2는 "프로그램을 짜라."이고, 습관 3은 "프로그램을 실행하라."라고 말할 수 있다. 이것을 실행하기 위해서는 우리 자신의 독립의지, 자기절제, 언행일치, 그리고 건전한 몰입을 필요로 한다. 말하자면 단기적인 목표나 스케줄 또는 순간적인 충동에 몰입하는 것이 아니라, 삶과 목표, 스케줄에 존재 의미와 배경을 부여해 주는 올바른 원칙과 소중하고 가치 있는 것에 몰입하는 것이다.

우리가 한 주일을 보내면서 언행일치의 실천이 힘들 때가 가끔씩 있을 것이다. 즉, 다른 사람들처럼 제3 상한의 긴급하지만 중요치 않은 일을 우선적으로 처리하고 싶거나, 쾌락 추구적인 제4 상한으로 도피하고 싶은 유혹은 우리가 계획한 제2 상한의 중요한 활동을 위협할 수도 있다. 그러나 우리 자신이 가지는 원칙 중심, 자아의식, 그리고 양심은 우리로 하여금 독립의지를 사용할 수 있게 하고, 또 진정으로 중요한 것에 대한 언행일치를 지킬 수 있게 하는 높은 수준의 내면적 안정, 지침, 그리고 지혜를 제공해 준다.

그러나 우리가 전지전능하지 않기 때문에 항상 진정으로 중요한 것을 미리 알 수 없다. 따라서 원칙 중심적인 우리는 일주일을 계획할 때 사용

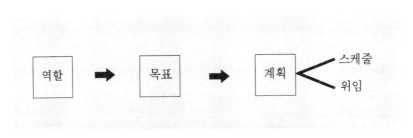

주간 계획 조직화

한 똑같은 주의와 조심을 가지고, 예기치 못한 더 중요한 것을 위하여 자신의 스케줄을 무시해야 할 경우도 있을 것이다. 또 우리는 원칙 중심적이기 때문에 내면적 평온을 가지고 이같은 결정을 할 수 있다.

언젠가 우리 아들 중 한 아이가 일정 계획수립과 효율성의 성과에 대해 깊이 빠진 적이 있었다. 어느 날 그는 모든 활동을 분 단위까지 할당하는 아주 빡빡한 일정계획을 세웠다. 여기에는 '책을 선택하는 것', 세차, 그리고 여자 친구인 캐롤을 자기 차로 "태워다 주는 것"까지도 포함되어 있었다.

캐롤과의 심각한 문제가 대두할 때까지 모든 일들은 일정 계획에 따라 잘 진행되었다. 그들은 오랜 기간 동안 서로 사귀어 왔지만, 어느 날 지속적인 사귐이 별 의미가 없다는 결론에 이르렀다. 그래서 아들은 자신의 효율적인 일정계획에 따라 그녀에게 10∼15분 정도 전화통화 하기로 계획하였다.

그러나 이제 그만 사귀자는 얘기는 그녀에게 큰 상처를 주는 것이어서, 1시간 반 이상을 통화했으나 대화는 더욱 심각해지고 있었다. 이 상황은 두 사람 모두에게 큰 좌절감을 주었으며, 직접 만나서 얘기해도 충분치 않을 그런 경우였다.

우리는 사람들과의 관계에서 단순히 효율성만 생각할 수 없다. 그 대신 사람에 대해서는 효과성을, 일에 대해서는 효율성을 생각해야 한다. 필자도 의견을 달리하거나 까다로운 사람과의 관계에서 효율적으로 되기 위해 노력해 보았지만 잘 되지 않았다. 또 말썽이 되는 문제를 해결하기 위해 아이들이나 혹은 회사직원에게 10분이란 "상담 시간"을 할당하여 효율을 높이려 해 보았다. 그러나 "효율적"이 된다는 것은 단지 새로운 문제만 야기시킬 뿐 근원적 문제는 해결하지 못한다는 결론을 얻었다.

많은 부모들, 특히 자녀를 둔 어머니들이 하루 종일 아이들을 돌보는 데만 매달리게 됨으로써 많은 것을 성취하고 싶은 욕망을 충족시키지 못하고 좌절감에 빠지게 된다. 좌절감은 지나친 기대에서 나온다는 사실을 기억하라. 또 우리의 기대나 희망은 자신에게 가치있고 소중한 것들이 아니고, 종종 사회적 거울이 반영하는 것들, 즉 주변 사람들이 원하는 것들이다.

그러나 만약 우리가 마음속 깊이 습관 2를 가진다면, 더 높은 가치가 우리의 삶을 이끌어 나갈 것이다. 우리는 높은 가치에 대한 언행일치를 위해 자신의 일정계획을 덜 중요시 할 수 있다. 우리는 조정할 수 있고, 나아가 융통성도 가질 수 있다. 이렇게 되면 일정대로 따르지 못할 때, 혹은 일정 계획을 바꾸어야 할 때, 죄의식을 느끼지 않아도 된다.

제4세대 시간 관리

사람들이 제3 세대 시간관리 도구의 사용을 꺼려하는 이유 중 하나는 그 도구들이 개인의 자발성과 자연스러움을 빼앗기 때문이다. 즉, 이것들은 경직되고 융통성이 없어서 일정표에 얽매이게 만든다. 이는 제3 세대 시간관리가 기초하고 있는 효율성 패러다임이 "사람이 일보다 중요하다."라는 원칙과 일치하지 않는 데서 비롯된다.

제4 세대 도구는 사람 위주의 원칙을 인정한다. 이것은 효율성이 아닌 효과성 면에서 개선해야 될 첫째 번 대상이 바로 우리 자신임을 인식시켜 준다. 그래서 이것은 우리가 제2 상한에서 시간을 보내도록 해 주고, 삶의 의미를 깨닫고 원칙 중심으로 살게 해 주며, 목적과 가치관을 명확하게 하여, 매일 하는 의사결정의 방향으로 삼도록 도와준다.

이 도구는 우리가 인생에서 균형된 삶을 살 수 있도록 도와주고, 일일 계획의 한계를 벗어날 수 있도록 일주일을 단위로 계획하게끔 해 준다. 또 우리가 추구하는 소중한 가치와 우리의 계획이 일치하지 않을 때, 우리의 자아의식과 양심을 사용하여 자신이 가장 중요하다고 결정했던 원칙과 목적을 따르도록 도와준다. 이는 우리가 도로 지도를 사용하는 대신 나침반을 사용하는 것과 같다.

자기 관리, 즉 시간 관리의 제4세대를 제3세대에 비교하면, 다음과 같은 5가지 측면에서 보다 개선된 형태이다.

첫째, 원칙 중심적이다. 제4세대는 제2상한의 중요성에 대해 말로만 떠들기보다는 원칙 중심의 패러다임을 만들어 진정으로 중요하고 효과적인 것에 시간을 보내도록 해 준다.

둘째, 양심 지향적이다. 이것은 우리가 가장 소중하게 여기는 가치를 따르면서 자기가 가진 최대한의 능력을 발휘할 수 있도록 해 준다. 또한 소중하고 가치있는 것들을 위해서라면, 일정 계획을 보다 덜 중요하게 생각하여 무시할 수 있는 자유를 주기도 한다.

셋째, 우리의 가치관과 장기목표를 포함하여 우리 자신만의 독특한 사명을 정해 준다. 이것은 우리가 매일을 보내는 방법에 대한 방향과 목적을 제공한다.

넷째, 역할을 규명함으로써 우리의 생활을 균형있게 해 준다. 그리고 매주의 중요한 역할에 대해 목표 설정과 활동 계획을 밝혀 준다.

다섯째, 주간 단위의 계획을 함으로써 보다 자세한 전후관계를 설명해 준다(필요에 따른 매일의 조정과 함께). 이는 매일 중심의 제한된 시각에서 벗어나 자신의 주요 역할을 검토함으로써, 가장 소중하고 가치있는 것들을 생각할 수 있도록 도와준다.

이상의 5가지 개선점을 통해 드러난 실질적 실마리는, 제4세대는 시간관리 자체보다 인간관계와 결과를 훨씬 더 중요시한다는 것이다.

위임 : 생산/생산능력 활동의 증대

우리는 위임을 통해 원하는 많은 것을 성취하게 된다. 여기에는 시간에 대한 위임과 사람에 대한 위임이 있다. 따라서 만약 우리가 시간을 위임한다면 효율성을 꾀하게 되고, 다른 사람에게 어떤 일을 위임한다면 효과성을 기대할 수 있다.

많은 사람들은 다른 사람들이 너무 많은 시간과 노력을 들인다고 불평하면서 자신이 하면 직무를 더 잘할 수 있다고 믿기 때문에 다른 사람에게 위임하기를 꺼려한다. 그러나 다른 사람에게 효과적으로 위임하는 것은 지레 작용처럼 강력하고 최상인 성과를 올릴 수 있는 방법이다.

우리는 숙련되고 훈련된 사람에게 책임을 양도함으로써 자신의 에너지를 다른 높은 성과를 가져오는 활동에 사용할 수 있다. 위임은 개인과 조직 모두에게 성장을 의미한다. 페니 백화점을 창설한 페니(J.C.Penney)는 그가 했던 가장 현명한 결정은 더 이상 혼자 힘으로 할 수 없다는 것을 깨닫고 남들이 하게 "양도하는 것"이었다고 하였다. 오래 전에 내린 그의 이같은 결정은, 이 백화점이 수백 개의 점포로 발전하는 것 외에도 수천 명에 이르는 사람들의 자기 성장을 가능케 하였다.

다른 사람에게 위임하였기 때문에 그것은 '대인관계의 승리'이고, 습관 4에 포함될 수 있다. 그러나 우리가 여기에서 개인관리의 원칙에 초점을 맞추고 있고, 다른 사람에게 역할을 위임하는 능력이 관리자와 독립생산자의 주요한 차이이므로, 나는 개인관리 기술의 관점에서 이 위임 문제를 다루고자 한다.

생산자는 황금알을 얻기 위해 바람직한 성과 달성에 필요한 것이라면

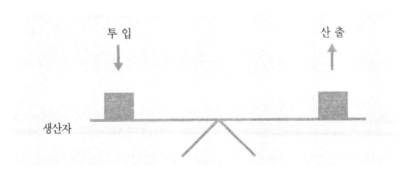

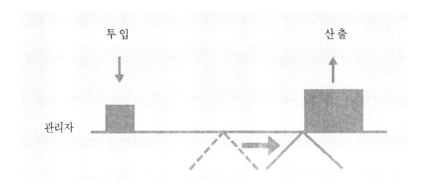

무엇이든 하게 된다. 접시를 닦는 부모, 설계도면을 손수 그리는 건축가, 타이핑하는 비서 등 이들 모두는 생산자이다.

그러나 어떤 사람이 황금알을 생산하기 위하여 다른 사람들을 서로 연결하고 시스템을 활용하여 작업한다면, 이 사람이야말로 상호의존적인 의미에서 관리자가 된다. 접시닦는 일을 아이에게 위임한 부모는 관리자이다. 다른 건축가들을 지휘하여 일을 해내는 건축가는 관리자이다. 비서들과 사무실 직원들을 감독하는 비서는 사무관리자이다.

생산자는 효율의 손실이 없다고 가정할 때, 1시간을 노력하여 1개의 결과를 얻어낸다.

그러나 관리자는 1시간을 투입하지만, 효과적 위임을 통해 10개, 50개, 100개를 생산할 수 있다.

관리는 본질적으로 지레의 받침점을 이동시키는 것이다. 따라서 효과적 관리의 핵심은 권한의 위임이다.

지시적 위임

위임에는 기본적으로 두 가지 형태가 있다. 그 중 하나는 "지시적 위임"이고, 다른 하나는 "신임적 위임"이다. 지시적 위임은 "이걸 가지고 가라. 저걸 가지고 가라. 이것을 해라. 저것을 해라. 끝나면 말하라." 등과 같이 심부름꾼 역할의 위임이다. 생산자의 대부분은 지시적 위임의 패러다임을 갖는다.

밀림에서 큰 칼을 휘두르며 길을 내고 있던 사람들을 기억하는가? 그들이 바로 생산자들이다. 그들은 자신의 소매를 걷어 붙이고 직무를 수행한다. 만약 그들이 감독자 혹은 관리자의 직위를 부여받는다 해도, 여전히 생산자의 사고 방식을 갖게 될 것이다. 그들은 결과를 달성하는 데 필요한 완전한 임무 위임을 어떻게 해야 하는지 알지 못한다. 그들은 방법에 초점을 맞추고 있기 때문에 결과에 대한 책임까지 지게 된다.

나는 우리 가족이 수상 스키를 타러 갔을 때 지시적 위임을 한 경험이 있다. 수상 스키를 잘 타는 우리 아들이 스키를 타고 있었고, 내가 보트를 운전하였다. 나는 카메라를 아내에게 건네주면서, 사진을 찍으라고 말했다. 처음에 나는 그녀에게 필름이 별로 없기 때문에 사진을 함부로 찍지 말라고 하였다. 나는 그녀가 사진찍는 데 미숙함을 알고서 해가 보트 전면에 있을 때, 아이가 점프하거나, 회전하거나, 또는 팔꿈치를 모으는 순간에 사진을 찍으라고 말하였다.

그러나 제한된 필름과 그녀의 사진 촬영 미숙에 대해 생각하면 할수록 걱정이 되었다. 나는 마지막으로 다음과 같이 말하였다. "자, 여보, 내가 당신에게 신호할 때 사진을 찍어요. 알겠소?" 그리고 나는 몇 분 뒤 "지금! 지금이오! 아니 찍지 마시오! 찍지 마시오!"라고 말했다. 나는 매 순간 매 장면마다 아내에게 지시하지 않으면 일이 잘못될 것이라고 걱정하였다.

일일이 하는 방법을 감독한다면, 이것은 순수한 지시적 위임이다. 많은 사람들은 항상 이러한 방식의 위임을 한다. 그러나 이를 통해 얼마나 많은 것을 달성할 수 있는가? 그리고 우리가 일일이 관여해야 한다면, 얼마나 많은 사람을 관리, 감독할 수 있겠는가?

다른 사람에게 보다 효과적으로 위임하기 위해 더 나은 방법이 있다.

그런데 이것은 다른 사람의 자아 의식, 상상력, 양심, 그리고 자유의지를 존중하는 데서 비롯된다.

신임적 위임

신임적 위임은 방법 대신 결과에 초점을 둔다. 이것은 위임받은 사람이 방법을 선택하게 하고, 결과에 대해서 책임지도록 하는 것이다. 이때는 물론 시작단계에서 보다 많은 시간이 걸리지만, 이것은 꼭 필요한 시간이다. 우리는 신임적 위임을 통해 지레 받침을 이동시킬 수 있으며, 성과를 크게 증가시킬 수 있다.

신임적 위임은 다음과 같은 5가지 사항에서 기대치, 즉 달성 목표에 대해 사전에 서로 이해하고 명확하게 해 둘 필요가 있다.

• **기대 성과** : '어떻게' 가 아닌 '무엇' 에 대해, 즉 방법이 아닌 결과에 중점을 두고, 무슨 성과가 기대되는지를 명확하게 서로 이해하도록 하라. 서두르지 마라. 인내심을 가져라. 예상 성과를 상상해 보라. 사람들이 그것을 알 수 있게 기술하고, 언제까지 완성되어야 하는지 그리고 어떤 질적 결과가 기대되는지 품질명세서를 작성하라.

• **실행 지침** : 위임받은 사람이 어떤 제약 조건 내에서 일해야 하는지를 반드시 밝혀라. 실행 방법을 위임하는 잘못을 피하기 위해 제약 조건은 가능한 적어야 한다. 그러나 중요한 제약 조건은 반드시 포함해야 한다. 우리는 위임받는 사람이 목표완수에 필요하다면 전통적 관행이나 혹은 가치 있는 것도 무시할 수 있다는 생각을 막아야 한다. 왜냐하면 이러한 무시로 인하여 실수를 하게 되면, 의욕을 잃고 지시적 위임만을 원하는 잔심부름꾼의 신조로 되돌아 가기 때문이다. "당신이 원하는 것이 무엇인지 말만 해 주십시오. 제가 그대로 하겠습니다."

만약 우리가 위임될 직무의 실패 경로를 안다면 이를 밝혀라. 솔직하게 공개하라. 그 사람에게 덫이 어디 있는지를 알려주고, 맹수가 어디 있는지도 알려주라. 우리는 매일 바퀴를 재발명하는 노력을 원하지 않는다. 사람들이 우리와 다른 사람의 실수로부터 배우도록 하라. 잠재적 실패 경로를 지적하라. 즉, 무엇을 해야 되는지 보다는 무엇을 하지 말아야 되는지를 말하라. 또 그들에게 지침 내에서라면 모든 수단을 동원해서 하도록 하되, 그 결과에 대해 책임지도록 하라.

• **가용 자원** : 위임받은 사람이 소기의 성과를 얻을 수 있도록 하는 여러 가지 자원들, 즉 인적 자원, 재정적 자원, 기술적 자원, 그리고 조직적 자원 등을 밝혀라.

• **성과 확인** : 결과 평가에 사용될 평가기준을 수립하고, 보고와 평가가 실시되는 시기도 정하라.

• **상벌 결과** : 평가의 결과로 무슨 상벌이 있을 것인가를 밝히라. 여기에는 예컨대 재정적 보상, 심리적 보상, 승진이나 좌천 등의 직무 조정, 그리고 조직 전체의 사명에 영향을 끼치게 될 당연한 귀결 등이 포함된다.

몇 년 전 나는 우리 아들 중 하나와 위임에 관한 흥미로운 경험을 하였다. 우리는 가족회의를 개최하는 중이었고, 우리의 여러 계획이 우리 가족의 가치있는 것들과 일치하는가의 여부를 확인하기 위해 벽에 가족 사명선언서를 붙여 두었다.

커다란 칠판을 꺼내 놓고, 우리가 원하는 목표들을 적어 내려 갔다. 그리고 이러한 목표달성을 위해 필요한 업무들도 기록하였다. 그 다음에 이들 업무를 수행할 자원자를 모집하였다.

"누가 주택 월부금을 지불하겠니?" 내가 물었다. 나는 혼자 손을 들고 있음을 알았다.

"누가 보험료를 지불할까? 식품 비용은? 자동차 비용은?"

손드는 것을 나 혼자 독차지 하는 것처럼 보였다.

"누가 갓난아기에게 먹을 것과 우유를 줄까?" 여기에는 보다 많은 자원자가 있었지만, 아내가 이 일에 적절한 자격을 가진 유일한 사람이었다.

목록을 업무별로 써내려 감에 따라 나와 아내가 일주일에 60시간 이상을 일해야 한다는 사실을 발견하였다. 우리는 이러한 패러다임에 입각하여 집안일에 모두가 참여해야 됨을 알게 되었다.

7살 난 아이는 정원 돌보는 일을 하겠다고 자원하였다. 훈련을 시키기로 하였다. 나는 그가 잘 정돈된 정원이 어떤 것인가를 마음에 심어 주기 위해 이웃집으로 데리고 갔다.

"잘 보아라. 정원이 푸른 잔디로 잘 정리되어 있는 게 보이지? 우리의 목표가 저런 정원이야. 깨끗하고 푸른 잔디! 자, 이제 우리 정원의 잔디를 보자. 마구 섞여진 색깔들이 보이지? 저건 푸른색이 아냐. 깨끗하고 푸른 잔디가 바로 우리가 원하는 것이야. 이제 네가 정원을 어떻게 그와 같이 만들지 알아서 해라. 네 마음대로 그것을 할 수 있다. 단, 페인트로 색칠하는 것만 빼 놓고. 그러나 만일 내 입장이라면 어떻게 할지를 네게 말해 줄께."라고 말했다.

"아빠는 어떻게 할 건데요?"

"나는 우선 스프링쿨러를 틀어 물을 줄 생각이다. 그러나 너는 물통이나 호스를 써도 될거야. 그것은 네 마음대로 해도 좋다. 단지 우리에게 관심있는 것은 정원 잔디의 색깔을 푸른색으로 하는 거니까. 알겠니?"

"알았어요."

"자, 이제 깨끗함에 대해 얘기하자꾸나. 깨끗함은 휴지, 노끈, 막대기 등 주변을 어지럽히는 쓰레기가 없는 것을 말한다. 네가 무엇을 해야 할지 말해줄게. 자, 지금부터 우리 둘이서 이 정원의 반을 깨끗이 청소하고 그 차이를 살펴보자."

그래서 우리는 두 개의 종이봉지를 가지고 정원 한쪽을 치웠다. "자, 우선 정원의 이쪽 편을 보아라. 그리고 저쪽 편도 보아라. 차이를 알 수 있겠니? 이것을 깨끗함이라고 부른단다."

"잠깐! 풀 속에 종이들이 보여요."라고 아이가 소리쳤다.

"오 그래! 거기에 신문지가 있는 걸 못 봤구나. 너는 눈이 참 좋구나."

"자, 이제 내가 이 일을 해야 할지 안 해야 할지를 결정하기 전에 좀더 얘기를 해 줘야겠구나. 네가 일단 일을 맡게 되면, 아빠는 더 이상 이 일을 하지 않는다. 그것은 너의 일이니까. 이것을 신임적 위임이라고 부르는데, 믿으면서 일을 맡김을 의미한다. 나는 네가 이 일을 해낼 것으로 믿는다. 자, 이제 누가 너의 상관이 되는거지?"

"아빠죠?"

"아니, 내가 아냐. 네가 상관이다. 이제부터 네가 스스로를 감독한다. 너는 엄마 아빠가 잔소리하면 좋으니?"

"싫어요."

"우리 역시 그렇게 하는 건 싫단다. 그렇게 하면 서로 기분 상하게 되지. 그렇지 않니? 그래서 너 자신을 스스로 감독하는 거야. 자, 누가 너를 도와줄 조력자라고 생각하니?"

"누구죠?"

"아빠야."라고 내가 말했다. "네가 나를 마음대로 부릴 수 있단다."

"제가 아빠를 부릴 수 있어요?"

"그래. 그러나 내가 너를 도울 수 있는 시간은 한정되어 있단다. 때로는 아빠도 멀리 여행을 하잖니. 그러나 내가 집에 있을 때는 무슨 도움이 필요한지를 이야기 해라. 나는 네가 지시하는 대로 일을 할 테니까."

"잘 알았어요."

"그런데 누가 너를 평가하지?"

"누구죠?"

"네가 스스로 판단하지."

"제가요?"

"맞았어. 일주일에 두 번씩 우리 둘이 이 정원의 잔디 위를 걸을 거야. 그때 일의 진행상태를 내게 설명해 주거라. 그런데 평가 기준은 무엇일까?"

"깨끗하고 푸른 잔디."

"맞았어!"

나는 그가 일을 할 준비가 되었다고 생각될 때까지 두 주일 동안 '깨끗하고 푸른' 이라는 두 단어를 교육시켰다. 드디어 그 날이 왔다.

"자, 이제 결정했니?"

"네."

"할 일은 무엇이지?"

"깨끗하고 푸른 잔디."

"잔디 색깔은 어떤 것이지?"

그는 이제 조금씩 좋아지기 시작한 우리집 정원의 잔디를 보았다. 그리고 나서 옆집을 가리켰다.

"저 집의 잔디 색깔이에요."

"깨끗함이란 무엇이지?"

"쓰레기가 없는 것."

"누가 상관이지?"

"저요."

"누가 너를 도와줄 조력자이지?"

"아빠요. 아빠가 시간날 때."

"누가 평가하지?"

"저요. 일주일에 두 번씩 함께 걸으면서 제가 아빠에게 일의 진행상태를 설명해 줄 거예요."

"그때 우리는 무엇을 살펴보지?"

"깨끗하고 푸른 잔디."

그 당시 나는 용돈에 대해서 언급하지 않았다. 그러나 그러한 임무에 용돈 지급을 기꺼이 할 수도 있었다.

나는 그가 두 주일의 훈련과 두 단어의 교육으로 준비가 되었다고 생각하였다.

그날은 토요일이었다. 그 애는 아무 일도 하지 않았다. 일요일에도 월요일에도 아무 것도 하지 않았다. 나는 화요일에 직장으로 나갈 때 누렇게 시들고 지저분한 잔디밭을 보았으며, 뜨거운 7월의 햇살이 그 위에 쏟아지고 있었다. 나는 '우리 아이는 분명히 오늘 잔디밭 일을 할 것이다.'라고 생각했다.

나는 토요일은 임무를 받은 당일이기 때문에 안했고, 일요일은 여러 가지 다른 일들이 있었기 때문이라고 나름대로 합리화할 수 있었다. 그러나 월요일의 경우는 이해할 수 없었다. 그리고 오늘은 화요일이었다. 분명히 오늘은 잔디밭 일을 할 것이다. 여름방학 중이었는데, 그가 무슨 다른 할 일이 있겠는가?

나는 하루 종일 집의 정원일을 궁금해 하며, 귀가시간을 고대하였다. 드디어 내가 차를 몰고 집모퉁이를 돌아올 때, 아침에 집을 떠날 때의 잔디밭 모습과 동일한 광경에 마주쳤다. 그리고 길 건너 공원에서 놀고 있는 우리 아이를 보았다.

도저히 이해할 수 없었다. 나는 화가 났고, 2주일 간의 교육과 온갖 약속을 한 다음 나타난 결과에 대해 실망하였다. 우리가 잔디밭에 투자한 많은 노력과 자존심, 또 돈을 들인 것이 헛것이 돼 버리고 있었다. 게다가 우리 이웃의 잔디밭은 짧고 가지런히 깎인 채 아름답게 정돈되어 있었다. 그래서 나는 더 창피스럽게 느껴졌다.

나는 지시적 위임으로 되돌아 갈 준비를 하였다. 이 녀석, 이리와서 당장 휴지를 줍지 못해! 나는 이러한 방법으로 황금알을 얻을 수 있다는 것을 알고 있었다. 그러나 거위는 어떻게 될 것인가? 아이의 책임의식에는 어떤 영향이 있을까?

그래서 나는 억지 웃음을 띤 채 큰 소리로 말했다. "애야, 별일 없니?"

"괜찮아요!" 그는 대답했다.

"잔디밭 일은 잘 되어가고 있니?" 나는 내가 약속을 어기고 있음을 알았다. 그렇게 묻는 것은 합의한 사항이 아니었다.

그래서 그 애 역시 적당히 답변해 버리는 것을 정당하다고 느꼈다. "괜찮아요. 아빠."

나는 저녁식사가 끝날 때까지 꾹 참고 기다렸다. 그리고 나서 말했다. "애야, 우리가 서로 약속한 대로 해보자꾸나. 함께 정원에 나가서 네가 맡은 임무가 어떻게 진행되고 있는지 나에게 보여주렴."

우리가 문을 나서려 하자 그의 턱은 떨리고 있었다.

눈에는 눈물이 고여 있었으며, 잔디밭 중간쯤에 도착하자 울먹이며 말했다.

"너무 어려워요. 아빠!"

무엇이 어려운 일인가? 나는 속으로 생각하였다. 너는 아직 일을 시작도 안했다! 나는 무엇이 어려운지 곧 알았다. 그것은 자기 관리, 즉 자기 의지력의 감독이었다. "내가 도울 수 있는 일이 있니?"하고 내가 물었다.

"아빠가 도와주겠어요?" 그는 훌쩍이며 물었다.

"우리가 서로 합의한 게 뭐였지?"

"아빠가 시간이 있으면 도와주겠다고 했어요."

"나는 지금 시간이 있단다."

그러나 그는 집으로 뛰어 들어가서는 두 개의 쓰레기 수거용 자루를 들고 왔다. 그는 하나를 내게 주며 말했다. "저것을 주으세요." 그는 토요일 밤의 바베큐 음식에서 나온 쓰레기 더미를 가리켰다. "저게 골칫거리예요!"

그래서 나는 그것을 주웠다. 나는 그가 시키는 대로 행동했다. 이제 그 합의사항이 그의 마음속에 심어진 것이다. 드디어 정원은 그의 것이 되었고, 그의 임무가 된 것이다.

우리 애는 여름 내내 단지 두세 번만 도움을 요청하였다. 그애는 정원을 잘 돌보았다. 또 내가 정원을 관리했을 때보다 더 푸르고 깨끗한 잔디밭을 가꾸었다. 그는 심지어 잔디밭에 껌종이 같은 것을 버릴 때마다 누이와 형제들을 호되게 꾸짖었다.

신뢰는 인간에게 동기를 유발시키는 최고의 형태이다. 그것은 사람들에게 최상의 것을 만들어 내게 한다. 그러나 그것은 시간과 인내를 필요로 하며, 당사자의 능력이 신뢰할 수준에 다다를 수 있을 때까지 그를 훈련하고 성장시킬 필요가 있다.

나는 신임적 위임이 올바로 이루어진다면, 양 당사자에게 이익을 줄 것이며, 또한 보다 적은 시간에 더 많은 것을 이룰 수 있다고 확신한다. 나는 잘 결속된 가정에서는 각자의 임무가 효과적으로 위임되면, 식구들이 하루에 약 한 시간씩 일함으로써 집안의 모든 일이 완결될 수 있다고 확신한다. 그러나 여기에는 단지 생산하는 능력만이 아니라 관리하는 내적 능력도 요구된다. 중요한 것은 효율성이 아니라 효과성이다.

우리는 분명히 아이들보다 방을 더 잘 치울 수 있다. 그러나 보다 바람직한 것은 아이들이 손수 이 일을 하도록 도와주는 것이다. 여기에는 시간이 필요하다. 따라서 우리는 훈련과 계발에 힘을 쏟아야 한다. 시간이 걸리겠지만, 장래를 생각해 볼 때 얼마나 가치있는 일인가! 그것은 우리에게 장기적으로 보아 많은 일을 덜어준다.

이러한 접근방법은 완전히 새로운 패러다임에 입각한 위임이다. 실제 이것은 인간 관계의 본질을 변화시킨다. 위임을 받은 사람은 스스로가 책임자가 되어, 동의한 소기의 성과에 대한 마음속의 서약을 포함하여 양심에 따라 행동한다. 또 이 접근 방법은 올바른 원칙에 일치한 최선의 방법으로 소기의 성과를 달성할 수 있도록 창의적 에너지를 분출시켜 준다.

신임적 위임에 관한 원칙들은 사람과 상황을 고려하여 적용해야 한다. 미성숙한 사람에게는 적은 수의 희망 결과를 제시하고, 더 자세한 지침을 주고, 보다 많은 가용지원을 알려 주고, 보다 빈번히 성과 확인에 대해 면담하고, 나아가 즉각적인 상벌결과를 적용하는 것이 바람직하다. 성숙한 사람일 경우 도전적인 초기의 성과를 제시하지만, 지침은 간략하게 하고, 적은 수의 성과 확인을 하고, 판단하기는 어렵지만 식별 가능한 여러 가지 기준을 제공해 준다.

효과적 위임은 효과적 관리의 최고 지표일 것이다. 왜냐하면 이것은 개인 성장과 조직 성장의 기본이 되기 때문이다.

제2상한의 패러다임

위임을 통한 자기 혹은 타인에 대한 효과적 관리의 핵심은 어떤 기법이나 도구 그리고 외적 요소에 의한 것이 아니다. 이것은 긴급성보다는 중요성이란 렌즈를 통해 볼 수 있도록 하는, 제2 상한의 패러다임에 있는 내재적인 것이다.

나는 여러분이 회사의 사무실 근무에서 이러한 패러다임을 가지는 것이 효과성에 얼마나 강력한 영향을 주는가를 이해할 수 있도록 부록에 "제2 상한의 사무실 일정 계획"이라는 사례를 제시하였다.

우리가 제2 상한의 패러다임을 개발하기 위하여 노력하면, 자신의 삶에 가장 소중한 것 위주로 매 주일을 계획, 실행하는 능력을 증대시키고,

언행 일치를 더욱 철저히 하게 된다. 이렇게 되면 우리는 자신의 삶을 효과적으로 관리하는 데 다른 사람, 사물에 의존하지 않을 것이다.

흥미롭게도 7가지 습관은 모두 제2 상한에 있는 것들이다. 만약 우리가 근본적으로 중요한 습관을 규칙적으로 실행한다면, 우리의 인생에 커다란 긍정적 영향을 미치게 될 것이다.

습관 3의 적용을 위한 제언

1. 당신의 생활에서 제2 상한의 활동이 무시되었던 사례를 기억해 보라. 만약 무시되지 않고 수행되었다고 하면 자신의 개인적인 생활이나 현재 직업에 미칠 수 있었던 중요한 영향을 기록하라.

2. 시간 관리 매트릭스를 그리고, 당신의 시간 중 몇 퍼센트가 각 상한에 소속하는지를 추정하라. 그 다음에 15분 간격으로 지난 3일 동안의 활동일지를 만들어 각 상한의 시간을 정확하게 계산하라. 당신의 추정치는 얼마나 정확한가? 변화할 필요가 있는 부분은 어디인가?

3. 당신이 위임할 수 있는 업무 목록들과 이러한 업무를 책임질 수 있는 사람들의 명단을 작성하라. 위임과 훈련의 과정을 시작하기 위해 필요한 것이 무엇인지를 결정하라.

4. 다음 주를 계획하라. 한 주일 동안 해야 될 역할과 목표를 기록하고, 목표를 일정 계획표에 써 넣으라. 일주일의 끝에 이 계획이 자신의 가치와 목적을 일상 생활에 잘 반영하고 있는지, 또 자기 자신이 가치와 목적을 실천하는 데 성실하였는지를 평가하라.

5. 일주일 단위의 계획표를 사용하기로 결심하고, 이것을 만들기 위해

일정한 시간을 설정하라.

6. 당신의 현재 시간관리 도구를 제4세대 도구로 바꾸든지 제4세대 시간관리 도구를 마련하라.

7. 제2 상한 패러다임의 영향을 깊이 이해하기 위하여 "제2 상한의 사무실 일정 계획"(부록 2)을 직접 체험해 보라.

주간계획표		주일 :	일	월
역 할	목 표	금주의 주요활동	오늘의 중요활동	

금주의 주요활동	오늘의 중요활동	
	약속 및 실천사항	
	8	8
	9	9
	10	10
	11	11
	12	12
	1	1
	2	2
	3	3
	4	4
	5	5
	6	6
	7	7
	8	8
	저녁	저녁

심신의 단련

신(身) _____
심(心) _____
영(靈) _____
교제/정서 _____

화	수	목	금	토
오늘의 중요활동				
약속 및 실천사항				
8	8	8	8	8
9	9	9	9	9
10	10	10	10	10
11	11	11	11	11
12	12	12	12	12
1	1	1	1	1
2	2	2	2	2
3	3	3	3	3
4	4	4	4	4
5	5	5	5	5
6	6	6	6	6
7	7	7	7	7
8	8	8	8	8
저녁	저녁	저녁	저녁	저녁

제 3 부

대인관계의 승리

상호의존의 패러다임

신뢰가 없는 우정은 있을 수 없고,
언행일치가 안 되는 신뢰란 있을 수 없다.

-사무엘 존슨-

"대인관계의 승리"라는 분야에 들어가기 전에 우리가 기억해야 할 것이 있다. 효과적인 상호의존성은 오직 개인의 독립성이란 기반 위에서만 이루어질 수 있다는 점이다. 즉, 개인의 승리가 대인관계의 승리에 선행한다. 그것은 마치 대수가 미적분을 선행하는 것과 같은 이치이다.

우리가 과거에 걸어왔던 인간관계의 길을 돌이켜보고, 나갈 방향을 내다보면서 현재의 상황을 헤아려 볼 때, 분명한 것은 이 길로 왔기 때문에 우리가 현재의 위치에 있다는 점이다. 여기에는 다른 길도 없었고, 지름길도 없었다. 나아가 현재 위치에 다다르는 데 하늘에서 낙하산식으로 떨어지는 법이란 없다. 그런데 우리들 눈앞에 펼쳐진 풍경은 낙하산식의 지름길을 찾다가 산산이 깨어진 인간관계의 파편들로 가득 차 있다. 사람들이 성숙함, 즉 성품상의 강점을 미리 갖추지 않고 효과적인 인간관계를 이룩하려다 그렇게 된 것이다.

성숙하지 않고서는 이룩할 수 없다. 당신은 그 길을 반드시 걸어야 한다. 즉, 자기 자신을 개발해야 대인관계에서 성공할 수 있다.

몇 년 전 내가 오리건 주의 해변가에서 세미나를 개최했을 때의 일이다. 한 수강자가 내게 다가와서 다음과 같이 말했다. "코비 씨, 아시다시피 저는 이 세미나에 오기가 정말 싫었습니다." 그의 심각한 말은 나의 주의를 끌었다.

"여기에 온 행복한 사람들을 보세요. 저 밖에 보이는 아름다운 해안선과 바다 그리고 거기에서 일어나는 광경들을 보십시요. 그런데 내 처지는 쭈그리고 앉아서 오늘 저녁 아내가 전화로 할 잔소리를 걱정하고 있지 않습니까?"

"그녀는 내가 매번 출장나올 때마다 나를 볶아댑니다. 아침을 어디서 먹었느냐? 누구와 같이 있었느냐? 오전 내내 회의를 했느냐? 몇 시에 점심을 먹었느냐? 점심 먹는 동안 무엇을 했느냐? 오후 시간은 어떻게 보냈느냐? 저녁에는 무슨 오락을 했느냐? 그때 누구와 있었고, 무슨 얘기를 했느냐?"

"그런데 그녀가 묻지는 않지만, 정작 원하는 것이 뭔 줄 아십니까? 그것은 내가 말한 모든 사실들을 입증할 만한 사람들의 전화번호랍니다. 그녀는 정말 나를 성가시게 만들고, 내가 밖에 나와 있을 때의 모든 일을 알려고 한답니다. 이런 고민이 여기에서의 모든 재미를 없애 버립니다. 난 정말 괴로워요."

그는 정말 불쌍해 보였다. 우리는 잠시 동안 얘기했으며, 그는 매우 흥미 있는 말을 했다. "그런데 그녀는 내게 물을 질문거리를 뻔히 다 알고 있어요." 그는 약간 수줍어하면서 말했다. "실은 제가 그녀를 만난 곳이 바로 이번과 같은 세미나였죠. 그 때는 제가 다른 사람과 결혼하고 있을 때였는데…."

나는 그의 말 속에 숨겨진 뜻을 잠시 생각한 뒤 물었다. "당신은 응급처치식 해결방법을 좋아하는 타입이군요."

"무슨 소리죠?" 그가 물었다.

"그러니까 당신은 드라이버라도 집어 들고 아내의 머리에 있는 나사를 조여, 그녀의 그런 태도를 당장 바꾸고 싶다 이거죠?"

"물론이죠. 저는 집사람이 빨리 변했으면 좋겠어요."라고 그는 큰 소리로 말했다. "그녀가 계속 이런 식으로 심문하는 것은 옳지 않다고 봐요."

"여보세요." 나는 말했다. "당신의 행동 때문에 일어난 신뢰 문제를 말 몇 마디로 해결하려 해도 소용이 없어요."

우리는 여기서 매우 극적이고 본질적인 패러다임 전환을 다루고 있다. 당신이 성격 중심의 기교나 기술로 사회생활의 대인관계에 윤활유를 치고자 할 때, 그 과정에서 가장 중요한 성품의 기초를 손상시킬 수 있다. 뿌리가 없으면 열매를 거둘 수 없는 법이다. 또 이것이 바로 '개인의 승리'가 '대인관계 승리'를 선행하는 이유이다. 자기수양, 자기절제야말로 다른 사람과 좋은 인간관계를 이룩하는 기초가 된다.

어떤 사람들은 다른 사람을 좋아하기 전에 반드시 자기애(自己愛)를 가져야 한다고 말한다. 일리가 있다고 생각한다. 그러나 만약 당신이 자기 자신을 잘 모르고, 자신을 통제하지 못하며, 또 자신을 정복하지 못했다면, 단기적인 심리조작과 같은 피상적인 경우를 제외하고는 자기 스스로를 좋아하기 어렵다.

진정한 자기 존중은 스스로에 대한 지배와 독립성으로부터 나온다. 그리고 이것이야말로 습관 1, 2, 3의 초점이다. 독립이란 성취를 말한다. 상호의존성은 독립적인 사람만이 할 수 있는 선택이다. 따라서 만일 진정한 독립심을 갖고자 하는 의지가 없다면, 대인관계의 기술을 개발하려 한다는 자체가 어리석은 일이다. 인생의 날씨가 좋은 동안에는 어느 정도 성공을 거둘 수도 있다. 그러나 필연적으로 있게 될 어려운 일이 닥치면, 우리는 모든 것을 지탱해 줄 기초를 찾지 못한다.

인간관계를 형성할 때 가장 중요한 요소는 우리가 무엇을 말하느냐, 어떻게 행동하느냐보다 우리의 사람됨이다. 따라서 만약 우리의 말이나 행동이 우리 내면의 깊은 핵심(성품 윤리)에서가 아니라 피상적인 인간관계 기법(성격윤리)에서 나온다면, 상대방도 곧 우리의 이중성을 감지할 것이다. 말하자면 우리는 효과적인 상호의존성을 위해 필요한 기초를 만들 수도 유지할 수도 없다.

대인관계에 있어서 정말로 중요한 기법이나 기술은 독립적인 성품으로부터 자연스럽게 나오는 것이어야 한다. 따라서 다른 사람과 인간관계를 형성하기 시작하는 출발점은 우리 자신의 내면이고, 자신의 '영향력의 원'의 내부이며, 또 우리 자신의 성품이다. 우리가 독립적이 될 때, 즉 주도적이고, 올바른 원칙에 중심을 두며, 가치 지향적이고, 나아가 자기 생활을 소중한 것부터 우선적으로 계획하고 성실하게 실행할 때에야 비로소 다른 사람들과의 관계를 풍부하고, 지속적이며, 또 생산적으로 만들 수 있다. 이때야 상호의존적이 될 수 있는 자격이 생긴다.

앞으로 알게 되겠지만, 우리는 이제 완전히 새로운 차원으로 진입하고 있다. 상호의존성은 깊고, 풍부하며, 정 있는 교제와 생산력의 기하급수적 증가를 가져오며, 나아가서는 봉사, 공헌, 그리고 배움과 성장의 기회를 제공한다. 그러나 상호의존성은 우리에게 커다란 고통, 엄청난 좌절감, 그리고 성공과 행복에 도달하는 데 가장 큰 방해물이 될 수도 있다. 우리는 이같은 고통이 급성이기 때문에 그 심각성과 아픔을 잘 알게 될 것이다.

우리는 흔히 자신의 생활에서 비전, 리더십, 또는 개인 관리의 부족 때문에 오는 만성적인 고통을 수년 동안 가지고 있다. 이처럼 우리는 어렴풋한 어려움과 불편함을 느끼기 때문에 잠시라도 그 고통을 덜기 위해 가끔 조처를 취해 본다. 그러나 대부분의 경우 이같은 고통은 만성적이어서, 우리는 이것에 익숙해져 있으며, 나아가 여기에 적응하며 사는 것을 배우게 된다.

반면 우리가 대인관계의 문제에 직면하면, 우리는 그 고통이 얼마나 아픈지를 즉시 알게 된다. 또 이같은 고통은 때로 너무나 심하기 때문에 우리는 그 고통을 없애려고 애쓰게 된다.

바로 이때 우리는 응급처치 방법으로 증상을 치료하게 되며, 이는 마치 성격윤리 중심의 반창고식 응급처치와도 같다. 우리는 대부분의 경우 이같은 급성적 고통이 더 깊고 만성적인 문제에서 나온다는 사실을 알지 못한다. 따라서 우리가 증상을 응급 처치하고자 하는 노력을 중지하고 문제 자체를 해결하고자 시작할 때까지 우리의 노력은 단지 비생산적인 결과만 초래할 뿐이다. 나아가 우리는 만성적 고통을 단지 더 어렴풋하고 불확실하게 하는 데만 성공할 뿐이다.

자, 그러면 이제부터 효과적인 대인관계을 생각해 보기 위해 앞에서 다룬 효과성에 대한 정의를 다시 한번 살펴보자. 우리는 이미 앞에서 거위와 황금알에 대한 우화를 소개하면서, 기본 개념인 생산/생산능력에 대해 말한 적이 있다.

상호의존적인 상황에서 황금알은 효과성이고 멋진 시너지일 뿐만 아니라 개방적 커뮤니케이션과 긍정적 대인관계를 통해 달성되는 좋은 성과들이다. 그런데 우리가 일상적인 생활에서 황금알을 정기적으로 얻으려면 반드시 거위를 돌보아야 한다. 다시 말해 우리가 그같은 성과들을 실현하기 위해서는 반드시 인간관계를 구축하고 이를 돌보기 위해 노력해야 한다.

따라서 우리가 서론을 끝내고 본격적으로 습관 4, 5, 6을 살펴보기 전에, 나는 상호의존적인 상황에서 생산/생산능력의 균형을 이해시켜 주고 인간관계를 설명해 주는 데 가장 적합한 은유를 통해 이를 살펴보고자 한다.

감정은행 계좌

우리 모두는 은행 계좌가 무엇인지 잘 알고 있다. 우리는 은행에 계좌를 열고, 이를 통해 예입을 하며, 또 필요할 때 인출할 수 있도록 잔고를 남긴다. 감정은행 계좌란 인간관계에서 구축하는 신뢰의 정도를 은유적으로 표현한 것이다. 다시 말하면 이것은 우리가 다른 사람에 대해 가지는 안전감을 말한다.

만약 우리가 다른 사람에 대해 공손하고, 친절하며, 정직하고, 약속을 지킨다면, 우리는 감정을 저축하는 셈이 된다. 그러면 그 사람이 우리에 대해 갖는 신뢰가 높아지기 때문에 우리는 필요할 때마다 그러한 신뢰를 이용할 수 있다. 또, 우리가 실수를 한다 해도 감정 잔고인 신뢰 수준이 높기 때문에 이것이 우리의 실수를 상쇄시킬 수 있을 것이다. 신뢰가 높은 경우 커뮤니케이션이 분명치 않아도 상대방은 우리가 전달하는 의미를 알아챌 것이다. 이들 역시 우리에게 "말 때문에 화를 내지는" 않을 것이다. 이처럼 신뢰의 정도가 높아지면, 즉 감정잔고가 많으면, 의사소통은 쉽고, 즉각적이며, 또 효과적이 된다.

그러나 만약 다른 사람에게 불친절하고, 무례하고, 말을 막고, 과민반응하고, 무시하고, 독단적이며, 신용없고, 위협하고, 나아가 실력없이 뽐낸다면 우리의 감정은행 계좌는 잔고가 바닥나거나 차월(借越) 된다. 즉, 신뢰수준이 매우 낮아진다. 이 경우 우리는 어느 정도의 여유와 융통성을 가질 수 있겠는가?

이 경우 융통성이란 전혀 없다. 마치 지뢰밭을 걷는 것과 같아서 말을 할 때마다 사소한 것까지 모두 조심해야 한다. 우리는 하는 말마다 재면서 해야 한다. 따라서 늘 긴장해야 하고, 모든 것을 메모로 남겨 자신을 보호해야 하며, 등뒤에서 일어나는 술수를 방어해야 한다. 그런데 사실

많은 조직들이, 많은 가정들이, 나아가 많은 부부관계가 이러한 상태로 유지되고 있다.

만일 신뢰의 잔고가 계속적인 예입에 의해 뒷받침되지 않는다면, 결혼 생활은 악화될 것이다. 이렇게 되면 풍부하고 꾸밈 없는 이해심이나 의사 소통 대신, 단지 두 사람 사이가 어쩔 수 없이 함께 사는 동상이몽의 독립적 생활 스타일만 갖게 만든다. 이때 그 관계가 더 심화되면, 부부 사이에는 적대감과 방어책만 등장한다. 결국 "투쟁 아니면 도피"식 대응, 즉 말다툼, 쾅하고 문을 닫는 것, 대화 거절, 감정적 위축, 그리고 신세 타령으로 이어진다.

이렇게 되면 집안에는 냉전이 시작되고, 부부관계는 단지 아이들, 섹스, 사회적 압력, 그리고 주위 체면 때문에 지탱될 뿐이다. 이같은 관계는 법정에서의 공개적 싸움으로 이어질 수도 있다. 법정에서 끊임없이 자기 배우자의 죄악을 털어놓음으로써 수년 동안 자존심 상하는 쓰라린 싸움이 계속될 수도 있다.

그런데 사실은 부부 사이야말로 이 세상에서 가장 절친하고, 풍요롭고, 즐겁고, 만족스럽고, 나아가 생산적인 인간관계를 이룩할 수 있다. 또 생산/생산능력이라는, 등대 같은 움직이지 않는 원칙이 바로 부부 사이에 있다. 우리는 스스로를 이 등대에 부딪쳐 파괴할 수도 있고, 이 등대가 우리를 안내하고 유도해 주도록 활용할 수도 있다.

결혼과 같은 지속적 인간관계는 무엇보다도 계속적인 예입을 필요로 한다. 또 계속되는 실망은 과거에 저축했던 잔고를 소진한다. 오랫동안 만나지 못했던 고등학교 친구를 갑자기 만났다고 하자. 이때 당신은 이전에 한 예입이 아직도 남아 있기 때문에 이것을 활용할 수 있을 것이다.

그러나 우리가 일상적으로 접촉하는 사람들과 이룩하는 감정 계좌는 좀더 규칙적인 예입을 요구한다. 왜냐하면 우리가 매일하는 상호작용이나 상대방의 우리에 대한 오해에서 자신도 모르는 사이에 자동인출이 발생하기 때문이다. 이같은 예는 10대 청소년을 자녀로 둔 경우에 특히 해당된다.

당신이 10대 아들을 두고 있고 보통으로 하는 대화가 다음과 같다고 하자. "네 방을 깨끗이 해라. 셔츠의 단추를 잘 잠가라. 라디오 소리를 줄여라. 이발을 해라. 쓰레기 버리는 것을 잊지 마라." 이같은 경우 인출은 이미 비축 잔고를 훨씬 초과한 적자 잔고가 되기 마련이다.

자, 이제 그 아들이 자기 인생에 영향을 미칠 중대한 결정을 하려고 한다고 가정해 보자. 그때 아들은 당신에게 갖는 신뢰수준이 너무나 낮고, 의사소통의 통로가 거의 막혀 있을 뿐만 아니라, 기계적이고 또 마음에 안 드는 대화뿐이기 때문에, 당신의 조언을 듣기 위해 도움을 청하지 않을 것이다. 부모인 당신은 그를 도울 지혜와 지식을 가지고 있을 지 모른다. 그러나 당신의 감정 계좌가 잔고를 갖고 있지 않기 때문에, 그는 장기적으로 보아 많은 부정적 결과를 초래할지도 모르는, 단기적이고 감정적인 관점에서 의사결정을 하게 될 것이다.

당신이 이같은 민감한 문제에 대해 상의할 수 있으려면, 아들과의 감정 계좌에 상당한 잔고를 가지고 있어야 한다. 자, 그렇게 하려면 당신은 어떻게 해야 하는가?

만약 당신이 아들과의 관계에 예입을 시작하기로 했다면, 어떻게 해야 되겠는가? 아마 약간의 친절을 배풀 수도 있을 것이다. 즉, 아들의 취미가 스케이트 보드 타는 것이라면 이에 관련된 잡지를 사가지고 올 수도 있고, 또 그가 어떤 일을 할 때 뭐 도와줄 것이 없는가 물어볼 수도 있다. 당신은 아이를 데리고 영화를 보러 가든가 아이스크림을 사줄 수도 있다.

그러나 당신이 할 수 있는 가장 중요한 예입은, 아들이 말을 할 때 속단하거나 설교하거나 당신 자신의 과거 이야기를 하지 말고, 아들이 하는 말을 경청하는 것이다. 단지 경청하고 이해하도록 노력하라. 당신이 관심을 가진다는 것과 아들을 한 사람의 인격체로 받아들이고 있음을 느끼게 하라.

당신 아들은 처음에 아무 반응이 없을지 모른다. 또 아들이 아버지에 대해 오히려 의아해 할 수도 있다. "아빠가 오늘은 이상한데? 엄마는 도대체 나에게 무슨 수법을 써 보려고 이러는 것일까?" 그러나 당신이 진심에서 우러난 예입을 계속하면, 신뢰가 싹트기 시작한다. 이렇게 되면 적자 잔고가 점차 줄어들게 된다.

응급처치식 접근법은 결국 허망한 신기루임을 명심하라. 인간관계를 구축하고 회복시키는 데는 시간이 걸린다. 만약 아들의 무응답이나 배은 망덕한 것 같은 행동에 참을성을 잃고 화를 낸다면, 감정 계좌에서 커다란 인출을 하게 될 뿐만 아니라, 지금까지 공들인 것이 쓸모 없게 될 것이다. 이때 당신은 "우리는 너를 위해 온갖 노력과 희생을 다했는데, 어쩌면 그렇게도 은혜를 모를 수 있니? 우리는 너에게 잘해 주려고 노력했는데, 너는 이처럼 행동하는구나. 나는 도무지 너를 이해할 수 없다!"

인내하는 것은 쉬운 일이 아니다. 이를 위해서는 성품이 주도적이 되어야 하고, 자신이 가진 영향력의 원에 초점을 두어야 하며, 자라나는 애들을 훈육할 수 있어야 하고, 나아가 "뿌리가 잘 자라고 있나를 보기 위해 꽃나무를 뽑는 행위"를 하지 말아야 한다.

이처럼 응급처치식 인간관계란 존재하지 않는다. 그 대신 인간관계의 정립과 회복에는 장기간의 투자가 요구된다.

여섯 가지 주요 예입 수단

이제부터 감정은행 계좌를 적립하기 위한 6가지 주요 예입 수단을 살펴보기로 하자.

1. 상대방에 대한 이해심

다른 사람을 진정으로 이해하기 위해 노력하는 것이야말로 우리가 할 수 있는 가장 중요한 예입 수단 가운데 하나가 될 것이다. 그것은 모든 다른 예입 수단의 핵심에 해당된다. 왜냐하면 우리는 그 사람을 이해할 때까지, 그 사람을 위해 어떤 행위를 해야 예입이 될 것인가를 모르기 때문이다.

당신에게는 예입으로 생각될 수 있는 일들, 예컨대 산책하면서 얘기를 나누는 일, 함께 아이스크림을 사러 나가는 행동, 그리고 함께 어떤 일을 하는 것 등이 어떤 사람에게는 전혀 예입될 만한 효과가 없는 경우도 있다. 따라서 만일 우리가 상대방의 깊은 관심과 욕구를 파악하지 못한다면, 그러한 행위는 오히려 악영향을 끼치거나 감정이 인출될지도 모른다.

한 사람에게 중요한 일이 다른 사람에게는 사소한 일일 수 있다. 예입을 하기 위해서는 그 사람이 중요하게 생각한 것을 당신도 중요하게 생각해야 한다. 예컨대 당신이 어떤 급하고 중요한 일을 할 때, 6살 난 아들이 당신에게 사소하게 보이는 행동을 하면서 방해할 수도 있다. 그런데 아들이 하는 행동이 아이의 관점에서는 매우 중요하다. 소중하고 가치있는 것, 즉 아들의 복지를 인식하고 돌보기로 작정하는 것은 습관 2에 해당하고, 당신의 스케줄을 중단하고 소중한 아들을 돌보는 것은 습관 3에 해당한다. 상대방의 관점과 가치를 당신이 이해해 주는 것은 이 사람에 대해 커다란 예입행동을 하는 셈이 된다.

자기 아들이 야구를 매우 좋아하는 한 친구가 있었다. 그러나 이 친구는 야구에 전혀 관심이 없었다. 어느 해 여름, 그는 자기 아들을 데리고 메이저 리그 시합을 보기 위해 여러 도시를 다녔다. 이같은 야구 구경은 6주일 이상이 걸렸고, 비용 역시 엄청나게 많이 들었다. 그러나 이 여행이 부자간의 인간관계를 강력하게 결속시키는 계기가 되었다.

내 친구에게 "자넨 그 정도로 야구를 좋아하나?"라고 물었다.

그는 "아니, 그렇지만 나는 우리 아들을 그만큼 좋아하지."라고 대답하였다.

　대학교수인 다른 친구는 10대인 자기 아들과 사이가 매우 나빴다. 이 친구의 모든 생활은 오로지 학문 위주였고, 자기 아들이 지능개발에는 소홀한 채 손을 쓰는 쓸데없는 일에 낭비하고 있다고 생각하였다. 결국 그는 항상 아들을 괴롭히다 후회의 순간이 되어서야 아이에게 감정저축을 해 보려고 시도하였으나 먹혀 들어가지 않았다. 즉, 아들은 아버지의 이 같은 제스처를 새로운 형태의 자신에 대한 거부, 비교, 판단이라고 생각한 것이다. 그 결과 부자 사이에는 커다란 감정인출 상태가 초래되었다. 부자관계는 냉담하게 되었고, 이것이 아버지의 마음을 몹시 아프게 하였다.

　어느 날 나는 이 친구에게 다음과 같은 원리를 들려 주었다. 즉, 다른 사람이 당신에게 소중한 것과 똑같은 정도로 그 사람이 중요하게 생각한 것을 당신도 중요하게 생각해야 한다. 그는 이 말을 깊이 명심하였다. 그는 자기 집 주변에 축소판 만리장성을 아들과 함께 쌓기로 하였다. 이 일은 시간이 많이 걸렸으므로, 부자는 거의 1년 반 이상 함께 이 일을 하였다.

　이처럼 서로를 결속하고 손으로 만들어 보는 경험을 통해 아들은 인생발달 단계의 새로운 국면에 접어들어서게 되었고, 자신의 지능을 개발하고자 하는 욕구로 가득 차게 되었다. 그러나 이들이 얻은 실질적인 이득은 서로의 깊은 인간관계가 발생한 것이었다. 즉, 부자간에 불편한 관계 대신 즐겁고 튼튼한 유대관계가 형성되었다.

　우리는 자신이 한 경험과 체험이 다른 사람도 원하고 필요로 하는 것으로 생각하여 상대방에게 투사하고자 하는 경향을 가진다. 즉, 우리가 의도하는 바를 다른 사람의 행동에 투사한다. 우리는 무엇이 다른 사람의 감정 계좌에 예입될 수 있는가를 자신의 욕구나 바람에 기초하여 판단한다. 이때 우리의 생각은 현재의 사고기준일 수도 있고, 상대방과 비슷한 연령일 때 체험한 것일 수도 있다. 만약 상대방이 우리가 하는 노력을 예입으로 받아들이지 않는다면, 우리는 상대방이 우리의 선의의 노력을 거절하는 것으로 간주하고, 포기해 버리는 경향이 있다.

성서의 황금률* 은 "남에게 대접을 받고자 하는 대로 너희도 남을 대접하라."고 가르친다. 표면상으로 보면, 당신이 원하는 바로 그것을 상대방에게 해 주라는 의미로 해석된다. 그러나 내가 생각하는 좀더 본질적인 의미는 상대방을 한 사람의 인격체로 깊이 이해해 주고, 당신이 이해되어지고 싶은 것과 똑같은 방법으로 이해해 주며, 그러한 충분한 이해에 입각해서 상대방을 대하라는 것이다.

여러 자녀들을 훌륭하게 키운 어떤 부모는 자녀양육에 대해 다음과 같이 말한다. "자식들을 서로 다르게 이해하고, 다른 방법을 적용함으로써 모두에게 똑같이 대하라."

2. 사소한 일에 대한 관심

약간의 친절과 공손함은 대단히 중요한 것이다. 이와 반대로 작은 불손, 작은 불친절, 하찮은 무례 등은 커다란 인출을 가져온다. 인간관계에서의 커다란 손실은 사소한 것으로부터 비롯된다.

나는 몇 년 전에 두 아들과 함께 저녁을 보낸 적이 있다. 체조를 보고, 레슬링을 구경하고, 핫도그를 먹고, 오렌지 주스도 마신 뒤 마지막에는 영화를 관람하는 완전한 프로그램이었다.

영화 구경 도중 당시 4살이던 신이 그 자리에서 잠들었다. 6살이던 스

---

* 역자 주 : 마태복음 7장 12절.

티븐과 나는 영화의 나머지 부분을 함께 보았다. 영화가 끝났을 때 나는 신을 품에 안고 승용차로 되돌아와서 뒷좌석에 눕혔다. 그날 밤은 몹시 추웠기 때문에, 나는 코트를 벗어서 아이를 덮어 주었다.

우리가 집에 도착했을 때, 나는 재빨리 신을 안고 집에 들어와 침대에 눕혔다. 스티븐이 잠옷을 입고 양치질을 한 뒤 나는 그 옆에 누워 함께 보낸 저녁시간에 대해 얘기 하였다.

"어땠니, 스티븐?"

"그냥요." 그가 대답했다.

"재미 있었니?"

"예."

"뭐가 제일 좋았니?"

"잘 모르겠어요. 트램펄린*이 그냥 약간이요."

"공중에서 재주넘는 것과 묘기부리는 것이 대단하더라. 그렇지?"

그는 더 이상 반응이 없었다. 나 혼자 대화하고 있음을 알았다. 그래서 나는 왜 스티븐이 더 이상 이야기하려고 하지 않는지 궁금해 하였다. 그는 보통 재미있는 일이 있으면 수다스러운 편이다. 나는 약간 실망했다. 무언가 잘못되었다고 느꼈다. 그는 집에 돌아오는 길에도 계속 입을 다물었고, 곧장 잠 잘 채비를 하였다.

갑자기 스티븐이 벽 쪽으로 얼굴을 돌렸다. 그 행동이 이상해서 일어나 아이의 얼굴을 보니 눈물을 글썽이고 있었다.

"얘야, 무슨 일이니? 왜 그래?"

그는 고개를 돌렸고, 나는 그의 눈과 떨리는 입술 그리고 턱을 보며 그가 약간 창피함을 느끼고 있음을 눈치챘다.

"아빠, 내가 추울 때 나에게도 코트를 덮어 줄 거예요?"

---

* 역자 주 : 트램펄린이란 그물의 탄성을 이용한 도약운동 놀이를 말한다.

그날 밤의 여러 프로그램 중 가장 중요한 것은 바로 그 사소한 친절행위였다. 즉, 그의 어린 동생에게 보여 준, 순간적이고 무의식적인 애정이 문제였던 것이다.

그날의 경험은 나에게 그때나 지금이나 커다란 교훈으로 남아 있다. 사람들은 매우 상처받기 쉽고 내적으로 민감하다. 이 점은 나이나 경험에 별 상관이 없는 것 같다. 비록 외적으로 대단히 거칠고 냉담하게 보이는 사람도 내적으로는 민감한 느낌과 감정을 가지고 있다.

3. 약속의 이행

책임을 지고 약속을 지키는 것은 중요한 감정예입 행위이며, 약속을 어기는 것은 중대한 인출 행위이다. 사실 어떤 사람에게 대단히 중요한 약속을 해 놓고 어기는 일보다 더 큰 인출 행위는 없다. 이 경우 다음에 약속을 하면 그들은 믿지 않는다. 사람들은 대개 약속에 대한 기대가 크기 마련이다. 특히 이 약속이 기본 생계와 연관되는 경우 더욱 그렇다.

나는 지키지 못할 약속은 절대로 하지 않는 부모가 되겠다는 철학을 가지고 있으며, 이를 지키기 위해 노력해 왔다. 그래서 나는 약속을 할 때 조심스럽게 하며, 아주 드물게 할 뿐만 아니라, 약속을 지키지 못하는 일이 발생하지 않도록 가능한 여러 요인들과 상황을 고려한다.

그런데 내가 이같은 노력을 하는 데도 불구하고 약속을 지키지 못하게 되는 예기치 않는 일이 발생한다. 그러나 나는 그 약속을 중요시한다. 따라서 나는 어떻게 해서든지 그 약속을 지키든지 상대방에게 나의 상황을 충분히 설명해 주고 약속을 연기해 주도록 요청한다.

만약 당신이 스스로 한 약속을 항상 지키는 습관을 갖는다면, 당신과 자녀 사이에 이해의 간격을 이어주는 신뢰의 다리를 놓는 셈이 될 것이다. 이 경우 자녀들이 원하지 않는 행동을 하려고 할 때, 당신은 자신의 경험으로부터 자녀들은 볼 수 없는 결말을 이미 알고 있기 때문에, 다음과 같이 말할 수 있다. "얘야, 만약 네가 그러한 행동을 하면, 그 결말이 어떻게 될 것인지 말해 주마." 만약 이때 자녀가 당신의 말과 약속을 신뢰하고 있다면, 이 충고를 받아들일 것이다.

4. 기대의 명확화

만약 당신과 당신의 상사가 당신의 직무설명서를 만드는 것이 누구의 역할인지에 대해 의견차이가 있을 때, 부딪치게 되는 어려움을 생각해 보자.

"언제 저는 직무설명서를 받을 수 있습니까?" 당신이 묻는다.

"나는 자네가 그것을 가지고 와서 나와 토의할 것을 기다리고 있었네." 당신의 상사가 대답한다.

"제 직무를 규명해 주는 것은 상사의 역할이라고 생각했는데요."

"그건 전혀 내가 할 역할이 아니지. 기억나지 않나? 나는 처음부터 자네의 직무수행 방식은 전적으로 자네 손에 달려 있다고 말했었네."

"저는 그 말씀을 제가 하는 직무의 질은 전적으로 제게 달려 있다는 의미로 생각했습니다. 그러나 저는 제 직무가 실제 무엇인지 알지 못합니다."

목표에 대한 불분명한 기대도 역시 의사소통과 신뢰를 손상시킨다.

"저는 당신이 지시한 대로 정확하게 일을 했고, 여기에 보고서가 있습니다."

"나는 보고서를 원하지 않았네. 수행목표는 문제의 해결이었네. 분석해서 보고하라는 것이 아니었네."

"저의 목표는 문제를 분석하는 것이고, 그 뒤 이것을 어떤 다른 사람에게 위임하는 것으로 생각했습니다."

우리가 이같은 종류의 대화를 얼마나 빈번히 해 왔던가?

"당신이 말하기를…."

"아니오. 당신이 틀렸오! 내 말은…."

"그렇지 않소. 당신은 내가 하기로 되어 있다는 말은 결코 하지 않았오…."

"그렇게 내가 말했어요! 나는 분명히 말하기를…."

"당신이 전혀 말하지 않은 것은…."

"그러나 우리가 합의한 것은…."

거의 모든 대인관계에서 나타나는 어려움은 역할과 목표에 대한 갈등과 애매한 기대 때문에 발생한다. 누가 어떤 일을 해야 하는지의 문제를 다룰 때, 예를 들어 딸에게 방을 청소시킬 때 대화를 어떻게 해야 하는지, 누가 물고기에게 먹이를 주고, 쓰레기를 내 놓아야 하는지 등의 문제를 다룰 때, 우리는 불분명한 기대가 오해, 실망을 가져오고 신뢰의 인출이 될 수도 있음을 잘 알고 있다.

대부분의 기대는 노골적이 아니다. 따라서 기대는 분명하게 언급되거나 공표되지 않는다. 그럼에도 불구하고 이러한 기대는 특수한 상황을 초래한다. 예를 들면, 결혼을 할 때 남녀는 서로 상대방의 역할을 은연 중 기대한다. 비록 이같은 기대들이 논의되지도 않고, 심지어 가지고 있다는 것조차도 모르고 있지만, 이를 수행하는 것은 감정 계좌에 크게 예입하는 것이고, 기대를 어기는 것은 신뢰의 감정을 인출하는 것이다.

따라서 우리는 새로운 상황에 직면할 때마다 자기에게 부과되는 기대를 파악하여야 한다. 사람들은 이같은 기대를 통해서 상대방을 판단하려고 한다. 만약 사람들이 상대방에 대한 기본적인 기대가 어긋났다고 느낀다면, 실망을 하게 되고 신뢰의 잔고는 감소될 것이다. 우리는 자신이 갖는 기대가 자명하고, 또 다른 사람에 의해 분명히 이해되고 공유된다고 가정하기 때문에 많은 부정적 상황을 야기시킨다.

신뢰의 예입은 처음부터 기대를 분명히 명확하게 해야 가능하다. 이렇게 하는 데는 많은 시간과 노력을 미리 투자해야 하지만, 장래에 가면 막대한 양의 시간과 노력을 절약할 수 있다. 기대가 분명치 않고 서로 공유되지 않는다면, 사람들은 감정적이 되기 시작한다. 결국 단순한 오해로 인해 의견의 불일치와 의사소통의 단절을 초래할 것이다.

기대를 분명하게 하는 것은 때때로 많은 용기를 필요로 한다. 이것은 사전에 의견차이를 해결하고, 서로 협력하여 납득할 만한 기대치에 동의하기보다는, 의견차이가 없는 것 처럼 행동하고 일이 잘 풀릴 것이라는 막연한 희망을 쉽게 갖도록 만들기 때문이다.

5. 언행일치

개인의 언행일치는 신뢰를 가져오고, 감정 계좌에 많은 종류의 예입을 가능케 하는 기초가 된다.

언행일치의 부재는 높은 수준의 신뢰 계좌를 만들려는 여러 가지 노력을 크게 손상시킨다. 우리가 상대방을 이해하고, 사소한 것에도 관심을 보이고, 약속을 지키고, 기대를 명확히 하고 또 이를 지켜도, 만일 우리가 내적으로 이중적인 인격을 가졌다면 신뢰를 저축할 수 없을 것이다.

언행일치는 정직 그 이상의 의미를 갖는다. 정직은 사실대로 말하는 것으로, 다시 말해 우리가 하는 말을 사실과 일치시키는 것이다. 언행일치는 사실을 우리의 말에 일치, 즉 실현시키는 것으로, 약속을 지키고 기대를 충족시키는 것이다. 이는 완벽한 성품을 요구하는 것이며, 주로 자아와 관련되어 있지만 우리의 삶과도 관련된다.

언행일치, 즉 성실성이 드러나는 가장 단적인 예가 현재 자리에 없는 사람에게 충실한 것이다. 그렇게 함으로써 우리는 바로 앞에 있는 사람의 신뢰를 얻게 된다. 우리가 자리에 없는 사람을 공격한다면, 현재 자리를 함께 하는 사람의 신뢰도 잃게 마련이다.

당신과 내가 단 둘이 있을 때, 만일 앞에 있으면 비난할 수 없는 상사를 비난한다고 하자. 당신과 내가 사이가 나빠진 후에는 어떤 일들이 벌어질까? 당신은 내가 누군가에게 당신의 약점을 이야기하리라고 생각한다. 그 이유는 당신과 내가 상사의 등 뒤에서 그렇게 했기 때문이다. 당신은 나의 근성을 파악하고 있다. 당신은 나라는 사람에 대해 앞에서는 좋은 말을 하지만, 돌아서면 악담한다고 파악한다. 당신은 이러한 나를 이미 보았다.

이러한 행동이 이중성의 실체이다. 이러한 상황에서 당신의 감정 계좌에 나에 대한 신뢰의 잔고가 쌓여질 수 있겠는가?

한편 당신이 상사를 비난하기 시작할 때, 나도 비난의 몇몇 내용에 대해 기본적으로 동의하지만, 우리 두사람이 직접 상사에게 개선되어야 할 내용을 건의해 보자고 제안했다고 하자. 그러면 당신이 없을 때 누군가 당신을 비난한다면, 내가 어떻게 행동할 지 알게 되지 않겠는가?

또 다른 예로 당신과 좋은 관계를 형성하기 위하여 내가 어떤 사람과 나눈 그 사람의 비밀을 당신에게 얘기했다고 하자. "내가 이 말을 당신에게 해서는 안 되는데, 그렇지만 당신은 내 친구니까…" 그러면 다른 사람에 대한 나의 배반이 당신과의 신뢰를 증가시키겠는가? 당신은 나를 믿고 얘기한 비밀들이 다른 사람에게 말해질까 두려워하지 않겠는가?

이같은 이중성이 신뢰의 예입을 하는 것처럼 보일지 모르지만, 사실 당신의 언행 불일치가 드러나기 때문에 실제로는 신뢰의 인출이 된다. 당신이 누군가를 비난하고, 또 특별한 비밀을 다른 사람에게 전달함으로써 순간적 기쁨이라는 황금알을 얻을 지 모르지만, 결국 거위를 죽이고 있는 것이다. 즉, 당신은 지속적인 즐거움을 주는 인간관계를 약화시키고 있는 것이다.

상호의존성의 현실 속에서 언행일치는 다음과 같이 단순한 한 마디로 표현된다. 똑같은 원칙들을 가지고 모든 사람들을 대하라. 당신이 그렇게 하면 사람들은 당신을 신뢰할 것이다. 상대방이 처음에는 언행일치와 정직함에서 초래되는 대항적 태도를 좋아하지 않을 지 모른다. 정직함을 위한 대항은 커다란 용기를 요구한다. 그래서 많은 사람들은 최소의 저항, 비하와 비난, 배반을 선호하고, 다른 사람들의 등 뒤에서 험담하는 것을 좋아할지도 모른다.

그러나 긴 안목으로 보아 만약 당신이 상대방에게 솔직하고, 개방적이고, 또 친절하다면 상대방은 당신을 신뢰하고 존경할 것이다. 신뢰를 얻는 것이 사랑받는 것보다 더 가치있다. 나는 장기적인 안목에서 보아 신뢰를 얻는 것이 사랑받는 것임을 확신하고 있다.

우리 아들 조수아(Joshua)가 아주 어렸을 때, 의미심장한 질문을 자주 했다. 내가 다른 사람에게 지나치게 대하거나, 화를 내거나, 불친절할 때마다 상처받기 쉽고, 정직하고, 또 나를 그렇게나 따르던 이 아이는 나에게 이렇게 묻곤 하였다. "아빠, 아직도 나를 사랑해?" 내가 다른 누군가에 대해 인생의 기본원칙을 깨고 있다고 생각할 때마다, 그는 내가 자기와의 관계 역시 깨지 않을까 걱정하였다.

부모로서 교수로서 나는 99명의 사람을 대하는 중요한 열쇠는 바로 '한 사람'이라는 사실을 발견하였다. 바로 이 한 사람이 나의 일관적 태도와 사랑하는 마음을 테스트하는 것이다. 여러 사람에게 사랑을 전파하는 것은 한 학생 또는 한 아이에 대한 사랑과 지도에서부터 비롯된다. 궁극적으로 보면 사람은 한 사람이 되기 때문에, 당신이 99명의 사람을 어떻게 대하는가는 한 사람을 어떻게 대하는가를 보면 알 수 있다.

언행일치라 하는 것은 다른 사람을 기만하는 것, 교활하게 대하는 것, 인간의 존엄성을 비하시키는 것과 같은 커뮤니케이션을 전혀 하지 않는 것을 의미한다. "거짓말은 속이기 위한 의사소통이다." 따라서 우리가 의사소통을 할 때 언행일치를 갖는다면, 우리의 참뜻은 그대로 전해진다.

6. 진지한 사과

우리가 감정은행 계좌로부터 인출을 하였다면, 반드시 사과를 해야 한다. 이때 우리는 진지하게 해야 한다. 신뢰의 감정에 대한 커다란 예입은 진지한 말로부터 나온다.

"제 잘못이었습니다."

"저의 불친절이었습니다."

"불경스러운 행동을 했습니다."

"무례를 범해서 죄송합니다."

"제가 전혀 그럴 필요가 없었는데, 친구들 앞에서 당신을 난처하게 한 것 같습니다. 비록 제가 의견을 제시하고자 원했더라도 그러한 행동은 하지 말았어야 했습니다. 진심으로 사과드립니다."

동정심이 아니라 마음에서 우러나는 사과를 하려면 대단한 용기가 필요하다. 또 진심으로 사과하기 위해서는 자기 자신의 감정을 지배해야 할 뿐만 아니라, 기본적인 원칙과 가치관에 대해 깊은 안정감을 가지고 있어야 한다.

내적인 안정감을 별로 가지지 못한 사람들은 사과를 할 수 없다. 이들은 사과를 하는 것 때문에 상처받게 된다. 이같은 사람이 사과를 하게 되면, 자기가 연약하게 보일 뿐만 아니라 나아가 다른 사람이 자신의 약점을 이용할지 모른다고 두려워한다. 이들의 안정감은 다른 사람의 견해에 달려 있기 때문에 다른 사람이 어떻게 생각할지 걱정한다. 또 이들은 흔히 자신의 모든 행동을 정당화시키고자 한다. 이들은 다른 사람의 잘못 때문에 자기가 잘못을 저질렀다고 합리화한다. 따라서 만일 이들이 사과한다면, 그것은 피상적인 사과일 뿐이다.

동양 속담에 "만약 당신이 절을 하려면, 머리를 더 낮추어 절하라."라는 말이 있다. 기독교 윤리에는 "보상을 하려면 최대한으로 하라."라는 말이 있다. 감정 계좌에 예입되기 위해서는 사과가 진지해야 한다. 그러면 상대방은 사과를 진지하게 받아들일 것이다.

로스킨(Leo Roskin)은 다음과 같이 말했다. "잔인한 사람이 가장 약하다. 부드러움은 강한 사람으로부터만 기대될 수 있다."

나는 어느 날 오후 서재에서 인내심에 대한 글을 쓰고 있었다. 아이들이 시끄럽게 떠들면서 복도를 이리저리 뛰어다니는 소리가 들렸다. 나의 참을성이 한계에 달하고 있었다.

갑자기 우리 아들 데이비드가 욕실문을 쾅쾅 치기 시작하더니, "문 좀 열어줘!"라고 목청껏 소리쳤다.

나는 서재 밖으로 뛰어나가 강한 어조로 그를 야단쳤다. "데이비드. 그렇게 떠들면 아빠에게 얼마나 방해가 되는지 모르니? 정신을 집중해서 새로운 문장을 쓴다는 게 얼마나 어려운 일인줄 알아? 벌 받아야 되겠니. 당장 방에 들어가서 반성할 때까지 문 닫고 있어." 그러자 그는 기가 죽은 채 자기 방으로 들어갔다.

그런데 내가 주변을 돌아보고서야 문제가 생겼음을 알 수 있었다. 아이들은 4피트 넓이의 복도에서 미식 축구의 태클을 하고 있었는데, 그 중 한 아이가 팔꿈치에 입을 다쳤다. 그는 복도에 누워 있었고, 입에서는 피가 흐르고 있었다. 데이비드는 그에게 수건을 갖다 주기 위해 욕실로 들어가려 했으나, 그의 누이인 마리아가 목욕 중이어서 문을 열 수 없었던 것이다.

나는 상황을 잘못 파악하여 지나치게 행동했음을 깨닫고 즉시 데이비드에게 사과하러 갔다. 내가 문을 열자, 그는 "아빠를 용서할 수 없어요."라고 말했다.

"얘야, 그 이유가 뭐니?"라고 물었다. "솔직히 말해서 나는 네가 동생을 도와주려는 것을 알지 못했단다. 왜 나를 용서할 수 없지?"

"왜냐하면 아빠는 똑같은 행동을 지난 주에도 했기 때문이에요."라고 그가 대답했다. 말하자면 그의 말은 '아빠의 감정 계좌에서는 너무 인출이 되어 버렸어요. 아빠가 자신의 행동 때문에 일어난 신뢰 문제를 말 몇 마디로 해결하려 해도 소용없어요.' 라는 뜻을 의미하고 있었다.

진지한 사과는 감정 계좌에 신뢰를 예입시키는 것이다. 그러나 반복되는 사과는 불성실한 것으로 받아들여져 신용에 대한 인출이 된다. 즉, 사람 간의 관계의 질(質)에 따라 예입과 인출이 결정된다.

실수를 저지르는 것과 그것을 인정하지 않는 것과는 완전히 별개의 문제이다. 사람들은 실수를 기꺼이 용서하려고 한다. 왜냐하면 실수란 보통 순간적인 정신적 착각 때문에 빚어진다. 즉, 판단상의 잘못 때문에 실수가 발생한다. 그러나 사람들은 마음에서 빚어지는 의도적인 실수, 즉 나쁜 취지, 나쁜 동기 그리고 처음의 실수를 덮어 버리려는 오만한 정당화 등에 대해 쉽게 용서하려 하지 않는다.

사랑의 법칙과 인생의 법칙

우리가 조건 없는 사랑으로 감정 계좌에 예입하면서 사랑의 기본 법칙을 따르며 살게 되면, 상대방도 인생의 기본 법칙에 입각해 살도록 고무시킬 것이다. 다시 말해 우리가 진정으로 조건 없이 사랑을 해 줄 때, 다른 사람들은 안전함과 안정감을 느끼고, 자신들의 근본적인 가치의식, 아이덴티티, 그리고 성실성에 대해 확신할 수 있게 된다. 그래서 이들은 자연법칙 성장과정을 따를 수 있는 용기를 갖게 된다. 또 이들은 인생의 법칙인 협동, 기여, 자제, 그리고 성실성에 입각해서 생활하는 것이 좀더 쉽게 되고, 자기 자신으로부터 무엇이 최선인가를 발견하고 진실되게 살 수 있다.

우리는 이들이 외부 환경이나 제약에 대응하기 보다는 자신의 내적 규범에 의해 자연스럽게 행동하는 사람이 되도록 한다. 이는 우리가 지나치게 허용적이 되거나 연약하게 되는 것을 의미하는 것이 아니다. 과잉 허용과 연약함은 그 자체가 커다란 인출이다. 우리는 조언하고, 간청하고, 제약 조건을 설정하고, 기대 성과를 말해 준다. 그러나 가장 중요한 것은 우리가 조건 없이 사랑하는 것이다.

우리가 사랑의 기본법칙을 위반하면, 즉 사랑이라는 천부의 재능에 부대조건과 제한을 부과하게 되면, 다른 사람들로 하여금 인생의 기본법칙을 위반하도록 고무시키는 것과 같다. 이는 다른 사람들로 하여금 "나는 당신과는 별도의 중요하고 독립적인 존재이다."라는 사실을 입증해야겠다고 느끼게 할 뿐만 아니라, 반응적이고 방어적으로 되게 한다.

그런데 실제로 보면 그들은 독립적이지 않다. 그들은 반항적 심리, 즉 의존성의 또 하나의 다른 형태를 가지고 있을 뿐이다. 이것은 성숙의 연속선상에서 가장 낮은 위치에 속한다. 이들은 반항적으로 되어 거의 적 중심의 패러다임을 가진다. 또 이들은 자기 자신의 내면적 규범에 귀기울이고 따르기 보다 자신의 "권리"를 옹호하고 자신의 개성을 표출하는 데 더 큰 관심을 가진다.

반항은 이성적 문제가 아니라 감정적 문제이다. 이때 중요한 것은 감정 계좌에 많은 예입을 시키는 것으로, 특히 조건 없는 사랑을 지속적으로 예입시키는 것이다.

매우 유명한 대학에서 학장으로 근무하던 내 친구가 있었다.* 그는 자기 아들을 이 대학에 입학시키기 위하여 오랫동안 계획하고 저축도 하였다. 그런데 대학을 결정할 때 이 아들은 그 대학에 입학하기를 싫어하였다.

이로 인해 아버지인 이 친구는 심각한 고민에 빠졌다. 그 이유는 이 대

---

* 이 이야기의 내용 중 일부는 등장 인물의 사생활을 보호하기 위해 고쳐 썼다.

학을 졸업하는 것이 자기 아들의 장래에 큰 도움이 될 것이고, 게다가 이 대학에 진학하는 것이 집안의 전통이었기 때문이다. 지금까지 이 집안에 서는 3대에 걸쳐 이 대학을 졸업하였다. 아버지는 사정도 하고, 간청하기 도 하고, 또 달래기도 하였다. 나아가 아들의 말을 경청하고 이해하려고 노력하면서 대화로 아이의 마음을 돌릴 수 있을 것으로 기대하였다.

이러한 대화를 통하여 아들에게 전달되는 미묘한 감정은 일종의 조건 적 사랑이었다. 아들은 아버지가 자신을 하나의 인간 혹은 아들로서 소중 하게 여기기보다 진학에만 관심을 가지고 있다고 느꼈고, 또 이를 못마땅 하게 생각하였다. 그 결과 그는 자신의 아이덴티티와 자주성을 찾고, 이 를 지키고자 애썼으며, 자신이 그 대학에 가지 않겠다는 결심을 더욱 공 고히 하고 합리화하였던 것이다.

내 친구는 진지한 자기분석을 한 후, 자신이 희생할 것을 결정하였다. 즉, 자신의 조건적 사랑을 포기한 것이다. 그는 아들이 부모의 소원과 다 르게 선택할 것이라는 사실을 알고 있었다. 그럼에도 불구하고 그들 부부 는 아들의 선택과는 무관하게 조건 없이 사랑할 것을 결심하였다. 이것은 매우 힘든 결정이었다. 왜냐하면 그의 교육에 관한 중요성을 잘 알고 있 었을 뿐만 아니라, 아들의 대학진학은 그가 태어날 때부터 계획하고 준비 해 왔던 것이기 때문이었다.

아버지와 어머니는 조건 없는 사랑의 본질을 진정으로 이해하도록 노 력하면서 자신들의 생각을 바꾸는 대단히 어려운 과정을 겪었다. 그들은 아들에게 자신들의 과거행동과 또 왜 그렇게 했는지를 고백했다. 또한 아 들이 하는 어떤 결정도 그에 대한 부모의 조건 없는 사랑의 감정에 절대 영향 주지 않을 것을 솔직담백하게 말하였다. 이들은 자기 아들에게 영향 을 미치기 위해, 즉 그를 "변화"시키기 위해 이 고백을 하지 않았다. 그들 이 이와 같이 하게 된 것은 자신들의 정신적 성장과 성품을 자연스럽게 **나타내는** 과정이었다.

아들은 커다란 반응을 보이지 않았다. 그러나 부모는 조건 없는 사랑이란 패러다임을 가졌기 때문에, 아들의 결정이 부부에게 더 이상 큰 아픔을 주지 않게 되었다. 약 1주일 지났을 때 아들은 부모에게 자신이 그 학교에 가지 않기로 결정했다고 말했다. 부모는 이미 그의 대답을 짐작하고 있었기 때문에 계속하여 조건 없는 사랑을 아들에게 보여 주었다. 그 후 모든 것이 일단락되고 평온한 가정이 되었다.

얼마 후 흥미로운 일이 발생하였다. 이제 이 아들은 더 이상 자신의 입장을 방어해야 할 필요가 없음을 느끼고, 스스로 깊고 이성적인 사색을 하기 시작하였다. 그 결과 자기 자신도 실제 이 대학에서 공부하기를 진정으로 원하고 있다는 사실을 깨달았다. 그는 입학허가를 신청하고, 이 사실을 아버지에게 알렸다. 이제 조건 없는 사랑을 하기로 한 아버지는 아들의 결정을 전적으로 수용하였다. 친구는 행복하였다. 그러나 그것은 아들의 진학에 의한 행복만은 아니었다. 그가 행복한 이유는 조건 없는 사랑에 대해 배웠기 때문이었다.

유엔에서 전임 사무총장을 지낸 함마슐트(Hammarskjold)는 생전에 의미심장한 말을 하였다. "당신이 대중을 구원하려고 노력하는 것보다 문제가 있는 한 사람에게 전념하는 것이 보다 고귀한 일이다."

이 말은 우리가 수천 명의 "외부" 사람들을 돕고, 많은 프로젝트를 수행하는 데는 하루에 8시간, 10시간, 혹은 12시간, 또 일주일에 5일, 6일, 경우에 따라서는 7일을 할애하면서도 정작 배우자, 틴 에이저 아들, 그리고 가까운 동료들과는 깊고 의미 있는 인간관계를 형성하지 못할 수 있음을 지적한 것이다. 그런데 내가 나의 가족 또는 주변의 문제가 있는 '한 사람'과 바람직한 관계를 형성하기 위해서는 외부에 있는 사람들을 돕고 봉사하는 것보다 더 고귀한 성품인 겸손, 용기, 그리고 의지가 필요하다.

나는 지난 25년 이상 조직체에 관한 컨설팅을 해오면서, 이같은 사실을 반복하여 체험하였다. 조직 내 많은 문제들은 최고경영층에 있는 사람들 간의 관계에서 발생한다. 함께 기업을 하는 두 사람의 동업자, 기업주와 전문경영인 사장, 그리고 사장과 부사장 간의 갈등 등이 그 예이다. 따라서 외부 사람들을 다루고, 수많은 프로젝트를 열심히 하는 것도 중요하지만, 가까운 주위의 문제들에 직면하여 해결할 수 있는 인품이 훨씬 더 중요하다.

함마슐트의 말을 처음으로 접했을 때, 나는 근무하던 회사에서 나의 오른팔 역할을 하는 사람과 미묘한 견해 차이로 인해 문제가 있었다. 나는 우리의 역할과 목표에 대한 기대 그리고 가치관, 특히 관리방법에 있어 서로가 가진 견해차를 직면할 용기가 없었다. 따라서 나는 심하게 다투게 될지도 모르는 상황을 피하기 위해 수개월 간 적당히 절충해 가며 지냈다. 그러나 둘 사이의 불편한 감정은 더욱 심화되고 있었다.

대중의 구제를 위해 열심히 노력하는 것보다 '한 개인'에게 완전히 전념하는 것이 보다 고귀하다는 글을 읽은 후, 나는 우리의 관계를 새롭게 구축해야겠다는 생각을 깊이 하게 되었다.

나는 앞으로 벌어질 일에 대비해 단단히 마음 먹었다. 왜냐하면 우리가 문제점들을 끄집어 내 깊이 있고 공통적인 이해와 관심을 가진다는 것은 참으로 어려운 일임을 알았기 때문이다. 나는 그와 만나려 할 때 실제로 떨렸음을 기억한다. 그는 까다로워서 자신만의 방식과 관점에 따라 행동하는 사람 같았지만, 나는 그가 가진 강점과 능력이 필요하였다.

따라서 나는 그와의 만남이 관계를 위태롭게 할지 모르고, 또 다툼으로 인해 그와 헤어져야 하는 결과를 가져올지도 모른다고 걱정하였다. 나는 그와의 만남에 앞서 '정신적인 리허설'을 하였다. 마침내 나는 그를 만나 상투적인 말이나 행동보다 여러 가지 원칙들에 입각해 대할 것을 결정하였다. 드디어 나는 마음의 평정을 얻었고, 대화하려는 용기도 얻게 되었다.

우리가 서로 만났을 때, 나는 이 사람도 나와의 대화를 바래 왔고, 또 비슷한 고민을 해 온 사실을 발견하고는 깜짝 놀랐다. 그는 전혀 까다롭거나 방어적으로 행동하지 않았다.

사실 우리의 관리 스타일은 서로 심각한 차이가 있었고, 전체 조직은 이 때문에 큰 영향을 받고 있었다. 우리는 서로의 불화가 야기시킨 문제를 인식하였다. 몇 번의 만남을 통해 우리는 보다 근본적인 문제가 무엇인지 알게 되었고, 테이블에 마주 앉아 그것을 모두 끄집어 놓고 서로를 존중하는 자세에서 하나씩 해결하였다. 마침내 우리는 강력한 상호보완적 팀을 만들었다. 나아가 우리는 서로의 능력을 효과적으로 결집시킬 수 있는 인간적인 호감을 깊이 느낄 수 있었다.

기업, 가정, 결혼 생활을 효과적으로 운영하는 데 필요한 일체감을 조성하기 위해서는 커다란 개인적 능력과 용기가 필요하다. 대중적인 일을 위해 개발되는 수많은 행정 및 관리 기술은 인간관계를 개발하는 데 있어 고상한 인력을 보충해 주지 못한다. 따라서 우리가 사랑과 인생의 기본법칙에 입각해 사는 것은 가장 근본적인 개인 대 개인 관계에서 이루어진다.

'생산' 문제는 '생산능력'의 기회이다

이 경험은 상호의존성이라는 강력한 패러다임을 내게 가르쳐 주었다. 이것은 우리가 문제를 보는 방식과 관계된다. 나는 몇 달 동안 이 문제를 회피해 왔고, 그것을 골칫거리나 장애물로 인식하였으며, 어쨌든 저절로 사라지기만을 바라고 있었다. 그러나 바로 이같은 문제가 우리로 하여금 강력한 보완적 팀으로 일할 수 있는 좋은 기회를 부여한 셈이었다.

나는 상호의존적 상황이라면 '생산'에 관계되는 모든 문제들은 '생산능력'에 대한 좋은 기회라고 생각한다.

여기서 말하는 '기회'란 상호의존적으로 이루어지는 생산에 중대한 영향을 미치는 감정은행 계좌의 구축을 의미한다.

부모들이 자녀들의 문제를 부정적이고, 부담되며, 성가신 일로 보지 않고, 오히려 가까운 관계를 구축하는 기회로 생각할 때, 부모 자식 간의 상호작용도 완전히 바뀌게 된다. 이렇게 되면 부모들은 자기 자녀들을 깊이 이해하고, 도움을 주는 데 있어서도 자발적인 태도뿐만 아니라 흥미도 갖게 된다. 자녀가 문제를 가지고 부모에게 왔을 때 "또 골치 아픈 문제구나!"라고 생각하는 대신 "우리 아이를 돕고 서로간의 관계를 개선할 수 있는 좋은 기회가 왔구나."라는 패러다임을 가져야 한다. 그러면 수많은 상호작용은 정 없는 교류가 아닌 변혁적인 관계개선이 될 것이다. 부모가 자식의 문제를 진심으로 함께 걱정하고, 또 자녀를 한 사람의 인격체로 대한다는 사실을 자녀가 알게 되면, 부모 자식 간에는 강력한 사랑과 신뢰가 형성된다.

이러한 패러다임은 '기업'에도 적용된다. 한 체인 백화점은 이러한 패러다임을 적용하여 '고객'들을 단골 손님으로 만들었다. 고객이 문제를 가지고 백화점에 올 때마다 그 문제가 크건 작건 점원들은 고객과의 만남을 단골 만들기의 기회로 보았다. 그들은 고객의 문제를 적극적이고 열성적으로 대하여 고객들이 만족할 수 있게 해 주었다. 이들은 고객을 존중하는 태도로 대하였고, 부수적인 서비스까지 제공하였다. 따라서 많은 고객들은 다른 백화점을 이용할 생각조차 하지 않았다.

생산/생산능력의 균형이 상호의존적인 현실에 있어 효과성에 필요하다는 것을 인식함으로써 우리는 여러 가지 문제들을 생산능력을 증가시키는 기회로 만들 수 있다.

상호의존성의 습관

우리가 마음속에 감정은행 계좌라는 패러다임을 갖는다면, '대인관계 승리'를 다루는 습관들을 학습할 준비가 된 것이다. 우리는 앞으로 이같은 습관들이 효과적인 상호의존성을 어떻게 만들어 내는가를 살펴볼 것이다. 또 우리는 스스로가 지금까지 다른 유형의 사고와 행동에 얼마나 강력하게 영향받아 왔는가도 파악하게 될 것이다.

여기에 추가하여 우리는 효과적인 상호의존성은 독립적인 사람에 의해서만 달성될 수 있다는 깊은 면까지도 깨닫게 될 것이다. 그러나 성격에만 초점을 두어 절대적으로 중요한 성품의 기초는 무시한 채 "나도 이기고 너도 이기는 협상" 기법, "반사적 경청" 기법, 그리고 "창의적인 문제 해결" 기법 등만 활용한다면 대인관계의 승리를 달성하는 것은 불가능하다.

이제부터 대인관계의 승리를 가져오는 습관들을 좀더 깊이있게 다루어 보기로 하자.

습관 4. 상호이익을 추구하라
-대인관계 리더십의 원칙-

우리는 황금률을 외우기로 약속했다.
이제는 이것을 생활에 적용해 보자.
-에드윈 마크햄* -

나는 언젠가 한 회사로부터 컨설팅을 요청받은 적이 있다. 그런데 이 회사의 사장은 직원들 간에 협동심이 부족한 것을 매우 걱정하고 있었다.

"코비 씨, 우리 회사의 근본적인 문제는 사람들이 너무나 이기주의적이라는 것입니다."라고 그는 말했다. "사람들은 서로 협력하지 않습니다. 만일 서로 협력만 한다면, 우리 회사는 생산성을 훨씬 더 높일 수 있을텐데요. 당신이 이 문제를 해결할 인간관계 개선 프로그램을 개발해 주실 수 있겠습니까?"

"당신의 문제는 사람입니까, 아니면 패러다임입니까?"라고 내가 물었다.

"당신이 한번 찾아내 보십시오."라고 그는 대답하였다.

그래서 나는 조사해 보았다. 그 결과 나는 이기주의, 협력에 대한 자발성 부재, 권위에 대한 반항, 그리고 방어적인 커뮤니케이션 등이 이 회사

---

*역자 주 : Edwin Markham(1852~1940), 미국 오리건 주 출신의 시인.

에 존재하고 있다는 사실을 찾아냈다. 나아가 나는 완전히 적자잔고의 감정은행(Emotional Bank) 계좌가 이 회사에 상호불신의 문화를 만들고 있음을 알 수 있었다.

그러나 나는 다음과 같이 말했다.

"이제부터 좀더 심층적으로 살펴봅시다." "그런데 왜 당신 회사의 사람들은 서로 협력하지 않지요? 협력하지 않는 데서 얻는 대가는 무엇입니까?"

"협력을 하지 않는 데 대한 대가는 물론 없지요. 그렇지만 그들이 협조한다면, 많은 보상이 있습니다."

"그래요?" 하고 내가 다시 물었다. 사장실 한쪽 벽 커튼 뒤에는 큰 차트가 하나 걸려 있었다. 그 차트에는 경마장에서 경주를 하는 여러 명의 기수들이 표시되어 있었다. 각 말들의 얼굴 위치에는 이 회사에 근무하는 관리자의 사진이 하나씩 붙어 있었다. 그 경마장 트랙의 결승점에는 아름다운 버뮤다 섬의 관광 포스터가 하나 걸려 있었다. 이 그림에는 푸른 하늘과 거기에 떠 있는 양털같은 구름, 그리고 낭만적인 여인들이 서로 손을 잡고 하얀 모래사장을 거니는 모습이 담겨 있었다.

사장은 모든 관리자들을 일주일에 한번씩 자기 사무실에 집합시키고는 협력에 대해 강조하였다. "서로 협력합시다. 만일 우리가 그렇게 한다면, 우리 모두는 더 많은 돈을 벌 수 있을 겁니다." 그런 다음 그는 커튼을 잡아당겨 벽에 있는 차트를 보여 주었다. "자, 당신네들 가운데 누가 버뮤다로 여행가는 행운을 얻겠습니까?"

그러나 이것은 마치 "사기가 높아질 때까지 계속해서 해고를 시킬 것입니다."라고 말하는 것과 같았고, 또 어떤 꽃나무에게 빨리 자라라고 말하면서, 다른 꽃나무에 물을 주는 것과 같았다. 사장은 직원들이 협력하기를 원했다. 또 그는 직원들이 함께 일하고, 함께 아이디어를 나누고, 나아가 이런 노력에서 나오는 모든 이익을 함께 나누기를 원했다.

그러나 실제로는 이들로 하여금 서로 경쟁을 시킴으로써 서로를 갈라 놓고 있었다. 왜냐하면 한 관리자의 성공은 다른 관리자의 실패를 의미하기 때문이다.

사업상의 관계, 가족간의 관계, 그리고 기타 인간관계에서 너무나 빈번하게 나타나는 많은 문제들처럼, 이 회사가 갖고 있는 문제 역시 잘못된 패러다임의 결과로 나타난 것이었다. 사장은 경쟁이란 패러다임으로부터 협동이란 열매를 얻으려고 노력했던 것이다. 그리고 이것이 잘 안될 때는 사람들을 협력하도록 할 수 있는 어떤 기법, 훈련 프로그램, 또 신속하게 효과가 나타나는 응급처치용 해열제 같은 것을 원했던 것이다.

그렇지만 뿌리를 바꾸어야 열매가 바꾸어진다. 즉, 우리가 근본을 변화시키지 않고서는 그 결과를 바꿀 수 없다. 우리가 태도나 행동만 바꾸려고 한다면, 이는 마치 나뭇잎만 잘라내는 격이다. 따라서 우리는 이 회사가 지금까지 해 온 방법과는 달리 개인적인 탁월성 및 조직의 우수성을 개발해내는 데 초점을 맞추기로 하였다. 즉, 우리는 협력할 가치를 강화시켜 주는 정보 시스템과 보상 시스템을 개발하였던 것이다.

사장이건 수위로 일하건 관계없이, 독립성의 단계에서 벗어나 상호의존성의 단계로 올라가는 순간부터 우리는 하나의 리더십 역할을 맡게 된다. 다시 말해 이때부터 우리는 다른 사람에게 영향을 미치는 위치에 서게 되는 것이다. 이때 필요한 효과적인 대인관계 리더십의 습관은 "나도 이기고 상대도 이기는" 사고방식을 갖는 데서부터 나온다.

인간관계의 6가지 패러다임

승/승(Win/Win)이란 기법이 아니다. 그 대신 이것은 인간 관계에 대한 절대적인 철학이다. 또 이것은 상호작용에 대한 6가지 패러다임 중 하나이다. 이들 패러다임을 살펴보면, 여기에는 승/패, 패/승, 패/패, 승, 그리고 승/승 혹은 무거래(거래를 하지 않는 것) 등이 있다.

승/승	패/패
(나도 이기고, 상대방도 이기는)	(나도 지고, 상대방도 지는)
승/패	승
(나는 이기고, 상대방은 지는)	(나는 이기는)
패/승	승/승 혹은 무거래
(나는 지고, 상대방은 이기는)	(모두 이기는, 혹은 거래를 하지 않는 것)

"승/승"적 사고

'나도 이기고, 상대방도 이기는' 승/승의 패러다임은 모든 대인관계에서 서로의 이익을 추구하는 사고방식이다. 승/승이라는 것은 합의나 해결들이 서로에게 유익하고 또 만족을 주는 것을 의미한다. 이 승/승의 해결방안을 갖게 되면, 모든 이해 당사자들은 결정에 대해 기분좋게 느낄 뿐만 아니라 결정된 활동계획에도 헌신하게 된다. 이같은 사고는 인생을 경쟁의 장으로 보는 것이 아니라 협력의 장으로 보는 데서 나온다.

그러나 우리는 대부분 이분법적 관점에서 사물을 보는 경향을 가지고 있다. 즉, 우리들은 강하냐 약하냐, 하드볼이냐 소프트볼이냐, 또는 이기느냐 지느냐로 보는 것이다. 그런데 이런 종류의 사고방식은 근본적인 결함을 가지고 있다. 이같은 사고방식은 원칙보다 권력이나 지위에 기초한 것이다.

이에 반해 승/승적 사고 방식은 모든 사람에게 돌아갈 만큼 모든 것이 넉넉하게 있다고 보는 패러다임에 그 기초를 두고 있다. 즉, 한 사람의 성공이 다른 사람의 실패를 초래하거나 다른 사람의 성공기회를 박탈하지 않고 이루어진다는 원칙에 그 바탕을 두고 있다.

승/승의 사고는 제3의 대안이 있다고 믿는 데서 나온다. 다시 말하면, 당신이 하는 방식이나 내가 하는 방식이 아닌 더 나은 방식, 즉 더 높은 차원의 방식이 반드시 있다고 믿는 데서 출발한다.

"승/패"(나는 이기고/상대방은 지는)적 사고

승/승의 사고에 대한 하나의 대안은 승/패적 사고방식이다. 버뮤다 여행 티켓을 걸고 경쟁을 시키는 패러다임이 바로 여기에 해당된다. 따라서 이것은 "만일 내가 이기면, 당신은 진다."라는 사고방식이다.

리더십 스타일에서 승/패적 사고는 권위주의적 접근방식이다. "나는 내 마음대로 한다. 당신은 내 방식대로 따라 와야 한다."이다. 승/패의 사고방식을 가진 사람은 자기 방식대로 하기 위해 지위나 권력, 자격이나 재산, 또는 배경 등을 동원하는 경향이 있다.

대부분의 사람들은 나면서부터 승/패적 사고에 깊이 물들어 왔다. 사람들이 그렇게 되도록 가장 큰 영향력을 행사하는 것은 바로 가족이다. 어린이가 서로 비교를 당할 때, 즉 비교를 해 가면서 부모가 이해심과 사랑을 주기도 하고, 또 빼앗기도 하기 때문에 어린이는 승/패적 사고방식에 물들기 시작한다. 이처럼 사랑을 조건적으로 준다면, 즉 사랑은 누구든지 획득해야 된다면, 그에게 전달되는 것은 그 자신이 본질적으로 소중하거나 또는 사랑스럽지 않다는 것이다. 즉, 이 경우 가치판단은 자신의 내부에 있는 것이 아니라 외부에 있다. 다시 말하면 가치는 다른 누군가와 비교되거나 어떤 가치와의 비교를 통해서만 결정되는 셈이다.

그런데 아주 연약하고 상처받기 쉽고, 또 부모가 주는 관심과 감정의 확인에만 고도로 의존하는 어린 마음이 조건적인 사랑을 직면하면 어떻게 느끼게 될까? 이같은 어린이는 승/패의 사고방식만 갖도록 조형되고, 만들어지고, 또 프로그램되어질 수밖에 없다.

"만일 내가 형보다 더 낫다면, 부모님은 나를 더 사랑할거야."

"우리 부모님은 나를 여동생만큼 사랑하지 않아. 아마 난 그 애만큼 소중하지 않은가봐." 라는 식으로 말이다.

또 다른 강력한 영향력은 동료들이 끼친다. 어린이는 우선 부모로부터 인정받기를 원하고, 그 다음 자기의 형이나 친구 등 함께 어울리는 동료들로부터 인정받기를 원한다. 우리는 동료나 또래가 때에 따라서 얼마나 냉혹해질 수 있는지 잘 안다. 그들은 자기들이 가진 견해나 기준에 일치하는지 여부에 따라 받아 주기도 하고 거절하기도 한다. 그런데 이것이 아동에게는 승/패적 사고각본을 더욱 깊이 새겨 준다.

학교 교육은 승/패의 각본을 더욱 강화시킨다. "정규 분포곡선"은 기본적으로 누군가 "C" 학점을 얻었기 때문에 당신은 "A" 학점을 얻었다는 것을 나타낸다. 이같은 방식은 한 사람의 인간가치를 모든 다른 사람과 비교함으로써 해석하는 것이다. 따라서 이같은 사고방식에 따르면 개인의 내재적 가치는 아무런 인정을 받지 못하고, 모든 사람은 외부적인 기준에 따라 평가받는 것이다.

"학부모회에서 당신을 만나니 반갑군요. 당신의 딸 캐롤라인(Caroline)이 얼마나 자랑스럽습니까? 그애는 상위권 10%에 들어 있지 않습니까?"

"그 말을 들으니 기쁘군요."

"그렇지만 당신의 아들 조니(Johnny) 말인데요. 그 애는 좀 곤란하군요. 그 애는 아주 하위권에 있으니 말입니다."

"그래요? 큰일이군요! 그럼 그걸 어떻게 해야 하지요?"

그런데 이같은 종류의 서로 비교하는 정보가 우리에게 알려 주지 못한 것이 있다. 즉, 캐롤라인은 몇 과목에만 주력하는 반면, 조니는 다방면에서 실력을 쌓아가고 있을 수도 있다는 점이다. 그러나 우리는 사람들이 잠재능력이나 현재능력을 최대한 발휘하고 있는지를 보고 평가하는 것이 아니다. 그 대신 우리는 사람들을 다른 사람과 비교하여 평가한다. 그리고 그렇게 매겨진 성적이 사회적 가치의 증명서가 된다. 우리는 이를 통해 좋은 기회를 얻을 수도 있고 놓칠 수도 있다. 이처럼 협력이 아닌 경쟁이 교육과정의 핵심을 구성하고 있다. 더욱 안타까운 사실은 협력이 빈번히도 부정행위와 연관되어 있다는 사실이다.

승/패 사고에 강력한 영향을 미치는 또 하나의 주제는 운동시합이다. 특히 고등학교나 대학에서 하는 운동시합이야말로 이같은 사고를 강화시킨다. 여기에서 사람들은 종종 인생을 하나의 커다란 게임으로 보는 패러다임을 배우게 되고, 누군가가 승리하면 누군가는 반드시 패배한다는 제로섬 게임(Zero-Sum Game) 사고를 터득한다. 즉, "승리"란 경기장에서 상대를 "패배"시키는 것이다.

또, 이같은 사고를 강화시키는 것은 각종 법률이다. 우리는 소송하기를 좋아하는 사회에 살고 있다. 많은 사람들은 어떤 문제 때문에 곤경에 처하면 상대방을 고소하는 방법을 생각한다. 즉, 상대방을 법정에서 싸워 "이기는 것"이며, 소송비용까지 부담시키는 것이다. 이같은 경우 소송당한 사람은 건설적일 수도 협력적일 수도 없다.

우리는 물론 법을 절대적으로 필요로 한다. 만일 법이 없다면 사회는 붕괴될 것이기 때문이다. 그런데 이 같은 법은 우리의 생존에 기여하고 있지만, 시너지 효과를 창조하지는 못한다. 법은 기껏해야 타협을 가져올 뿐이다. 법이란 서로 적대적인 개념에 입각하고 있다. 최근에 와서 변호사들과 여러 법과대학 등에서 평화적인 협상, 승/승의 기술, 사설 법정의 이용 등을 강조하는 고무적인 움직임은 궁극적인 해결책은 아니지만 문제점에 대한 증가되는 인식을 반영하고 있다.

물론 경쟁이 심하고 신뢰감이 결여된 상황에서는 승/패식 사고방식이 지배적일 수도 있다. 그러나 우리의 인생살이는 경쟁이 아니다. 우리는 매일매일을 배우자, 자녀들, 동료 및 이웃, 그리고 친구들과 경쟁을 하면서 살 필요는 없다. 따라서 "부부 사이에 누가 이기고 있습니까?"라는 질문은 어리석기 짝이 없다. 왜냐하면 결혼생활에서 둘다 이기지 않는다면, 둘다 지는 결과가 되기 때문이다.

인생의 대부분은 독립적이 아닌 상호의존적인 실체이다. 그리고 우리가 원하는 성과의 달성은 대부분의 경우 우리 자신과 다른 사람들 간의 협력 여부에 달려 있다. 이 경우 승/패의 사고방식은 이같은 협력에 대해 역기능적인 요소가 된다.

"패/승"(나는 지고/상대방은 이기는) 적 사고

어떤 사람들은 또 다른 '패/승' 적 사고방식에 프로그램되어 있다.

"나는 지고, 네가 이겼다."

"계속해라. 나를 네 마음대로 해 봐."

"또 나를 짓밟아라. 모두 다 그렇게 해."

"난 실패자야. 난 항상 실패만 해 왔어."

"난 평화를 좋아해. 평화를 위해서는 수단 방법을 가리지 않을거야."

패/승의 사고는 승/패 사고보다 더 나쁘다. 왜냐하면 여기에는 아무런 기준이 없기 때문이다. 나아가 여기에는 요구도, 기대도, 그리고 비전도 없다. 패/승으로 생각하는 사람들은 보통 남을 기쁘게 하거나 양보하기 바쁘다. 이들은 대중적인 인기나 다른 사람으로부터의 인정에서 만족감을 얻으려 한다. 이런 유형의 사람들은 자기 자신의 감정이나 신념 등을 용기있게 표현하지 못한다. 이들은 또한 다른 사람들의 자만심에 의해 쉽게 희생당한다.

협상에서 패/승식 사고방식은 상대방에게 양보하거나 포기하는 항복으로 보여진다. 리더십 스타일에서 이것은 과잉 허용이나 또는 방관으로 비쳐진다. 나아가 이같은 사고유형은 인정 많은 사람이라고도 비쳐진다.

승/패의 사고유형을 가진 사람들은 패/승식 사람을 좋아한다. 그 이유는 후자가 전자에게 희생당해 주기 때문이다. 승/패적 유형의 사람은 패/승적 유형의 사람이 가진 약점을 이용할 수 있기 때문에 좋아한다. 또 이들의 약점은 승/패적 사고를 하는 사람의 강점과 보완적인 관계가 된다.

그러나 패/승적 유형의 사람이 갖는 문제는 자기 자신이 가진 많은 감정을 그대로 묻어둔다는 사실이다. 그런데 이처럼 표현되지 않는 감정은 결코 사라지지 않는다. 이러한 감정은 살아있는 채로 묻혀 있다가 나중에 보다 나쁘게 나타나기 마련이다. 정신신체적 질병들, 특히 호흡기나 신경계통 그리고 순환기 계통의 병들은 패/승의 사고방식에 의해 억제되고 축적된 분노, 실망, 그리고 환멸 등에 의해 나타나는 경우가 많다. 또 과도한 분노, 사소한 자극에 대한 과민반응, 냉소주의 등은 억눌렸던 감정이 또 다른 형태로 재현된 것이다.

자기 자신을 끝없이 억누르기만 하고 자기 감정을 더 높은 것으로 승화시키지 못하는 사람은 이것이 자기 자존심에 영향을 미치고 나아가 대인관계에도 영향을 미친다는 사실을 발견하게 된다.

승/패식이나 패/승식 사고방식을 가진 사람은 둘다 개인적 불안정감에 그 바탕을 두고 있기 때문에 강하지 못하다. 단기적으로 보면 승/패적 사고방식은 더 많은 것을 얻을지 모른다. 왜냐하면 정상이나 높은 지위에 있는 사람들은 이기기 위해 그들의 모든 강점과 재능을 이용하기 때문이다. 여기에 비해 패/승식 사고는 처음부터 취약하고 문제투성이다.

많은 경영자, 관리자, 그리고 부모들은 승/패의 경솔함과 패/승의 방만함 사이를 마치 시계추처럼 왔다갔다 한다. 그들은 혼란스러움을 견딜 수 없고, 조직체계, 방향감각, 기대성과, 그리고 절제의 부재를 더 이상 참을 수 없을 때, 승/패로 기운다. 그리고 죄책감이 자신의 결의를 와해시키면 패/승의 사고방식으로 된다. 그 다음에는 또 다시 분노와 좌절이 이들을 승/패의 사고방식으로 되돌아 가게 한다.

"패/패"(나도 지고/상대방도 지는) 적 사고

승/패적 사고방식을 지닌 두 사람이 함께 있을 때, 즉 단호하고, 완고하고, 또 자존심이 강한 두 사람이 서로 만난다면, 그 결과는 패/패로 끝날 것이다. 둘다 패배하는 것이다. 이들은 다른 사람을 죽이는 것이 자살행위이고, 복수는 양날을 지닌 칼이라는 사실을 알지 못하며, 둘다 원한을 품고 "복수하기"만 원할 뿐이다.

나는 하나의 이혼 사례를 알고 있다. 법정에서 남편은 판사로부터 모든 재산을 팔아서 그 절반을 부인에게 주라는 명령을 받았다. 이에 따라 그 남편은 1만 달러짜리 자동차를 50달러에 팔아, 그 절반인 25달러를 부인에게 주었다. 그러자 그 부인이 항의를 했고, 법원에서 상황을 조사해보니 남편은 자기 재산 모두를 이와 똑같은 방식으로 계획적으로 처분했던 것이다.

어떤 사람은 적 중심의 패러다임, 즉 다른 사람의 행동에 너무 집착하기 때문에 자기 자신을 망치더라도 상대방을 어떻게 하면 패배시킬까 하는 욕망 외에는 아무 것도 볼 수 없게 된다.

패/패의 사고방식은 적대적인 갈등의 철학, 즉 전쟁의 철학이다.

패/패의 사고방식은 자신의 내면에 아무런 방향을 갖지 못하는 매우 의존적인 사람들이 갖는 철학이다. 이들은 스스로 비참하게 느끼고, 또 다른 모든 사람들도 그래야 마땅하다고 생각한다. 즉, "아무도 이기지 못한다면, 패자가 되는 것도 별로 나쁘진 않다."라고 생각한다.

"승"(나는 이기는) 적 사고

또 다른 사고방식으로 단지 이기는 것만 생각하는 사람이 있다. 이런 정신을 가진 사람은 다른 사람 누군가가 반드시 패배해야 한다고 생각하지 않는다. 이들에게 남의 일은 관심 밖이다. 따라서 이들이 중요하게 생각하는 것은 자신이 원하는 것을 얻는 것이다.

경합이나 경쟁심리가 전혀 없는 경우라면, 승의 사고방식은 매일 일어나는 협상행위에서 가장 흔히 나타나는 접근방식일 것이다. 승의 사고방식을 갖고 사는 사람은 자기 목적에 입각하여 모든 일을 생각하고, 다른 사람도 그렇게 하도록 내버려 둔다.

어떤 것이 최적의 선택인가?

지금까지 설명한 다섯 가지의 철학, 즉 승/승, 승/패, 패/승, 패/패, 그리고 승의 철학 가운데 어떤 것이 가장 효과적인 것일까? 그 대답은 "그때그때의 상황에 따라 다르다."는 것이다. 당신이 미식 축구시합에서 이겼다면, 이는 곧 상대 팀은 패배했다는 것을 의미한다. 만일 당신이 어떤 지역의 영업소에 근무하고 있고, 다른 지역을 담당하는 영업소는 수마일 떨어져 있지만 서로 업무적 관계가 없다면, 당신은 사업을 키우기 위해 승/패의 상황에서 경쟁할 수도 있다. 그러나 당신이 최대의 성공을 성취하기 위해 사람들 간에 혹은 그룹 간에 협력을 필요로 하는 경우, 회사 내에 "버뮤다행 티켓"과 같은 시합을 시키는 승/패의 상황이 되는 것을 원하지 않을 것이다.

우리가 어떤 인간관계를, 매우 중요하지 않다면, 상대방을 순전히 지지해 주기 위하여 패/승의 상황으로 이끌어가는 경우도 있을 것이다. "내가 원하는 방식이 나와 당신과의 관계만큼 중요하지 않습니다. 따라서 이번에는 당신 방식대로 합시다." 또한 당신이 어떤 것에 이기기 위해 투입해야 하는 시간과 노력 때문에 다른 더 큰 가치 있는 것을 희생시켜야 한다고 판단한다면, 패/승의 상황으로 끌어 갈지도 모른다. 왜냐하면 이기는 것은 그만한 가치가 없기 때문이다.

당신이 이기기를 원하고, 또 이것이 다른 사람들과의 관계에 미치는 영향에 대해 별로 관심을 두지 않는 상황도 있다. 예컨대 당신 아이의 생명이 위험에 처해 있다면, 다른 사람이나 상황에는 거의 관심이 없을 것이다. 이때는 오로지 아이의 생명을 구하는 것만이 당신에게 가장 중요한 문제가 된다.

그렇다면 최선의 선택이란 주어진 실제적인 상황에 달려 있다. 이때 중요한 과제는 이같은 실제 상황을 정확하게 파악해, 승/패적 사고나 그

밖의 고정된 사고방식을 모든 상황에 일률적으로 적용시키지 않는 것이다.

사실 대부분의 상황은 상호의존적 현실의 일부분이다. 따라서 승/승의 대안이야말로 다섯 가지 중에서 항상 활용할 수 있는 유일한 것이다.

승/패의 사고는 좋은 대안이 아니다. 왜냐하면 나와 당신과의 대결에서 내가 일단은 승리한 것처럼 보일지 모르지만, 나에 대한 당신의 감정, 당신의 태도, 그리고 우리의 관계 등은 큰 영향을 받는다. 예컨대 내가 당신 회사의 원자재 공급자이고, 어떤 협상에 이겨서 당장은 내가 원하는 것을 얻었다고 하자. 그러나 이때 당신 회사는 다음 번에도 나와 거래를 하겠는가? 만일 내가 당신 회사와 계속적인 사업을 하지 못한다면, 단기적인 승리가 장기적인 면에서는 손실이 된다. 따라서 상호의존적인 관계에서의 승/패 대안은 장기적으로는 패/패가 된다.

만일 당신이 패/승의 대안을 택하여 이겼다면, 당장에는 원하는 것을 얻은 것처럼 보일지 모른다. 그러나 이것이 당신과 함께 사업하고 계약을 이행하는 나의 태도에 어떤 영향을 미칠 것인가? 나는 더 이상 당신을 기쁘게 해 주고 싶지 않을 지도 모른다. 나는 또 협상에서 얻은 상처를 앞으로 있을 협상에서 기억할지도 모른다. 나는 당신과 당신 회사에 대한 의견을 당신 산업 분야의 다른 회사들에게 퍼뜨릴지 모른다. 이렇게 되면 우리는 다시 패/패의 관계로 돌아간다. 패/패의 결과는 분명히 어떤 상황에서도 바람직하지 못하다.

만일 내가 자신의 승리에만 집중하여, 상대방의 관점 같은 것은 고려조차 하지 않는다면, 풍요로운 인간 관계는 생각도 할 수 없게 된다.

장기적으로 보았을 때 어떤 대안이 서로에게 승리를 주는 것이 아니라면, 우리는 둘다 패배자가 될 것이다. 이것이 바로 승/승적 사고방식만이 상호의존적인 현실에서 유일하고 바람직한 대안인 이유이다.

언젠가 내가 대형 소매 체인점 회사를 컨설팅한 적이 있는데, 이 회사의 사장은 다음과 같이 말했다. "코비 씨, 이 승/승의 대안이란 게 좋아 보이긴 하지만 너무 이상적인 것 같아요. 거칠은 사업계의 현실과는 동떨어진 이야기같습니다. 이 세상에는 단지 승/패의 사고방식만 있기 때문에, 만일 우리가 이같은 방식으로 계속 하지 않는다면 사업에서 성공할 수 없습니다."

"좋아요." 내가 말했다. "당신이 고객을 승/패의 사고방식으로 대한다고 합시다. 그러면 이건 현실적인 거지요?"

"물론 그건 아니지요."라고 그는 대답했다. "왜 안되지요?"

"그러면 나는 고객들을 잃을 테니까요."

"그렇다면 패/승의 상황으로 만들어 봅시다. 사업에 있어 고객들만 재미보게 운영하는 겁니다. 이것은 현실적인 겁니까?"

"아뇨. 그럼 이익도 없고, 회사는 망하게 되지요."

여러 가지 대안들을 고려해 본 결과, 승/승의 대안만이 유일하고 현실적인 해결방안인 것 같았다.

"아마도 그게 고객들에게 적용될 방안이겠어요."라고 그도 인정했다. "그러나 공급자들에게는 해당되지 않는 방안입니다."

"당신은 공급자들의 고객이잖습니까?" 하고 내가 물었다. "왜 똑같은 원칙이 그들에게는 적용되지 않는다는 거죠?"

"우린 최근에 점포 소유주 및 점포 운영자들과 임대 재계약을 체결했습니다. 물론 우리는 승/승의 사고방식으로 일을 처리하려고 했지요. 즉, 개방적이고, 합리적이고, 화합적으로 일을 처리하려고 했습니다. 그랬더니 상대방은 우리의 태도를 연약하게 간주하고, 우리에게 큰 손해를 끼쳤어요."라고 그는 말했다.

"그들이 그랬지요."

"달리 말해서, 당신이 졌다는 말이지요?"

"그렇습니다."

"그리고 그들은 이겼고요?"

"그래요!"

"그럼 그걸 뭐라고 부르죠?

이때 사장은 자신이 승/승이라고 생각했던 것이 실제로는 패/승이라는 사실을 깨닫고 큰 충격을 받았다. 그리고 우리는 패/승이 가지고 오는 장기적인 영향을 함께 검토하였다. 이것은 억눌린 감정, 짓밟힌 가치, 인간관계 이면의 부글대는 분노 등으로 결국 양측 모두에게 손해라는 데 의견을 같이 했다.

만일 사장이 진정으로 승/승적 태도를 가졌다면, 그는 대화시간을 좀더 길게 잡고, 점포 소유자들의 말에 귀를 기울였어야 했다. 그 다음에 좀더 용기를 갖고 자신의 견해를 표명했어야 했다. 그는 양측이 모두 유익하다고 여겨지는 해결책이 나올 때까지 승/승의 정신으로 계속 임했어야만 했다. 그러면 제3의 대안인 해결책은 시너지 작용을 하게 되었을 것이고, 그 결과 아마 어느 쪽도 혼자서는 생각해낼 수 없었던 성과를 가지고 왔을 것이다.

승/승 혹은 무거래 사고(쌍방이 이기거나 또는 무거래)

만일 이들 각자가 시너지적인 해결책인, 서로가 동의할 수 있는 해결방안에 도달할 수 없었다면, 승/승 보다 차원이 더 높은 승/승 혹은 무거래를 목표할 수도 있었다.

기본적으로 무거래가 의미하는 것은, 우리 양자에게 이익이 되는 해결방안을 찾아내지 못한다면 우리가 의견이 다르다는 점에 동의한다는 것이다. 즉, 거래를 하지 않는 것을 의미한다. 이렇게 되면 어떤 기대도 일어나지 않게 되고, 어떤 계약도 성립되지 않는다. 또 내가 당신을 채용한다거나 어떤 특정한 과업을 함께 수행하지도 않는다. 그 이유는 우리가 가진 가치 혹은 목표가 서로 다르다는 사실이 분명하기 때문이다. 또 서로 기대를 갖기 때문에, 두 당사자가 환상에서 깨어날 때 받게 되는 실망보다 차라리 미리 이 사실을 분명하게 확인하는 것이 훨씬 더 낫다.

우리가 마음속에 아예 무거래를 하나의 대안으로 결정한다면, 오히려 자유스러움을 느낄 것이다. 왜냐하면 상대방을 설득해야 하거나, 자신의 계획을 강요하거나, 나아가 자신이 원하는 방향으로 상대방을 몰고 갈 필요가 없기 때문이다. 또 우리는 개방적으로 될 수 있다. 나아가 우리는 이같은 피차의 입장 밑바닥에 깔려있는 보다 심각한 문제점을 이해해 보려고 시도할 수 있다.

무거래를 선택하는 경우, 당신은 다음과 같이 정직하게 말할 수 있다.

"난 오직 승/승의 결과를 목표로 하고 있다. 나는 이기기를 원하고, 또 당신도 이기게 하고 싶다. 나는 내 방식을 고집하여 당신을 불쾌하게 만들고 싶지 않다. 왜냐하면 그것은 결국 표면화되고 허탈감을 가져오게 할지도 모르니 말이다. 반면에 내가 당신의 방안대로 따름으로써 굴복하게 되는 것을 당신도 기뻐하지는 않으리라 생각한다. 그러니 승/승의 결과를 얻도록 함께 힘써 보자.

그런데 만일 우리 둘다 이기는 해결책을 찾아낼 수 없다면, 전혀 없었던 일로 하는 데 합의하자. 우리 모두에게 좋지 않은 결정을 받아들이기보다 아예 거래를 하지 않는 것이 더 나을 것이다. 그리고 나서 다시 만날 수 있는 다음 기회를 기다려 보자."

'승/승 아니면 무거래' 라는 개념을 학습한 어떤 소규모 컴퓨터 소프트웨어 회사의 사장으로부터 언젠가 다음과 같은 경험담을 들었다.

"우리 회사는 새로운 소프트웨어 프로그램을 개발하여 은행에 5년간 대여하기로 계약을 체결하였습니다. 그 은행장은 우리 소프트웨어를 보고 아주 흡족해 했지만, 은행의 다른 간부들은 그 결정을 별로 탐탁스럽게 생각하지 않았습니다."

"그후 약 한 달후 은행장이 바뀌었습니다. 새 은행장이 나한테 찾아와 이렇게 말하는 것이었어요. '난 기존 시스템을 이 소프트웨어로 바꾸는데 불만입니다. 또 직원들 모두가 이 프로그램을 익힐 수 없다고 말하고 있기 때문에 현재로서는 내가 더 이상 추진할 수 없을 것 같습니다.'"

"우리 회사는 그때 심각한 재정난에 처해 있었습니다. 나는 우리 회사가 그 계약을 강제로라도 이행시킬 합법적인 권리를 갖고 있다는 걸 알고 있었어요. 그러나 나는 승/승의 원칙이 갖는 가치를 확신하고 있던 때였습니다."

"그래서 난 은행장을 만나 '계약서가 여기 있습니다. 귀 은행은 우리회사의 제품으로 프로그램을 바꾸기로 약정했습니다. 그러나 저는 은행측이 프로그램 변환을 싫어한다는 사실을 알고 있습니다. 그래서 우린 계약서를 돌려드리고, 또 필요하다면 보증금도 돌려 드리겠습니다. 그러나만일 앞으로도 소프트웨어와 관련된 필요한 것이 있으면 우리를 찾아 주십시오.'"

"우리는 8만 4천 달러짜리 계약을 고스란히 포기해 버린 것입니다. 이건 재정적으로 보면 자살행위나 다름없었지요. 그러나 나는 만일 이 원칙이 옳다면, 장기적으로 기회가 다시 올 것이고 더큰 이익이 될 것이라고 판단했습니다."

"석 달 후 그 신임 은행장이 전화를 걸어 왔습니다. '난 지금 우리 은행의 데이터 처리 시스템을 바꾸려고 합니다. 그래서 당신 회사와 거래를 하고 싶습니다.' 그 후 우리는 24만 달러짜리 계약서에 서명했습니다."

상호의존적인 상황에서 승/승이 아닌 차선책은 장기적인 대인관계에 나쁜 영향을 미치게 된다. 이때는 그 영향 때문에 치르게 되는 대가도 신중하게 고려해 볼 필요가 있다. 따라서 만일 우리가 진정한 승/승의 해결책에 도달하지 못한다면, 무거래 방식을 선택하는 것이 더 나을 수도 있다.

'승/승 혹은 무거래' 방식은 가족관계를 감정적으로 굉장히 자유스럽게 만든다. 예컨대 만일 전 가족이 즐길 수 있는 어떤 한 가지 비디오 프로그램에 동의할 수 없다면, 다른 가족 성원들을 제쳐 놓고 몇몇 가족만 보고 즐기기보다, 차라리 그것 자체를 포기하고 다른 것을 함께 하기로 결정하는 '무거래'를 할 수도 있다.

내가 아는 한 친구의 가족은 여러 해 동안 함께 노래를 불렀다. 아이들이 어렸을 때는 부인이 음악을 편곡하고, 의상을 만들고, 가족들의 피아노 반주도 하고, 나아가 지휘도 맡았다.

그러나 아이들이 성장함에 따라 음악에 대한 취향도 달라지기 시작하였다. 아이들은 부르는 곡과 입는 의상 등에 대해 여러 가지 더 많은 발언을 하기 시작했다. 그리고 어머니의 지시에도 덜 순종하게 되었다.

그녀는 오랫동안 연주를 해 온 경험이 있었고, 가족이 함께 노래를 부르게 될 장소인 양로원의 노인들이 좋아하는 유형을 알고 있었기 때문에, 아이들이 내놓은 제안 중 많은 것이 적절하지 못하다고 생각하였다. 그러나 그녀는 이와 동시에 아이들도 자기 자신의 의견을 내놓고, 또 의사 결정과정에도 참여하고 싶어한다는 사실을 인식하였다.

따라서 그녀는 '승/승 혹은 무거래'의 입장에서 이에 임하기로 했다. 자신은 모두가 좋다고 생각하는 합의안을 얻기 원하고 있으며, 만일 그렇지 않다면 각자가 자기의 재능을 즐길 수 있는 독자적인 방법을 찾아야 할 것이라고 아이들에게 이야기했다. 그 결과 아이들도 주저없이 자기 자신의 느낌과 아이디어를 표현하였다. 왜냐하면 아이들도 승/승 합의안의 도달여부에 관계없이 감정적으로 자유스럽게 되었기 때문이다.

'승/승 혹은 무거래'적인 접근방법은 어떤 사업관계나 기업의 초기단계에서 가장 현실적인 방안이다. 그러나 계속적인 사업관계에서는 무거래가 바람직하지 않을 수도 있다. 특히 가족회사나 우정을 바탕으로 시작한 사업의 경우 심각한 문제를 가져올 수도 있다.

이러한 회사나 사업체는 좋은 인간관계를 유지하기 위해 오랫동안 계속해서 타협하게 된다. 이때 사람들은 승/승을 말하지만, 사실은 승/패 혹은 패/승을 실행하고 있는 것이다. 그런데 이것은 당사자들과의 비즈니스에 있어 심각한 문제를 야기시킬 수 있으며, 특히 경쟁 상대가 승/승 및 시너지의 사고방식으로 경영할 때는 더욱 심하다.

만일 무거래라는 방식이 없다면, 많은 기업들은 경영이 악화되어 파산하거나 또는 전문경영자의 손에 넘어가든지 해야 한다. 경험에 비추어 볼 때, 가족회사나 친구간의 동업인 경우 장차 무거래 방식을 채택할 가능성에 미리 대비하여 어떤 종류의 구매/판매 합의서 같은 것을 작성해 둠으로써 서로의 인간관계를 영구적으로 번창할 수 있도록 하는 것이 낫다.

물론 무거래가 바람직하지 않은 인간관계도 있다. 나는 내 자식들이나 아내를 포기하면서까지 무거래 방식을 추구하지는 않을 것이다. (만약 필요하다면 타협을 하는 것이 더 나을지도 모른다. 물론 이것이 승/승 전략보다는 못한 형태이지만.) 그러나 많은 경우 완전한 '승/승 아니면 무거래'의 태도로 협상에 임하는 것이 가능하다. 그리고 이러한 태도를 가질 때 얻는 자유는 엄청나다.

승/승적 사고의 다섯 차원

승/승적 사고, 즉 상호이익을 추구하는 것은 대인관계 리더십에 대한 습관이다. 이것은 우리가 대인관계에서 자아의식, 상상력, 양심, 그리고 독립의지 등과 같은 인간만이 가진 천부의 능력을 행사하게 한다. 이것은 또한 상호간의 이해, 영향력, 그리고 이로움 등을 가져온다.

그러나 이같은 상호이익을 얻기 위해 커다란 용기와 많은 배려가 필요하다. 특히 승/패적 사고에 깊이 빠져 있는 사람들과 상호작용할 때는 더욱 그러하다.

이것이 바로 이 습관이 대인관계 리더십의 원칙에 포함되는 이유이다. 효과적인 대인관계 리더십은 원칙 중심에 입각한 개인 리더십에서 나오는 비전, 주도적인 자발성, 그리고 안정감, 지침, 지혜, 나아가 역량 등을 필요로 한다.

승/승적 사고는 우리가 모든 상호작용에서 성공하기 위한 근본이다. 그리고 여기에는 인생의 5가지 상호의존적 차원들이 포함되어 있다. 이것은 성품에서 시작되어 인간관계로 옮겨가고, 또 여기에서 나와 합의로 간다. 이것은 제도와 시스템 자체가 승/승적 사고에 바탕을 두고 있는 환경에서만 육성된다. 또 여기에는 과정이 포함된다. 우리는 승/패나 패/승의 수단을 가지고는 결코 승/승의 결과를 얻을 수가 없기 때문이다.

다음 그림은 이들 5가지 차원들이 어떤 상호관계를 가지고 있는지를 보여 주고 있다. 자, 이제 이들 다섯 차원에 대해 차례로 살펴보기로 하자.

성품

성품은 승/승적 사고의 토대로서 모든 것이 이 바탕 위에 세워진다. 다음의 3가지가 승/승적 패러다임에 필수적인 주요한 성품 특성이다.

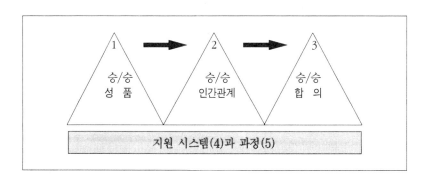

• **언행일치** : 우리는 앞에서 언행일치를 자기자신에게 부여하는 가치라고 정의하였다. 습관 1, 2, 3은 이같은 언행일치를 개발하고 유지할 수 있도록 도와준다. 우리가 자신의 가치관을 확실하게 정립하고, 또 이같은 가치관에 입각하여 일상 생활을 주도적으로 계획하여 행동으로 옮김으로써 자아의식과 독립의지를 개발하게 된다. 그런데 이들의 개발은 우리가 약속과 결의를 하고, 또 이를 지킴으로써만 가능하다.

그러나 만일 우리가 깊은 의미에서 무엇이 "승"을 구성하는지, 즉 실제로 무엇이 깊숙한 내면의 가치와 일치되는 것인지를 알지 못한다면, 우리는 일상생활에서 "승"을 얻을 방법을 알지 못한다. 그런데 만일 우리가 다른 사람에 대한 약속뿐만 아니라 자신에 대한 약속도 지키지 못한다면, 우리가 한 약속은 모두 의미없는 것이 되고 만다. 그때는 우리뿐만 아니라 다른 사람들도 이 사실을 알게 된다. 이때 다른 사람들은 우리의 이중성을 감지할 것이며, 우리를 경계하게 된다. 결국 신뢰란 바탕이 없으면, 승/승적 사고는 비효과적이고 피상적인 기법이 되고 만다. 따라서 언행일치야말로 신뢰를 쌓는 기반이고 초석이다.

• **성숙도** : 성숙성이란 용기와 배려 간의 균형을 말한다. 우리가 다른 사람의 감정과 신념을 배려하면서 자기의 감정과 신념을 용기있게 표현할 수 있을 때 성숙되는 것이다. 특히 다루는 내용이 두 당사자 모두에게 매우 중요한 문제일 때는 더욱 그렇다.

우리가 채용, 승진, 그리고 훈련 목적으로 사용하는 수많은 종류의 심리검사들을 검토해 보면, 이들이 모두 이같은 성숙도를 평가하기 위해 개발된 것이라는 사실을 발견할 것이다. 이같은 심리검사의 명칭이 자기 주장/공감의 균형, 자기 과신/타인 존중의 균형, 직원 관심/작업 관심 간의 균형, 교류 분석의 용어인 "나도 OK, 당신도 OK", 나아가 매니지리얼 그리드* 의 9.1형, 1.9형, 5.5형, 9.9형 등 그 어떤 것이든 관계없이 여기서 추구하는 자질은 앞에서 말한 용기와 배려 사이의 균형을 의미한다.

자질을 중시하는 이유는 이것이 인간 상호작용 이론, 경영 관리 그리고 리더십 등과 깊은 연관을 가지고 있기 때문이다. 이것은 또한 생산/생산능력 간의 균형을 잘 구현한 것이기도 하다. 용기는 황금알을 얻는 것에 초점을 맞추고 있지만, 배려는 다른 이해 당사자들과의 장기적인 이익과 관련된 문제를 다룬다. 나아가 리더십의 기본적 과제는 모든 이해 당사자들의 생활 수준 및 삶의 질을 향상시키는 데 있다.

많은 사람들은 이것 아니면 저것이란 이분법적 관점을 가지고 있다. 즉, 사람들은 당신이 관대하다면, 강인한 사람은 아니라고 생각한다. 그러나 승/승적 사고방식은 관대하면서도 강인한 것이다. 다시 말하면 이것은 승/패적 사고보다 두 배나 강인한 것이다.

승/승적으로 되기 위해서는 관대하면서도 용기가 있어야 한다. 공감적이면서도 자신감을 갖고 있어야 한다. 또한 사려 깊고 분별력이 있어야 할 뿐만 아니라 용감해야 한다. 따라서 이렇게 용기와 배려 간에 균형을 이루는 것이 진정한 성숙성의 본질이 되고 승/승에 바탕이 된다.

만일 내가 용기는 많지만 배려가 부족하다면, 어떤 생각을 하게 될까? 그 결과는 승/패가 될 것이다. 즉, 나는 강하지만 이기적으로 될 것이다. 나는 용기로써 나의 소신을 단행하지만, 상대방에 대해서는 별로 배려하지 않을 것이다. 따라서 나는 내적인 성숙성과 감정적 안정이 부족한 것을 보충하기 위해 자신이 가진 지위나 권력, 자격, 연공, 친분 관계 등을 빌리고자 할 것이다.

만일 배려는 충분히 하는 데 용기가 부족한 유형에 속한다면, 패/승을

---

* 역자 주 : 매니지리얼 그리드(Managerial Grid) 이론은 블레이크와 모튼이 주창한 리더십 이론이다. 이들은 인간에 대한 관심과 생산에 대한 관심을 중심으로 1.1형(무기력형), 9.1(과업지향형), 1.9형(컨트리클럽형), 5.5형(중간형), 9.9형(이상적인 팀형) 등으로 리더십 스타일을 구분하였다.

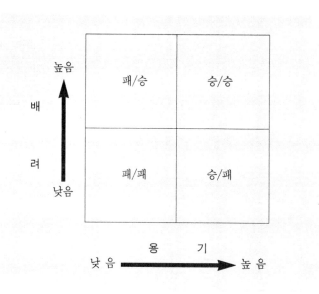

생각하게 될 것이다. 게다가 나는 상대방의 신념과 욕망에 대한 배려만 해 주기 때문에 자신의 견해를 표현하고 실천할 만한 용기를 갖지 못한다.

위의 그림에서 보듯이, 승/승의 결과를 얻기 위해서는 높은 수준의 용기와 배려가 모두 필요하다. 그것은 바로 진정한 성숙성의 표시인 두 가지 사이의 균형이다. 만일 내가 이같은 균형을 갖고 있다면, 경청하고 공감적으로 이해하며 나아가 용기있게 대결할 수 있다.

• **풍요의 심리** : 승/승적이 되기 위한 셋째 번 중요한 성품 특성은 풍요의 심리이다. 즉, 이 세상에는 사람들을 위해서 모든 것이 풍부하게 존재한다는 패러다임을 마음에 갖는 것이다.

대부분의 사람들은 필자가 '부족의 심리' 라고 부르는 패러다임에 깊이 물들어 있다. 이들은 인생이란 모든 것이 남아돌지 않는 생활이라고 본다. 마치 이 세상에는 오직 큰 한 개의 파이만 있기 때문에 만일 누군가가 큰 조각을 얻으면, 다른 사람들은 그만큼 덜 갖게 된다고 보는 생각이다. 이같은 생각은 인생을 제로섬의 패러다임으로 보는 것이다.

'부족의 심리'를 가진 사람들은 치하나 공적 그리고 권력이나 이익을 나누어 갖기 힘들다. 심지어 이같은 것을 성취하는 데 도움을 준 사람들과도 함께 나누기 어렵다. 이들은 다른 사람들의 성공에 대해 진정으로 기뻐해 주기 어렵다. 심한 경우 자신의 가족이나 친구 그리고 동료에게 대해서도 마찬가지이다. 이들은 누군가 다른 사람이 특별한 표창을 받는다든가, 우연한 행운을 잡는다든가, 나아가 탁월한 성과를 달성하는 것이 마치 자기로부터 이것을 빼앗아 간 것처럼 생각한다.

이때 이들이 비록 말로는 당사자의 성공을 축하하며 기뻐해 준다고 하지만, 실제 속으로는 마음을 썩히고 있는 것이다. 그 이유는 이들이 가진 가치관이 남과의 비교에서 오기 때문에, 누군가 다른 사람이 하는 성공은 어느 정도 자기 자신의 실패를 의미한다고 보기 때문이다. 소수의 사람들만이 "A" 학점을 받을 수 있고, "일등"은 단 한 사람만이 될 수 있다. 따라서 이들에게 "이긴다."는 것은 오직 다른 사람을 "패배시키는 것"을 의미한다.

이러한 '부족의 심리'를 가진 사람은 다른 사람들이 어떤 불행을 당하기를 은근히 희망한다. 이때 그 불행은 가혹한 것이라기보다 어느 정도 견딜 만해서 그들이 그냥 "제자리"를 지키고 있는 정도를 원한다. 이들은 항상 남과 견주어 보고, 경쟁의식을 갖고 있다. 나아가 이들은 자산의 가치의식을 증대시키기 위해 물건을 소유하거나 사람들을 자기 주변에 모으는 데 자신의 모든 에너지를 소비한다.

이들은 다른 사람들이 자기가 원하는 방식대로 따라주기를 원한다. 그래서 때때로 다른 사람들이 자기 자신을 닮기를 원하고, 자기에게 도전하지 않고, 자기 주위를 자기보다 약한 "예스맨"들로 에워싼다.

'부족의 심리'를 가진 사람들을 상호보완적인 팀의 구성원으로 만들기란 어려운 일이다. 왜냐하면 이들은 각자의 다른 의견을 불복과 불충의 표시로 보기 때문이다.

이와 반대로, '풍요의 심리'는 내면 깊숙이 있는 개인적인 가치의식과 안정감에서 나온다. 이같은 심리는 세상은 풍요로우며, 모든 사람이 나누어 가질 만큼 충분하다고 생각하는 패러다임을 말한다. 또, 이 패러다임은 명예, 치하, 이익, 그리고 의사결정 등을 다같이 나누어 갖게 만든다. 이것은 가능성, 선택의 기회, 여러 가지 대안, 그리고 창의성 등에 대해 문을 열어 준다.

이같은 '풍요의 심리'는 개인적 즐거움과 만족감, 또 습관 1, 2, 3의 실천을 통하여 외부적으로 나타나게 된 것이며, 이것은 다른 사람들이 갖는 독특성, 내면적 지침, 그리고 주도적인 본질 등을 인정하게 한다. 또 풍요의 심리는 새로운 제3의 대안을 만들어내고, 상호간에 긍정적인 성장과 발전의 무한한 가능성이 있음을 깨닫게 해 준다.

대인관계의 승리는 다른 사람들에 대해 이기는 것을 의미하는 것이 아니다. 그 대신 이것은 관계되는 모든 사람에게 유익한 결과를 가져다 주는 효과적인 상호작용을 의미한다. 대인관계의 승리는 함께 일하고 함께 대화하는 것을 말한다. 나아가 사람들이 개별적인 힘으로는 하지 못한 일까지도 함께 힘을 합하여 해내는 것을 말한다. 결국 대인관계의 승리는 풍요의 심리란 패러다임이 낳은 부산물이다.

언행일치와 성숙성, 그리고 '풍요의 심리'로 가득찬 성품을 가진 사람은 다른 사람과 하는 상호작용에서 단순한 기법을 훨씬 능가하는 진지함을 갖고 있다.

승/패적 사고를 가진 사람들로 하여금 승/승의 성품을 가지도록 할 때, 필자가 발견한 유익한 방법은 진정으로 승/승식으로 생각하는 어떤 모델이나 조언자와 접촉하도록 해 주는 것이다. 왜냐하면 사람들이 승/

패나 이와 비슷한 철학에 깊이 빠져 있고, 또 정기적으로 이러한 유형의 사람들과만 접촉할 경우에는, 승/승의 철학을 보거나 실제로 경험할 기회가 없기 때문이다.

그래서 필자는 우리에게 영감을 불어 넣어 주는 안와르 사다트(Anwar Sadat)의 자서전인 '아이덴티티의 추구'(In Search of Identity)를 읽을 것을 권한다. 또 '불마차'(Chariots of Fire)와 같은 영화를 보거나 '레미제라블'(Les Miserrable)과 같은 연극을 감상할 것을 추천한다. 이상은 우리에게 승/승의 전형적인 모습을 보여줄 것이다.

그러나 여기에 기억해야 할 점이 있다. 만일 우리가 자신의 내면 속을 깊이 들여다보면 — 즉, 고정화된 관념을 벗어나 잘못 체득된 태도와 행동들을 초월해 보면 — 승/승적 사고방식은 다른 모든 올바른 원칙과 마찬가지로 바로 우리 자신 속에 있다는 사실을 확인할 수 있을 것이다.

인간관계

성품의 기초 위에 우리는 승/승의 인간관계를 구축하고 유지해 나간다. 신뢰, 즉 감정은행 계좌(Emotional Bank Account)야말로 승/승적 사고의 본질이다. 신뢰가 없이 기껏 할 수 있는 최선의 것이란 단지 타협일 뿐이다. 다시 말해 신뢰가 없다면 공개적으로 서로 배우고 의사소통하며 참다운 창의성을 발휘하기 위한 믿음이 없게 된다.

그러나 만일 우리의 감정은행 계좌가 가득차 있다면 신뢰성은 더 이상 문제될 여지가 없다. 충분한 신뢰의 예입은 당신과 내가 서로를 깊이 존중하고 있다는 것을 알게 해 준다. 그러면 우리는 이제부터 성격이나 태도가 아닌 문제에 초점을 맞출 수 있게 된다.

우리는 서로를 신뢰하기 때문에 마음의 문을 연다. 우리는 각자의 의도를 밝히거나 계획을 공개한다. 앞에서 예로 든 지각실험의 경우처럼 우리가 설사 어떤 것을 서로 다르게 보고 있다 하더라도, 다시 말해 내가 그 그림을 젊은 여자로 지각하고 설명을 해도, 당신은 내 말을 존중하고 나역시 당신이 경청할 것임을 안다. 그리고 당신이 늙은 여자라고 지각하고주장해도, 꼭 마찬가지의 존중심을 갖고 당신의 의견을 경청한다. 그 이유는 우리가 서로의 관점을 깊이 이해하려고 애쓸 자세가 되어 있을 뿐만아니라, 서로를 위해 더 나은 방안이며 시너지적 해결책인 제3의 대안을찾기 위해 노력하고 있기 때문이다.

감정은행 계좌가 충분하고 두 당사자가 승/승적 사고에 깊이 젖어 있는 인간관계는 막대한 시너지(습관6)를 가져올 수 있는 이상적인 출발점이 된다. 이같은 인간관계는 문제를 보다 현실적이고 중요하게 다룰 수있으며 견해의 차이도 계속 갖게 된다.

그러면서도 각자의 성격과 태도의 차이에 초점을 맞춤으로써 나타나는 통상적인 부정적 에너지를 제거시켜 준다. 또 문제를 철저히 이해한다음 상호유익한 방식으로 그 문제를 해결하는 데 초점을 맞추는 긍정적이고 협동적인 에너지를 창조해 준다.

그러나 만일 그같은 종류의 인간관계가 없는 경우는 어떠한가? 또 승/승적 사고에 대해서 들어본 적도 없고, 승/패적 사고나 기타 다른 사고방식에 깊이 물들어 있는 사람들과 합의를 이루어야 한다면 어떻게 하겠는가?

승/패적 사고방식을 가진 사람을 상대하는 것은 승/승적 사고를 정말테스트해 볼 수 있는 기회가 된다. 어떤 상황에서든 승/승의 결과는 쉽게성취되는 것이 아니다. 따라서 심각하게 토론하면서 근본적인 차이점을해결해야 한다. 그런데 두 당사자들이 이 사실을 알고 있고, 또 여기에 몰입하고 있으며, 나아가 인간관계의 감정은행 계좌가 풍부할 경우에는 이것이 훨씬 더 쉬워진다.

당신이 승/패적 패러다임을 가진 사람을 다룰 때에도 인간관계는 여전히 중요한 관건이 된다. 이때는 당신이 가진 영향력의 원에 중점을 두어야 한다. 당신은 그 사람 자신과 또 그가 가진 다른 관점으로 공손하게 존중해 주고 또 인정해 줌으로써 감정은행 계좌에 예입하게 된다. 또 당신은 좀더 긴 시간 동안 대화과정을 갖도록 한다.

좀더 많이 경청하고 좀더 깊이 경청하라. 더 큰 용기를 가지고 자신의 견해를 피력하라. 당신이 반발적으로 대응해서는 안 된다. 또 성품이 강력하게 주도적으로 될 수 있도록 당신 자신의 내면 세계로 들어가라. 모두에게 이익을 줄 해결책을 당신이 진정으로 원하고 있음을 상대방이 깨닫기 시작할 때까지 계속 노력하라. 바로 이같은 과정이야말로 감정은행 계좌에 막대한 예입을 시키는 것이다.

그리고 당신이 더욱 강해질수록 상대방에 대한 당신의 영향력은 더욱 커지게 된다. 여기서 더욱 강해진다는 것은 당신의 성품이 더욱 순수해지고, 주도적 수준이 더욱 높아지며, 나아가 진정으로 승/승의 사고에 몰입하는 것을 의미한다. 이것이야말로 대인관계 리더십을 시험해 볼 수 있는 방법이다. 이것은 업무처리형 리더십을 초월하여 변혁추구형 리더십으로 바뀌는 것이다. 따라서 이것은 대인관계뿐만 아니라 관계하는 당사자까지도 변화시킨다.

승/승의 사고방식은 자기자신의 생활 속에서도 확인할 수 있는 원칙이다. 따라서 이 원칙에 입각하면 당신은 쌍방이 함께 원하는 것을 추구함으로써 각자가 얻을 수 있는 것보다 더 많은 것을 얻을 수 있다는 사실을 사람들이 깨닫도록 할 수 있다. 그러나 어떤 사람들은 너무나 깊이 승/패적 사고방식에 물들어 있기 때문에 승/승적으로 사고하지 못한다. 따라서 무거래가 하나의 선택 대안이라는 점을 항상 기억하라. 그렇지 않으면 당신은 가끔 승/승보다 차원이 낮은 타협을 선택하게 될 것이다.

모든 의사결정이 항상 승/승일 필요는 없다. 이것은 설사 감정은행 계좌의 잔고가 많더라도 해당된다. 다시 말해서 중요한 것은 인간관계이다.

예컨대 당신과 내가 함께 어떤 일을 하고 있다면, 내게 와서 다음과 같이 말할 수도 있다. "코비 씨, 난 당신이 이 결정을 좋아하지 않으리라는 것을 압니다. 그런데 난 당신에게 이 결정에 대해 설명할 시간이 없어요. 또 당신이 이 결정을 잘못한 것이라고 생각할 가능성도 많아요. 그렇지만 당신은 저를 도와 이 일을 해 주시겠지요?"

당신이 나와 잔고가 많은 감정은행 계좌를 가지고 있다면, 나는 물론 당신을 도와줄 것이다. 나는 당신의 결정이 옳고, 내가 틀렸기를 희망할 것이다. 그리고 당신의 결전을 성공적으로 수행할 것이다.

그러나 만일 감정은행 계좌에 잔고가 없고, 또 내가 반발적이라면, 나는 일을 돕지 않을 것이다. 내가 당신의 면전에서는 돕겠다고 할지 모르지만, 등 뒤에서는 그렇게 열정적으로 일해 주지 않을 것이다. 또, 그 일을 성공시키는 데 필요한 투자도 하지 않을 것이다. 그리고 나서 "그건 잘 되지 않던데요."라고 말하고는 "이제 또 무엇을 해야 되죠?"라고 물을 것이다.

만일 내가 갖는 반발 정도가 아주 심하다면, 나는 당신의 의사결정을 무력하게 만들 뿐만 아니라, 다른 사람들도 그렇게 하도록 유도할 것이다. 만일 그렇지 않다면 나는 "악의있는 복종"을 하며 당신이 내게 하라고 시키는 대로만 하고 결과에 대해서는 아무런 책임도 지지 않을 것이다.

나는 5년 동안 영국에 살면서, 열차 기관사들이 문서화된 모든 규칙과 절차는 준수하면서도 '악의 있는 복종'으로 행동하여 영국 정부가 두 번이나 무릎을 꿇는 사실을 보았다.

두 사람이 하는 형식상의 합의는 정신적으로 이것을 뒷받침해 주는 성품이나 인간관계가 없으면 아무 소용이 없다. 따라서 우리는 이것을 가능하게 해 주는 인간관계에 투자할, 진심에서 우러난 욕망을 가져야 할 뿐만 아니라, 바로 이 욕망을 가지고 승/승의 해결책에 접근할 필요가 있다.

합의

승/승에 대한 명확한 한계와 방침을 알려주는 합의는 인간관계에서 나온다. 이것은 때때로 이행합의 혹은 협력합의라고 불리어진다. 이것은 종속관계로부터 대등관계로, 순시하면서 감독하는 것으로부터 스스로의 자체 감독으로, 또 지위를 내세우기보다 성공적인 동업자가 되는 것 등 생산적인 상호작용의 패러다임으로 전환하는 것을 의미한다.

승/승의 합의는 광범위한 상호의존적 상호작용을 포괄한다. 우리는 앞에서 습관3을 다루면서 내가 우리 꼬마와 한 "깨끗하고 푸른 잔디" 사례를 소개하며, 우리집 꼬마에게 했던 위임 이야기를 하였다.

거기에서 열거한 신임적 위임을 위한 5가지 사항들은 승/승적 합의의 골격이 된다. 즉, 고용인과 고용주 간, 어떤 프로젝트를 함께 하는 개별적인 사람들 간, 공동의 목표를 가지고 협동적으로 일하는 사람들로 구성된 집단 간, 회사와 공급자들 간 등, 어떤 특정의 목적을 달성하기 위해 서로 상호작용할 필요가 있는 모든 사람들 간에 승/승의 합의를 위한 골격이 된다. 나아가 이같은 5가지 요소는 상호의존적인 과업에 관여하는 사람들 간의 기대치를 분명하게 해 주고, 또 이를 관리해 나갈 효과적인 방법도 제시해 준다.

승/승의 합의에는 다음과 같은 5가지 요소들이 명시되어야 한다.

1. 기대성과 : 방법이 아닌 '원하는 결과'로 언제 무엇이 이루어져야 하는가를 명백히 한다.
2. 실행지침 : 달성되어야 할 성과의 기준(원칙, 정책 등) 및 범위를 명시한다.
3. 가용자원 : 결과를 달성하도록 도와주는 활용가능한 인적, 재정적, 기술적, 조직적 자원을 밝혀준다.
4. 성과확인 : 평가기준과 평가시기를 설정한다.

5. 상벌결과 : 좋다 나쁘다 또는 자연법칙적이다 논리적이다 등으로 구체
화되고, 평가를 통해 무슨 상벌결과가 있을 것인가를 명시한다.

이들 5가지 요소들은 승/승 합의에 생명력을 불어넣는다. 우리가 처음
부터 이상 각 요소에 대해 분명한 상호이해를 하고 동의함으로써, 주어진
일의 성공여부를 평가할 수 있는 기준을 만들 수 있다.

전통적인 권위주의적 감독방법이야말로 바로 승/패의 패러다임이다.
이것은 또한 감정은행 계좌가 고갈된 결과이기도 하다. 만일 우리가 신뢰
를 갖지 못하거나 기대성과에 대한 시각을 똑같이 할 수 없을 때, 우리는
이리저리 돌아다니며 감독하고, 검사하고, 또 지시하게 될 것이다. 또 신
뢰가 없기 때문에 사람들을 반드시 통제해야 하는 것으로 생각한다.

그러나 만일 신뢰 계좌의 잔고가 많다면 우리는 어떻게 하겠는가? 사
람들이 스스로 하도록 비켜 선다. 우리가 사전에 승/승의 합의를 했고,
또 상대방이 기대성과를 정확히 알고 있는 한, 우리는 도움을 주는 원천
이 되고, 또 그들이 수행한 성과에 대해 확인하는 역할만 맡는다.

사람들로 하여금 자기 자신을 스스로 평가하게 만드는 것이 남에게 평
가 받는 것보다 훨씬 품위 있고 자존심 있게 해 준다. 신뢰가 높은 분위기
에서는 이 방법이 훨씬 더 정확도가 높다. 대부분의 경우 사람들은 측정
기록이 보여주는 일의 진행 성과보다 자기 자신의 마음속으로 훨씬 더 잘
알고 있다. 따라서 자기 자신에 의한 식별력이야말로 종종 간접적인 관찰
이나 측정보다 훨씬 더 정확하다.

승/승의 관리자 훈련

몇년 전 나는 전국에 수십 개의 지점망을 가지고 있는 대형 금융기관
의 컨설팅 프로젝트에 간접적으로 참여한 적이 있었다. 이 은행은 우리들
에게 자체에서 연간 75만불을 들여가며 실시하고 있는 관리자훈련 프로

그램을 평가하고 개선해 달라고 부탁하였다.

그런데 이 은행의 기존 프로그램에는, 선발된 대학 졸업자들을 대상으로 6개월에 걸쳐 2주간씩 12개의 부서에서 각각 근무하게 함으로써 금융산업 전반에 관한 감각을 익히는 과정이 포함되어 있었다. 프로그램에 따르면 2주일은 대출 부서에서, 2주일은 산업여신 부서에서, 2주일은 마케팅 부서에서, 2주일은 영업부서에서 등 각 부서에서 2주일씩을 보내게 되어 있었다. 그 후 이 과정이 마치는 6개월이 지나면, 대졸 신입행원들은 각 지점에 대리로 발령받았다.

우리가 맡은 임무는 6개월간의 공식적인 훈련기간에 대해 평가하는 것이었다. 우리가 이 일을 시작했을 때, 가장 어려운 부분은 소기의 성과를 명료하고 분명하게 파악하는 일이었다. 우리는 최고경영자에게 다음과 같은 핵심적인 질문을 던졌다. "이 사람들이 이 과정을 마쳤을 때 무엇을 할 수 있어야 합니까?" 이 질문에 대해 우리가 얻은 대답은 막연한 것이었고, 가끔은 서로 모순되는 것이기도 했다.

이 은행의 훈련 프로그램은 성과를 다루는 것이 아니라 방법을 다루고 있었다. 따라서 우리는 이 금융기관에 "자율적 훈련진행"이라고 부르는, 새로운 패러다임에 근거를 둔 실험적인 훈련 프로그램을 개설해 볼 것을 제안하였다. 이것은 그들의 성취도를 보여주는 구체적인 목표와 기준을 명시하고, 실행지침과 가용자원과 성과확인 방법, 그리고 목표가 달성되었을 때 나타날 상벌결과 등을 분명히 밝힌 하나의 승/승 합의였다. 이 경우 상벌결과란 대리로의 승진이고, 현장부서에서 훈련을 받는 것이고, 나아가 상당한 봉급인상을 들 수 있었다.

우리는 목표를 확정하기 위하여 정말 애를 써야만 했다. "당신들이 이들 신입행원들에게 회계학을 이해시켜야 하는 이유는 무엇입니까? 마케팅에 대해서는? 또 신입행원들이 부동산 관련 대출에 대해 무엇을 이해하기를 원합니까?" 이같은 절차를 통해 백여 개에 달하는 목표들을 만들었다. 우리는 목록을 몇 가지 기준에 근거하여 39개의 구체적인 행동 목표로 줄일 때까지 단순화시키고 또 압축시키는 작업을 계속하였다.

이들 신입행원들은 가능한 한 빨리 목표와 기준에 도달하여 승진 기회와 봉급인상을 받고자 했으므로 고도로 동기부여가 되어 있었다. 이것은 신입행원들에게 커다란 "승"이 될 수 있었다. 또 은행으로서도 단순히 12개의 여러 가지 다른 업무에 대해 수박 겉핥기식으로 훈련을 시키는 대신 결과지향적 기준을 충족시켜 주는 유능한 대리들을 훈련시킬 수 있는 "승"이 될 수 있었다.

우리는 피교육자들에게 자율적 훈련진행과 시스템 훈련진행 간의 차이점을 설명해 주었다. "여기에 목표와 기준이 있습니다. 여기에는 상호학습도 포함한 여러 가지 가용 자원들이 있습니다. 자, 그럼 일에 착수하십시오. 당신들이 이 기준을 빨리 달성할수록 대리로의 승진도 빠를 것입니다."

그들은 3주일 반만에 그 일을 해 냈다. 훈련 패러다임의 전환이 믿을 수 없을 정도의 동기 부여와 창의성을 가져온 것이었다.

대부분의 패러다임 전환이 그러하듯이 여기에도 물론 저항은 있었다. 최고경영층에 있는 거의 모든 중역들은 이같이 빠른 성과를 도무지 믿으려 하지 않았다. 그래서 우리가 기준이 달성되었음을 입증하는 자료를 보여주었을 때, 그들은 이렇게 말했다. "이 피교육자들은 경험이 없어요. 그들은 대리로서 가져야 하는 판단력을 갖는 데 필수적인 단련이 결여되어 있습니다."

나중에 이들 최고경영층과 대화를 하면서 우리는 많은 사람들이 속으로 다음과 같이 생각하고 있음을 알았다. '우리도 약오르고 힘든 연수기간을 견디어 냈지요. 그런데 이들은 왜 그렇게 하지 않는다는 말입니까?' 임원들이 물론 이런 식으로 말할 수는 없었을 것이다. 임원들이라면 "신입행원들은 단련이 부족하다."라고 말하는 것이 훨씬 더 체모 있는 표현이었던 셈이다.

여기에 추가하여 몇 가지 분명한 이유 때문에(6개월짜리 프로그램을 위한 75만 달러의 예산이 삭감될 수 있다는 것도 포함하여) 인사부도 반대하고 나섰다.

그래서 우리는 이렇게 말했다. "좋습니다. 그러면 좀더 많은 목표들과 그것에 대한 기준을 개발합시다. 그렇지만 자율적 훈련진행의 원칙은 지킵시다." 우리는 중역들에게 이 사람들이 지점 대리가 될 충분한 준비가 되고, 또 현장 부서에서 훈련을 계속할 수 있는 자격을 갖추었다는 확신을 심어주기 위해 매우 도달하기 힘겨운 기준인 8개의 추가적인 목표를 고안해 냈다. 이 기준을 개발하기 위하여 여러 차례의 회의에 참석한 중역들은 신입행원들이 이같이 힘겨운 기준도 충족시킬 수만 있다면, 6개월 과정 프로그램을 전부 마친 어떤 사람들보다 더 준비가 잘 될 것이라고 말하였다.

우리는 피교육자들의 저항을 예상하고 준비하였다. 그래서 이들에게 추가적인 목표와 기준을 제시하면서 다음과 같이 말했다. "우리가 예상했던 것처럼 경영층은 여러분들이 이전보다 훨씬 더 어려운 몇 가지 추가적인 목표를 달성해 주기를 원하고 있습니다. 만일 여러분들이 이 기준을 충족시킨다면, 그들은 여러분을 대리로 승진시켜 줄 것을 이번에는 분명히 약속했습니다."

그러자 이들은 믿기 어려울 정도로 열심히 했다. 이들은 회계 담당부서의 부장에게 직접 찾아가 다음과 같이 말했다. "저는 자율적 훈련진행이라고 불리는 이 새로운 실험 프로그램의 참가자입니다. 그리고 저는 부장님께서 그 목표와 기준을 개발하는 데 참여하셨다고 알고 있습니다."

"저는 이 부서에서 달성해야 할 6개의 목표를 가지고 있습니다. 그 중 3개는 대학에서 배운 지식으로 해낼 수 있습니다. 그리고 다른 하나는 책을 참고해서 할 수 있습니다. 다섯째 번 것은 부장님이 지난 주에 훈련시켜 준 동료친구로부터 배워서 알고 있습니다. 이제 달성해야 할 단 한 가지의 목표가 있는데, 부장님이나 또는 이 부서의 누군가가 제게 이것을 어떻게 하는지 그 방법을 보여주기 위해 몇 시간 정도 할애해 주실 수 있을지 모르겠습니다." 이런 식으로 이들은 한 부서에서 두 주일을 허비하는 대신 반나절만 소비했다.

이들 피교육자들은 서로 협조하고, 브레인스토밍하여, 일주일 반만에 추가목표들도 모두 달성했다. 그 결과 6개월짜리 프로그램은 5주로 단축되었고, 그 성과 역시 놀라울 정도로 향상되었다.

만일 사람들이 자신이 가진 패러다임을 검토하고, 승/승적인 것으로 전환시킬 용기만 갖는다면, 조직생활의 모든 영역에서 이와 비슷한 성과를 가지고 올 수 있을 것이다. 필자는 개인적으로 책임감있고, 주도적이며, 또 자발적인 사람이 자기 과업을 자율적으로 행하도록 했을 때, 자기 자신이나 조직에 엄청나게 좋은 결과를 가져오는 것을 보고 깜짝 놀라곤 한다.

승/승의 이행합의

상호이익이 되는 승/승의 이행합의를 도출하는 데는 패러다임 전환이 필수적이다. 이때는 방법이 아닌 성과에 초점을 맞춘다. 우리들 대부분은 방법을 감독하고자 하는 경향을 가진다. 우리는 습관 3에서 논의했던 '지시적 위임'을 사용한다. 이것은 내가 아내에게 아들이 수상 스키를 타는 모습을 사진으로 찍어주도록 요청했을 때 썼던 방법이다.

그러나 승/승의 합의는 성과에 초점을 맞춘다. 따라서 이것은 개인이 가진 엄청난 잠재능력을 개발하고, 더 큰 시너지를 창출해 내고, 나아가 생산에만 초점을 맞추는 대신 생산능력을 구축하는 데에도 중점을 둔다.

승/승식 성과확인은 자기 스스로가 평가한다. 남들이 하는 전통적인 평가방법은 거북하고 감정적 소모가 많다. 그러나 승/승적 사고에서는 자기가 사전에 함께 설정하였던 기준을 사용해서 자기 스스로 평가한다.

따라서 만일 우리가 그 기준을 정확하게만 설정한다면, 자기 자신이 평가할 수 있다. 즉, 승/승식 위임합의가 있다면, 7살짜리 어린애라도 자기가 얼마나 "깨끗하고 푸른 잔디"의 정원을 가꾸고 있는지 스스로 평가할 수 있다.

내가 대학에서 교수를 하면서 한 가장 멋진 경험은 학생들과 목표에 대해 승/승의 공유된 이해를 만들어 냈을 때였다. "이것이 우리가 지금 달성하려고 하는 것입니다. 또 나의 목표는 여러분 모두가 A학점을 얻도록 도와주는 것입니다. 여러분들은 이제부터 이 조건들을 가지고 분석해 보고, 각자의 사정에 따라 달성하고 싶은 점수가 무엇인지를 생각해 보세요. 그 다음에 여러분들이 원하는 학점과 또 그것을 얻기 위해 계획하고 있는 것에 대해 상담하고 합의합니다."

경영철학자이며 컨설턴트인 피터 드러커는 관리자들과 직원들 간의 이행합의에 대한 요점을 파악하기 위해 "관리자 서신"을 이용할 것을 추천하고 있다. 직원들은 자기 자신이 조직의 여러 목표와 일치하고 있는지를 확인하기 위해 기대성과, 실행지침, 그리고 가용자원 등에 관해 충분하고도 심도 있는 토론을 실시한다. 그런 다음 직원들이 관리자에게 토론 내용을 요약하고, 다음의 이행 계획이나 평가 토의가 언제 있을지를 편지로 쓴다.

그러한 승/승의 이행합의를 개발하는 것은 관리자가 해야 할 주요한 활동이다. 또 적절한 합의만 있으면 직원들은 그 합의된 틀 내에서 자기 자신을 관리할 수 있다. 이렇게 되면 관리자는 마라톤 경기에서의 선도자처럼 그들을 도와줄 수 있다. 관리자는 일을 정상으로 가동하게 해 놓고 물러설 수도 있다. 그 후부터 관리자가 할 일이란 장애물을 제거해 주기만 하면 된다.

만일 어떤 관리자가 자기 부하직원 각자에게 맨 처음 조력자가 된다면, 그는 자신의 통제 범위를 엄청나게 증대시킬 수 있다. 나아가 이 관리

자는 전반적인 관리에 드는 수고와 간접 경비도 절약할 수 있다. 또 관리자 자신이 6명 내지 8명을 관리하는 대신 20명, 30명, 50명, 나아가 그 이상도 관리할 수 있다.

승/승의 이행합의를 하는 경우 상벌결과란 감독자가 자의적으로 결정하는 보상이나 처벌이 아니고, 성과에서 나오는 자연법칙적 또는 논리적인 귀결이 된다.

관리자나 부모들이 통제할 수 있는 상벌결과에는 기본적으로 다음의 4가지가 있다. 여기에는 금전적 결과, 정신적 결과, 기회, 그리고 책임 등이 있다. 금전적인 결과에는 소득, 주식 배분, 수당, 혹은 벌금 등이 포함된다.

정신적 혹은 심리적 결과에는 표창, 승인, 존경, 신임, 혹은 이들의 상실을 포함한다. 사람들은 흔히 생존과 직결되는 심각한 상황이 아닌 한 금전적인 보상보다 정신적인 보상에 의해 더 큰 동기 부여를 받는다.

기회에는 교육훈련, 자기개발, 각종 혜택, 그리고 기타 복지들이 포함된다. 책임은 담당 범위 및 권한과 관계되는 것으로 확대되기도 하고 또 줄어들기도 한다. 승/승의 합의는 이들 여러 가지 상벌 가운데 하나 또는 몇 가지로 상벌결과를 확실히 하기 때문에, 관련된 사람들은 처음부터 이것을 안다. 따라서 사람들은 무책임한 짓을 하지 않는다. 왜냐하면 모든 것이 시작부터 분명하기 때문이다.

이와 같은 개인적으로 얻는 논리적인 결과뿐만 아니라, 여기에 추가하여 조직이 얻게 되는 자연법칙적인 결과가 무엇인가를 분명하게 밝히는 것도 중요하다. 예를 들어, 만일 내가 근무시간에 지각을 하면 어떤 일이 일어날까? 만일 내가 다른 사람들과 협조하지 않는다면, 내가 부하들과 함께 훌륭한 승/승의 이행합의를 해내지 않는다면, 또 소기의 성과를 부하들로 하여금 책임지게 할 수 없다면, 또 내가 부하들을 키워 주지 않고 이들의 경력 개발을 추진하지 않는다면, 무슨 일이 일어나게 될 것인가?

우리 딸이 16세가 되던 해에 우리는 가족용 승용차를 운전하는 것에 대해 승/승의 합의를 했다. 우리는 딸아이가 교통법규를 준수하고, 차를 깨끗이 유지하고, 나아가 적절하게 정비하는 내용에 합의를 했다. 또 우리는 딸아이가 오직 책임질 수 있는 목적에서만 그 승용차를 운전하고, 적절한 한도에서 자기 어머니와 나를 위해 운전사 역할을 맡을 것에 합의하였다. 우리는 일일이 지적하지 않아도 우리 딸이 기꺼이 그리고 기쁜 마음으로 자기가 맡은 모든 일을 한다는 데 대해서도 동의하였다.

나는 또 딸아이에게 다음과 같은 가용자원을 제공하는 데 대해 동의하였다. 예를 들면 내가 자동차, 휘발유, 보험 등에 대한 비용을 책임지기로 한 것이다. 또 매주 1회, 즉 일요일 오후에 딸아이가 얼마나 합의한 사항을 잘 지키고 있는지를 평가하기 위해 정기적으로 만나기로 합의하였다.

우리는 평가의 결과를 분명하게 했다. 즉, 합의한 내용 중 딸 아이가 자기의 책임 사항을 잘 지키면, 그녀는 이 차를 이용할 수 있었다. 그러나 만일 합의한 내용을 지키지 않으면, 약속을 지키기로 결정할 때까지 차를 이용할 권리를 잃게 되었다.

우리가 한 이 승/승의 합의는 처음부터 우리 모두에게 기대성과를 분명히 해 주었다. 즉, 딸아이에게 돌아가는 이익은 차를 사용할 수 있는 것이고, 또한 아내와 나에게도 이익을 주는 것이었다. 이제 딸아이는 자기 볼 일을 위해 운전을 할 수 있게 되었고, 가끔은 부모를 위해서도 운전하게 되었다. 또 우리 부부는 더 이상 이 차를 정비하거나 세차하는 것에 대해 걱정할 필요가 없어졌다.

모든 것을 딸아이 스스로가 성과확인하게 되었다. 이것은 내가 우리 딸이 하는 방식을 일일이 감독할 필요가 없어지게 되었음을 의미한다. 딸아이가 가진 성실성, 양심, 분별력, 그리고 잔고가 많은 감정은행 계좌가 그녀 자신을 훨씬 더 잘 관리했던 것이다. 우리 부부는 신경과민이 될 필요도 없어졌고, 딸아이의 모든 행동을 감독하려고 노력할 필요도 없어졌다. 나아가 우리가 기대하는 방식으로 딸아이가 하지 않는다고 현장에서 처벌을 가하거나 보상할 필요도 없어졌다. 우리는 승/승의 합의를 했고, 이것이 우리 모두를 자유롭게 해 주었다.

승/승의 합의는 무한한 자유를 주는 힘을 가진다. 그러나 만일 이것이 하나의 기법으로 분리되어 사용되면, 제 효과를 발휘하지 못한다. 설사 우리가 이것을 사전에 만든다 하더라도, 개인적인 성실성과 신뢰관계가 없다면 합의사항을 지켜 나갈 방법이 없다.

진정한 승/승의 합의는 패러다임과 성품, 그리고 인간관계에서 나오는 산물이다. 만들어진 합의는 이같은 배경에서만 상호의존적인 상호작용을 정의해 주고 가능케 해 준다.

시스템

승/승의 전략은 오직 조직 내의 여러 가지 제도인 시스템이 이를 지지할 때에만 가능하다. 만일 우리가 말로는 승/승의 원칙으로 하지만 조직이 승/패적 사고방식을 보상해 준다면, 이 전략이 실패할 것은 분명하다.

우리는 기본적으로 보상해 주는 바에 따라 어떤 것을 얻게 된다. 만일 우리가 자신의 사명선언서에 있는 어떤 목표를 달성하기 원하고, 또 그 가치를 반영하고 싶다면, 우리는 이 목표와 가치, 그리고 보상 시스템을 일관성 있게 정렬시킬 필요가 있다. 그런데 만일 이것이 체계적으로 정렬되지 않았다면, 언행이 일치되지 않을 것이다. 이때 우리는 내가 앞에서 이야기 했던 "버뮤다행 티켓" 타기 경진대회를 만들어냄으로써, 입으로는 협조를 말하고 있지만 실제로는 경쟁을 유발시키고 있는, 어떤 경영자의 방식과 똑같이 되는 것이다.

저자는 지난 몇 년 동안 미국 중서부에 있는 아주 큰 부동산 회사를 컨설팅해 준 적이 있다. 내가 이 회사에서 최초로 경험했던 것은 매년 개최하는 우수사원 시상대회였다. 여기에는 매년 800명이 넘는 판매 요원들이 참가하였다. 열광적인 함성이 뒤덮이고, 고등학교 밴드도 동원되며, 응원단이 고함을 지르는 등 아주 요란스럽게 진행되었다.

800명 가운데 약 40명이 뛰어난 매출성적으로 포상을 받았다. 여기에는 예컨대 "최고 판매", "최다 판매", "최대 커미션 수입" 및 "최다 매물목록" 등 여러 가지 명목이 있었다. 상이 수여될 때마다 흥분과 갈채 그리고 환호가 뒤섞인 요란한 소동이 한 차례씩 일어났다. 이들 40명이 승자라는 사실은 의심의 여지가 없었다. 그러나 여기에 참가한 나머지 760명은 자신이 패배자라고 느끼고 있었다.

우리는 이 회사가 승/승의 패러다임을 지향하도록 시스템과 조직구조를 정렬하는 교육 및 조직개발 프로그램 작업을 즉각 시작하였다. 그리고 이 회사에 근무하는 평사원들을 참여시키고, 이들의 근무동기를 높여주는 시스템을 개발하였다. 또한 이들이 서로 협조하고 시너지를 창출하도록 고무시켰을 뿐만 아니라, 가능한 많은 사람들이 자기 자신에게 맞도록 설계된 이행합의에 따라 기대되는 성과를 달성할 수 있도록 만들었다.

일년 후에 열린 다음 시상대회에서는 1,000명이 넘는 판매 요원들이 참가했고 그들 중 약 800명이 포상을 받았다. 이번에는 다른 사람들과의 비교에 근거한 개인적인 승자들은 별로 없었다. 그 대신 이 포상의 초점은 주로 자기 스스로 설정한 성과 목표를 달성한 사람들과 팀 목표를 달성한 집단에 맞추어져 있었다. 따라서 인위적으로 팡파르를 울리고, 응원을 하고 또 열기를 고조시키기 위해 고등학교 밴드를 불러 올 필요도 없어졌다. 모두가 같이 기쁨을 나눌 수 있었고, 전체 부서가 함께 가는 휴가여행을 포함하여 팀이 공동포상을 받았기 때문에, 자연스럽게 커다란 흥분과 흥미가 일어났다.

그런데 주목할 만한 일은 그 해에 상을 받았던 800명 거의 전원이 매출 규모와 이익면에 있어 그 전해에 수상받은 40명의 개인별 실적 수준을 달성했다는 사실이다. 이처럼 승/승의 정신은 황금알의 수를 엄청나게 증대시켰고, 거위들도 잘 사육시켜, 마침내 굉장한 인적 에너지와 재능을 발휘하게 했던 것이다. 또 이 결과로 생긴 시너지 효과는 여기에 참가했던 모든 사람들을 깜짝 놀라게 하였다.

판매 시장에서나 혹은 지난 해의 성과와 비교해서 경쟁할 수도 있다. 또 어떤 특별한 상호의존성이 없거나, 또 협력할 필요가 없는 영업소나 개인 사이에서 경쟁이 될 수도 있다. 그러나 근무처에서의 협력은 자유기업이 판매시장에서 하는 경쟁만큼 중요한 것이다. 또한 승/승의 정신은 경쟁과 시합을 하는 조직환경에서는 발붙이기 힘들다.

승/승의 정신을 활성화시키려면, 시스템, 즉 제도들이 반드시 지지해 주어야 한다. 훈련 제도, 기획 제도, 커뮤니케이션 제도, 예산 제도, 정보 제도, 보상 제도 등 모든 것이 반드시 승/승의 원칙에 입각해서 만들어져야 한다.

필자는 직원들에게 인간관계 훈련을 시키기 원하는 어떤 회사를 컨설팅한 적이 있다. 그때 이 회사가 가진 기본적인 가정은 바로 직원들이 문제라는 것이었다.

그 회사의 사장은 이렇게 말했다. "어떤 점포든지 마음대로 가보시고 점원들이 당신을 어떻게 대우하는가를 한번 보십시오. 이들은 단순히 돈만 받는 사람에 불과합니다. 이들은 고객에게 어떻게 접근해야 할지 잘 알지 못합니다. 다루는 상품에 대해서도 알지 못하고, 상품과 고객의 욕구를 결합시킬 수 있는 판매 지식이나 기술도 없습니다."

그래서 나는 여러 개의 점포에 가 보았다. 역시 사장의 말은 옳았다. 그러나 내 마음속에 여전히 남아 있는 질문에 대해서는 답을 얻지 못했다. 자, 도대체 무엇이 이런 태도를 갖게 한 원인일까?

"우리 회사가 안고 있는 문제는 다음과 같습니다." 라고 사장이 말했다. "우리는 모범적으로 일하고 있는 관리자들을 데리고 있습니다. 관리자가 맡은 직무의 2/3는 판매이고, 나머지 1/3은 관리 업무입니다. 그리고 이들은 그 어느 누구보다 많은 매출을 올리고 있습니다. 따라서 우리가 원하는 것은, 당신이 판매원들을 대상으로 필요한 훈련을 시키는 것입니다."

이 말은 내게 위험신호로 들렸다. "좀더 많은 자료를 모아 봅시다."라고 나는 말했다.

사장은 이 말을 달가워하지 않았다. 그는 문제점을 이미 "알고 있었고", 따라서 바로 훈련에 착수해 주기를 원했다. 그러나 나는 내 입장을 고수했고, 결국 이틀 내에 실제 문제점을 발견해 냈다. 직무규정과 보상제도 때문에 관리자들은 판매원들로부터 "좋은 것만 취하고" 있었다.

관리자들은 영업이 잘 안되는 시기에는 금전 등록기 뒤에 서서 직원들의 매출실적을 빼앗고 있었다. 이 회사의 소매영업 시간 중 절반은 한가했고, 나머지 절반은 정신없이 바빴다. 관리자들은 한가한 시간에는 직원들에게 힘든 재고정리, 보관 업무, 그리고 청소 등을 시키고 있었다. 그리고 자신들은 금전등록기 뒤에 서서 매출실적을 올리고 있었다. 이것이 바로 관리자들의 판매실적이 높은 이유였다.

따라서 우리는 한가지 시스템, 즉 보상제도를 바꾸어 보기로 하였다. 그러자 문제는 하룻밤 사이에 해결되었다. 우리는 판매원들이 영업실적을 올릴 때만 관리자들도 실적을 올리는 시스템을 만들었다. 즉, 관리자들의 욕구와 목표를 판매원들의 그것과 중복되게 만든 것이다. 그 결과 인간관계 훈련의 필요성은 갑자기 사라져 버렸다. 문제의 핵심은 진정한 승/승의 보상제도를 개발함으로써 완전히 해결된 것이다.

또 다른 예로 나는 공식적인 업무평가에 대한 컨설팅을 요청한 어떤 회사의 경영자를 도와준 적이 있다. 그는 자신이 특정 관리자에게 준 고과점수 때문에 깊은 고민에 빠져 있었다. "그는 3등급을 받아야 했는데,

난 1등급을 주었습니다."(이것은 곧 탁월함을 의미하고 승진대상이 될 수 있음을 의미했다.)

"무슨 이유로 그 사람에게 1등급을 주었습니까?"

"그는 실적을 올렸기 때문입니다."

"그럼 왜 그 사람이 3등급을 받아야 한다고 생각하는 거지요?"

"그 사람이 실적을 올리는 방식 때문입니다. 그는 다른 사람들을 희생시키는 말썽꾸러기입니다."

"그 말은 이 사람이 완전히 생산에만 집중하고 있는 사람같이 들리는군요. 그리고 그것이 바로 그가 보상을 받는 이유이기도 하고요. 그런데 만일 당신이 이 문제에 대하여 그 사람과 이야기를 했다면, 즉 당신이 생산능력의 중요성을 그 사람에게 이해시켜 주었다면, 결과가 어떻게 되었을까요?"

그는 자신이 그렇게 해보았지만, 아무 성과가 없었다고 말했다.

"그럼 만일 당신이 그 사람과 승/승 계약을 하면 어떨까요. 즉, 그가 받는 보상의 3분의 2는 그가 해 내는 성과인 생산에서 나오고, 나머지 3분의 1은 생산능력, 예컨대 다른 사람들이 그를 어떻게 인식하는가, 그가 어떤 종류의 리더인가, 인재를 육성하는가, 팀을 잘 구축하는가 등에 따라 결정하면 말입니다."

"그 제안에 대해선 그 사람도 관심을 보일 것입니다."라고 그가 대답했다.

문제는 사람 때문이 아니라 제도 때문에 생기는 경우가 많다. 따라서 만일 우리가 유능한 사람들을 나쁜 제도 아래서 일하게 한다면, 우리는 나쁜 결과를 얻게 될 것이다. 우리가 유능한 인재의 꽃을 얻고 싶으면, 그 꽃나무에 좋은 제도의 물을 주어야 한다.

사람들로 하여금 진정으로 승/승의 사고를 배우게 만들려면, 이것의 활성화 방법을 창조할 수 있고, 강화시킬 수 있는 시스템을 만들어야 한다. 그러면 사람들은 불필요한 경쟁적 상황을 협력적 상황으로 변혁시킬 수 있고, 나아가 생산과 생산능력을 모두 구축함으로써 그들의 효과성에 큰 영향을 미칠 수 있다.

외부 기업 경영자들은 성과기준에 맞서 경쟁하기 위해 고도로 생산적인 사람들로 구성된 팀 중심으로 조직을 개편할 수 있다. 교육에서도 교사들은 각 학생들과 사전에 합의된 기준에 입각하여 그들이 얻은 성적을 평가하는 제도를 수립할 수 있다. 이것은 학생들로 하여금 생산적인 방식으로 서로 배우며 좋은 성적을 얻을 수 있게 협조하도록 초점을 바꿀 수 있다. 예컨대 볼링같은 운동의 경우 가족이 공동으로 수립한 점수를 놓고 이 점수를 깨뜨리는 데 게임의 목표를 둘 수 있다. 집에서 가족들이 승/승 합의에 입각하여 집안 일에 대한 책임을 나눌 수도 있다. 이것은 끊임없이 잔소리하는 것을 없애줄 뿐만 아니라, 부모들이 해야 할 일에만 신경쓰게 해 준다.

언젠가 한 친구는 내게 자기가 본 만화에 대해 이야기해 주었다. 이 만화에는 어린이 둘이서 다음과 같이 말하는 것이 있었다. "만일 엄마가 우리를 일찍 깨워주시지 않으면 우리는 학교에 지각할거야." 이 말이 이 친구의 주위를 끈 것은 가족 구성원이 책임감 있는 승/승적 기초 위에 조직화되지 않을 경우 일어나는 문제의 본질을 다루고 있었기 때문이었다.

승/승의 원칙은 분명한 실행 지침과 가용자원을 가지고 구체적인 성과를 개인이 달성하도록 책임을 부여한다. 또 이것은 개인으로 하여금 수행성과를 확인하게 하고 결과를 평가하게 한다. 나아가 승/승적 시스템은 승/승의 이행합의를 지지하고 강화하는 환경을 만들어 낸다.

과정
우리가 승/패 또는 패/승의 수단을 가지고 승/승의 결과를 얻을 수는 없다. 따라서 다음과 같이 말할 수 없다. "당신이 좋아하든 싫어하든 무조건 승/승식으로 생각하라." 문제는 어떻게 하면 승/승의 결과, 즉 해결방안에 도달하느냐 하는 그 수단이다.

하버드 법대 교수인 로저 피셔(Roger Fisher)와 윌리엄 우리(William Ury)는 「협상 비결」(Getting to Yes)이라는 아주 유용하고 통찰력 있는 저서를 발간하였다. 이들은 이 책에서 "원칙 중심" 접근방법 대 "입장 중심" 접근방법이라고 부르는 훌륭한 협상 방법을 제시하고 있다. 비록 저자들이 승/승이란 단어는 사용하고 있지 않지만, 그 바탕을 이루는 기본정신과 철학은 승/승적 접근방법과 일치하고 있다.

그들은 원칙에 입각한 협상의 가장 중요한 핵심은 사람을 문제로부터 분리시키는 것이라고 설명한다. 나아가 입장 주장보다는 이해관계에 초점을 맞추고, 쌍방이 득을 볼 수 있는 대안을 찾아내고, 또 객관적인 기준을 강조해야 한다고 말한다. 여기서 말하는 객관적 기준은 쌍방이 수용할 수 있는 외부적 기준이나 원칙이다.

승/승의 해결방안을 추구하는 많은 사람들과 조직을 대상으로 지금까지 컨설팅을 해 온 나의 경험에 입각하여 다음과 같은 4단계 협상 과정을 제안하고 싶다.

> 첫째, 문제를 다른 사람의 관점에서 바라보라. 자기 자신보다 상대방의 욕구와 관심을 진정으로 이해하려고 애쓰고 또 그렇게 자기 감정을 표현하라.
> 둘째, 관련 문제의 핵심적인 쟁점과 관심(입장이 아닌)을 파악하라.
> 셋째, 어떤 결과가 완전히 수용가능한 해결방안이 되는가를 결정하라.
> 넷째, 이같은 결과를 얻는 데 가능한 새로운 선택대안들을 규명하라.

습관 5와 6은 이같은 과정에서 나타나는 2가지 요소를 직접 다룬다. 그리고 우리는 이 문제를 다음의 두 장(章)에 걸쳐 심도있게 살펴볼 것이다.

필자는 여기에서 다시 한번 승/승의 해결방식 자체가 갖는 본질과 승/승 과정이 갖는 특성이 서로 깊이 관련되어 있다는 점을 강조하고자 한다. 우리는 승/승의 과정을 통해서만 승/승의 해결방식을 얻을 수 있다. 다시 말하면 수단과 결과가 동일한 것이다.

승/승의 전략은 성격에 근거한 기법이 아니다. 이것은 인간 상호작용의 총체적 패러다임이다. 성실성, 성숙, 그리고 풍요의 정신에서 나온다. 이것은 신뢰가 높은 인간관계에서 가능한 것이다. 또 이것은 기대와 성취를 효과적으로 명시하고 관리하는 합의에 유용하게 사용된다. 나아가 이것은 지원 시스템이 있으면 더욱 유용하다. 마지막으로 이것은 우리가 습관 5와 6에서 보다 자세히 검토하려고 하는 과정을 통해서 달성될 수 있다.

습관 4의 적용을 위한 제언

1. 당신이 앞으로 하게 될 어떤 합의와 해결방안에 도달하고자 할 때, 그 상호작용을 생각해 보라. 용기와 배려 사이에 균형을 유지하도록 최선을 다해 보라.

2. 승/승의 패러다임을 좀더 빈번히 적용하는 데 방해하는 장애물이 무엇인지 그 목록을 작성하라. 그 다음 이같은 장애물을 제거하기 위해 당신이 영향력의 원에서 무엇을 할 수 있는가를 살펴보라.

3. 승/승의 합의를 개발하고 싶을 때, 먼저 그 대상으로 할 사람을 선택하라. 당신 자신을 이 사람의 입장에 놓고, 이 사람의 해결방안이 무엇이 될 것인지 생각해 보고 자세히 기록하라. 그 다음에 당신 자신이 보는 관점에서 어떤 결과가 당신에게 승리를 가져다 주는지 그 명세를 작성하

라. 이제 상대방을 만나서 합의점에 도달할 때까지, 상호이익이 되는 해결방안을 찾을 때까지 대화할 준비가 되어 있는지 물어보라.

4. 당신의 일상 생활에서 주요한 인간관계를 형성하는 세 사람을 들어보라. 그 다음에 이들 각자와 형성하는 감정은행 계좌에 잔고가 어떤지를 구체적으로 기술하라. 또 세 사람 각자와 갖는 계좌에 당신이 예입시킬 수 있는 구체적인 방법 몇 가지를 기록하라.

5. 당신자신이 갖는 패러다임, 즉 각본을 깊이 숙고하라. 그것은 승/패의 각본인가? 당신의 이같은 각본이 대인관계에는 어떤 영향을 미치는가? 이 각본이 어떤 원천에서 나왔는지 파악할 수 있는가? 나아가 당신의 이같은 각본이 현재 생활에 잘 맞는지 그 여부를 결정하라.

6. 힘든 상황에 처해서도 진정으로 상호간의 이익을 추구하고자 노력하는 대표적인 승/승 모델을 보여주는 사람을 생각해 보라. 또 이 사람이 보여주는 예를 자세하게 살펴보고, 무엇을 그로부터 배울 것인가를 생각해 보라.

습관 5. **경청한 다음에 이해시켜라**
-공감적 커뮤니케이션의 원칙-

> 사람들의 마음속에는 이유들이 존재한다.
> 그 이유들은 이성적으로 판단하기 어렵다.
>
> -파스칼-

다음과 같은 상황을 가정해 보자. 당신은 시력이 나빠서 고생을 하고 있고, 그래서 친척이 경영하는 안경점에 가서 도움을 청하기로 했다.

이 안경점에 근무하는 사람은 당신의 얘기를 간단히 듣고 난 뒤에 자신이 쓰고 있던 안경을 벗어주면서 다음과 같이 말한다.

"자, 이걸 끼어 보세요." "나는 지금까지 10여 년 간 이 안경을 써 왔는데 정말 도움이 되었지요. 집에 한 개가 더 있으니 이건 당신이 써도 좋습니다."

그래서 당신은 그 안경을 써 본다. 그러나 문제는 더욱 악화될 뿐이다.

"이런, 도수가 너무 높군요. 아무 것도 안 보이는데요." 하고 당신은 큰 소리로 외친다. "왜 안 되는 거지요? 나한테는 잘 맞았는데. 자, 다시 한번 잘 써 봐요."

"쓰고 있잖아요." 하면서 당신은 항의한다. "그렇지만 모든 게 희미하게 보일 뿐인데요."

"무슨 소리예요? 좀더 적극적으로 사고해 보세요."

"그러나 난 사물을 잘 볼 수가 없어요."

"이런, 당신은 도대체 감사할 줄 모르는 사람이군요."라고 그가 나무란다. "나는 당신을 도와주려고 최선을 다하고 있는데."

만약 후에 당신이 다시 도움이 필요할 때, 과연 이 안경점에 찾아갈 가능성이 있을까? 내가 보기엔 그리 많지 않을 것이다. 어떤 처방을 내리기 이전에 진단하지 않는 사람은 별로 신뢰하지 않을테니까 말이다.

그러나 우리가 커뮤니케이션을 할 때, 진단하기 전에 처방부터 하는 사례는 얼마나 흔한 일인가?

"자, 얘야. 네 속사정을 좀 얘기해 봐라. 복잡한 것이겠지만 내가 이해하도록 노력할게."

"모르겠어요. 어머니, 어머닌 내가 바보라고 생각하실 거예요."

"물론 그렇지 않다. 얘야, 얘기해 보렴. 나만큼 널 생각하는 사람은 없단다. 나의 관심은 너의 행복뿐이란다. 무엇이 널 그렇게 불행하게 만들고 있니?"

"잘 모르겠어요."

"어서, 얘야, 그게 뭐지?"

"저, 사실은 난 이제 더 이상 학교에 다니고 싶지 않아요."

"뭐라고?" 당신은 믿을 수 없다는 듯이 반문한다.

"학교가 싫다고 얘기하고 있는거냐? 우리가 네 교육을 위해 모든 희생을 감수하고 있는데도! 교육은 네 장래의 기초야. 너도 네 언니처럼 공부에 전념하면 성적이 오를거고, 그러면 학교도 좋아하게 될 거다. 거듭 얘기하지만 학교에 전념해 보아라. 넌 그럴 능력이 있는데, 노력을 하지 않고 있는 거야. 좀더 열심히 해 봐라. 학교에 대해 적극적인 사고방식을 가져보렴."

침묵이 흐른다.

"자. 말해 봐. 어머니 생각이 어떤지."

우리는 어떤 문제를 당장의 좋은 충고를 통해 해결하고자 하는 경향을 갖고 있다. 그러나 우리는 종종 문제점을 먼저 진단하고, 깊이있게 이해하기 위한 시간을 갖지 않으려고 한다.

대인관계 분야에서 필자가 터득한 한 가지 중요한 원칙을 들라면 바로 다음과 같다. 먼저 상대방을 이해하려고 노력한 다음, 자기를 이해시켜라. 이 원칙이야말로 효과적인 대인관계 커뮤니케이션의 열쇠이다.

성품과 커뮤니케이션

당신은 지금 내가 쓴 책을 읽고 있다. 읽고 쓰는 것은 둘 다 커뮤니케이션의 한 형태이다. 마찬가지로 말하는 것과 듣는 것 역시 커뮤니케이션의 다른 형태이다.

사실 이상은 커뮤니케이션의 4가지 기본유형에 속한다. 우리는 이들 4가지 중 적어도 한 가지를 하면서 시간을 보내고 있다. 나아가 이상 4가지를 잘할 수 있는 능력이야말로 당신이 효과성을 높이는 데 절대적으로 중요하다.

커뮤니케이션은 우리의 일상생활에서 가장 중요한 기술이다. 우리는 깨어있는 시간의 대부분을 커뮤니케이션하면서 보낸다. 그러나 이 점을 생각해 보자. 즉, 당신은 읽고 쓰는 방법을 배우는 데 수년을 보냈고, 또 말하는 법을 배우는 데도 여러 해를 보냈다. 그러나 듣기에 대해서는 어떤가? 당신은 상대방을 그 사람의 입장에 서서 진정으로 깊이 이해할 수 있게끔 경청하는 능력을 갖기 위해 어떤 훈련이나 교육을 받았는가?

비교적 극소수의 사람들만이 경청하는 훈련을 받고 있다. 그리고 대부분의 경우 이들이 받는 훈련은 기법 중심인 성격 윤리에서 출발한 것이다. 따라서 이같은 경청 훈련은 다른 사람을 진정으로 이해하는 데 절대적으로 중요한 성품이나 인간관계에 바탕을 두고 있지 않다.

만일 당신이 나와 효과적으로 교제하고, 또 내게 영향력을 미치기를 원한다면 — 당신의 배우자, 자녀, 이웃, 직장상사, 직장동료, 그리고 친구에 대해서도 마찬가지이다. — 우선 나를 이해할 필요가 있다. 테크닉만 가지고는 그렇게 할 수 없다. 만일 당신이 어떤 테크닉을 사용하고 있다는 것을 내가 알아챈다면, 나는 당신의 이중성과 가식을 알아차리게 된다. 또 나는 왜 당신이 그렇게 하고, 당신의 동기는 무엇인가를 의심하게 될 것이다. 그래서 나는 안심하고 내 마음을 당신에게 열어 줄 수 없게 된다.

내게 진정한 영향력을 미치는 관건은 실제로 보여주는 당신의 행동에 달려 있다. 당신이 보여주는 실제 행동은 당신의 성품, 즉 진정 당신이 어떤 종류의 사람인가로부터 자연스럽게 나오는 것이다. 이것은 다른 사람의 평판이나 당신이 나로부터 받고 싶은 평판으로부터 나오는 것이 아니다. 그 영향력은 내가 당신을 실제로 어떻게 경험했는가에 따라 확실히 달라진다.

당신의 성품은 마치 발광체처럼 계속해서 방사되고 또 전달되고 있다. 결국 이처럼 방사되는 당신의 성품을 통하여 내가 당신을 그리고, 나에 대한 당신의 노력을 직감적으로 신뢰하거나 또는 불신하게 된다.

만일 당신의 일상생활이 변덕스럽다면, 또 당신이 신랄하기도 하면서 동시에 친절하다면, 나아가 무엇보다도 당신의 개인적인 행동이 공적인 행동과 불일치한다면, 나는 당신에게 마음을 열기가 매우 어려울 것이다. 그렇게 되면 내가 당신의 애정과 관심을 받기 원하고 또 필요로 한다 해도, 나는 내 자신의 견해나 경험 그리고 느낌 등을 노출시키는 것을 꺼려하게 된다. 무슨 일이 일어날지 누가 안단 말인가?

그런데 내가 당신에게 마음을 열지 않는 한, 그리고 당신이 나의 독특한 상황과 감정을 이해하지 못한다면, 당신은 내게 어떻게 충고하고 조언해야 할지 모를 것이다. 당신이 하는 말이 좋고 훌륭한 것일지는 몰라도 그것이 내게 꼭 적절하다고는 볼 수 없다.

당신은 나를 염려하고, 또 나의 심경을 헤아린다고 말할지도 모른다. 나 역시 그 말을 믿고 싶다. 그러나 당신이 나를 이해조차 못하는데, 어떻게 내 심정을 파악할 수 있단 말인가? 그리고 내가 아는 것은 당신의 말뿐인데, 나는 그 말을 신뢰할 수 없다.

나는 충고 받는 것에 대해 화를 잘 내고 방어적일지도 모른다. 이것은 아마 내가 너무 큰 죄책감과 두려움을 갖고 있기 때문일 것이다. 설사 나의 내면에서 당신이 내게 해 주는 충고를 필요로 하고 있다고 해도 말이다.

만일 당신이 나만이 갖는 독특성을 인정하지 않는 한, 나는 당신의 충고를 인정하지 않을 것이다. 따라서 만일 당신이 진정으로 대인 간의 커뮤니케이션을 효과적으로 하고 싶다면, 테크닉만 가지고는 결코 성공할 수 없다. 즉, 당신은 솔직함과 신뢰를 고무시키는 성품에 바탕을 둔, 공감적 경청을 할 수 있는 기술을 반드시 배워야 한다. 그리고 마음과 마음 사이에 하나의 거래를 창출하는 감정은행 계좌의 잔고를 높여야 한다.

공감적 경청

"먼저 경청해서 상대방을 이해하려고 노력하라."라는 말은 매우 심오한 패러다임의 전환을 수반한다. 우리는 보통 남에게 먼저 얘기하여 이해받고 싶어한다. 또한 대부분의 사람들은 이해하려는 의도를 갖고 듣는 게 아니라, 대답할 의도를 갖고 듣는다. 따라서 사람들은 대부분의 경우 말을 하고 있거나 말할 준비만 하고 있다. 그들은 자신이 갖고 있는 패러다임을 통해 모든 것을 여과시키고, 다른 사람들의 생활 속에 자기자신의 경험을 심어주고자 한다.

"예. 나는 당신이 어떤 기분인지 잘 압니다."

"나도 똑같은 일을 경험했어요. 자, 당신에게 내 경험을 이야기해 드리지요."

사람들은 다른 사람들의 행동에 자기 자신에 관한 영화를 계속 투사해 주고 있는 셈이다. 그들은 자기 자신이 접촉하는 모든 사람들에게 자신들의 안경을 쓰라고 처방해 주고 있는 셈이다. 만일 그들이 누군가로 인해—아들이나 딸, 혹은 배우자, 직원들—골치를 앓고 있다면, 그들의 태도는 통상 이러하다. "그 사람은 날 이해하지 못해요."

어떤 아버지가 언젠가 내게 이렇게 말했다. "난 우리 애를 이해할 수 없어요. 그 애는 도대체 내 말에 귀를 기울이려 하지 않아요."

"당신이 방금 말한 것을 제가 다시 한번 말해 볼까요."하고 내가 대답했다. "아들이 당신의 말을 듣지 않기 때문에 아들을 이해하지 못한다는 것입니까?"

"그렇습니다."라고 그가 대답했다.

"다시 한번 확인하죠."라고 내가 말했다. "당신은 그 애가 당신에게 귀를 기울이지 않기 때문에 그를 이해하지 못합니까?"

"그게 내가 말하려는 겁니다." 그는 참을 수 없다는 듯이 대답했다. "다른 사람을 이해하기 위해서는 당신이 그에게 귀를 기울여야 된다고 생각하는데요."라고 내가 넌지시 말했다. "그렇네요!"라고 그가 대답했고, 그 다음에는 긴 침묵이 흘렀다. "정말 그렇네요!" 하고 그가 다시 말했을 때, 그의 얼굴에는 어떤 빛이 비치기 시작하고 있었다. "그래요. 맞습니다. 하지만 난 벌써 그 애를 이해하고 있어요. 난 그 애가 겪고 있는 심정을 잘 압니다. 왜냐하면 내 자신도 똑같은 과정을 경험했거든요. 그런데 내가 이해하지 못하는 것은 왜 그 애가 내 말을 들으려 하지 않는가 입니다."

사실 이 아버지는 자기 아들이 마음속으로 어떤 생각을 하고 있는가를 조금도 알지 못했다. 그 대신 이 사람은 자기 자신의 마음을 들여다 보고는 자기 아들과 세상을 보았다고 간주한 것이다.

이것은 우리들 대부분에게 해당되는 이야기이다. 우리는 나름의 논리로 가득차 있고, 모든 것을 자신의 경험에 비추어 이해하려고 한다. 그러면서도 이해받기를 원한다. 우리가 나누는 대화는 각자의 독백을 모아놓은 것에 지나지 않는다. 그래서 다른 사람 내면에서 무엇이 진행되고 있는지 조금도 이해할 수 없다.

우리는 다른 사람의 말을 들을 때, 보통 다음의 5가지 수준 중 어느 하나로 듣고 있다. 첫째 번은 그 사람의 말을 무시하는 경우로, 이것은 실제 전혀 듣지 않는 것이다. 둘째 번은 "응, 그래, 그렇지, 맞아." 등의 맞장구를 치면서 듣는 체하는 것이다. 셋째 번은 선택적 청취로, 대화에서 단지 어떤 특정한 부분만 듣는 경우이다. 어린아이들이 끊임없이 재잘댈 때 우리는 곧잘 이같은 방식으로 듣는다. 넷째 번은 신중한 경청으로, 상대가 하는 이야기에 주의를 기울이고, 그 말에 총력을 집중하여 듣는 것이다. 그러나 극히 소수만이 다섯째 번인, 즉 가장 고차원의 경청 형태인 "공감적 경청"을 한다.

여기서 말하는 공감적 경청이란 다른 사람이 말하는 것을 기본적으로 흉내내는 "적극적" 경청이나 "반사적" 경청과는 전혀 다르다. 이같은 종류의 경청기법은 성품이나 인간관계로부터 단절된 기술에 바탕을 두고 있다. 따라서 이같은 기법은 "청취되어지는 사람"을 모욕하는 것이기도 하다. 이것은 또한 본질적으로 보면 자서전적, 즉 자기 경험 중심적인 것이다. 우리가 이같은 기법을 사용한다면, 실제 상호작용에서 자신의 경험을 투사하지 않을지 모르지만, 청취하는 동기는 항상 자기 중심적이다. 비록 반사적 경청기법으로 듣고 있지만, 청취하는 의도는 대답하고, 통제하고, 또 조종할 목적에 있는 것이다.

여기서 말하는 공감적 경청이란 이해하려는 의도를 가지고 경청하는 것을 말한다. 내가 먼저 상대방을 이해하는 것, 즉 진정한 이해를 추구하는 것이다. 그런데 이것은 지금까지 우리가 해 온 것과는 완전히 다른 패러다임이다.

공감적 경청이란 다른 사람이 가진 준거틀의 내면에 들어가는 것을 말한다. 다른 사람의 관점을 통해서 사물을 보는 것, 즉 그들이 세상을 보는 방식에 입각하여 세상을 보는 것이다. 이때 우리는 그들의 패러다임을 이해하고, 또 그들이 느끼는 감정도 이해한다.

공감이란 동감을 말하는 것이 아니다. 동감은 합의의 한 형태인 판단을 포함한다. 그리고 이것은 때때로 분위기에 맞춰 표현된 감정과 반응이다. 사람들은 곧잘 동감에 의지하게 되는데, 이는 사람들을 서로 종속적으로 만든다. 공감적 경청의 본질은 우리가 누군가에게 동의하는 것을 의미하는 것이 아니다. 그 대신 이것은 어떤 사람을 감정적으로는 물론 지적으로도 완전하고 깊게 이해하는 것을 말한다.

공감적 경청은 말하는 내용을 마음속에 새기고, 반응하고, 이해하는 것 이상의 훨씬 더 많은 것을 포함하고 있다. 커뮤니케이션 전문가들이 추정하는 바에 의하면, 커뮤니케이션 중 불과 10%만이 우리가 말하는 내용에 의해 전달되고 있다고 한다. 다른 30%는 우리가 내는 소리에 의해, 그리고 나머지 60%는 우리의 신체언어를 통해 전달된다.

그러나 공감적 경청을 하는 경우 우리는 귀로 말을 들을 뿐만 아니라, 동시에 더욱 중요한 눈과 가슴으로 듣는다. 이때 우리는 그 말이 갖는 느낌과 의미를 경청한다. 나아가 행동도 경청한다. 이것은 오른쪽 뇌는 물론 왼쪽 뇌까지도 사용하는 것이다. 말하자면 감지하고, 직관하고, 느끼는 것이다.

공감적 경청은 막강한 힘을 가지고 있다. 왜냐하면 이것은 우리가 필요로 하는 정확한 데이터를 제공하기 때문이다. 이것은 자기 자신의 자서전적 경험을 투사하고 생각, 느낌, 동기, 해석 등을 하는 것이 아니라, 그 대신 상대방의 머리와 가슴 그 내부에서 일어나고 있는 실체를 다룬다. 또 우리는 이해를 목적으로 경청한다. 게다가 다른 사람의 심오한 커뮤니케이션을 수신하는 데 초점을 둔다.

여기에 추가하여 공감적 경청은 감정은행 계좌에 예입을 시켜주는 비결이 된다. 그 이유는 다른 사람이 우리의 순수한 의도를 지각하지 않는다면, 감정은행 계좌에 예입되지 못하기 때문이다. 따라서 감정은행 계좌에 예입을 시키기 위해 최선을 다한다고 해도, 다른 사람이 우리의 노력을 속임수이고, 이기적이고, 위협적이고, 나아가 위장된 친절로 간주할 때에는 완전히 수포로 돌아가 인출이 되어 버린다. 왜냐하면 이같은 경우 우리는 상대방의 문제가 무엇인지를 진정으로 이해하지 못하기 때문이다.

공감적 경청은 그 자체만으로 감정은행 계좌에 막대한 예입이 될 수 있다. 또 이것은 상대방에게 "심리적 공기"를 제공해 주기 때문에 상당한 치료 효과도 가지고 있다.

만일 지금 있는 바로 이 방의 모든 공기가 갑자기 밖으로 빨려 나간다면, 당신은 이 책에 얼마나 관심을 갖겠는가? 아마 이 책에 더 이상 관심을 가지지 않을 것이다. 그리고 당신은 공기를 마시는 일 외에는 아무 것에도 관심이 없을 것이다. 이같은 상황에서는 생존만이 유일한 욕구가 될 것이다.

그러나 지금 당신은 공기를 마시고 있기 때문에 이것이 욕구를 유발시키지 못한다. 그런데 이것이야말로 인간욕구 분야에서 발견한 가장 중요한 통찰의 하나라고 할 수 있다. 즉, 만족되어 부족함이 없으면, 더 이상 욕구를 유발시키지 않는다. 육체적 생존 다음으로 인간에게 가장 큰 욕구는 심리적 만족이다. 이는 곧 타인으로부터 이해받고, 신뢰받고, 인정받고, 존경받는 것을 의미한다.

당신이 다른 사람을 공감적으로 경청하면, 이는 그 사람에게 심리적 공기를 주는 것이다. 이같이 절대적인 욕구가 충족되고 난 다음, 비로소 당신은 그 사람에게 영향을 미치거나 문제를 해결하는 일에 착수할 수 있다.

심리적 공기는 우리 생활의 모든 분야에서 이루어지는 커뮤니케이션에 큰 영향을 미친다.

나는 언젠가 시카고에서 있었던 한 세미나에서 이 개념을 가르쳤다. 그리고 그 세미나의 참가자들에게 그날 저녁에 공감적 경청을 한번 실행에 옮겨보라고 부탁했다. 다음날, 한 사람이 숨가쁘게 달려와 자신에게 일어난 일을 들려 주었다.

"어젯밤에 무슨 일이 있었는지 말씀드리지요."라고 그는 말했다. "시카고에 있는 동안 나는 한 건의 큰 부동산 거래를 처리하려고 애쓰고 있었어요. 나는 어젯밤 계약 당사자들, 양측 변호사들, 그리고 다른 대안을 가지고 우리 사이에 막 끼어든 다른 부동산 중개업자 등과 만났습니다."

"나는 자칫하면 이 거래를 놓칠 것 같았습니다. 그런데 나는 지난 6개월 간 이 거래에 매달려 왔고, 사실 이 거래에 내 전 사업의 운명을 모두 걸고 있었습니다. 전부를요. 그러니 당황할 수밖에요. 나는 할 수 있는 모든 노력을 다했습니다. 내가 할 수 있는 모든 판매기술도 다 발휘했지요. 어제 상담에서 마지막으로 하려고 준비한 말은 '결정을 좀더 후에 내리도록 미룰 수 있을까요?' 라는 것이었습니다. 그러나 이 일을 너무 오랫동안 끌어왔기 때문에 모두가 지쳐 있었고, 분위기가 갑자기 다른 중개업자의 대안을 택하는 쪽으로 기울고 있었습니다."

"그래서 난 속으로 이렇게 말했지요. '자, 왜 그걸 안 하는 거지? 왜 오늘 배운 내용, 먼저 경청한 다음에 이해를 구하라는 원칙을 적용해 보지 않는거지?' 밑져야 본전 아닌가."

"난 계약자에게 이렇게 말했습니다. '당신의 입장을 내가 올바로 이해하고 있는지 또 나의 제안에 대한 당신의 우려를 내가 정말 제대로 이해하고 있는지 한번 살펴봅시다. 만일 당신이 내가 그것을 이해했다고 느끼낀다면, 우리는 내 제안이 적절한 것인지 여부도 파악할 수 있게 될 것입니다.'"

"나는 정말로 그의 입장이 되려고 노력했어요. 따라서 그가 원하는 내용을 말로 표현하려고 노력했습니다. 그랬더니 그도 차츰 마음을 열기 시작하더군요."

"내가 그 사람이 우려하고 있는 것, 또 그가 예상하고 있던 결과에 대해 더 많이 파악하고 더 정확하게 표현할수록, 그는 자기의 마음을 더욱 활짝 열기 시작했습니다."

"마침내 그는 대화 도중 자리에서 일어나 자기 부인에게 전화 다이얼을 돌리더군요. 전화기를 놓으면서 그는 이렇게 말했습니다. '당신이 이 계약을 성사시켰소.'"

"난 완전히 어안이 벙벙한 기분이었어요. 오늘 아침까지도 여전히 그렇습니다."하고 그는 말했다.

그는 상대방에게 심리적 공기를 불어 넣어줌으로써, 감정은행 계좌에 막대한 예입을 시켰던 것이다. 다른 것은 똑같아도 바로 이 심리적 공기가 서로 통하게 되면, 여기에 나타나는 인간적 역학이 그 어떤 기술적 차원보다 더욱 중요한 것이 된다.

먼저 경청하여 이해하는 것, 즉 처방을 내리기 전에 진단하는 것은 어려운 일이다. 단기적인 안목으로 보면, 자기에게 오랫동안 잘 맞던 안경을 다른 사람에게 권하는 것이 훨씬 더 쉬운 일이다.

그러나 장기적으로 보면, 이것은 생산과 생산능력 모두를 엄청나게 고갈시킨다. 다른 사람에 대해 정확하게 이해하지 못한다면, 우리는 최대한의 상호의존적 생산을 달성할 수 없다. 그리고 우리와 대화하고 있는 사람 자신이 충분히 이해되고 있다고 느끼지 않는다면, 대인관계의 생산능력, 즉 높은 잔고의 감정은행 계좌를 가질 수 없다.

공감적 경청은 위험부담도 안고 있다. 사실 심오한 경청의 경험세계로 들어간다는 것은 상당한 안정감을 필요로 한다. 당신이 영향을 받기 위해서는 먼저 자기 스스로를 열어 보여야 하기 때문이다. 이때 당신은 상처를 받을 수 있다. 어떤 의미에서 이것은 역설이다. 그 이유는 영향을 미치기 위해서는 반드시 먼저 영향을 받아야 하기 때문이다. 이것은 진정으로 상대를 이해해야 한다는 것을 의미한다.

이상과 같은 사실이 바로 습관 1, 2, 3이 그 바탕이 되어야 하는 이유이다. 이 3가지 습관은 당신을 불변하는 내면의 핵심, 즉 원칙 중심적으로 되게 만든다. 그리고 당신은 외부세계로부터 상처받기 쉬운 더 많은 취약점을 마음의 평화와 힘을 가지고 다룰 수 있게 된다.

처방하기 전에 진단하라

먼저 경청하여 이해하는 것, 또 처방을 내리기 전에 진단하는 것은 위험성도 있고 쉽지 않는 일이다. 그러나 이것은 우리 생활의 많은 분야에 적용되는 올바른 원칙이다. 이것은 모든 전문직업인들에게 적용되는 중요한 지침이다. 안경점의 검안사에게도 중요하고, 의사에게도 중요하다. 왜냐하면 우리가 진단을 신뢰하지 않는 한 의사의 처방에 대해서도 신뢰하지 않을 것이기 때문이다.

우리 딸 제니가 겨우 2개월 되던 어느 토요일에 병이 났다. 그날은 우리가 사는 도시에 미식축구 시합이 있던 날이어서 거의 모든 사람들이 여기에 정신을 빼앗기고 있었다. 이 시합은 아주 중요한 것이어서 약 6만여 명이나 경기를 관람하러 갔다. 아내와 나도 거기에 가고 싶었지만, 어린 제니를 혼자 두고 갈 수 없었다. 아이는 구토와 설사로 우리를 당황하게 만들었다.

우리가 아는 의사도 시합을 관람하고 있었다. 그는 우리 집의 주치의는 아니었으나 그날의 당번 의사였다. 제니의 상태가 더 악화되었을 때, 우리는 의사의 도움이 필요하다고 생각했다.

집사람은 경기장으로 전화를 걸어 그 의사를 불러주도록 부탁했다. 때마침 시합은 중요한 순간을 맞고 있었지만, 아내는 "네?"하는 그의 친절한 목소리를 들었다. "무슨 일이지요?"하고 그 의사는 상쾌하게 물었다.

"의사 선생님, 전 코비 부인입니다. 우리 딸 제니가 아파서 걱정하고 있는 중이에요."

"어디가 아픕니까?" 하고 그가 물었다.

집사람은 딸아이의 증세를 설명했고, 의사는 다음과 같이 말했다. "좋습니다. 제가 처방해 드리지요. 어느 약국으로 해 줄까요?"

전화를 끊고 나서 집사람은 의사에게 필요한 증상은 얘기했지만, 너무 서두르느라고 완전한 정보는 주지 못한 것 같다고 말했다.

"당신은 제니가 신생아라는 사실을 그 의사가 안다고 생각해요?" 하고 내가 아내에게 물었다.

"그럴 거예요." 아내가 대답했다.

"그러나 그 사람은 우리 집 주치의가 아니지 않소. 제니를 진찰해 본 적이 한번도 없단 말이오."

"글쎄요. 난 그가 알고 있다고 생각하는데요."

"그 의사가 제니에 대해 알고 있는지 확인하지 않고서 처방한 약을 유아에게 줄 생각은 아니겠지요?"

아내는 말이 없었다. "그러면 어떻게 하지요?" 마침내 아내가 말했다. "그 사람에게 다시 전화를 걸어요." 하고 내가 말하였다.

"당신이 거세요." 하고 아내는 대답했다.

그래서 내가 전화를 걸었다. 의사는 다시 전화를 받으러 불려 나왔다. "의사 선생님, 선생님이 처방해 줄 때 우리 제니가 이제 겨우 2개월된

아기라는 사실을 알고 하셨습니까?"

"저런, 아니오." 하고 그가 외쳤다. "그 사실은 전혀 몰랐습니다. 다시 전화주시길 잘했습니다. 즉시 다른 처방을 해 드리지요."

만일 당신이 진단에 확신을 갖지 못한다면, 처방에 대해서도 신뢰하지 않을 것이다. 이 원칙은 판매에도 적용된다. 유능한 세일즈맨은 제일 먼저 고객의 욕구, 관심, 그리고 고객의 사정을 이해하려고 한다. 아마추어 세일즈맨이라면 제품을 팔지만, 전문적인 세일즈맨은 고객의 욕구와 문제점에 대한 해결책을 판매한다. 그런데 이 두 사람이 하는 접근방법 자체는 완전히 다르다. 전문적인 세일즈맨은 진단하는 방법과 이해하는 방법을 배운다. 그는 사람들의 욕구를 자기가 판매하는 제품 및 서비스에 연관시키는 방법을 배운다. 그리고 실제로 그렇지 못하다면 "저의 제품이나 서비스는 당신의 욕구를 충족시키지 못할 것입니다."라고 말할 수 있는 성실성도 반드시 가지고 있어야 한다.

처방을 내리기 전에 진단을 해야 한다는 기본원칙은 법에도 적용된다. 전문적인 변호사는 소송을 준비하기에 앞서, 그 사건의 상황 및 관련된 법과 선례들을 이해하기 위해 우선 사실자료부터 수집한다. 유능한 변호사는 자기 자신의 변론을 작성하기 이전에 반대입장인 검사의 기소문안을 먼저 작성해 본다.

이 원칙은 제품을 디자인하는 데도 적용된다. 어떤 회사에서 "이 소비자 연구자료는 쓸데없는 것입니다. 제품이나 설계합시다." 하고 말하는 경우를 상상해 보라. 이를 바꾸어 말하면 고객의 구매습관과 구매동기를 이해하는 것은 무시하고, 단지 제품설계만 하자는 것이다. 그러나 이렇게 하는 것이 잘될 리는 만무하다.

훌륭한 토목 엔지니어는 교량을 설계하기 전에 작용하는 힘과 압력을 이해하려고 할 것이다. 훌륭한 교사는 가르치기 전에 그 학급의 수준을 평가할 것이다. 영리한 학생은 응용하기 전에 이해부터 할 것이다. 훌륭한 부모는 아이를 평가하거나 판단하기 전에 이해하려 할 것이다.

훌륭한 판단을 위한 열쇠는 이해하는 것이다. 처음부터 먼저 판단하는 사람은 결코 완전히 이해하지 못할 것이다.

먼저 이해를 하는 것, 이것이야말로 생활의 모든 분야에 적용되는 분명하고도 올바른 원칙이다. 또 이것은 보편적이고도 공통분모적인 원칙이다. 특히 대인관계 분야에서는 가장 큰 힘을 발휘한다.

4가지 자서전적 반응

우리는 남의 말을 자기의 경험에 비추어 듣는다. 이것은 자서전적 경청으로 다음에 제시되는 4가지 유형 중 어느 하나로 반응하는 경향을 말한다. 첫째, 우리는 판단한다. 이것은 우리가 동의하느냐 또는 동의하지 않느냐이다. 둘째, 우리는 탐사한다. 이것은 우리 자신이 가진 준거틀에 입각하여 질문하는 것이다. 셋째, 우리는 충고한다. 이는 우리가 자신의 경험에 따라 조언을 하는 것이다. 마지막 방식인 넷째, 우리는 해석한다. 이때 우리는 자기 자신의 동기와 행동에 근거하여, 사람들의 동기와 행동을 유추하고 설명하려고 한다.

이같은 반응유형들은 자연스럽게 일어난다. 그 이유는 우리가 이런 방식에 이미 깊숙이 젖어 있고, 항상 이런 모델에 둘러 싸여 있기 때문이다. 그러면 이러한 유형들은 우리의 진정한 이해력에 어떤 영향을 미치는가?

예를 들어 내가 우리 아들과 대화한다고 하자. 이때 아들이 어떤 일에 대해 설명하기 전에 그 애가 할 말을 내가 모두 미리 판단해 버린다면, 모든 것을 솔직히 자유롭게 털어놓을 수 있겠는가? 이때 나는 아들에게 심리적 공기를 넣어 주고 있는 것일까?

내가 우리 아이에 대해 탐사를 한다면 그가 어떻게 느끼겠는가? 여기서 탐사한다는 것은 수많은 질문을 하는 것을 말한다. 그런데 이것은 나의 과거경험에 근거하는 자서전적이며, 감독적이고, 또 침해적이다.

물론 이것은 논리적이다. 그러나 논리의 언어는 감정이나 정서적 언어와는 다르다. 당신은 하루종일 여러 가지 많은 질문을 해도 그 사람에게 무엇이 문제인지를 결코 찾아내지 못한다. 끊임없는 탐사야말로 많은 부모들이 자기 자녀들에게 다가가지 못하는 중요한 이유의 하나이다.

"얘야, 요즘 어떻게 지내니?"

"네, 좋아요."

"근데, 요즈음 무슨 일이 있는거지?"

"아무 일도 없어요."

"학교에선 뭐가 가장 재미있니?"

"별로 재미없어요."

"그럼 너의 주말계획은 무엇이니?"

"나도 잘 모르겠어요."

당신 아들은 친구와 전화할 때 중단시키기 어려울 정도로 얘기가 많지만, 당신에게는 고작 한두 마디의 대답일 뿐이다. 당신의 집은 아들이 밥먹고 잠이나 자는 하숙집에 불과하고, 아들은 결코 마음을 터놓지 못하고 생각을 나누지 않는다.

그런데 당신이 이 문제에 대해 정직하게 생각해 본다면, 그 애가 왜 그러는지 알게 될 것이다. 즉, 아들이 자신의 가벼운 약점을 털어놓을 때마다 당신은 자신의 자서전적인 잔소리와 "그것 봐! 내가 그렇게 충고했잖니?"라고 하면서 아들의 감정을 짓밟아 버렸는지도 모른다.

우리는 이러한 반응방식에 너무나 익숙해져 있기 때문에 그렇게 행동하는 것조차 깨닫지 못한다.

나는 이 개념을 전국에 걸친 여러 차례 세미나에서 수천 명의 사람들을 대상으로 가르쳐 왔다. 우리가 공감적 경청 상황에 대해 역할 연기를 보여주고, 참가자들이 자기 자신이 하는 전형적인 반응을 마침내 파악하기 시작하면, 이들은 큰 쇼크를 받았다. 참가자들은 자신이 보통 때 하는 반응방식이 어떤 지를 깨닫기 시작했고, 공감적 경청을 하는 방법을 학습하면서 커뮤니케이션에서 극적일 만큼 좋은 성과를 볼 수 있었다. 대부분의 경우, 먼저 경청하여 이해하라는 명제는 7가지 습관 가운데 가장 멋지고 제일 먼저 적용해 볼 수 있는 원칙이다.

이제 어떤 아버지와 10대 아들 간에 이루어지는 전형적인 대화를 한번 살펴보기로 하자. 여기서 우리는 방금 기술한 4가지 반응유형을 염두에 두고, 아버지가 하는 말을 살펴보자.

"아빠, 난 지쳤어요. 학교는 지루하고 따분해요."

"얘야, 무슨 일이 있니?" 〈탐사〉

"학교는 도대체 실용적이 못 된다고요. 난 거기서 얻는 것이 하나도 없어요."

"글쎄, 넌 아직 학교의 좋은 점을 몰라서 그러는 거야. 나도 너만할 때는 그렇게 생각했단다. 몇몇 과목들은 아무 쓸모없는 것으로 생각했던 일이 기억나는구나. 그러나 나중에는 바로 그 과목들이 내게 가장 큰 도움을 주는 것을 알게 되었지. 꾹 참고 조금만 더 기다려 보렴." 〈충고〉

"저는 제 인생의 10년을 학교에 바쳤어요. 아빠는 'x 더하기 y'를 배우는 것이 앞으로 자동차 정비사가 되려는 제게 무슨 도움이 될 것인지 말해줄 수 있나요?"

"자동차 정비사라고? 지금 한 말은 농담이겠지?" 〈판단〉

"아뇨. 농담이 아니예요. 조를 보세요. 그 애는 학교를 그만두고 자동차를 수리하고 있어요. 그리고 돈도 많이 벌고 있다고요. 그게 실용적인 거죠."

"지금은 그렇게 보일지도 모른단다. 하지만 몇 년 더 지나면 조는 자기가 공부를 계속 했었으면 하고 후회하게 될거야. 너는 자동차 정비공이

되고 싶지 않을거야. 네게는 그것보다 더 나은 직업을 준비하기 위한 교육이 필요해."〈충고〉

"난 모르겠어요. 조는 아주 잘 살고 있어요."

"얘야. 너 정말로 공부에 열중해 보았니."〈탐사. 판단〉

"물론이지요. 전 지금 고등학교를 2년째 다니고 있어요. 그리고 또 분명히 노력해 보았어요. 하지만 모든 것이 헛수고예요."

"얘야, 네 학교는 아주 훌륭한 학교란다. 좀더 학교를 믿어보렴."〈충고. 판단〉

"다른 아이들도 저와 마찬가지로 생각하고 있어요."

"네 엄마와 내가 지금의 네가 되도록 하기 위해 얼마나 많은 희생을 해 왔는지 알고 있니? 여기까지 와서 학교를 그만둘 수는 없어."〈판단〉

"부모님이 저를 위해 희생하신다는 건 저도 잘 알아요. 아빠, 하지만 그것은 소용없는 일이에요."

"자, 얘야. 만일 네가 TV보는 시간을 조금 줄이고, 공부하는 데 좀더 시간을 늘인다면."〈충고. 판단〉

"아빠, 소용없어요. 신경쓰지 마세요. 더 이상 이 문제에 대해 얘기하고 싶지 않아요."

아버지의 의도는 분명히 좋았다. 그는 아들을 도와주고자 했다. 그러나 그가 아들에 대해 진정한 이해를 시작이라도 했는가?

이제 아들에 대해 좀더 주의깊게 살펴보자. 그가 하는 말만이 아닌 그의 사고와 느낌(아래의 대화과정에서 괄호로 표시되어 있음.)과 아버지가 자서전적으로, 즉 자기경험 중심으로 하는 반응들이 아들에게 줄 가능한 효과를 살펴보자.

"아빠. 난 지쳤어요. 학교는 지루하고 따분해요."(난 아빠에게 이야기하고 싶고, 아빠의 관심을 끌고 싶다.)

"얘야, 무슨 일이 있니?"(관심을 가져주는군. 됐다.)

"학교는 도대체 실용적이 못 된다고요. 난 거기서 얻는 것이 하나도 없어요."(난 학교 공부에 문제가 있어서 심리적으로 큰 고민이 된다.)

"글쎄, 넌 아직 학교의 좋은 점을 몰라서 그러는거야. 나도 너만할 때는 그렇게 생각했단다."(오, 그게 아닌데! 여기서 아빠의 자서전 제3장이 나오는구나. 내가 얘기하고 싶은 것은 이게 아닌데. 아빠가 장화도 없이 먼길을 걸으면서, 또 눈길에 푹푹 빠지면서 학교에 다닌 것에 대해선 정말 관심없는데. 내 문제를 얘기하고 싶을 뿐인데.)

"몇몇 과목들은 아무 쓸모없는 것들이라고 생각했던 것이 기억나는구나. 그러나 나중에는 바로 그 과목들이 내게 가장 큰 도움을 주는 것을 알게 되었지. 꾹 참고 조금만 더 기다려 보렴."(시간이 내 문제를 해결해 주진 않을 거야. 아빠에게 이야기 해 버리면 좋겠는데. 그 문제를 서슴없이 털어놓을 수 있으면 좋으련만.)

"저는 제 인생의 10년을 학교에 바쳤어요. 아빠는 'x 더하기 y'를 배우는 것이 앞으로 자동차 정비사가 되려는 제게 무슨 도움이 될 것인지 말해줄 수 있나요?"

"자동차 정비사라고? 지금 한 말은 농담이겠지?"(아버지는 내가 자동차 정비사가 되는 것을 좋아하지 않을거야. 만일 내가 학교를 그만둔다고 해도 안 좋아하겠지. 그러나 난 내가 한 말을 정당화시켜야 돼.)

"아뇨. 농담이 아니예요. 조를 보세요. 그 애는 학교를 그만두고 자동차를 수리하고 있어요. 그리고 돈도 많이 벌고 있다고요. 그게 실용적인거죠."

"지금은 그렇게 보일지도 모른단다. 하지만 몇 년 더 지나면 조는 자기가 공부를 했었으면 하고 후회하게 될거야.(어이구! 교육의 가치에 대한 제16장이 나오는구나.) 너는 자동차 정비공이 되고 싶지 않을거야.(아빠가 그걸 어떻게 아시죠? 아빠는 정말로 내가 원하는 것에 대해 무슨 아이디어가 있어요?)"네게는 그것보다 더 나은 직업을 위한 준비를 하기 위한 교육이 필요해."

"난 모르겠어요. 조는 아주 잘 살고 있어요."(그 애는 실패하지 않았어요. 그는 학교를 졸업하지 않았지만, 실패하지 않았단 말이에요..)

"얘야, 너 정말로 공부에 열중해 보았니?"(우린 지금 핵심은 건드리지 않고 있어요. 만일 아빠가 단지 듣기만 한다면 난 정말로 중요한 것을 얘기할 수 있을텐데.)

"물론이지요. 전 지금 고등학교를 2년째 다니고 있어요. 그리고 또 분명히 노력해 보았어요. 하지만 모든 것이 헛수고예요."

"얘야, 네 학교는 아주 훌륭한 학교란다. 좀더 학교를 믿어보렴."(오, 맙소사. 지금 우린 신뢰감에 대해 얘기하고 있구나. 난 내가 이야기하고 싶은 것에 대해 이야기할 수 있기를 원하고 있는데.)

"다른 아이들도 저와 마찬가지로 생각하고 있어요."(저도 역시 어느 정도는 학교에 대한 신뢰감이 있어요. 저도 멍청이는 아니란 말이에요.)

"네 엄마와 내가 지금의 네가 되도록 하기 위해 얼마나 많은 희생을 해 왔는지 알고 있니?"(응, 그렇지. 이제 죄의식을 느끼게 하는구나. 내가 멍청이겠지. 학교는 훌륭하고 어머니와 아버지도 훌륭하니 멍청한 건 나야.)"여기까지 와서 학교를 그만둘 수는 없어."

"부모님이 저를 위해 희생하신다는 건 저도 잘 알아요. 아빠, 하지만 그것은 소용없는 일이에요."(아빠는 정말 전혀 이해 못 하시는군요.)

"자, 얘야. 네가 TV보는 시간을 조금 줄이고, 공부하는 데 좀더 시간을 늘인다면.(그게 문제가 아니에요, 아빠! 전혀 그 문제가 아니란 말이에요. 난 결코 아빠한테 내 사정을 얘기할 수 없을거야. 해 보려고 한 내가 바보였지.)

"아빠, 소용없어요. 신경쓰지 마세요. 더 이상 이 문제에 대해 얘기하고 싶지 않아요."

우리가 다른 사람을 단지 말만을 근거로 이해하려고 노력하는 것, 특히 우리 자신의 안경, 즉 관점을 통해 상대방을 보는 것이 얼마나 제한적인지 알 수 있겠는가? 또, 상대가 자기 자신에 대하여 우리에게 이해시키려고 애쓸 때, 우리가 하는 자기 경험 중심의 자서전적 반응이 어떤 제한을 가하는지 알 수 있겠는가?

우리가 순수한 욕구, 강하고 좋은 성품, 잔고가 많은 감정은행 계좌, 그리고 공감적 경청기술 등을 개발하기 전에는 다른 사람의 내면에 진정으로 들어가 그가 보는 방식으로 세상을 볼 수 없을 것이다.

경청기술은 공감적 경청의 빙산의 일각에 불과할 뿐이지만, 다음과 같은 4가지 발달단계가 있다.

첫째 번 단계로는 효과면에서는 가장 약하지만 내용을 흉내내는 것이 있다. 이것은 "적극적" 경청, 혹은 "반사적" 경청에서 가르치는 기술이다. 그런데 성품 및 인간관계적 바탕이 없다면, 이같은 기법은 종종 다른 사람을 모욕하고 나아가 마음의 문을 닫게 하는 원인이 되기도 한다. 그러나 이것은 우리로 하여금 최소한 말하는 것이 무슨 얘기인지 듣게 해주기 때문에 초기 단계의 기술에 해당된다.

내용을 흉내내는 것은 쉬운 일이다. 즉, 상대방의 입에서 나오는 말을 듣고 반복만 하면 된다. 이때 우리는 거의 머리를 쓰지 않는다.

"아빠, 난 지쳤어요. 이제 학교는 지루하고 따분해요."

당신은 근본적으로 아들이 말하는 내용을 그대로 다시 반복한다. 당신은 판단하거나, 탐사하거나, 충고하거나, 해석하지 않는다. 당신은 적어도 아들이 하는 말에 귀를 귀울이고 있다는 사실을 보여 주었다. 그러나 상대방을 이해하기 위해서는 반드시 그 이상의 것을 해야 한다.

공감적 경청의 둘째 번 단계는 그 내용을 재구성하는 것이다. 이것은 물론 약간은 더 효과적이지만, 그래도 여전히 언어적 커뮤니케이션에 머물고 있다.

"아빠, 난 지쳤어요. 학교는 지루하고 따분해요."

"더 이상 학교에 가고 싶지 않은 모양이구나."

이번에는 아들이 하는 말의 의미를 자신의 말로 바꾸어 말했다. 이때 당신은 주로 왼쪽 뇌의 기능인 이성적이고 논리적인 사고를 이용하여 아들이 말하고 있는 내용을 생각해 본다.

셋째 번 단계는 당신의 오른쪽 뇌를 작동시키는 것이다. 당신은 감정을 나타내는 것이다.

"아빠, 난 지쳤어요. 학교는 지루하고 따분해요."

"너는 정말 좌절감을 느끼고 있는 모양이구나."

이때 당신은 아들이 느끼고 있는 것에 대해 주의를 기울이지만, 말하고 있는 내용에 대해서는 많은 주의를 기울이지 않는다.

넷째 번 단계는 둘째 번 및 셋째 번 단계를 포함한다. 당신은 내용을 재구성하고 감정을 나타낸다.

"아빠, 난 지쳤어요. 학교는 지루하고 따분해요."

"너 정말로 학교에 대해 좌절감을 갖고 있구나."

이 경우 좌절감은 감정이다. 그러나 학교는 그 내용이다. 당신은 아들이 말하는 내용이 가진 두 가지 측면 모두를 이해하기 위해 오른쪽 뇌와 왼쪽 뇌를 동시에 작동하고 있다.

이제 당신은 제 4단계의 공감적 경청기술을 사용할 때 일어나는 놀라운 결과를 믿을 수 없을 것이다. 당신이 아들에 대해 진정으로 이해를 추구할수록, 내용을 재구성하고 감정을 나타낼수록, 아들에게는 심리적 공기를 불어넣어 주는 것이 된다. 이것은 아들로 하여금 자신의 사고력과 감정을 통해 문제를 직면하도록 도와주는 것이다.

그가 당신이 진정으로 경청하고 이해하고 싶은 진지한 욕구를 가지고 있다는 사실에 대한 믿음이 확실해지면, 아들의 마음속에 있는 생각과 당신에게 이야기하고 있는 내용 사이에 존재하는 장벽은 사라지게 된다. 이것은 마음 대(對) 마음의 교류에 물고를 터주는 것이다. 아들은 이제 더 이상 자기가 생각하고 있는 것이 아닌 엉뚱한 말을 하지 않는다. 아들은 내면 깊숙이 있는 민감한 감정과 사고력으로 당신을 신뢰하기 시작한다.

　"아빠, 난 지쳤어요. 학교는 지루하고 따분해요!"(난 아빠에게 이야기하고 싶고, 아빠의 관심을 끌고 싶어요.)

　"너 정말로 학교에 대해 좌절감을 갖고 있구나."(됐어요! 그게 바로 내가 느끼는 거예요.)

　"확실히 그렇게 생각해요. 학교는 도대체 실용적이 못 된다고요. 난 거기서 얻는 것이 하나도 없어요."

　"너는 학교가 아무 도움이 되지 않는다고 느끼고 있는 것 같구나."(자, 생각해 보자. 이게 말하려고 하는 것인가?)

　"그럼요. 나는 내게 도움이 되는 아무 것도 배우지 못하고 있어요. 그러나 조를 보세요. 그는 학교를 그만두고 자동차를 수리하고 있어요. 돈도 벌고 있고요. 그게 실용적인 거예요."

　"너는 조가 정말로 잘 생각했다고 여기고 있는 모양이구나."(글쎄.)

　"아마 자기 나름대로는 그렇게 생각하고 있는 것 같아요. 그렇지만 몇 년이 지나면 후회하게 될 것이 확실해요."

　"너는 조가 잘못 결정한 것을 후회하게 될 것이라고 생각하는구나."

　"그래요. 그가 포기해 버린 것이 뭔가를 보세요. 제 얘기는, 만일 교육을 받지 않는다면 이 세상에서 성공할 수 없다는 것이지요."

　"교육은 정말로 중요한 것이지."

　"예, 그래요. 졸업장이 없어서 직장도 못 얻고 대학교도 못 가면 어떻게 되겠어요? 교육은 반드시 받아야 해요."

　"그래, 교육은 너의 장래를 위해 중요하지."

　"그래요. 그런데 뭔지 아세요? 전 정말 큰 걱정이 있어요. 들어보세요. 엄마한테는 얘기 안 하시는 거지요?"

"넌 엄마에게는 비밀로 하고 싶어하는구나."

"반드시 그렇지만은 않아요. 엄마에게 얘기해도 괜찮을 것 같네요. 어쨌든 아시게 될 테니까요. 보세요, 아빠. 전 오늘 시험을 보았어요. 독해력 시험이었어요. 그런데 아빠, 선생님이 제가 국민학교 4학년 수준밖에 안 된다고 하잖아요. 4학년이라구요? 난 고등학교 2학년인데요!"

진정한 이해가 얼마나 큰 차이를 가져 오는가! 이 세상의 그 어떤 훌륭한 충고도 실제의 문제를 파악하지 못한다면 쓸모없는 것이 되고 만다. 그리고 우리가 자신의 자서전, 즉 자기의 패러다임에 집착해 있다면, 다시 말해 자기 안경을 벗고 다른 사람의 관점에서 세계를 보지 않는다면, 우리는 결코 문제를 파악하지 못할 것이다.

"아빠, 난 낙제를 할 판이에요. 낙제할 바에야 학교를 차라리 그만두고 싶어요. 그렇지만 학교를 그만두고 싶지는 않거든요."

"너 괴로워하고 있구나. 넌 지금 곤경에 처해 있어."

"아빠는 내가 어떻게 해야 한다고 생각해요?"

아버지는 먼저 이해하려고 애씀으로써 대화의 기회를 변화의 기회로 바꾸어 놓았다. 그는 단지 피상적인 상호작용, 즉 일상업무 처리수준의 커뮤니케이션 대신 아들의 문제뿐만 아니라 아들과의 인간관계까지 영향력을 미칠 수 있는 상황을 만들어낸 것이다. 그는 자기 자신의 자서전적 접근방식에서 벗어나 진정한 이해를 추구함으로써 감정은행 계좌에 막대한 예입을 했다. 나아가 아들로 하여금 점점 더 마음을 열도록 만들어, 그가 가진 실제적인 문제를 파악하게 되었다.

이제 부자는 서로 반대편에 앉아서 문제점을 바라보는 대신, 테이블의 같은 쪽에 앉아서 문제를 함께 생각해 보게 된 것이다. 그 결과 아들은 아버지의 자서전적 체험을 경청하고자 마음을 열고, 충고를 요청한다.

그러나 아버지가 조언을 시작할 때도, 자기 아들이 하는 대화에 반드시 민감해야 한다. 아들의 대답이 논리적이면, 아버지는 효과적으로 질문하고 조언할 수 있다. 그러나 아들의 반응이 감정적으로 되면, 아버지는 다시 공감적 경청상태로 돌아가야 한다.

"자, 네가 고려해 볼 만한 몇 가지가 있다."

"무엇이지요, 아빠?"

"너의 독해력 공부를 도와줄 어떤 특별한 프로그램 같은 거야. 아마 기술학교 같은 데는 이같은 개인지도 프로그램을 가지고 있을 거다."

"저도 이미 그것에 대해 알아보았어요. 이틀 밤하고 토요일에는 온종일 한다는데요. 그런데 수업시간이 너무 많아요."

그 대답에서 감정을 느끼기 때문에 아버지는 다시 공감상태로 돌아간다.

"그래 치러야 할 대가가 너무 크구나."

"아빠, 게다가 저는 6학년생들에게 운동 코치가 되어 주기로 약속했단 말예요."

"넌 그 애들을 실망시키면 안 되지?"

"그렇지만 이 점은 아빠한테 말씀드릴 수 있어요. 그 특별지도 과정이 정말로 도움이 될 거라는 생각이 들면, 매일밤이라도 가겠어요. 애들의 운동을 코치해 줄 사람은 다시 구하면 되겠죠."

"넌 진정으로 도움을 받고 싶어 하지만 그 프로그램이 효과가 있을지 걱정하는구나."

"아빠는 그 과정이 효과가 있을거라 생각하세요?"

아들은 이제 좀더 마음을 열고 논리적으로 된다. 또 아버지가 하는 자서전적 얘기도 다시 원하고 있다. 이제 아버지는 아들에게 영향을 미치고 변혁시킬 수 있는 또 다른 기회를 갖게 되었다.

외부의 조언이 없이도 변혁이 일어나는 경우는 많이 있다. 사람들은 마음을 열 수 있는 기회가 주어질 경우 자기 자신의 문제를 찾아내고, 바로 이같은 과정에서 해결방안이 분명해지는 경우가 종종 있다.

어떤 경우에는 사람들이 다른 관점과 도움을 필요로 할 때가 있다. 이때 문제를 풀 수 있는 열쇠는 개인의 행복을 진정으로 추구하고, 공감하며 경청하고, 당사자로 하여금 문제를 찾아내게 하여 자기 스스로의 페이스와 시간을 들여서 해답을 얻게 하는 것이다. 이처럼 하나하나 껍질을 벗겨가는 과정은, 마치 양파껍질을 벗겨서 부드러운 내면의 핵심을 찾아내는 것과 같다.

사람들이 진정으로 상처받고 있을 때, 당신이 이해하고자 하는 순수한 욕구에서 진실로 경청해 주면, 이들이 얼마나 마음을 빨리 여는지 놀라게 될 것이다. 사람들은 마음을 열고 싶어한다. 아이들은 친구보다도 자기 부모에게 마음을 더 열어보이고 싶어한다. 부모들이 자신을 조건 없이 사랑하고, 계속하여 믿을 수 있으며, 나아가 결코 판단하거나 비웃지 않는다고 느낀다면, 아이들은 마음을 열 것이다.

당신이 위선이나 기만 없이 진정으로 이해하고자 노력할 때, 다른 인간으로부터 자신에게 무언으로 유입되어지는 순수한 인식과 이해 때문에 깜짝 놀라게 되는 경우가 자주 있을 것이다. 공감하기 위해서 항상 대화가 필요한 것은 아니다. 사실 말이란 때때로 단지 방해에 불과한 경우가 많다. 이것이 바로 테크닉, 즉 기술 자체만 가지고는 효과를 얻지 못하는 중요한 이유 중의 하나이다. 위에서 말한 종류의 이해는 이같은 기술을 초월한 것이다. 만일 기술만 분리되어 사용된다면, 효과는 커녕 방해만 될 것이다.

지금까지 우리가 공감적 기술을 다룬 것은 모든 습관에 있어서 기술이 하나의 중요한 부분이기 때문이다. 우리는 이러한 기술을 가질 필요가 있다. 그러나 만일 이러한 기술들이 이해하려고 하는 진지한 욕망에서 나온 것이 아니라면, 기술 자체만 가지고는 아무런 효과도 내지 못할 것이다. 사람들은 누가 자신을 교묘하게 조종하고자 시도하면 크게 분개한다. 따라서 당신과 친하거나 가까운 사람을 대할 때, 당신이 실행하려고 하는 것을 사실대로 이야기해 주는 것이 좋을 것이다.

"나는 지금 이 책에서 경청과 공감에 대해 읽으면서, 당신과 나의 관계에 대해 생각해 보았습니다. 그리고 지금까지는 내가 당신의 말을 올바르게 경청하지 못했다는 사실을 깨달았습니다. 그래서 앞으로 노력하고 싶습니다. 아마 여러 번 실패할 지도 모르지만, 그래도 그걸 해 보려고 합니다. 난 진정으로 당신에게 관심을 갖고 있고, 또 이해하고 싶습니다. 앞으로 나를 도와주시기 바랍니다." 이처럼 당신이 가진 동기를 설명해 주는 것은 감정은행 계좌에 막대한 예입을 하는 것이다.

그러나 만일 당신이 진지하지 못하다면, 시도조차 해서는 안 될 것이다. 듣는 기술은 상대방의 마음을 열 수 있다. 그러나 후에 당신이 정말로 주의를 기울이는 게 아니고, 또 진정으로 듣고자 하는 게 아니어서, 상대방이 자신만 노출시켜 해를 입게 되었다는 것을 알게 되면, 이것이야말로 해로운 비난요소가 될 수 있다. 따라서 빙산의 일각인 기술은 반드시 수면하에 있는, 거대한 빙산 몸체에 해당되는 성품 저 밑바닥에서 나와야 한다.

공감적 경청이 너무나 많은 시간을 필요로 한다고 불평하는 사람도 있을 것이다. 물론 최초에는 많은 시간이 걸릴지 모른다. 그러나 얼마 후가 되면 많은 시간을 절약할 수 있다. 당신이 의사로서 현명한 처방을 내리길 원한다면, 우선 정확한 진단부터 해야 한다. 의사가 이렇게 말할 수는 없지 않는가? "난 지금 너무 바빠요. 진단할 시간이 없으니, 이 처방이나 받아 가시오."

나는 언젠가 하와이 와후(Oahu)의 북부 해변 어떤 방에서 책을 집필하던 일을 기억한다. 방을 시원하게 하려고 창문 두개를 열어 놓고 있었다. 하나는 그 방의 앞쪽에, 또 다른 하나는 옆쪽에 있었다. 나는 커다란 책상 위에 많은 원고들을 각 장별로 늘어놓고 있었다.

이때 갑자기 바람이 세게 불어와 원고들을 산지 사방으로 날려 버렸다. 그 결과 지금까지 한 작업은 아직 페이지도 매기지 않은 원고를 포함하여 엉망이 되었다. 나는 원고를 주으러 온방을 뛰어다니면서 큰 낭패를 겪었다. 마침내 나는 차라리 몇 초가 더 걸렸더라도 창문 한 개를 닫았더라면 문제가 해결되었을 것이라는 사실을 깨달았다.

공감적 경청은 시간을 필요로 한다. 그러나 여기에 걸리는 시간은 우리가 인생 길을 잘못 들어 수킬로를 간 뒤에 되돌아 가는 데 걸리는 시간, 또 드러나지 않고 해결되지도 않은 문제들을 안고 지내는 데 걸리는 시간, 나아가 사람들에게 심리적 공기를 주지 않아 나타나는 결과를 처리하는 데 걸리는 시간 등에 비교하면 아무 것도 아니다.

분별력을 가진 공감적 경청자는 상대방의 내면 깊숙이 일어나는 현상을 재빨리 알아차릴 수 있다. 나아가 다른 사람들의 실제 문제가 있는 내면 중심부에 도달할 때까지 한겹한겹 껍질을 벗겨 내는 것을 안전하게 느끼도록 수용과 이해를 보여줄 수 있다.

사람들은 이해받기를 원한다. 그리고 이렇게 하기 위해 투자되는 시간은 그것이 얼마든지 우리가 문제점을 정확히 파악하고, 이해해 줌으로써 예입되는 감정은행 계좌를 가지게 하기 때문에 훨씬 더 큰 보답으로 나타날 것이다.

이해와 지각

당신이 다른 사람이 하는 말을 깊이있게 경청하는 것을 학습하면, 자신의 지각에 엄청난 차이가 나타난다는 사실을 발견하게 될 것이다. 또한 사람들이 상호의존적인 환경에서 함께 일하려 할 때, 이러한 지각의 차이들이 미칠 수 있는 영향력을 절감하기 시작한다.

앞에서 소개한 지각실험에서 당신은 제시된 그림을 젊은 부인으로 보고 있고, 반대로 나는 늙은 부인으로 보고 있다. 그러나 우리 두 사람은 모두 옳을 수도 있다.

당신은 배우자 중심의 관점에서 세상을 바라볼 지 모른다. 그러나 나는 경제적 관점인 금전 중심적으로 세상을 볼 수도 있다.

당신은 풍요의 심리를 패러다임으로 가지고 있으나, 나는 부족의 심리를 패러다임으로 가질 수도 있다.

당신은 문제를 고도로 시각적이고, 직관적이며, 종합적인 오른쪽 뇌의 패러다임으로 접근하는 반면에, 나는 왼쪽 뇌를 사용하여 순차적이고, 분석적이며, 언어적인 패러다임에서 접근할 수도 있다.

우리들이 하는 지각은 크게 다를 수 있다. 그리고 우리 두 사람은 각자의 패러다임을 가지고 오랫동안 살아왔다. 그리고 우리의 패러다임을 "사실"이라고 생각하면서, '사실을 보지 못하는' 사람이 있으면 그 사람의 성품이나 정신적 능력에 의문을 가지기도 했다.

그러나 우리는 이같은 모든 차이점에도 불구하고, 자원을 관리하고 목표를 달성하기 위해 함께 일하고자 노력하고 있다. 그것은 결혼생활일 수도 있고, 어떤 직장이나 지역 사회의 봉사활동일 수도 있다. 그렇다면 우리는 이 문제를 어떻게 해결할 수 있는가? 어떻게 하면 우리들이 갖고 있는 개인적인 지각의 한계를 뛰어넘어 깊숙한 내면적 대화를 나누고, 또 그림으로써 문제를 협력 처리하여 우리 모두가 이기는 승/승의 해결책에 이를 수 있을까?

그 대답이 바로 습관 5이다. 이것은 모두가 이기는 승/승 과정의 첫 단계에 해당한다. 설사 다른 사람이 이같은 패러다임에 동의하지 않는다 하더라도(특히 이런 경우에), 우선 그 사람을 이해하려고 애써 보자.

이같은 원칙은 다음과 같은 경험을 나에게 들려 준 어떤 중역에게 매우 강하게 적용되었다.

"나는 전국에 지점망을 가진 대형 금융회사와 계약을 놓고 협상 중에 있던, 어느 조그만 회사에 근무하고 있었습니다. 이 금융회사는 샌프란시스코에서 변호사를 데려 오고, 오하이오에서는 협상 전문가를 초빙해 왔으며, 자기 그룹에서도 행장 2명을 데려오는 등 총 8명으로 구성된 협상 팀을 만들었습니다. 내가 일하고 있던 회사는 승/승 혹은 무거래 원칙을 지키도록 결정했지요. 우리 회사는 서비스 수준과 여기에 따르는 비용을 대폭적으로 인상하려고 했지만, 이 거대한 금융기관의 요구에 거의 압도되고 있었습니다."

"우리 회사의 사장은 협상 테이블에 마주 앉아 있는 상대방에게 이렇게 말했습니다. '우리는 당신들이 원하는 방식대로 계약서를 작성하고 싶습니다. 그렇게 함으로써 우리가 여러분의 요구와 관심사항이 무엇인지를 확실히 이해하고 싶습니다. 그리고 답변을 하겠습니다. 그 다음에 우리는 여기에 대해 이야기할 수 있을 것 같습니다.'"

"이 말에 상대방 협상 팀의 구성원들은 적잖이 압도된 눈치였습니다. 이들은 자신들이 계약서를 작성할 기회를 갖게 된다는 것에 대해 깜짝 놀라는 것이었어요. 사실 이들은 3일이나 걸려 그 계약서를 만들었습니다."

"이들이 계약서를 제시했을 때, 사장은 다음과 같이 말했습니다. '자, 당신들이 원하고 있는 것을 우리가 제대로 이해하였는지 확인해 봅시다.' 그리고 사장은 계약서를 검토했습니다. 그는 계약서 내용을 하나하나 짚어가면서 상대방에게 중요한 것을 자신도 이해했다는 점을 자기 자신과 상대방이 확신할 때까지 내용을 재구성하여 말해 보고, 느낌도 반영하였습니다. '네, 됐습니다. 여기서 우리가 의미하는 건 정확히 그게 아니고…. 네. 자, 이제 됐습니다.'"

"이렇게 해서 사장이 이 사람들의 관점을 철두철미하게 이해했을 때, 그는 자신의 관점에서 보는 몇 가지 관심사항을 설명했습니다. 그렇게 하자 이들은 듣고 있었지요. 이 사람들은 경청할 준비가 되어 있었습니다. 이들은 심리적 공기를 얻기 위해 싸우고 있지 않았어요. 처음에 매우 공식적이고, 거의 신뢰하지 않고, 나아가 적대적이기조차 했던 분위기에서 시작되었던 협상은 이제 시너지를 얻을 수 있는 훌륭한 분위기로 바뀌어 있었습니다."

"협상이 종결되는 말미에 협상 팀의 구성원들은 이렇게 말했습니다. '우리는 귀사와 일하기를 원합니다. 우린 이 계약을 하고 싶습니다. 가격이 얼마인지만 말씀해 주십시오. 서명할 테니까요.'"

그 다음 이해시켜라

먼저 상대방을 이해하도록 노력하라. 그런 다음 상대방에게 자기를 이해시켜라. 이해시키는 방법을 아는 것은 습관 5의 나머지 부분이다. 승/승의 해결책에 이르기 위해서는 이것도 중요하다.

앞에서 성숙성을 정의할 때 용기와 배려 간의 균형상태라고 말하였다. 이해하려고 하는 것은 배려를 필요로 한다. 반면에 이해시키려 하는 것은 용기를 필요로 한다. 승/승의 해결책은 이상의 두 가지가 모두 높은 수준에 있어야만 얻을 수 있다. 따라서 이해를 시킨다는 것은 상호 의존적인 상황에서 매우 중요한 것이다.

일찍이 그리스인들은 에토스(ethos), 파토스(pathos), 그리고 로고스(logos) 라는 단계적인 세 가지 단어를 통하여 훌륭한 철학을 구체적으로 표현했다. 필자는 이들 세 단어가 우선 이해하려고 노력하고, 그 다음에 효과적으로 표현한다는 의미를 포함하고 있다고 생각한다.

에토스는 당신이 가지고 있는 개인적인 신용이다. 즉, 사람들이 당신이 가진 성실성과 능력에 대해 갖게 되는 신뢰감이다. 이것은 당신이 감정은행 계좌에 적립해 놓은 신용이다. 파토스는 공감적 측면이다. 이것은 인간감정이라 할 수 있다. 즉, 다른 사람들과의 대화에서 감정을 함께 느끼는 것을 의미한다. 그리고 로고스는 논리적인 측면으로 설득할 때의 이성적 부분이다.

이제 세 어휘인 에토스, 파토스, 그리고 로고스의 단계적 진행에 대해 주목해 보자. 즉, 이것은 성품, 인간관계, 그리고 설득의 논리성을 말한다. 나아가 이것은 또 하나의 중대한 패러다임 전환을 의미한다. 대부분의 사람들은 상대방을 설득할 때 아이디어를 갖는 로고스, 즉 왼쪽 뇌의 논리를 활용한다. 이처럼 사람들은 에토스와 파토스를 전혀 고려하지 않고, 단지 자신이 가진 논리의 타당성만 다른 사람에게 설득하려고 노력한다.

나는 자기 상사의 비생산적인 리더십 스타일 때문에 매우 낙담해 있던 한 사람을 알고 있다.

"왜 우리 상사는 아무런 노력을 하지 않을까요?" 그는 내게 물었다. "내가 상사에게 그 점에 대해 얘기했고, 그 자신도 그것을 알고 있는데, 아무 시정도 하지 않는다는 말입니다."

"그러면 당신은 왜 효과적으로 설복하지 않았습니까?"하고 내가 물었다.

"난 했어요." 이것이 그의 대답이었다.

"당신은 '효과적'이라는 말을 어떻게 정의합니까? 세일즈맨이 판매를 잘하지 못하면, 회사에서 누구를 훈련과정으로 보냅니까? 고객을 보냅니까? 효과적이란 말은 일이 제대로 됨을 의미합니다. 이것은 생산/생산능력을 의미하는 것이지요. 당신이 원했던 변화를 만들어냈습니까? 당신은 그 과정에서 상사와의 인간관계를 구축했나요? 당신의 설복이 가져온 결과는 무엇입니까?"

"그가 아무 시정도 하지 않았다고 말했잖습니까? 그는 듣지도 않았어요."

"그렇다면 효과적인 설복을 해 보세요. 상사와의 대화에서 공감을 얻으세요. 그의 사고방식으로 생각해 보세요. 또 당신이 이야기하고자 하는 바를 간단하고 알기 쉽게, 또 상사가 택하고 있는 스타일에 관해서 그 자신이 할 수 있는 것보다 훨씬 더 잘 설명해 보세요. 물론 사전에 상당한 연구와 준비가 필요합니다. 그렇게 할 수 있겠습니까?"

"왜 내가 그렇게 해야 하는 거죠?" 그가 물었다.

"바꿔 말해서, 당신은 상사의 리더십 스타일을 바꾸게 하고 싶은데, 자기 자신의 설복하는 방식은 바꿀 의향이 없다는 말입니까?"

"글쎄, 별로요."라고 그가 대답했다.

"자, 그렇다면."하고 나는 말했다. "그의 스타일에 적응하며 웃고 지내는 방법밖에 없군요."

"그렇게 살 수는 없습니다."라고 그는 말했다. "그건 내 인격을 손상시키는 것입니다."

"좋아요. 그렇다면 효과적으로 설복시키는 방법을 배워서 이용하세요. 그것은 당신의 영향력의 원 내에 있습니다."

결국 그는 그것을 하지 않았다. 거기에 노력을 투자한다는 것이 그에게는 너무나 힘들었던 모양이다.

또 다른 사람은 대학교수였는데, 그 대가를 지불할 용의가 있었다. 어느 날 그가 내게 와서 말했다. "스티븐, 내 연구에 필요한 연구비를 얻어 내야 겠는데, 그 첫 관문을 통과할 수가 없네. 왜냐하면 내 연구가 우리 학과의 주요 관심 분야와는 좀 거리가 있기 때문이야."

그의 처지를 오래 얘기해 본 다음, 나는 그에게 에토스와 파토스, 그리고 로고스를 사용해서 효과적인 프리젠테이션을 해 보라고 권했다. "나는 자네가 진실하고, 하고자 하는 연구도 우리 대학에 큰 이익을 가져올 것으로 생각하네. 그 사람들에게 자신들이 지지하는 방침에 대해서 그들 자신이 할 수 있는 것보다 훨씬 더 훌륭하게 설명해 주게. 자네가 그들의 입장을 깊이 이해하고 있음을 그들에게 보여주란 말일세. 그 다음 신중하게 자네가 요청하는 논리를 설명하게."

"그래, 해 보겠네."라고 그는 말했다.

"자네, 나와 한번 연습해 보고 싶나?"하고 내가 물었다. 그는 그러고 싶어했고, 우리는 그의 접근방식을 미리 한번 연습해 보았다.

프리젠테이션을 할 때 그는 다음과 같이 시작했다. "저는 우선 제가 할 발표와 또 제가 하는 제안이 여러분이 갖는 목표와 관심을 정확하게 이해하고 있는지부터 살펴보고 싶습니다."

그는 시간을 들여 차근차근 그리고 천천히 이것을 해 나갔다. 그가 다른 교수들에 대해 깊은 이해를 하고, 또 그들의 관점을 존중해 주는 발표를 해나가는 도중 한 노교수는 다른 교수들을 향해 머리를 끄덕였고, 다시 이 친구에게 고개를 돌리며 이렇게 말하는 것이었다. "연구비를 지원하겠소."

당신이 자신의 생각을 분명하고, 상세하게, 시각적으로, 그리고 가장 중요한 것인 상대방의 패러다임과 관심에 대한 깊은 이해를 하는 상태에서 설명할 수 있으면, 자기 생각에 대한 신빙성을 훨씬 더 증가시킬 수 있다. 당신은 이때 '자기 스타일'에만 집착하여 가두연설식의 수식어로 설명해서는 안 된다. 당신은 철저히 이해해야 한다. 당신의 설명은 원래 생각했던 것과 다를 수도 있다.

왜냐하면 당신 자신이 이해하려고 노력하면서 학습했기 때문이다.

습관 5는 프리젠테이션을 하는 데 있어 정확성을 높여주고, 나아가 언행일치를 더욱 증가시키도록 해 준다. 그러면 사람들은 당신의 이같은 행동을 알게 된다. 사람들은 당신이 진정으로 믿고 있는 생각을 제시하고 있다는 점, 그리고 당신의 생각이 모든 사람들에게 이익을 줄 것이란 사실도 알게 된다.

일 대 일의 대화

습관 5는 우리가 가진 '영향력의 원' 바로 그 중심부에 위치하고 있기 때문에 강력하다. 상호의존적인 상황에서는 많은 요인들이 우리가 가진 '관심의 원' 내에 들어 있다. 말하자면 여러 가지 문제점, 일치되지 않은 견해, 제반 여건, 그리고 다른 사람들의 행동같은 요인들이다. 그런데 만일 우리가 자신의 에너지를 이같은 '관심의 원'에 집중시킨다면, 별로 바람직하지 못한 결과를 가져오는 데에 자신의 에너지를 소모시키게 된다.

그러나 우리는 항상 상대방을 먼저 이해하려고 노력할 수 있다. 이것은 우리가 통제할 수 있는 '영향력의 원' 내에 있는 것이다. 우리가 이 '영향력의 원'에 에너지를 집중시키면, 다른 사람들을 정말 깊이 이해하게 된다. 이렇게 되면 우리는 함께 일하는 데 필요한 정확한 정보를 갖게 되고, 문제의 핵심을 재빨리 파악하게 되고, 감정은행 계좌에 예입시키게 될 뿐만 아니라, 나아가 다른 사람들과 더불어 효과적으로 일하는 데 필요한 심리적 공기를 불어 넣어 줄 수 있게 된다.

이것은 내면의 세계에서부터 출발하는 접근방법이다. 이제 우리가 이것을 실행하면 자신의 영향력의 원 내에 무슨 현상이 일어나는가를 살펴보자. 우리는 진정으로 상대를 경청하고 있기 때문에 상대방에게 영향을 줄 수 있다. 그리고 영향을 줄 수 있다는 것은 상대방에게 영향력 있는 사람이 되는 주요 관건이다. 이때 우리의 영향력의 원은 점차 더 확대되기 시작한다. 결과적으로 우리는 자기 자신의 관심의 원내에 있는 많은 일들에 대해 영향을 미칠 수 있는 능력을 증가시킨다.

이제 우리에게 어떤 현상이 일어나는가를 살펴보자. 우리가 다른 사람들을 깊이 이해할수록 그만큼 그들의 진가를 이해하게 되고 더 큰 존경심을 느끼게 될 것이다. 이처럼 다른 인간의 영혼과 접촉한다는 것은 마치 성지(聖地)를 걸을 때 느끼는 경외심을 갖게 한다.

습관 5는 우리가 지금 당장 실행해 볼 수 있는 것이다. 이야기나 하는 자서전은 일단 저만치 밀어놓고, 상대방을 진정으로 이해하도록 애써 볼 수 있다. 비록 사람들이 자신의 문제점에 대해 털어놓기를 꺼려한다고 할지라도, 우리는 그 사람에게 공감할 수 있다. 즉, 상대방의 마음을 감지하고 그가 가진 상처를 공감하여, "오늘은 별로 좋은 일이 없나 보군요."라고 말할 수 있다. 상대방은 아무런 얘기도 하지 않을지 모른다. 그래도 좋다. 상대방에 대한 이해와 존중심을 보여주었으니 말이다.

성급히 서둘러서는 안 된다. 인내를 갖고 상대를 존중하는 마음을 가져야 한다. 우리가 공감할 수 있기 전에 사람들은 마음을 열고 말하지 않는다. 또 우리는 항상 사람들이 하는 행동에 대해 공감할 수 있다. 우리는 분별력있고, 민감하고, 알아차리고, 나아가 필요할 때에는 자신의 자서전적인 과거의 태도를 벗어나서 행동할 수 있다.

만일 우리가 고도로 구조적인 사람이라면, 예방적인 일을 할 기회를 만들 수도 있다. 그러면 아들이나 딸이 학교에서 문제를 일으킬 때까지 기다릴 필요가 없다. 사업관계의 협상에서도 상대방을 먼저 이해하기 위하여 노력할 것이다.

이제 자녀들과 일 대(對) 일로 시간을 가져보라. 그들의 말에 귀를 기울이고 이해하라. 일 대 일로 자녀들의 시각을 통해 가정, 학교생활, 그리고 이들이 직면하는 도전과 문제를 바라보라. 감정은행 계좌에 예입하라. 자녀들에게 심리적 공기를 넣어 주라.

당신의 배우자와 정기적으로 외출하라. 함께 저녁식사를 하든지 같이 즐길 수 있는 일을 해 보라. 서로 상대방을 경청하고 이해하기 위해 노력하라. 서로 상대방의 눈을 통해 인생을 바라보라.

필자에게는 아내와 함께 보내는 일상적인 시간이 어떤 것과도 바꿀 수 없는 소중한 것이다. 우리는 서로를 이해하기 위해 노력할 뿐만 아니라 종종 아이들의 대화에 도움이 될 공감적 경청기술을 실제로 연습해 본다.

우리는 가끔 주어진 상황에 대해서 서로가 갖는 다른 관점을 함께 나눈다. 그리고 가정에서 일어나는 어려운 가족 문제에 대해서 좀더 효과적인 접근을 하기 위해 역할 연기를 해보기도 한다.

아직 가정에 대해 기본적인 책임을 다하지 못했음에도 불구하고 어떤 특별한 권리를 요구하고 있는 아들이나 딸의 역할을 내가 맡고, 아내는 어머니의 역할을 맡는다.

우리는 이런저런 상호작용을 해 보고, 아주 현실적인 방식으로 그 상황을 상상해 보려고 노력한다. 왜냐하면 이를 통해 우리는 아이들에게 일관된 모델링* 과 올바른 원칙을 가르치도록 우리 스스로를 훈련할 수 있기 때문이다. 우리에게 가장 도움이 되는 역할 연기는 우리가 "실수한" 과거의 어려웠던 시기나 긴장됐던 순간을 재연하는 것이다.

당신이 사랑하는 사람을 깊이 이해하기 위하여 시간을 투자하고 서로 마음을 열고 대화하게 되면, 엄청난 수확을 가져다 준다. 이런 경우 가족과 결혼생활을 괴롭히는 많은 문제들이 곪고 악화될 여지를 갖지 못한다. 또 서로 마음을 터놓고 대화하기 때문에 잠재적인 문제들도 미연에 방지될 수 있다. 나아가 감정은행 계좌에 많은 예입이 되기 때문에, 그래도 일어나는 문제는 쉽게 다루어질 수 있다.

기업에서도 직원들과 일 대 일로 대하는 시간을 가져 보라. 그들의 말을 경청하고 또 이해하라. 회사 내의 모든 계층에서 정직하고 또 정확한 의견수렴을 얻을 수 있도록 인사관리 계정과 이해관계 정보 시스템을 만

---

* 역자 주 : Modeling, 모델을 보면서 저절로 그 언동을 모방하는 것.

들어라. 여기에는 고객, 공급자, 그리고 직원 등이 포함될 수 있다. 재무적 요소나 기술적 요소만큼 인간적 요소를 중요하게 생각하라. 당신이 기업의 모든 계층에서 인간자원을 쓰고자 한다면, 시간, 에너지 그리고 돈을 무한히 절약하게 될 것이다. 당신이 경청하면, 당신은 배우게 된다. 그리고 이것은 함께 일하고 또 당신을 위해 일하는 사람들에게 심리적 공기를 주는 것이다. 당신은 8시부터 오후 5시까지 회사가 요구하는 육체적인 근무 이상의 애사심을 이들로부터 불러일으킬 수 있을 것이다.

먼저 상대방을 이해하도록 노력하라. 문제가 생기기 전에, 평가하고 처방하기 전에, 자신의 생각이나 아이디어를 제시하기 전에, 이해하도록 노력하라. 그것이야말로 효과적인 상호의존성에 대한 훌륭한 습관이다.

우리가 서로를 진정으로 깊이 이해할 때, 창의적인 해결방법과 제3의 대안에 접근하는 문을 열게 된다. 그러면 우리들이 갖고 있는 차이점은 더 이상 커뮤니케이션과 전진에 걸림돌이 되지 않는다. 그 대신 이같은 차이점은 시너지 효과를 얻기 위한 디딤돌이 된다.

습관 5의 적용을 위한 제언

1. 감정은행 계좌가 적자라고 느껴지는 어떤 사람과의 관계를 하나 선택하라. 이 사람의 관점에서 상황을 이해하도록 노력하고, 또 이를 작성해 보라. 이 사람과 하는 다음 기회의 상호작용에서, 당신이 작성한 것을 당신이 직접 듣고 있는 것과 비교하면서 그를 이해하기 위해 경청하라. 당신이 세운 가정들은 얼마나 유용한가? 당신은 진정으로 이 사람의 관점을 이해했는가?

2. 매우 가까운 누군가와 공감이 어떤 개념인가에 대해 의견을 나누어 보라. 진정으로 그의 말을 경청하기 원한다고 얘기하라. 그리고 일주일 후에 이에 대한 피드백을 받고 싶다고 말하라. 당신이 노력한 결과가 어

떠하였는가? 당신이 한 행동이 그를 어떻게 느끼도록 만들었는가?

3. 사람들이 하는 커뮤니케이션을 지켜 볼 기회를 가지고, 몇 분 동안 귀를 막고 그저 관찰만 하라. 말만으로 교감되지 못하는 어떤 감정이 전달되고 있는가?

4. 다음에는 당신 스스로 하는 자서전적인 반응 중의 하나—탐사, 판단, 충고, 해석—를 부적절하게 사용하는 순간을 잡아보라. 그리고 그 잘못을 인정하고 사과하여 신뢰를 예입시키는 기회로 바꾸어 보라.("죄송합니다. 제가 진정으로 이해하려고 노력하지 않았다는 점을 이제 알았습니다. 다시 시작할 수 있을까요?")

5. 다음에 프리젠테이션을 할 때는 공감에 기초를 두라. 상대방의 관점을 그 사람보다 더 잘 설명해 보라. 그리고 난 후 상대방이 가진 준거체계에서 당신의 관점이 이해되도록 노력하라.

습관 6. 시너지를 활용하라

-생산적 협조의 원칙-

나는 한 성인(聖人)의 소망을 지침으로 삼고 있다.
어려운 일에는 단합을, 중요한 일에는 다양성을,
모든 일에는 관용을.

−조지 부시 대통령의 취임사−

윈스턴 처칠이 대영제국을 위해 전쟁을 이끌어 줄 것을 요청받자 자신의 전 생애는 바로 이 순간을 위해 준비해 왔다고 말했다. 이와 마찬가지로 지금까지 우리가 다룬 모든 습관들은 바로 시너지를 창출하기 위해 준비해 온 것이다. 시너지야말로 올바로 이해되기만 하면 모든 생활에서 가장 높은 차원의 활동이다. 즉, 다른 모든 5가지 습관의 진정한 시험이요 표현이다.

시너지(synergy)의 가장 고차원적인 형태는 인간만이 가진 4가지 천부의 재능, 승/승의 동기, 그리고 공감적 경청기술을 가지고 우리가 일상생활에서 직면하게 되는 가장 어려운 문제에 도전하는 것이다. 그런데 시너지가 가져오는 결과는 거의 기적적이라 할 수 있다. 왜냐하면 이를 통해 이전에는 전혀 존재하지 않던 새로운 대안들을 창조할 수 있기 때문이다.

시너지야말로 원칙 중심적 리더십의 본질이다. 또한 원칙 중심적인 부모 역할의 본질이기도 하다. 시너지는 사람들이 내면에 갖고 있는 가장 큰 힘에 촉매작용을 하고, 통합하고, 방출시킨다. 우리가 지금까지 다룬 모든 습관들은 시너지란 기적을 창조하기 위한 준비라고 할 수 있다.

그러면 시너지란 무엇인가? 간단히 정의한다면 시너지는 전체가 각 부분들의 합보다 더 크다는 것을 의미한다. 다시 말하면 각 부분들 상호 간에 갖는 관계는 전체의 일부분이고, 또 그 자체가 전체의 역할을 한다는 것을 의미한다. 따라서 이것은 한 부분이기도 하지만, 동시에 최대의 촉매작용을 하고, 최고의 역량이 있으며, 가장 큰 통합을 이룩하게 하는 가장 멋진 부분이다.

그런데 이런 유용한 과정은 가장 두려운 것이기도 하다. 왜냐하면 우리가 이 과정에서 정확히 무슨 일이 일어날 것이고, 또 어떤 귀결이 날지 모르기 때문이다. 부딪히게 될 새로운 위험과 도전들이 무엇인지도 모른다.

모험정신, 탐구정신, 그리고 창조정신을 발휘하기 위해서는 막대한 내면적 안정이 필요하다. 의심할 여지없이 우리는 반드시 베이스 캠프라는 안락한 지대에서 나와야 하고, 전혀 낯선 미지의 황야에 직면해야 한다. 우리는 개척자이며, 새로운 길을 찾는 탐험가이다. 즉, 우리는 다른 사람들이 뒤따라올 수 있도록 새로운 가능성, 새로운 영토, 새로운 대륙을 개척하는 것이다.

시너지는 자연 속 어디에나 존재한다. 만일 우리가 두 개의 식물을 서로 가까이 심어 놓는다면, 그 뿌리들이 엉켜서 주위의 토양을 더욱 좋게 하기 때문에 이를 각각 따로 심을 때보다 훨씬 더 잘 자라게 할 수 있다. 또 우리가 두 개의 판자를 함께 포갠다면, 각각 따로 지탱할 수 있는 무게보다 훨씬 더 큰 무게를 지탱할 수 있다. 이것은 전체가 각 부분의 합보다 더 크기 때문이다. 즉, 하나 더하기 하나는 셋 혹은 그 이상이 되는 것을 의미한다.

창의적인 협력의 원칙을 적용해 보는 것은 큰 도전이지만, 우리는 이것을 자연으로부터 또 사회적 상호작용으로부터 배울 수 있다. 가족생활은 시너지를 관찰하고, 이것을 실행해 볼 수 있는 좋은 기회를 제공한다.

한 남자와 한 여자가 서로 힘을 합해 아기를 낳아 세 식구를 만드는 것이 바로 시너지이다. 시너지의 본질은 차이점을 인정하는 것, 즉 그 차이점을 존중하고, 강점을 활용하고, 나아가 약점에 대해 서로 보완을 하는 데서 나온다.

우리는 분명히 남자와 여자 그리고 남편과 부인이 갖고 있는 신체적 차이를 가치 있게 생각한다. 그러나 남자와 여자가 가진 사회적, 정신적, 감정적 차이점에 대해서는 어떠한가? 이같은 차이도 신나는 인생을 창조하는 멋진 원천이 될 수는 없을까? 즉, 서로가 진정으로 자기 성취를 하고, 자기 존중의식과 각자의 가치의식을 육성하며, 독립적으로 성숙하여 점차 상호의존적으로 되는 기회를 제공해 줄 수는 없을까? 우리의 다음 세대를 위하여 시너지가 중심이 되는 새로운 패러다임을 창조할 수는 없을까? 자기 보호적인 측면은 더 적어지고, 적대감은 줄어들고, 나아가 이기심도 더 적어지면서, 봉사와 헌신을 하는 패러다임을 만들 수는 없을까? 지금보다 덜 방어적이고, 덜 보호적이고, 덜 정치적이면서도, 좀더 개방적이고, 더 큰 신뢰를 주고, 더 많은 것은 베푸는 패러다임을 가질 수는 없을까? 나아가 지금보다 소유욕이나 비판적인 사고는 줄어들면서, 더 큰 사랑, 더 많은 보살핌의 패러다임을 가질 수는 없는가?

시너지적인 커뮤니케이션

우리가 시너지적인 커뮤니케이션을 한다면 새로운 가능성, 새로운 대안, 새로운 선택 등에 대해 자신의 마음과 가슴을 열고 받아들이게 된다. 이것은 얼핏보면 마치 습관 2(목표를 확립하고 행동하라)를 버리는 것처럼 보일 수도 있다. 그러나 사실은 그 반대로 습관 2를 실천하는 것이다.

우리가 시너지적인 커뮤니케이션을 할 때 일이 어떻게 되어질지 또 결과가 어떻게 나타날지에 대해서 아직은 잘 모른다. 그럼에도 불구하고 우리는 일이 과거보다는 훨씬 더 잘될 것이라고 믿는 내적인 홍분, 안정, 그리고 모험심을 가지고 있다. 그리고 이것이 바로 우리가 마음속에 확립한 목표이다.

우리는 이것에 참여하는 당사자들이 더 큰 통찰력을 얻게 될 것이라는 믿음을 가지고 시작한다. 나아가 이같은 상호학습의 홍분과 통찰이 점차 더 큰 통찰, 학습 그리고 성장을 향한 추진력을 만들 것이라고 믿는다.

많은 사람들은 자신의 가정생활이나 다른 사회생활에서 아주 작은 시너지조차 경험해 보지 못하고 있다. 사람들은 방어적이고 보호적인 커뮤니케이션을 하도록 훈련되어 있고, 다른 사람이나 인생을 신뢰하면 안 된다는 각본에 물들어 있다. 그 결과 사람들은 습관 6과 여기에서 제시하는 원칙에 마음을 열지 않는다.

그런데 이는 인생에서 가장 큰 비극과 낭비를 의미한다. 왜냐하면 엄청난 잠재력들이 완전히 매장되고 개발되지 못하기 때문이다. 비효과적인 사람은 사장(死葬)되어 있는 잠재력을 가지고 나날을 살아간다. 그들은 자신의 생활에서 작고 대수롭지 않은 시너지를 경험할 뿐이다.

이같은 사람들도 아마 운동 팀과 같은 데 소속되어 잠깐 동안이나마 진정한 팀 정신에 몰입한 약간 이례적이고 의의 있던 경험을 가지고 있을 것이다. 누군가의 생명을 건지기 위하여 혹은 위기에서 해결책을 얻어내기 위하여, 자신의 이기심과 자존심을 버리고 대단히 높은 수준의 협동을 했던 긴급한 상황을 체험했을지도 모른다.

그러나 이러한 사건들은 일상적인 생활과는 달리 아주 예외적인 것으로 생각되고 기적적인 것으로 보일지 모른다. 그러나 사실은 그렇지 않다. 이러한 일들은 사람들의 일상 생활에서 규칙적이고 지속적으로 일어날 수 있다. 하지만 이것은 매우 큰 개인적 안정, 개방성, 그리고 모험심을 필요로 한다.

거의 모든 의의 있는 목적을 위한 시도는 다분히 예측 불가능하다. 이같은 시도는 이따금 애매모호하고, 요행을 바라는 것 같고, 나아가 시행착오적인 것처럼 보인다. 게다가 사람들이 애매모호함에 대해 많은 아량을 갖지 않는 한, 그리고 원칙과 내면적인 가치에 대한 언행일치를 통해 안정을 얻지 않는 한, 사람들은 대단히 의의있는 일에 참여하는 것이 힘에 부치고 유쾌하지 못한 것이라고 생각한다. 그 이유는 사람들에게 있어 조직성, 확실성, 그리고 예측 가능성에 대한 욕구가 너무나 크기 때문이다.

강의실에서의 시너지 효과

교수로서 나는 진정으로 훌륭한 강좌가 되기 위해 혼돈의 와중에 휩싸일 수도 있다고 믿게 되었다. 시너지는 교수와 학생들 전체가 각 부분의 합보다 훨씬 더 크다는 원칙에 입각하여 행동할 수 있느냐에 달려 있다.

시너지를 시도할 때 교수나 학생들 공히 앞으로 무슨 일이 일어날 것인지를 확실히 모르는 경우가 있다. 그러나 시너지가 작용하면 초기에는 다른 사람에게 진정으로 마음을 열게 되고, 서로의 아이디어에 대하여 배우고, 경청하게 되는, 안심할 수 있는 분위기가 나타난다. 그 다음 브레인스토밍이 일어난다. 이때는 평가와 비판 정신보다는 창의적 정신, 상상력, 지적인 교류 등이 나타난다.

그 다음에는 완전히 예외적인 현상이 일어나기 시작한다. 즉, 확실히 규명하기는 어렵지만 참여한 모든 사람들이 뚜렷이 볼 수 있는 새로운 전진, 새로운 아이디어, 그리고 새로운 방향에 대해 흥분스러운 변혁이 일어난다.

시너지는 마치 한 집단이 낡은 패러다임의 각본을 버리고 새로운 각본을 쓰자고 동의하는 것과 같다.

나는 리더십 철학과 스타일을 가르쳤던 한 대학 강좌를 결코 잊지 못한다. 우리는 그때 학기 시작 후 약 3주째 수업을 진행했고, 발표시간 중에 어떤 학생이 매우 인상적이고 통찰력 있는 자신의 경험을 이야기했다.

이를 통해 겸손과 존경의 마음이 온 강의실에 퍼졌다. 이때 존경심은 이 사람 자신과 그의 용기에 대한 찬사였다.

이같은 마음은 시너지적이고, 또 뜻 있는 일을 하는 비옥한 토양이 되었다. 다른 사람들도 이 분위기에 편승하여 자신의 경험과 견해 심지어는 자기회의(自己懷疑)까지도 나누게 되었다. 신뢰의 정신과 안전의 느낌이 사람들로 하여금 마음의 문을 활짝 열게 하였다. 이들은 각자 준비한 것을 발표하는 대신 서로의 관점과 아이디어를 나누고, 그 강좌의 진행에 대해 완전히 새로운 시나리오를 창조해 내기 시작하였다.

나는 이 과정에 깊이 관여하였다. 사실 나는 이 과정에 거의 매료되었다. 왜냐하면 이것은 너무나 마술적이고 의의 있게 보였기 때문이다. 그 결과 이 강좌의 본래 내용에 관한 의무를 점차 잊어버리고, 전혀 새로운 다른 가능성을 감지하게 되었다. 이는 단지 공상의 비약이 아니었다. 여기에는 성숙성과 안정감이 있었고, 또 지금까지 해 온 강좌 구성과 계획을 훨씬 능가하는 실질적인 것이 있었다.

그래서 우리는 지금까지의 강의 계획표, 강의용으로 구입한 교재, 그리고 발표계획 등을 모두 버리고 새로운 목적과 계획 그리고 과제를 설정하였다. 우리 모두는 앞으로 남은 약 3주일 동안 일어날 일에 대해 너무나 흥분되었기 때문에, 향후의 일에 대해 다른 사람들과 공유하고자 하는 압도적인 열망으로 가득 차 있었다.

우리는 리더십의 원칙이라는 학습 주제에 대하여 지금까지 한 학습내용과 통찰을 포함하여 한 권의 책을 펴내기로 결정하였다. 그 결과 과제가 바뀌었고, 새로운 연구계획이 배정되고, 새로운 팀들이 구성되었다. 학생들은 원래의 강좌계획으로 했을 때보다 훨씬 더 열심히 참여했다. 물론 이것은 완전히 다른 이유 때문이었다.

이같은 경험으로부터 이 과정은 독특하고, 응집력이 있고, 나아가 시너지가 있는 분위기가 만들어졌다. 그런데 이 분위기는 그 학기가 끝나도 계속되었다. 이 과정에 참가했던 동기생들은 몇 년 동안 계속 동창회 모임도 열었다. 수년이 지난 오늘날까지도 서로 만나면 그때 일에 대해 이야기하고, 무슨 일이 일어났으며, 왜 그런 일이 일어났는지에 대해 대화를 나눈다.

내가 흥미있게 생각하는 것 중 하나는 시너지를 창조해 내는 데 필요한 상호간의 충분한 신뢰가 아주 짧은 시간에 이루어졌다는 점이다. 나는 그 주된 이유가 사람들이 비교적 성숙했기 때문이라고 생각한다. 이들은 졸업반으로 마지막 학기를 수강하고 있었다. 또 이들이 하나의 훌륭한 강의를 듣는 경험 그 이상을 원했기 때문이었다. 이들은 새롭고 흥미로운 것, 그리고 진정으로 의미있는 것의 창조에 굶주려 있었다. 그것이 이들에게는 "때가 왔다."라는 생각을 갖게 했던 것이었다.

나아가 서로의 마음이 통했다. 나는 시너지를 직접 경험하는 것이 단지 이것에 대해 토론하는 것보다 더욱 감동적이라고 느꼈으며, 무엇인가 새로운 것을 창조하는 것이 단순히 옛 것을 읽는 것보다 더욱 효과적이라는 사실도 깨달았다.

나 자신도 체험했지만 대부분의 사람들은 누구나 거의 시너지가 작용할 뻔했던 경험이 있을 것이다. 이때는 혼돈의 가장자리에서 맴돌다가 무슨 이유인지 그 속에 빠져서 실패해 버린다. 딱하게도 이런 쓰라린 경험을 한 사람들은 다음에 새로운 경험을 할 때도 이같은 실패를 염두에 두고 시작한다. 따라서 이들은 새로운 경험에 대해 방어적이 되고, 시너지로부터 자신을 차단하게 된다.

이것은 마치 어떤 조직의 몇몇 사람들이 법규와 규정을 악용하기 때문에 새로운 법규와 규정을 만들어서 많은 사람들의 자유와 창의적 가능성을 제한하는 것과 같은, 또 예상가능한 최악의 상황을 상상해서 온갖 법률용어를 동원, 모든 것을 세세히 규정해 놓음으로써 자체 조직의 창의성, 진취성, 그리고 시너지의 가능성 모두를 죽여버리는 동업자들과도 같다.

내가 해 온 많은 컨설팅 활동과 경영자 교육 등을 돌이켜 생각해 보면, 이들의 하이라이트는 거의 항상 시너지적인 것이었다. 이 경우 보통 초기에는 상당한 용기가 필요했는데, 대단히 솔직하게 되고 사적인 얘기들을 털어놓아야 했다. 사실대로 말해 줄 필요가 있는 개인, 조직, 혹은 가족에 대해 어떤 속사정의 얘기들을 하는 데는 상당한 용기와 진정한 사랑이 있어야 했다. 그랬을 때 다른 사람들도 더욱 진실하게 되었고, 개방적이고 정직하게 되어 마침내 시너지적인 커뮤니케이션 과정이 시작되었다. 결국 이것들은 더욱 의의 있는 것이 되었고, 처음에는 아무도 예상하지 못했던 통찰력과 계획들을 얻어냄으로써 좋은 성과를 거둘 수 있었다.

칼 로저스* 는 "가장 개인적인 것이 가장 보편적인 것이다."라고 가르쳤다. 당신이 더욱 진실할수록, 특히 개인적 경험과 심지어 자신에 대한 회의까지도 포함하여 더욱 솔직할수록, 다른 사람도 당신의 말에 더욱 동조할 수 있게 되고, 더욱 안심하고 자기 자신에 관한 이야기를 할 수 있게 된다. 이러한 솔직한 표현은 다른 사람의 정신에 스며들어 진정으로 의의 있는 공감을 불러일으킨다. 나아가 이것은 새로운 통찰력과 학습을 가져오게 하며, 또 이 과정을 계속하게 만드는 흥분과 모험심을 불러일으킨다.

그 후 서로 불완전한 문장이나 조리에 맞지 않는 말로 얘기해도 상대가 전달하고자 하는 의미를 금방 알아차리게 된다. 이렇게 되면 완전히 새로운 통찰력의 세계, 새로운 관점, 선택이 보장되는 새로운 패러다임,

---

* 역자 주 : Carl Rogers(1902~1987), 미국 일리노이 출신 심리학자, 교수.

그리고 새로운 대안이 활짝 열리고, 여기에 입각하여 사고하게 된다. 이 새로운 아이디어들은 가끔 실행되지 못하기도 하지만, 보통은 실제적이고 유용한 결실을 가져온다.

기업의 시너지 효과

우리 회사에 근무하는 동료들과 함께 회사의 사명선언서를 만들기 위해 자리를 했을 때, 나는 매우 의미 있는 시너지적 경험을 했다. 그날 우리 회사에 속하는 거의 모든 사원들은 자연의 신비로 가득 찬 산에 올라갔다. 여기서 우리들은 훌륭한 사명선언서라고 여겨졌던 초안을 가지고 작업에 착수하였다.

처음 대화 내용은 서로 예의를 갖추고, 조심스러워하고, 또 서로 예측 가능한 것이었다. 그러나 우리가 앞으로 당면할 여러 가지 대안들, 가능성, 그리고 기회들에 대하여 이야기를 나누기 시작하자, 사람들은 개방적이 되고 또 진솔하게 되어 생각하고 있는 것을 말하기 시작했다. 사명선언서의 안건(案件)은 제쳐놓고 단체적인 자유연상, 즉 서로 자연스럽게 얘기하면서 추가시킨 아이디어들을 토론하게 되었다. 사람들은 진정으로 공감적이 되었고, 용기를 가지게 되었을 뿐만 아니라, 상호간의 존중과 이해로부터 의의 있고 시너지적인 커뮤니케이션으로 옮겨 가게 되었다.

이 자리에 참석한 모든 사람들은 이를 느낄 수 있었다. 이것은 흥분을 불러일으키는 일이었다. 분위기가 무르익어감에 따라 우리는 떠오른 집합적 비전을 단어로 표현하는 과업으로 옮겨 갔고, 단어 하나하나는 각 참여자들에 대하여 구체적이면서도 동참하는 의미를 부여하였다.

이같은 과정으로 만들어진 우리 회사의 사명선언서는 다음과 같은 내용이었다.

우리의 사명은 사람들과 조직이 원칙 중심적인 리더십의 이해와 실천을 통해 가치 있는 목적을 달성할 수 있도록 그들의 업무수행 능력을 현저하게 증가시켜 주는 것이다.

우리의 사명선언서를 창조하도록 이끌어간 이 시너지적인 과정은 그 장소에 있었던 모든 사람들의 마음과 가슴속에 그 의미를 심어주었을 뿐만 아니라, 나아가 우리가 추구하고자 하는 것과 또 추구하려고 하지 않는 것에 대한 준거틀을 제공하였다.

또 하나의 대단히 감명 깊었던 시너지 경험은 내가 대형 보험회사의 연례 기획회의의 토론진행자 및 아이디어 제공자 역할을 맡았을 때 일어났다. 이 회사의 모든 최고경영층들이 참가하는 이틀간의 회의가 있기 몇 달 전에 나는 이 회합 준비를 책임지고 있는 위원들을 만나 보았다. 그들은 내게 이 회의가 진행되어 온 전통적인 방식은 설문조사와 인터뷰를 통해 너댓 개의 문제점을 찾아내고, 중역들은 여기에 대해 선택할 수 있는 몇 가지 제안을 발표하는 것이라고 말해 주었다. 지금까지의 회의는 일반적으로 서로 존중하는 분위기였지만, 때로는 방어적인 승/패의 자존심 경쟁으로까지 악화되기도 했다고 말해 주었다. 이 회의는 보통 예측 가능했고, 별 의의가 없었으며, 지루하기까지 했다.

내가 준비위원들과 시너지의 영향력에 대해 이야기했을 때, 이들은 시너지가 가져오는 잠재적인 영향력을 이해할 수 있게 되었다. 이들은 상당한 우려를 표명했지만, 그래도 이 회의의 방식을 바꾸는 데 동의하였다. 준비위원들은 중역들에게 가장 우선 순위가 높다고 생각되는 문제점들을 백지에 익명으로 적어줄 것을 부탁하였다. 그 다음에 모든 중역들로 하여금 회의를 개최하기 전에 다른 중역들이 지적한 문제점들과 관점들을 이해하기 위해 이 내용들을 몰두하여 읽도록 했다. 그렇게 함으로써 중역들이 회의에 의견을 제시하기보다는 경청하게 하고, 또 자기자신을 방어하고 보호하기보다는 시너지를 창출하는 자세로 참가하도록 유도하였다.

우리는 회의 첫날 중 반나절을 습관 4, 5, 6에 대한 원칙과 실습에 할애하였다. 그리고 나머지 시간은 창의적인 시너지를 만드는 데 사용하였다.

활기찬 창의적 분위기는 믿을 수 없을 정도였다. 회의는 지루함 대신 흥분으로 가득 찼다. 사람들은 서로간의 설득을 받아들였고, 또 새로운 통찰력과 선택을 창출해 냈다. 회의가 끝날 무렵, 본사가 도전하는 목표에 대해 완전히 새로운 이해가 이루어졌다. 이제 이들 백지에 적은 문제점들은 더 이상 쓸모없는 것이 되었다. 서로가 가진 차이점들이 소중하게 평가되었고, 더 높은 차원으로 승화되었다. 새로운 공통 비전이 만들어지기 시작하였다.

사람들이 일단 진정한 시너지를 경험하고 나면, 과거와는 완전히 달라진다. 또 앞으로 마음을 넓혀가는 좋은 체험을 할 가능성도 알게 된다.

사람들은 때때로 특별한 시너지 경험을 다시 만들어 보고자 시도하지만, 이것이 성공할 가능성은 희박하다. 그렇지만 이같은 의의 있는 과업 뒤에 숨은 본질적인 목적은 다시 추구할 수 있다. 동양의 철학에 "우리는 스승을 모방하려고 애쓰지 않는다. 그것보다는 스승이 추구한 것을 찾고자 한다."라는 말이 있다. 이처럼 우리가 과거에 의의 있었던 시너지 경험을 다시 한번 흉내내려고 노력하기보다, 새롭고 신선하고 보다 고차원적인 목적을 가진 시너지 경험을 추구하는 것이 더 낫다.

시너지와 커뮤니케이션

시너지는 멋진 것이다. 생산성 또한 놀라운 것이다. 그런데 이것은 열린 마음과 커뮤니케이션이 만들어낼 수 있는 현상들이다. 나아가 시너지와 창의력이 가져다 주는 엄청난 이득과 개선은 마음을 여는 일이 비록 힘들지만 해 볼 만하다는 사실을 가르쳐 준다.

제2차 세계 대전이 끝난 후 미국은 데이비드 릴리엔탈을 새로 신설한 원자력위원회(Atomic Energy Commission)의 책임자로 임명하였다. 릴리엔탈은 각계의 영향력이 큰 명사들을 위원으로 초빙하였다. 이들은 모두 뛰어나고 소신이 뚜렷한 사람들이었다.

이처럼 대단히 다양한 사람들로 구성된 위원회는 거창한 의제들을 가지고 있었고, 그것을 다루는 데 조급해 하고 있었다. 더구나 언론들이 재촉하고 있었다

그러나 릴리엔탈은 감정은행 계좌를 높이는 데 여러 주일을 보냈다. 그는 우선 위원들이 서로 친숙해지도록 만들었다. 즉, 각자의 취미, 희망, 목표, 관심, 배경, 가치관, 그리고 패러다임 등을 서로 파악하게끔 도와주었다. 그는 위원들 간에 큰 결속력을 만들어 주는 인간적인 상호작용을 촉진시켰다. 그러나 주위에서는 그가 이런 것들에 시간을 많이 들이는 것을 "비효율적"이라고 맹렬히 비난했다.

그런데 여기서 얻은 결과는 이 집단이 서로 아주 가까워지게 되었고, 매우 개방적으로 되었을 뿐만 아니라, 나아가 생산적이고 시너지적으로 되었다는 점이다. 위원회의 위원들 간의 상호 존중심은 매우 높아서 어떤 견해상의 불일치가 생길 때, 반대하고 방어적인 태도를 갖기보다 서로 이해하려고 노력하였다. 이들이 가진 태도는 곧 "당신과 같은 지식과 능력 그리고 사명감을 가진 사람이 나와 의견이 불일치하는 것이 있다면, 내가 이해하지 못하는 무언가 다른 이유가 있음이 틀림없다. 그러므로 나는 반드시 그것을 이해해야만 한다."라는 식이었다. 이같은 수용적 상호작용은 마침내 이상적인 집단 문화를 탄생시켰다.

다음에 제시되는 도표는 서로 다른 수준의 커뮤니케이션이 신뢰와 얼마나 밀접하게 관련되어 있는가를 보여 주고 있다.

신뢰수준이 낮은 상황에서 이루어지는 가장 낮은 수준의 커뮤니케이션은 방어적, 보호적, 법률용어적이라고 특징지울 수 있다. 이같은 커뮤니케이션은 일이 잘못되었을 경우를 대비하여 자기보호 조항, 제한조건, 면책 조항들을 분명하게 한다. 또 이같은 커뮤니케이션은 승/패나 패/패의 결과만 만들어 낸다. 이것은 생산/생산능력 간의 균형을 이루지 못하기 때문에 효과적이지 못하므로 자기 방어와 보호를 해야 하는 더 큰 이유가 된다.

신뢰수준이 중간인 경우에는 상호존중하는 커뮤니케이션이 이루어진다. 이것은 어느 정도 성숙한 사람들이 교제하는 수준이다. 이들은 서로에 대해 존중하지만, 심한 충돌이 일어날 가능성은 피하고 싶어한다. 따라서 공손하게 대화하지만, 공감적으로는 하지 않는다. 또, 서로를 지적으로는 이해할 수 있지만, 상대방이 견지하는 입장의 배후에 있는 패러다임과 의향을 깊이 들여다볼 수 없기 때문에 새로운 가능성을 발견하지 못한다.

상대를 존중하는 이같은 커뮤니케이션은 독립적인 상황이나 가끔은 상호의존적 상황에서 효과를 낼 수 있다. 그러나 생산적인 해결책이 나올 가능성은 없다. 나아가 상호의존적 상황에서도 보통 서로의 입장에 대한

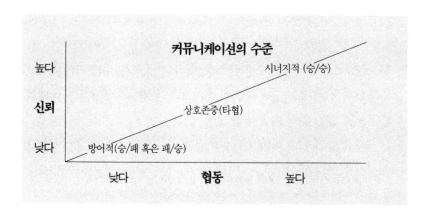

타협만 이루어진다. 그런데 타협이란 1+1=1 을 의미한다. 즉, 이것은 쌍방이 서로 주고받는 관계이다. 이때 이루어지는 커뮤니케이션은 방어적이거나 보호적이지 않고, 또 화를 낸다든가 기만적이지도 않다. 다시 말해 이 커뮤니케이션은 정직하고, 순수하며, 상대방을 존중한다. 물론 생산적이거나 시너지를 내는 것은 아니다. 이것은 낮은 수준의 승/승적 형태만 만들어낼 뿐이다. 시너지는 일 더하기 일이 8이나 16, 심지어는 1,600도 될 수 있음을 의미한다.

신뢰수준이 높은 경우에 시너지가 작용되면, 원래 제안된 어떤 것보다 훨씬 더 나은 해결방안을 만들어 낸다. 뿐만 아니라 모든 당사자들이 이것을 알게 된다. 더욱이 사람들은 생산적인 활동을 즐기게 된다. 나아가서는 그 자체만으로 기쁨과 만족을 주는 작은 문화가 저절로 형성된다. 이같은 작은 문화가 설사 단기간만 존속되다가 사라진다 해도 생산/생산 능력 간의 균형은 그대로 남는다.

시너지를 얻을 수 없고 무거래도 할 수 없는 아주 다른 상황들도 있다. 그러나 이같은 상황에서도 진지하게 노력하는 정신이야말로 보다 효과적인 타협을 결과로 가져올 수 있다.

낚시질에 대한 제3의 대안

커뮤니케이션 수준이 상호의존적인 효과성에 어떤 영향을 미치는지에 대해 좀더 잘 이해하기 위해 다음과 같은 시나리오를 상상해 보자.

때는 휴가철이다. 남편은 가족들을 데리고 호수가 많은 지방에 가서 캠핑과 낚시를 즐기고 싶어한다. 이 휴가는 남편에게 아주 중요한 의미를 가진 것으로 일년 내내 계획된 일이었다.

그러나 그의 부인은 이번 휴가를 이용해서 약 250 마일쯤 떨어져 살고 있는 병든 어머니를 방문하고 싶어한다. 그녀는 어머니를 자주 찾아볼 기회가 없으므로 이번 기회가 그녀에게 중요하다.

이들 부부의 생각이 갖는 차이점은 엄청난 부정적 결과를 가져올 수 있다.

"계획이 이미 세워졌소. 아이들이 저렇게 기뻐하고 있지 않소. 우린 호수로 낚시 휴가를 가야 해요."라고 남편은 말한다.

"그렇지만 어머니가 앞으로 얼마나 더 살아 계실지 몰라요. 그리고 난 어머니 곁에 있고 싶어요."라고 부인은 대답한다. "이번 휴가야말로 우리가 어머니 곁에 충분히 있을 수 있는 유일한 기회란 말이에요."

"일년 내내 우리는 이번 일주일 휴가를 기다려 왔어요. 아이들이 일주일 동안 할머니집에서 하릴없이 지낸다면 비참하게 느낄거요. 그애들을 모두 미치게 하고 말거야. 또 당신의 어머니도 그렇게 아프지는 않아요. 게다가 당신의 동생이 1마일도 안 되는 곳에 살면서 도와드리고 있잖아요."

"나한테도 역시 어머니예요. 난 어머니와 같이 있고 싶어요."

"당신은 매일 저녁 어머니한테 전화를 걸 수 있어요. 그리고 우리는 크리스마스때 전가족이 모여 어머니와 함께 지내기로 계획하고 있소. 기억 안나요?"

"그건 다섯 달 뒤의 얘기예요. 어머니가 그때까지 살아 계시리라고 누가 장담하겠어요. 게다가 어머니는 나를 필요로 하고 있고, 또 날 보고 싶어한단 말이에요."

"어머니는 잘 보호받고 있어요. 게다가 나와 애들도 당신을 필요로 하기는 마찬가지요."

"나는 어머니가 낚시보다 더 중요해요."

"당신의 남편과 아이들이 당신의 어머니보다 더 중요하오."

이렇게 의견이 달라 옥신각신하다가 마침내 그들은 어떤 타협점에 이른다. 그들은 서로 행동을 달리하기로 결정할 수도 있다. 즉, 남편은 아이들을 데리고 호수로 낚시를 가고 그 동안 부인은 어머니를 방문한다. 그렇지만 이들 둘 다 죄책감과 행복하지 못한 마음에 젖게 된다. 아이들도 그것을 느끼고, 이 기분은 즐거워야 할 휴가에 내내 영향을 미친다.

또, 남편이 아내에게 양보할 수도 있다. 그러나 그건 마지못해 하는 행위이다. 남편은 의식적으로든 무의식적으로든 이 한 주일이 모든 가족에게 대단히 비참할거라는 자기의 예언이 들어맞을 수 있도록 무슨 증거라도 찾아낼 것이다.

반대로 부인이 양보할 수도 있다. 그러나 그녀는 위축될 것이고, 어머니의 건강상태에 어떤 변화라도 있게 되면 즉시 과민하게 반응할 것이다. 만일 그녀의 어머니가 더 심각하게 악화되거나 죽기라도 한다면, 남편은 스스로 용서받지 못할 것이다.

이 부부가 마침내 동의하게 된 타협안이 무엇이든 그것은 그 후 오랫동안 감수성의 부족, 관심, 그리고 잘못된 결정의 증거로써 되풀이되어 들먹여질 것이다. 이것은 다툼의 원인이 될 수도 있고, 이들 가족을 갈라놓는 불화의 씨가 될 수도 있다. 사실 한때는 그렇게 아름답고, 부드럽고, 자발적이며, 게다가 사랑으로 뭉쳐졌던 많은 결혼생활이 작은 일련의 사건 때문에 적대적인 수준으로까지 악화된다.

남편과 아내가 상황을 서로 다르게 보고 있는 것이다. 그리고 그 차이가 이들을 반대편에 서게 하고, 이들을 갈라놓고, 이들 사이에 쐐기를 박는다. 하지만 이런 경우 이들 부부를 오히려 보다 더 높은 수준의 가까운 관계로 만들 수도 있다. 만일 이들 부부가 효과적인 상호의존의 습관을 가졌다면, 완전히 다른 패러다임으로 사고하며 서로의 차이점에 접근할 수 있을 것이다. 이들의 커뮤니케이션은 높은 수준에서 행해질 것이다.

이들은 감정은행 계좌의 잔고가 많기 때문에 결혼생활에서 서로 신뢰하며 마음을 열고 대화할 수 있다. 이들은 승/승의 사고방식을 가지고 있기 때문에 제3의 대안이 있음을 믿는다. 이 대안은 서로에게 이익이 될 뿐만 아니라, 각자가 애초에 생각했던 방안보다 더 나은 것이라고 믿게 된다. 이들은 서로가 공감적으로 경청하고 먼저 상대방을 이해하려고 노력하기 때문에, 의사결정을 할 때 서로가 고려해야 할 가치 있는 것과 관심사항들에 대해 전체적인 윤곽을 자신들의 내면에 갖게 된다.

많은 잔고의 감정은행 계좌, 승/승의 사고, 그리고 먼저 상대방을 이해하려고 애쓰는 것 등과 같은 요소가 결합되면 시너지를 얻을 수 있는 이상적인 환경을 만들어 낸다.

불교에서는 이것을 "중도(中道)"라고 부른다. 여기에서 "중(中)"이 갖는 의미는 타협이 아니다. 그 대신 이것은 더 높은 것, 예컨대 삼각형의 정점과 같은 것을 의미한다.

이처럼 "중도" 혹은 보다 더 높은 차원의 방안을 찾음으로써, 여기서 예로 든 남편과 부인은 둘 사이의 사랑과 그들의 관계가 서로가 만드는 시너지의 일부분인 사실을 깨닫는다. 그들이 대화를 나눌 때 남편은 부인의 소망, 즉 자기 어머니와 함께 살고 싶어하는 그녀의 염원을 진정으로 깊이 느끼게 된다. 그는 자기 부인이 장모의 간호에 주된 책임을 지고 있는 자기 동생을 도와주기 원한다는 사실을 이해한다. 또 그는 장모가 앞으로 얼마나 더 오래 살게될지 모르기 때문에 장모가 낚시보다 더 중요하다는 사실도 이해한다.

나아가 부인도 남편이 가족들과 함께 있고 싶어하고, 아이들에게 멋진 경험을 심어 주고 싶어한다는 소망을 깊이 이해한다. 그녀는 이 낚시 휴가를 위해 남편이 미리 교육을 받고, 또 낚시도구를 마련하는 데 투자했던 것들을 기억하고, 가족들과 좋은 추억을 남긴다는 것이 중요하다는 사실을 깨닫는다.

이렇게 되면 이들은 서로 이같은 소망을 공유한다. 그러면 이들은 이제 더 이상 문제를 사이에 놓고 서로 반대편에 서 있지 않는다. 이들은 같은 편에 함께 있으면서 문제점을 바라보고, 소망들을 이해하며, 또 서로를 만족시켜 줄 제3의 대안을 찾아내기 위해 노력한다.

"아마 우린 이달 내에 당신이 어머니를 방문할 수 있는 다른 주간을 마련할 수 있을거요." 하고 남편이 제안한다. "주말에는 내가 가사를 돌보고, 주초에 파출부를 부르면, 당신이 어머니를 방문할 수 있게 될거요. 난 장모님을 돌보는 것이 중요하다는 것을 알아요."

"그렇지 않다면 우린 당신 어머니 집 근처에서 캠핑과 낚시를 할 수 있는 장소를 발견할 수 있을거요. 장소가 아마 그만큼 좋지는 않겠지만, 그래도 야외이고 거기에 덧붙여 다른 활동도 할 수 있을거요. 아이들도 방구석에서 장난치며 소일할 필요도 없을테고, 거기있는 이모, 외삼촌 그리고 조카 등 친척들과도 같이 놀 수 있기 때문에 또 다른 즐거움을 줄 수 있을거요."

마침내 시너지 작용을 시작한 것이다. 둘 다 만족스럽다고 여겨지는 해결책을 찾아낼 때까지 서로 대화를 주고받는다. 이렇게 만들어 낸 해결책은 그들 각자가 원래 제안했던 해결책보다 훨씬 더 낫다. 그리고 이것은 단순한 타협 이상의 것이다. 이것은 생산과 생산능력을 구축하는 시너지적 해결책이다.

이것은 업무처리가 아니라 하나의 변혁인 것이다. 이들은 둘 다 정말로 원하는 것을 얻게 되고, 그 과정에서 부부관계도 더욱 가깝게 된다.

부정적 시너지

제3의 대안을 찾는다는 것은 이분법적인 "이것 아니면 저것"이라는 사고방식으로부터의 중대한 패러다임 전환을 의미한다. 그러나 그 결과가 가져오는 차이점을 보라.

사람들이 상호의존적인 현실에서 어떤 문제를 해결하거나 의사결정을 하려 할 때 보통 얼마나 많은 부정적인 에너지를 소모하는가? 다른 사람의 죄악, 정치 술수, 라이벌 관계, 상호간의 갈등 등을 소근거리고, 뒷공작, 배후조종, 지레짐작 등을 하느라 얼마나 쓸데없는 시간을 소모하는가? 그것은 마치 한 발은 자동차의 액셀러레이터에 놓고, 다른 한 발은 브레이크 위에 놓고서 내리막길을 운전하는 것과 똑같은 이치이다.

대부분의 사람들은 한쪽 발을 브레이크에서 떼는 대신 엑셀러레이터에만 힘을 준다. 그들은 자신의 입장을 강화하기 위해 더 많은 압력, 더 감동적인 능변, 그리고 더 논리적인 이론을 동원하려고 애쓴다.

문제는 이처럼 고도로 의존적인 사람들이 상호의존적인 현실에서 성공하려고 노력한다는 점이다. 그들은 권력을 이용하여 승/패의 결과를 얻으려 하거나, 또 다른 사람들의 선심을 사기 위해 패/승의 결과를 목표로 한다. 이들이 승/승의 기법을 이야기할지 모르나, 실제로는 상대방을 경청하지 않는다. 남을 조종하고 싶은 것이다. 이런 환경에서는 시너지가 결코 가능하지 않다.

불안정한 사람은 모든 현실이 자신이 가진 패러다임에 맞추어져야 한다고 생각한다. 그들은 다른 사람들을 자기와 닮게 하고자 하는 강력한 욕구를 가지며, 자신의 사고방식을 주입시킬 필요성을 강하게 느낀다. 그러나 그들은 인간관계의 강점은 다른 관점을 접하는 데 있다는 사실을 깨닫지 못한다. 동일성은 하나가 됨을 의미하는 것이 아니다. 또 균등함이 조화를 의미하지도 않는다. 조화 또는 하나됨은 서로 보충하는 것이지 동일한 것은 아니다. 동일성은 창의성이 없고 싫증나게 한다. 시너지의 본질은 서로간의 차이점을 가치 있게 여기는 데 있다.

필자는 대인(對人)간 시너지의 열쇠는 개인 내면의 시너지, 즉 우리 자신 속에서 시너지를 창출하는 것이라고 믿게 되었다. 우리 자신의 내면적 시너지의 본질은 처음 3가지 습관들의 원칙에 포함된다. 이들은 우리가 마음을 열었을 때 위험에 대처할 수 있는 충분한 내면적 안정감을 제공해 준다. 우리는 이들 원칙들을 내면화함으로써 승/승, 즉 나도 이기고 상대도 이기는 풍요의 심리를 개발하고 습관 5의 확실함을 믿게 된다.

원칙 중심적으로 될 때 얻게 되는 실질적인 결과는 우리를 하나의 전체, 즉 진정으로 통합된 하나로 만든다는 점이다. 논리적이고 언어적인 왼쪽 뇌의 사고 방식에 깊이 물든 사람은 이러한 사고가 많은 창의성을 요구하는 문제에 매우 부적절하다는 사실을 알게 될 것이다. 이들은 자신의 오른쪽 뇌 내부에 있는 새로운 사고방식을 자각하게 되고, 그것에 대해 마음을 열기 시작한다. 즉, 오른쪽 뇌가 없어진 것이 아니고 다만 잠자고 있었을 뿐이다. 아마 오른쪽 근육이 발달되지 않았거나, 어린시절부터 받아 온 학교 교육이나 사회적인 각본이 지나치게 왼쪽 뇌를 강조하다보니 위축되었을지도 모른다.

어떤 사람이 직관적이고, 창조적이며, 시각적인 오른쪽 뇌와 분석적이고, 논리적이며, 언어적인 왼쪽 뇌를 함께 사용하면, 그는 뇌 전체를 효과적으로 작동시키기 시작한다. 다시 말해서 이때 우리 자신의 머리에는 정신적인 시너지가 나타난다. 그리고 바로 이것이야말로 인생이란 실체에 가장 적합한 도구가 된다. 왜냐하면 인생은 논리적인 면뿐만 아니라 감정적인 면도 있기 때문이다.

어느 날 나는 "왼쪽 뇌로 관리하고 오른쪽 뇌로 리드하라."라는 주제로 플로리다 주의 올랜도에 있는 어느 회사에서 세미나를 열고 있었다. 휴식시간 중에 그 회사의 사장이 내게 와서 말했다. "코비 씨, 이것은 흥미있는 내용입니다. 그렇지만 나는 이 주제를 내 사업보다 나의 결혼 생활에 적용하는 데 더 큰 관심을 가지고 있습니다. 아내와 나는 진짜 커뮤니케이션 문제를 갖고 있거든요. 당신이 우리 두 사람과 점심을 같이 하면서 우리가 서로 어떻게 이야기하고 있는지 관찰해 주셨으면 어떨까 하는데요?"

"그렇게 합시다."라고 나는 흔쾌히 대답했다.

우리는 함께 앉아서 몇 가지 농담을 교환했다. 그런 다음 이 사장은 부인에게 몸을 돌려 이렇게 말했다. "자, 여보. 코비 씨를 점심에 초대해서 우리가 하는 서로간의 대화에 대해 이 분더러 도와달라고 부탁했소. 난 당신이 내가 좀더 민감하고 사려 깊은 남편이 되어야 한다고 생각한다는 점을 알고 있소. 당신이 내가 고쳐야 될 점을 구체적으로 이야기해 줄 수 있겠소?" 그를 지배하고 있는 왼쪽 뇌는 사실의 개요, 말 표현, 구체적인 것, 그리고 부분적인 것 등을 원하고 있었다.

"글쎄요. 내가 전부터 얘기해 왔다시피 구체적인 것은 없어요. 내가 중요하게 생각하는 것은 좀더 전반적인 것이에요." 그녀를 지배하는 오른쪽 뇌는 감각, 게슈탈트*, 전체 그리고 부분들 간의 관계 등을 다루고 있었다.

"당신이 말하는 '전반적인 것' 이란 무엇을 의미하는 거요? 당신은 내가 어떻게 고쳤으면 좋겠소? 내가 이해할 수 있도록 구체적으로 말해줘요."

"글쎄, 그것은 단지 하나의 느낌이에요." 그녀의 오른쪽 뇌는 이미지와 직관적인 느낌을 말하고 있었다. "제 느낌엔 제게 말로 표현하는 만큼 우리의 결혼에 대해 당신이 중요하다고 생각하는 것 같지 않아요."

"그럼, 우리의 결혼을 중요하게 만들기 위해 내가 어떻게 하면 되겠소? 자세하게 구체적으로 말해봐요."

"그건 말로 하기 어려운 일이에요."

그때 그는 자신의 눈을 부라리며 나를 바라보았는데, 마치 이렇게 말하는 것 같았다. '코비 씨, 당신은 결혼생활에서 이처럼 어리석고 답답한 상황을 참을 수 있겠소?'

"그건 단지 느낌이에요. 아주 강한 느낌요."라고 그녀는 거듭 말했다.

"여보, 그건 당신의 문제요. 그리고 그것은 당신의 어머니가 가진 문제요. 사실 그것은 내가 아는 모든 여자들이 가지고 있는 문제요."라고 그

---

* 역자 주 : Gestalt, 지각의 대상을 형성하는 통일적 구조, 형태.

가 말했다.

그 다음 그는 자기 아내에게 질문을 하기 시작했는데, 그것은 마치 법정에서 심문하는 것처럼 들렸다.

"당신은 마음에 드는 집에 살고 있소?"

"그게 문제가 아니예요." 그녀는 한숨짓듯이 대답했다.

"알아요." 남편은 애써 참을성을 갖고 대답했다. "그러나 당신이 문제점을 정확하게 말하지 않기 때문에, 문제가 아닌 것부터 알아보는 것이 그 문제점을 찾아내는 최선의 방법이라고 생각하고 있소. 당신의 집은 마음에 드는 거요?"

"그렇다고 생각해요."

"여보, 지금 코비 씨는 우리를 도우려고 잠깐만 여기 같이 있는 거요. 그러니까 가능한 한 빨리 '예.' 또는 '아니요.' 식으로 대답해줘요. 당신은 마음에 드는 집에 살고 있어요?"

"예."

"좋아요. 그럼 그건 해결되었소. 당신은 갖고 싶어하는 모든 것을 갖고 있어요?"

"예."

"좋아요. 당신은 하고 싶은 일을 하고 있나요?"

잠깐 동안 이런 식의 대화가 계속되었는데, 나는 이들을 전혀 도와주지 못하고 있었다. 그래서 중간에 끼어들어 말했다. "당신들의 관계는 늘 이런 식입니까?"

"매일요. 코비 씨."라고 그가 대답했다.

"이게 우리의 결혼생활이에요."라고 아내가 탄식하듯 말했다.

나는 그들 두 사람을 바라보면서, 각각 대뇌의 반쪽씩만 가진 사람들이 함께 살고 있다는 생각이 머리 속을 스쳐갔다. "당신들은 자녀들을 갖고 있나요?"라고 나는 물었다. "네. 둘이요."

"그래요?" 하고 나는 믿을 수 없다는 듯이 반문했다. "어떻게 당신들은 아이를 낳았지요?"

"어떻게 낳았느냐니 그게 무슨 뜻이죠?"

"당신들은 시너지를 경험해 본 사람들이군요."라고 나는 말했다. "하나에다 하나를 더하면 보통 둘이 되지요. 그렇지만 당신들은 하나 더하기 하나를 넷으로 만들었어요. 자, 그것이 시너지예요. 하나의 전체가 부분들을 합한 것보다 더 많고 훌륭하다는 말입니다. 그래, 당신들은 어떻게 그것을 했지요?"

"우리가 어떻게 그것을 했는지 알잖아요." 그는 대답했다.

"당신들은 남녀의 차이점이 갖는 가치를 소중하게 여겼던 겁니다."라고 나는 힘주어 말했다.

차이점을 소중히 여기는 것

사람들 간의 정신적, 감정적, 심리적 차이점들을 소중히 여기는 것이 시너지의 본질이다. 그리고 이들 차이점을 소중히 여기는 관건은, 모든 사람들이 세상을 있는 그대로가 아니라 자기 자신의 관점을 통하여 본다는 사실을 깨닫는 것이다.

만일 내가 세상을 있는 그대로 본다고 생각한다면, 왜 내가 그 차이점들을 소중히 할 필요가 있겠는가? 왜 내가 "비정상적인" 사람에 대해 걱정할 필요가 있겠는가? 내가 가진 패러다임은 내 자신은 객관적이어서 세상을 있는 그대로 보고 있다는 것이다. 모든 사람들이 사소한 일들에 파묻혀 있지만 나는 더 큰 그림을 보고 있다. 이것이 사람들이 나를 수퍼바이저(supervisor)라 부르는 이유이다. 왜냐하면 나는 큰 비전(super vision)을 갖고 있기 때문이다.

만일 이상이 우리가 가진 패러다임이라면, 이 문제에 관한한 우리는 효과적으로 상호의존적이 되지 못하고, 심지어 효과적으로 독립적이 되지도 못할 것이다. 왜냐하면 우리는 자기 자신이 물든 패러다임에 의해 제약받기 때문이다.

정말로 효과적인 사람은 자신의 지각적 한계를 인식하는 겸손과 공손을 가지고 있다. 또 다른 사람들의 마음과 접촉하고 나눔으로써 얻은 많은 지식과 감정이 귀중하다는 사실을 인정한다. 이같은 사람은 차이점을 소중히 여긴다. 왜냐하면 이러한 차이점이 현실에 대한 지식과 이해를 더해 주기 때문이다. 우리가 자기 경험의 테두리를 벗어나면, 가진 정보가 얼마나 부족한가를 절실히 느끼게 된다.

두 사람의 의견이 불일치할 때, 두 사람 모두 옳을 수 있다는 것이 논리적으로 가능한가? 이것은 논리적이 아니다. 그 대신 심리적인 것이다. 그리고 이것이야말로 아주 현실적인 것이다.

당신은 젊은 여자를 바라본다. 그런데 나는 그녀를 늙은 여자로 본다. 우리 모두 동일한 그림을 보고 있고, 또 둘 다 옳다. 우리 둘 다 동일한 검은 선과 동일한 흰 여백을 보고 있다. 그러나 우리는 그들을 각각 다르게 해석한다. 왜냐하면 우리는 그 그림을 다르게 해석하도록 조절되어 있기 때문이다.

만일 우리가 지각상의 차이점을 소중히 여기지 않는다면, 또 우리가 서로의 지각을 존중하여 우리 둘 모두가 옳을 수 있다는 가능성을 인정하지 않는다면, 나아가 인생이란 항상 이것 아니면 저것이라는 이분법적이 아니고 거의 항상 제3의 대안이 있다는 사실을 믿지 않는다면, 우리는 이러한 조절됨의 한계를 결코 극복하지 못할 것이다.

내 눈에 보이는 것이란 늙은 여자뿐이다. 그러나 나는 당신이 무엇인가 다른 것을 보고 있음을 인식한다. 그리고 나는 당신의 다른 시각을 존중한다. 나는 당신의 지각을 존중한다. 그리고 나는 당신을 이해하기 원한다.

이렇게 우리들이 지각상의 차이를 깨닫게 될 때 나는 "좋아요! 당신은 그것을 다르게 보고 있군요? 나도 당신이 보는 것을 볼 수 있게 도와주세요."라고 말할 수 있다.

만일 두 사람이 똑같은 견해를 갖고 있다면, 한 사람은 불필요하다. 마찬가지로 나와 똑같이 단지 늙은 여자만 보고 있는 누군가와 대화하는 것은 내게 전혀 도움을 주지 못한다. 나는 나와 의견을 같이 하는 사람과 대화하거나 이야기하기를 원하지 않는다. 즉, 당신이 그것을 나와 다르게 보기 때문에 당신과 대화를 나누고 싶다. 나는 그 차이점을 소중히 여긴다.

그렇게 함으로써 나는 나 자신의 지각능력을 증대시킬 뿐만 아니라 당신에게도 확신을 준다. 내가 당신에게 심리적 공기를 주는 것이다. 내 발을 브레이크에서 떼고, 당신이 자신의 입장을 방어하기 위해 소모할지도 모를 부정적인 에너지가 필요없게 해 준다. 나는 시너지를 만들어 낼 수 있는 환경을 조성한다.

차이점을 소중히 하는 것이 얼마나 중요한가는 교육자였던 리브스(R. H. Reeves)박사가 쓴 "동물학교(The Animal School)"라는 우화에 잘 표현되어 있다.

옛날에 동물들이 "신세계"에서 직면하게 될 문제들을 해결하기 위해서 어떤 훌륭한 일을 해야겠다고 결정하고 학교를 만들었다. 그들은 달리기, 오르기, 수영, 날기 등으로 짜여진 교과목을 채택하였다. 또 이 학교의 행정을 좀더 쉽게 하기 위해 동물들 모두가 똑같은 과목들을 수강하도록 하였다.

오리는 수영에 있어선 교사보다도 더 잘했고, 날기에서도 꽤 훌륭한 점수를 받았다. 그렇지만 그는 달리기에서는 매우 부진했다. 오리는 달리기에서 낮은 점수를 받았기 때문에 학교가 끝난 후에도 남아야 했고, 달리기를 연습하느라 수영 수업을 빠지게 되었다. 이렇게 달리기 연습에 열중하다보니 그의 물갈퀴는 닳아서 약하게 되었고, 이제는 수영에서조차 겨우 평균점수밖에 못 받게 되었다. 그러나 학교에서는 평균성적을 받으면 괜찮았으므로 오리를 제외하고는 누구도 그것에 대해 걱정하지 않았다.

토끼는 달리기에 있어 첫째가는 실력으로 시작했으나, 수영에 많은 시간을 연습하느라 신경쇠약에 걸렸다.

다람쥐는 오르기에는 뛰어났지만, 날기반의 교사가 땅에서 위로 날아오르게 했기 때문에 좌절감에 빠졌다.

또 그는 지나친 연습으로 경련이 생기는 바람에 오르기에서는 C를 받았고, 달리기에서는 D를 받았다.

독수리는 문제아였다. 그래서 그는 심하게 훈계를 받아야 했다. 오르기반에서는 독수리가 나무꼭대기에 오르는 데 다른 모든 동물들을 제치고 앞장섰지만, 거기에 도달하는 데 있어 자기 방식대로 할 것을 고집하였다.

학년 말에 수영은 아주 잘하고, 달리기, 오르기, 날기는 약간만 하는 이상하게 생긴 뱀장어가 가장 높은 평균점수를 받아 졸업생 대표가 되었다.

들개* 들은 학교에 가지않고 학교당국이 교과과정에 땅파기와 굴파기를 추가하지 않는다고 교육세 징수에 반대투쟁을 벌였다. 이들은 자기 새끼들을 오소리에게 제자로 보냈고, 나중에는 성공적인 사립학교를 시작하기 위해 그라운드 호그,** 들쥐들과 손을 잡았다.

추진세력과 저지세력

상호의존적인 상황에서 시너지는 특히 성장과 변화에 장애가 되는 부정적인 힘을 다루는 데 강력한 효과를 발휘한다.

사회심리학자인 쿠트 레윈(Kurt Lewin)은 "세력의 분석"이란 모델을 개발했다. 이 모델에서 그는 상향적 이동을 촉진하는 추진세력과 그것을 위축시키는 저지세력 간에 현재의 수행수준, 즉 평형 상태가 존재한다고 설명하고 있다.

추진세력은 일반적으로 긍정적이고, 이성적이고, 논리적이고, 의식적이고, 경제적이다. 추진세력에 대치하는 저지세력은 흔히 부정적이고, 감

---

* 역자 주 : Prairie Dog, 북미 초원 땅굴 속에 서식하는 마못의 일종이다.
** 역자 주 : Groundhog, 북미산으로 마못의 일종이다.

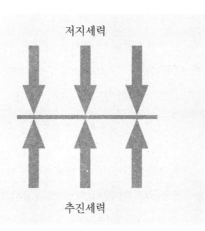

저지세력

추진세력

정적이고, 비논리적이고, 무의식적이고, 사회심리적인 경우가 많다. 그런데 이 힘 모두가 매우 현실적인 것이므로, 변화를 다룰 때는 반드시 고려해야 할 요소들이다.

예를 들면 우리는 가정에서 어떤 "분위기"를 갖고 있을 것이다. 가족 간의 긍정적 혹은 부정적인 상호작용에 대한 어떤 수준일 수도 있고, 또 느낌을 표현하거나 관심사에 대해 자기의 감정을 표현할 때 안심하거나 불안하게 느껴지는 그런 것이다. 가족 구성원 사이의 커뮤니케이션에서 나타나는 존중과 무시의 경향도 여기에 해당된다.

따라서 우리는 진정으로 이같은 "가정분위기"를 개선하고 싶어할 것이다. 즉, 좀더 긍정적이고, 서로를 존중하며, 나아가 개방적이고 또 신뢰하는 분위기를 만들고 싶어할 것이다. 우리가 이렇게 하는 논리적 이유들이 바로 이 분위기 수준을 높이기 위해 작용하는 추진 세력에 해당된다.

그러나 추진세력을 증가시키는 것만 가지고는 충분하지 못하다. 왜냐하면 우리의 노력은 종종 저지세력에 직면하기 때문이다. 예컨대 가정에서 아이들 간에 갖는 경쟁심, 부부관계에서 각각 가정생활을 보는 서로다른 시각, 우리가 가정에서 길들여진 습관, 나아가 우리에게 시간과 에너지를 요구하는 일과 다른 요인 등이 있다.

추진세력을 증가시키는 것이 잠정적인 효과를 가져올 수는 있다. 그러나 저지세력들이 있는 한 점점 더 힘들게 된다. 이것은 마치 스프링에 압력을 가하는 것과 같다. 즉, 힘껏 누를수록 스프링 저항력은 더욱 커지고 결국 이 스프링은 갑자기 이전 수준보다 더 튀게 마련이다. 누르면 튀는 스프링 작동을 몇 번 하고 나면, 사람이란 "자기의 현재 그대로 남고 싶어 하기 때문에 변화시키기란 너무나 힘이 든다."라고 느끼기 시작한다.

그러나 우리가 시너지를 도입한다면, 습관 4의 동기, 습관 5의 기술, 그리고 습관 6의 상호작용을 활용하여 저지세력에 직접 작용하도록 할 수 있다. 우선 우리는 사람들이 이들 세력들에 대해 마음놓고 이야기할 수 있는 분위기를 만들어 낸다. 또 이들 저지세력을 용해시키고, 느슨하게 만들어 추진세력으로 변형시키는 새로운 통찰력을 창조하게 된다. 사람들을 문제에 참여시키고 깊이 몰두하게 하여, 문제점을 깊이 이해하면서 바로 자신의 것으로 느끼게 한다면, 사람들은 해결책을 찾는 데 중요한 역할을 할 것이다.

그 결과로 새로운 공유된 목표가 만들어지면, 아무도 예상치 못한 방식으로 전체 조직은 상향적으로 움직이기 시작한다. 그런데 이같은 조직의 상향적 이동이 가져오는 기쁨은 조직에 새로운 분위기를 창조한다. 나아가 여기에 참여한 사람들은 서로서로 인간미로 엮어지고, 새롭고 신선한 사고 및 건설적인 대안과 기회들에 의해 힘을 얻게 된다.

나는 변호사를 고용하여 자신들의 입장을 주장하는 협상과정에 여러 차례 참가한 적이 있다. 이같은 경우 결과는 문제를 더욱 악화시킬 따름이다. 왜냐하면 상호간의 대화란 법적인 절차를 통해 더욱 악화될 뿐이기 때문이다. 그렇지만 각 당사자들은 신뢰수준이 너무 낮기 때문에 문제를 법정으로 가져가는 길밖에는 다른 대안이 없다고 느끼고 있었다.

"당신들은 실제로 둘 다 기꺼이 찬성할 수 있는 승/승의 해결책을 찾아보고 싶습니까?"라고 내가 묻는다.

이 경우 대답은 거의 "그렇다."이다. 그러나 대부분의 사람들은 이것이 진정으로 가능하다고 생각하지 않는다.

"만일 내가 상대방으로 하여금 동의하게 하면, 당신은 진심으로 상대방과 대화를 시작할 용의가 있습니까?"

다시 이에 대한 대답은 보통 "예."이다.

거의 모든 경우에 있어 이들 결과는 놀라운 것이었다. 법적으로 심리적으로 몇 달 동안을 다투어 왔던 대부분의 문제들이 단 몇 시간 혹은 며칠만에 해결되었기 때문이다. 그 해결책의 대부분은 법원이 하는 타협적 해결이 아니라 시너지적인 해결책이었으며, 어느 한쪽이 독자적으로 제안한 해결책보다 더욱 훌륭한 것이었다. 그리고 대부분의 경우 비록 초기에는 신뢰수준이 아주 낮아서 인간관계가 다시는 돌이킬 수 없을 정도로 악화된 것처럼 보였던 것조차도 다시 좋은 관계로 회복되었다.

우리가 실시하고 있던 어떤 조직개발 프로그램에서 한 임원은 다음과 같은 상황에 대해 설명하였다. 한 제조업자가 오랜 거래관계를 가지고 있던 고객회사로부터 계약 불이행으로 고소를 당했다. 두 당사자들은 전적으로 자신들의 입장이 정당하다고 믿고 있었고, 서로에 대해 비윤리적이고 전혀 믿지 못할 사람들이라고 느끼고 있었다.

이들이 습관 5를 실행하기 시작하자 두 가지가 분명해졌다. 첫째는, 초기의 커뮤니케이션 문제가 오해를 낳았고, 이것이 소송과 이에 맞서는 맞고소로 악화되었다는 점이다.

둘째는, 두 회사 모두 처음에는 선의로 행동했고, 법적 소송에 드는 비용과 충돌을 좋아하지 않았지만, 달리 해결책을 발견하지 못했다는 점이다. 일단 이상의 두 가지가 분명해지자 습관 4와 5 그리고 습관 6의 정신을 적용함으로써 문제는 급속히 해결되었다. 그리고 서로의 관계도 다시 회복되었다.

또 다른 상황으로 내가 언젠가 아침 일찍 전화를 받은 일이 있었다. 전화를 건 사람은 급박하게 도움을 청하는 토지개발업자였다. 예정된 날짜에 원금과 이자를 상환하지 못하기 때문에 은행은 저당권을 행사하려고 했고, 그는 저당권 행사를 저지하기 위해 은행을 상대로 소송을 걸고 있었다. 게다가 그가 토지개발을 마치고 이를 매각하여 은행빚을 갚는 데는 추가적인 자금이 필요하였다. 그러나 은행측은 이미 대출된 자금을 예정대로 상환하기 전까지 추가 대출을 해 주지 않으려고 했다. 이는 마치 닭이 먼저냐 달걀이 먼저냐와 같은 문제가 되었다.

이렇게 하는 동안 토지개발사업은 자연히 지지부진하게 되었다. 개발된 지역의 거리는 마치 황무지처럼 보이기 시작하였고, 몇 채 안 되는 개발 주택 소유자들은 자기들 집값이 떨어지는 것을 보면서 분개하고 있었다. 시당국 역시 계획보다 훨씬 지연되는 "금싸라기 땅" 개발사업에 당혹하면서 이를 눈에 가시처럼 보고 있었다. 은행측과 개발업자는 둘 다 이미 수만 달러나 되는 소송 비용을 지불하고 있었고, 소송은 여러 달 동안 심의 날짜조차 정하지 못하고 있었다.

절망에 빠진 이 개발업자는 마지못해 습관 4와 5 그리고 6의 원칙을 시도해 보는 데 동의하였다. 그는 자기보다 훨씬 더 내켜하지 않는 은행 간부들과 회의를 마련하였다.

회의는 은행에 있는 한 회의실에서 오전 8시부터 시작되었다. 긴장과 불신의 분위기가 회의장을 가득 채웠다. 은행측 변호사는 은행측 간부들에게 아무 것도 말하지 말라고 요청했다. 그들은 오직 듣기만 하였고 변호사 혼자 이야기 했다. 그는 법정에서 은행의 입장을 불리하게 할 어떤 일도 일어나지 않기를 원하고 있었다.

처음 한 시간 반 동안 나는 습관 4와 그리고 5와 6을 가르쳤다. 9시 30분이 되자 나는 칠판으로 나가서 우리가 사전에 이해하고 있는 사항에 입각해 은행측이 관심을 두고 있는 사항들을 적었다. 은행 간부들은 처음에는 아무 말도 하지 않았다. 그러나 우리가 점점 더 승/승의 의향으로 대화하면서 먼저 이해하려고 애쓸수록, 그들도 점차 설명을 해주고, 또 관심사를 확인해 주기 위해 문을 열었다.

이들이 이해받고 있다고 느끼기 시작했을 때 전체적인 분위기는 변했고, 문제를 평화적으로 해결할 수 있다는 전망으로 흥분감이 감돌았다. 변호사의 반대에도 불구하고 은행간부들은 점차 더 마음을 열어갔고 개인적인 우려까지도 털어놓았다. "우리가 은행에 돌아가면 은행장의 첫마디는 '그래, 우리 돈은 받았습니까?' 가 될거요. 우리가 뭐라고 대답해야 할까요?"

11시까지 은행 간부들은 여전히 자기들의 정당성을 주장하고 있었다. 그러나 자신들의 입장이 이해되고 있다고 느끼고 있었기 때문에 더 이상 딱딱하거나 방어적이지 않았다. 이쯤되자 이들은 그 개발업자의 관심사에 대해 충분히 경청할 입장이 되었고, 나는 칠판의 한쪽 편에 이것을 써 내려갔다. 이 과정을 통하여 쌍방은 초기의 불충분한 커뮤니케이션이 얼마나 큰 오해와 비현실적인 기대를 낳았는가에 대해 깊은 이해를 하게 되었다. 나아가 승/승의 정신에 입각한 계속적인 커뮤니케이션을 통해 더 커질 수 있던 문제를 막을 수 있었다는 것에 대해 서로가 깊이 이해하는 결과를 가져왔다.

진전이 되고 있다는 느낌과 오래 된 고통에 대한 공감대가 형성되어 회의에 참가한 모든 사람은 계속해서 대화를 나누게 되었다. 회의가 끝나기로 되어 있던 정오가 되어도 참석했던 사람들은 긍정적이고, 건설적이고, 시너지적으로 되어 계속 대화를 나누고 싶어했다.

모든 사람은 이 개발업자가 제안한 바로 첫째 번 건의 사항을 승/승적 접근방법의 시작으로 보았다. 이것은 서로를 유익하게 하는 시너지의 힘을 가진 것이었고, 또 개선된 것이었다. 12시 45분쯤에 이 개발업자와 2명의 은행 간부들은 주택소유자협회와 시당국에 제출할 계획서를 가지고 함께 자리를 떴다. 몇 가지 복잡한 처리가 남아 있긴 했지만 결국 법정싸움은 피할 수 있었고, 그 건설사업은 계속 진행되어 마침내 성공적으로 마무리 되었다.

내가 사람들에게 법적인 절차를 사용하지 말라고 주장하는 것은 아니다. 어떤 상황에서는 그것이 절대적으로 필요하다. 그러나 나는 법적 해결이란 최후에 의지해야 할 수단이라고 본다. 만일 법적 절차를 너무 일찍 사용한다면, 그것이 설사 예방적인 차원이라 할지라도 때로는 불안을 야기하고, 또 법 중심의 패러다임을 만들어 전혀 시너지적으로 되지 못하는, 후속적인 사고 과정과 대응 절차를 초래하기 때문이다.

모든 자연은 시너지적이다

생태학이란 기본적으로 자연에서의 시너지즘(synergism), 즉 상조작용을 설명해 주는 어휘이다. 즉, 이 세상 만물은 모든 다른 것과 서로 연결이 되어 있다는 것이다. 생산성을 극대화시키는 것은 서로의 관계에서 이루어진다. 이는 마치 7가지 습관이 발휘하는 진정한 힘은 개별 습관에서 나오는 것이 아니고 이들 습관들이 서로 결합될 때 나오는 것과 이치가 같다.

부분들을 연결시키는 관계는 가족이나 조직 내부에 시너지적인 문화를 창조해 주는 힘이 된다. 그 이유는 각자가 진정하게 몰입할수록, 또 문제점을 분석하고 해결하는 데에 더욱 진지하게 참여할수록 각자의 생산성은 더욱 높아 지게 되고 나아가 생산해 내는 것에 대한 책임감도 더욱 커지기 때문이다. 나는 이것이야말로 세계시장 판도를 바꾸어 놓은, 비즈니스에 대한 일본식 접근방법의 핵심이라고 확신한다.

시너지는 이룰 수 있다. 또 이것은 올바른 원칙이기도 하다. 이것은 앞에서 다룬 모든 습관들이 궁극적으로 달성하는 최고의 성취이기도 하다.

시너지는 상호의존적인 현실에서 작용하는 효과성이다. 즉, 이것은 팀워크이고, 팀빌딩이며, 나아가 다른 사람들과 융화하여 뜻 있는 일을 하는 것이다.

우리가 다른 사람들과의 상호작용에서 비록 그들의 패러다임이나 시너지 과정 자체는 통제할 수 없다 하더라도 상당한 양의 시너지는 자신의 '영향력의 원' 내에 있다.

우리 자신이 가진 내적 시너지는 전적으로 우리의 '영향력의 원' 내에 있다. 우리는 자기의 본성이 가진 분석적 측면과 창의적 측면 모두를 존중할 수 있다. 우리는 이것들 간의 차이점을 소중히 여길 수 있고, 또 그 차이점들이 생산성을 촉진시키도록 사용할 수 있다. 우리는 적대감으로 가득한 여건에서도 자신의 내면은 시너지적으로 될 수 있다. 개인적으로 인격적인 모욕을 느낄 필요는 없다. 우리는 부정적인 에너지를 회피할 수도 있다. 나아가 우리는 그 차이가 아무리 커도 다른 사람이 가진 좋은 점을 찾을 수 있고, 또 이를 자신의 견해를 개선하고 관점을 넓히는 데 활용할 수 있다.

우리는 상호의존적인 상황에서 마음을 여는 용기를 낼 수 있다. 즉, 이 용기는 우리가 가진 아이디어와 느낌을 표현하게 하고, 경험을 털어놓음으로써 다른 사람들도 똑같이 마음을 열 수 있도록 한다.

우리는 다른 사람들이 가진 차이점을 소중히 여길 수 있다. 의견이 맞지 않을 때도 다음과 같이 말할 수 있다. "좋습니다. 당신은 그것을 다르게 보고 있군요." 우리가 다른 사람에게 동의할 필요는 없다. 그 대신 그들을 지지해 주기만 하면 된다. 그런 다음 상대방을 이해하려고 노력할 수 있을 것이다.

자신의 대안과 "잘못된" 대안, 이 두 개의 대안만 보일 때도 시너지적인 제3의 대안을 찾아볼 수 있다. 이 제3의 대안은 항상 존재하기 마련이다. 그리고 만일 우리가 승/승의 철학을 가지고 상대방을 진정으로 이해하려고 노력한다면, 우리는 모든 당사자들을 위해 더 훌륭한 해결방안을 찾을 수 있을 것이다.

습관 6의 적용을 위한 제언

1. 당신과 견해의 차이가 있는 한 사람을 생각해 보라. 또 이같은 차이가 제3의 해결책에 대한 징검다리로 활용될 수 있는 방안을 생각해 보라. 당신은 아마 그 사람에게서 현재의 프로젝트나 당면 문제에 대해 다른 견해를 얻을 수 있을 것이고, 차이 나는 견해를 존중할 수 있을 것이다.

2. 당신을 화나게 하는 사람들의 명단을 작성해 보라. 만일 당신이 더 큰 내적인 안정을 가지고 있고 차이점을 존중한다면, 그들과의 견해 차이가 시너지 효과를 가져올 수 있겠는가?

3. 당신이 보다 잘된 팀워크와 시너지 효과를 원하게 되는 상황을 규명해 보라. 이같은 시너지를 지지하는 데 어떤 조건들이 필요한가? 그러한 조건들을 조성하기 위해 당신은 무엇을 할 수 있는가?

4. 당신이 다음 번에 누군가와 의견 불일치 또는 적대적 상황에 처할 때, 그 사람의 입장에서 가지는 우려를 이해하도록 시도해 보라. 이제 이같은 우려 사항을 서로에게 생산적이고 혜택을 가져다 주는 방식으로 다루어 보라.

제 4 부

자기쇄신

습관 7. 심신을 단련하라
−균형적인 자기쇄신의 원칙−

때때로 사소한 일이
위대한 결과를 가져옴을 볼 때
나는 사소한 일이란 없다는 생각이 든다.
−브루스 바튼[*]−*

당신이 산에서 열심히 나무를 베고 있는 사람을 우연히 만났다고 하자.

"무엇을 하고 계십니까?" 당신이 묻는다.

"보면 모르오? 이 나무를 베려고 톱질하고 있는 중이오."라고 그 사람이 대답한다.

"매우 지쳐 보이는군요. 얼마나 오랫동안 나무를 베었습니까?" 당신이 큰 소리로 묻는다.

그가 대답하기를 "다섯 시간 이상 이 일을 했소. 나는 지쳤소. 무척 힘든 일이오."

"그러면 잠시 시간을 내서 톱날을 가는 것이 어떻습니까?" 라고 당신이 묻는다. "그게 일을 훨씬 빠르게 할 겁니다."

"내겐 톱날을 갈 만한 시간이 없어요." 그 사람은 단호하게 말한다.

---

* 역자 주 : Bruce Barton(1935~), 미국 아이오와 출신 작가, 미술교수.

"왜냐하면 나는 톱질하는 데 너무 바쁘기 때문이지요."

습관 7은 자기쇄신, 즉 재충전을 위해 톱날 가는 시간을 할애하는 것이다. 또, 이것은 다른 습관들의 실행을 가능하게 해 주기 때문에 다른 6가지 습관들을 둘러싸고 있다.

쇄신의 4가지 차원

습관 7은 개인적 생산능력이다. 이것은 우리가 가진 최대의 자산인 '자기 자신'을 유지 및 향상시키는 역할을 한다. 또 우리가 가진 본질의 4가지 차원, 즉 신체적, 영적, 정신적, 사회적/감정적 차원을 쇄신하는 것을 의미한다.

인생에 관한 대부분의 철학들은 비록 서로 다른 용어들을 사용하고 있지만, 4가지 차원들에 대해 다음과 같이 명백하게 함축적으로 다루고 있다. 철학자 쉐퍼드(Herb Shepherd)는 네 가지 가치들을 중심으로 건강하고 균형적인 삶을 기술하고 있다. 즉, 관점(영적), 자율성(정신적), 관계성(사회적), 그리고 정상 상태(신체적) 등을 말한다.

유명한 정신적 지도자인 조지 쉬한(George Sheehan)도 4가지 역할을 지

적하였다. 여기에는 훌륭한 동물이 되는 것(신체적), 훌륭한 장인(匠人)이 되는 것(정신적), 좋은 친구가 되는 것(사회적), 그리고 성자(聖者)가 되는 것(영적) 등이 포함된다.

나아가 정통적인 동기이론과 조직이론도 이같은 4가지 차원 또는 동기를 포함하고 있다. 예컨대 경제적 차원(신체적), 사람을 다루는 방법(사회적), 사람의 능력을 개발하고 활용하는 방법(정신적), 그리고 조직이 제공하는 서비스, 직무 및 기여(영적) 등이 여기에 포함된다.

"톱날을 갈아라."라는 것은 기본적으로 보면 이상의 4가지 동기를 표현하는 것이다. 이것은 우리가 현명하고 균형적인 방법을 사용하여 규칙적이고 일관되게 본질에 해당되는 4가지 차원 모두를 단련시킴을 의미한다.

그런데 우리가 이를 행하기 위해서는 반드시 주도적으로 되어야 한다. 톱날을 가는 데 시간을 보내는 것, 즉 심신을 단련하는 것은 명백히 제2상한에 속하는 활동이다. 또 우리는 제2상한을 위주로 행동해야 한다. 긴급성을 이유로 제1상한에 입각해 활동하는 것은 우리의 생활을 끊임없이 압박하는 원인이 된다.

개인적 생산능력은 이것이 제2의 천성, 즉 습관이 되어 자연스럽게 행해질 때까지, 그리고 일종의 건전한 의미에서 중독이 될 때까지 노력해야 한다.

게다가 이것은 우리의 '영향력의 원' 한가운데 있기 때문에 다른 사람 어느 누구도 우리 대신 단련시켜 줄 수 없다. 우리는 이를 반드시 혼자 힘으로 해야 한다.

이 습관은 우리가 인생에서 할 수 있는 가장 훌륭한 투자이다. 이것이야말로 우리가 할 수 있는 인생에 대한 투자이며, 삶을 살아가고 공헌할 수 있는 도구에 대한 투자이다. 자기 자신은 스스로가 어떤 일을 수행하는 도구이다. 따라서 우리는 4가지 차원에 대해 규칙적으로 톱날을 가는,

즉 심신을 단련하는 시간이 가지는 중요성을 인식해야만 비로소 효과적으로 될 수 있다.

신체적 차원

신체적 차원은 우리 몸을 효과적으로 돌보는 활동 ─ 영양가 있는 음식의 섭취, 충분한 휴식, 긴장이완, 그리고 규칙적인 운동 ─ 을 포함한다.

운동은 제2 상한에 속하는 활동의 하나로 긴급하지 않다는 이유 때문에 우리들 대부분이 꾸준히 하지 않는 활동이다. 그런데 우리가 운동을 하지 않기 때문에 조만간 제1 상한의 문제에 직면하게 된다. 왜냐하면 우리는 운동을 무시한 결과에서 오는 건강 문제와 위기상황을 해결해야 하기 때문이다.

우리들 대부분은 운동할 만큼 충분한 시간이 없다고 생각한다. 이 얼마나 왜곡된 패러다임인가! 운동할 시간은 있다. 일주일에 세 시간에서 여섯 시간만 쓰면 된다. 다시 말해 하루에 30분 또는 적어도 이틀에 30분만 하면 된다. 그런데 이 운동 시간이 일주일의 다른 162～165시간에 대해 미치는 영향으로 얻어지는 커다란 이익을 고려할 때, 과도한 시간이라고 보기 어렵다.

운동을 하기 위해 어떤 특별한 장비를 마련할 필요는 없다. 만약 우리가 장비를 사용하거나 테니스나 라켓 볼과 같은 운동을 즐기기 위해 체육관이나 사우나에 간다면 물론 대단히 좋은 일이다.

그러나 훌륭한 운동 프로그램은 자기 집에서도 할 수 있다. 이것은 다음과 같은 세 가지 측면에서 우리의 몸을 튼튼하게 해 줄 수 있다.

지구력 : 지구력은 에어로빅 운동과 심장혈관 효율 ─ 심장에서 몸전체로 피를 보내는 힘 ─ 운동을 함으로써 생기는 것이다.

심장이 근육이긴 하지만, 심장을 직접적으로 운동시킬 수는 없다. 그 대신 우리는 거대한 근육체를 통해, 특히 다리 근육을 통해 운동시킬 수 있다. 속보, 달리기, 자전거 타기, 수영, 크로스 컨트리, 스키, 조깅 등이 심장에 이로운 이유가 바로 여기에 있다.

만약 당신이 적어도 분당 심장 박동수를 100으로 증가시키고, 또 그 수준을 30분 정도 유지시킬 수 있다면, 당신의 몸에 관한 최소한의 상태는 유지된 것으로 간주할 수 있다.

이상적인 상태가 되자면, 적어도 몸 전체에 혈액을 공급하는 최대 박동수의 60퍼센트까지 심장 박동률을 증가시키기 위해 노력해야 한다. 최대 심장 박동률은 일반적으로 220에서 자신의 나이를 뺀 수로써 계산한다. 따라서 만약 당신의 나이가 40살이라면 $108(220-40=180\times0.6=108)$의 심장 박동률을 목표로 삼으면 된다. 또한 "운동효과"는 일반적으로 개인의 최대 심장 박동률의 72% 내지 87% 사이에 위치하는 것으로 판단된다.

신축성 : 신축성은 스트레칭(근육신장) 운동을 통해 달성된다. 많은 전문가들은 에어로빅을 시작하기 전에는 준비를 위해, 끝난 다음에는 가라앉히기 위해 스트레칭 운동을 추천한다. 스트레칭 운동은 더 격렬한 운동을 준비하기 위해서 근육을 풀고 부드럽게 하며, 운동 후에는 근육이 아프거나 경직되지 않도록 유산(乳酸)을 소모시켜 준다.

힘 : 힘은 간단한 유연체조, 팔굽혀펴기, 윗몸일으키기, 역기들기 등 근육 발달 운동을 통해 기를 수 있다. 힘을 강화하는 데 얼마나 중점을 두는가는 우리의 건강상태와 직업에 달려 있다. 만약 우리가 육체노동 혹은 운동경기를 한다면, 힘을 강화시키는 것이 바로 역량을 향상시키는 것이다. 그런데 만약 우리가 주로 앉아서 하는 일에 종사하고, 자기 일을 할 때 커다란 힘을 필요로 하지 않는다면, 에어로빅이나 스트레칭 운동을 포

함한 유연체조를 통해 정상적인 신체상태를 유지할 수 있다.

나는 얼마 전에 운동 생리학 박사인 친구와 체육관에 갔었다. 그는 힘을 강화시키는 데 중점을 두고 운동을 하였다. 벤치 프레스* 에서 운동을 하는 동안 그는 나에게 "보조원" 역할을 부탁하고, 자신이 요청할 때 중량을 덜어 줄 것을 청하였다. "그러나 내가 말할 때까지 절대로 중량을 덜지 마라."라고 단호하게 말했다.

그래서 나는 그가 운동하는 광경을 지켜보면서 중량을 덜어 줄 준비를 하였다. 무거운 것이 올라갔다 내려갔다 하였다. 나는 그의 들어올리는 동작이 점점 힘들어짐을 알았다. 그러나 그는 계속했다. 그가 더 무거운 것을 들어올리려 했을 때 나는 생각했다. "저것을 들어올릴 수 없을 것이다." 그러나 그는 기어이 들어올렸다. 그리고 나서 천천히 내리고는 다시 올렸다. 그 후에도 그는 계속 이 동작을 반복하였다.

내가 그의 얼굴을 보았을 때 그는 매우 힘들어 보였고, 혈관도 피부 표면에 불거져 나와 있었다. 나는 "저 무거운 것이 가슴에 떨어지면 그는 다치게 될 것이다. 지금 중량을 덜어 주어야 할 것이다. 그는 저 무게를 감당할 수 없고, 지금 자기가 무엇을 하고 있는지 모르고 있다."라고 생각했다. 그러나 그는 그 무거운 것을 안전하게 내려놓았고, 다시 들어올렸다. 나는 도저히 믿을 수 없었다.

마침내 그가 중량을 덜어 달라고 말했을 때 내가 물었다. "왜 그렇게도 힘들게 오랫동안 운동을 하는가?"

그는 다음과 같이 말했다. "스티븐, 운동의 효과는 맨 마지막 시점에서 나타난다네. 나는 힘을 강화시키는 운동을 하네. 근육질이 파열되고, 신경섬유가 아프기 시작할 때 비로소 힘이 강화된다네. 자연의 보상원리에 따라 48시간 이내에 근육은 보다 강하게 되는 걸세."

---

* 역자 주 : Bench Press, 역기와 같이 무거운 것을 들어서 근육을 운동시키는 체육관 장비.

나는 그가 말하는 요점을 알 수 있었다. 그의 말은 인내심과 같은 감정적 근육에도 그대로 해당되는 원리였다. 왜냐하면 우리가 과거에 가졌던 한계를 능가하는 인내심을 연습한다면 감정근육질은 파열되지만, 자연이 이를 보상해 주기 때문에 다음에는 더욱 강해진다.

내 친구는 그 다음에 근력(筋力)을 강화시키는 운동을 하였는데 그 방법 역시 잘 알고 있었다. 하지만 우리들 모두가 효과적으로 되기 위해 그런 방법으로 힘을 기를 필요는 없다. "고통없이는 소득도 없다."라는 것은 어떤 상황하에서는 맞는 말이지만, 효과적인 운동 프로그램의 경우에는 해당되지 않을 수도 있다.

신체적 차원을 쇄신하는 활동의 핵심은 톱날을 가는 것이다. 즉, 일하고 적응하는 능력을 유지하고, 또 확장시키며, 삶을 즐길 수 있도록 우리의 몸을 규칙적으로 운동하는 것이다.

운동 프로그램을 개발할 때는 현명해야 한다. 전혀 운동을 하지 않던 사람이 갑자기 지나친 운동을 시작하는 경우가 있다. 이렇게 되면 불필요한 고통, 부상, 나아가 영구적인 손상의 원인이 될 수도 있다. 따라서 최선책은 운동을 심하지 않게 시작하는 것이다. 따라서 모든 운동 프로그램은 의사의 추천과 자아의식, 또 가장 최근의 운동에 관한 연구 결과를 따르는 것이라야 한다.

만약 당신이 운동을 해 오지 않았다면, 당신의 몸은 분명히 지금까지의 내리막 컨디션과 편안함 때문에 이러한 변화에 저항할 것이다. 당신도 처음에는 별로 내키지 않을 것이고, 심지어 아주 싫어할지도 모른다. 그러나 주도적으로 행동하라. 어떤 경우에도 그것을 실행하라. 조깅하려 계획했는데 아침에 비가 온다면, 그래도 조깅을 하라. '좋아! 비가 오는구나! 신체뿐만 아니라 나의 의지력도 개발해야지!' 라고 생각하라.

응급처치식으로 임해서는 안 된다. 운동을 하는 것은 장기적으로 대단한 성과를 가져오는 제2 상한의 활동을 행동으로 실천하는 것이다. 운동을 꾸준히 하고 있는 사람에게 결과를 물어 보라. 심장과 산소처리 기관이 보다 효율적으로 기능함으로써 평상시 심장 박동수는 조금씩 조금씩 줄어들 것이다. 또 당신의 몸이 더 어려운 상황을 이겨낼 수 있도록 체력을 증가시키면, 일상의 활동이 더 편안하고 즐거워 질 것이다. 당신은 보다 활기찬 오후를 보낼 것이고, 과거에는 "너무 피곤해서" 운동을 할 수 없다고 느꼈지만, 이제는 모든 활동을 정열적으로 할 수 있는 에너지도 갖게 된다.

운동을 함으로써 얻게 되는 가장 큰 혜택은 주도성이란 습관의 강점에 대한 개발일 것이다. 운동하는 것을 방해하는 저지세력에 대응하는 대신 신체적 건강이 갖는 가치에 입각하여 행동한다면, 자신에 대한 패러다임, 자부심, 자신감, 그리고 성실성 등에 대단한 영향을 미칠 수 있을 것이다.

영적 차원

영적 차원을 재충전하고 쇄신하는 것은 자기 자신의 인생에 리더십을 제공한다. 이는 습관 2와 매우 밀접하게 관련되어 있다.

영적 차원은 우리가 가진 가치체계의 핵심이고, 중심이며, 또 서약이다. 이것은 우리 인생에 있어 대단히 개인적인 영역으로 가장 중요하다. 이것은 우리에게 영감을 주고, 우리 자신을 향상시키는 원천이며, 우리로 하여금 모든 인류의 영원한 진리들을 믿도록 해 준다. 그런데 사람들은 이같은 영적 쇄신을 제각기 다른 방법으로 하고 있다.

나는 성서가 나의 가치체계를 대표하고 있기 때문에, 성서를 읽고 묵상하면서 매일을 신앙생활을 통해 쇄신한다. 성서를 읽고 묵상을 할 때 재충전되고, 강하게 되고, 중심이 잡히고, 봉사를 서약하게 된다.

위대한 문학이나 음악에 심취하는 것 역시 이와 비슷한 영적 쇄신을 제공한다. 어떤 사람은 자연과 대화하는 방식을 통해 영적 쇄신을 찾는다. 자연에 빠지고 몰두하는 사람들은 자연으로부터 축복받는다. 도시의 소음과 복잡함을 떠나 자연의 조화와 리듬에 빠지게 되면 우리는 새롭게 돌아올 수 있을 것이다. 우리는 얼마 동안 평정을 되찾고 침착할 수 있지만, 또 다시 밖의 소음과 복잡함 때문에 내면의 평화스러움이 깨뜨려지기 시작할 것이다.

아서 고든*은 「형세일변(The Turn of the Tide)」이라는 작은 책에서 그의 영적 쇄신에 대해 아름답고도 심오한 이야기를 하고 있다. 이것은 그가 자신의 인생에서 모든 것이 진부하고 시시하다고 느끼기 시작하던 시절의 이야기이다. 이때 그의 열정은 점차 시들해졌고, 창작에 대한 노력도 결실이 없었다. 게다가 상황은 날이 갈수록 점차 악화되고 있었다.

마침내 그는 의사에게 도움을 청하기로 결정하였다. 신체적으로 아무 이상이 없다는 진단을 내리면서 의사는 자신의 지시를 하루 동안만 따를 수 있겠는가를 고든에게 물었다.

고든이 그렇게 하겠다고 대답하자, 의사는 고든에게 어렸을 때 가장 행복했던 장소에서 그 다음날 하루를 보내라고 권하였다. 음식을 먹을 수는 있지만, 누구와 얘기할 수 없으며, 책을 읽거나 쓰지도 말고, 라디오도 듣지 말라고 했다. 의사는 그에게 네 가지 처방전을 써 주면서 9시, 12시, 3시, 6시에 각각 하나씩 읽어 보라고 하였다.

"진담입니까?"라고 고든이 물었다.

"당신이 내가 보내는 치료비 청구서를 받으면 지금 농담을 하고 있다고 생각하지 않을 겁니다."라고 의사가 말했다.

다음날 아침 고든은 어린 시절에 즐겨 찾던 해변가로 갔다. 첫 처방전을 펼쳐 보았을 때 거기에는 "조용히 경청하시오."라고 쓰여 있었다. 그

---

* 역자 주 : Arthur Gordon(1912~), 미국 작가, 잡지편집인.

는 의사가 약간 돌았다고 생각했다. 어떻게 3시간 동안이나 자연을 주의 깊게 들을 수 있단 말인가? 그러나 그는 의사의 지시를 따르기로 이미 약속을 하였기 때문에 그대로 경청하기 시작하였다. 그는 바다와 새들이 내는 일상적인 소리를 들었다.

그런데 잠시 후부터 처음에는 분명하지 않았던 여러 가지 다른 소리들을 들을 수 있었다. 그는 이같은 소리를 들으면서 자기가 어렸을 때 바다가 가르쳐 주던 교훈들 — 인내심, 존중심, 모든 것들은 상호의존적이라는 마음 등 — 을 생각하기 시작했다. 그는 소리와 침묵을 들으면서 점차 평온해짐을 느꼈다.

정오에 그는 둘째 번 종이를 펴서 읽었다. "과거로 되돌아가도록 노력하시오."라고 쓰여 있었다. "과거의 무엇으로 돌아간단 말인가?" 그는 의아했다. 아마도 어린 시절의 행복했던 기억으로 돌아가는 것이리라. 그는 자신의 과거를 생각했고, 즐거웠던 순간들을 기억해 냈다. 그는 정확하게 기억하려고 노력하였다. 이같은 노력을 하는 동안 자신이 내면적으로 점차 따스해짐을 느꼈다.

3시에 그는 셋째 번 처방전을 펼쳤다. 지금까지 펴 본 처방전들은 따르기가 쉬웠다. 그러나 이번에는 그렇지 않았다. 거기에는 "당신의 욕구를 검토해 보시오."라고 적혀 있었다. 처음에 그는 이같은 지시에 방어적으로 되었다.

그는 자기가 원하는 것들(성공, 인정, 안정)에 대해 생각해 보았고, 이 모든 것들을 정당화시켰다. 그러자 이러한 욕구들이 그렇게 훌륭한 것들이 아니라는 생각이 떠올랐고, 여기에 자신이 현재 갖고 있는 정체 상태의 원인에 대한 해답이 있다고 생각되었다.

그는 자신이 추구하고자 하는 욕구들을 곰곰이 생각하였다. 그리고 과거에 느꼈던 행복에 대해 생각하였다. 마침내 그는 결론을 얻었다.

그는 자신의 글에서 다음과 같이 표현하였다. "그때 순간적으로 떠오른 것은 만일 욕구나 동기가 잘못되었다면, 아무 것도 옳을 수 없다는 생각이었다. 당신이 우편 배달부이건, 미용사이건, 보험외판원이건, 주부이건, 또 어떤 다른 직업을 가지고 있건, 그것은 아무런 상관이 없다. 당신이 다른 사람에게 봉사하고 있다고 느끼고 있는 한 그 직업을 잘 수행하고 있는 것이다. 만일 당신이 자신만을 돌보는 데 집착한다면, 당신은 자기 직업을 잘 수행하고 있다고 할 수 없다. 이는 만유인력처럼 결코 변하지 않는 법칙이다."

6시가 되었을 때 마지막 처방전을 펴 보았다. 이것은 많은 시간을 요구하는 것이 아니었다. 거기에는 "당신의 걱정거리를 모래 위에 쓰시오."라고 적혀 있었다. 그는 무릎을 꿇고 깨어진 조개껍질 조각으로 몇 글자를 적었다. 그리고 나서 그 장소를 떠났다. 그는 뒤돌아보지도 않았다. 왜냐하면 파도가 이미 쓴 글자를 지워버렸을테니까.

영적 재충전과 쇄신은 시간투자를 요구한다. 그러나 그것은 우리가 시간이 없다고 해서 무시할 수 없는 제2 상한에 속하는 활동이다.

위대한 종교개혁자인 루터(Martin Luther)는 다음과 같은 말을 하였다. "나는 오늘 할 일이 너무 많기 때문에 그만큼 더 많은 기도를 해야 한다." 그에게 있어 기도는 기계적인 의무가 아니라 자신의 에너지를 방출하고 증가시켜 주는 능력의 원천이었다.

아무리 큰 곤경에 직면해도 절대적인 평온과 침착을 유지하는 동양의 한 선(禪) 대가에게 한 사람이 다음과 같이 물었다. "당신은 어떻게 그러한 평온과 침착을 유지할 수 있습니까?" 그가 대답했다. "나는 항상 명상 상태에 있습니다." 그는 아침 일찍 명상을 시작하고, 하루종일 계속한다. 그는 자기의 마음과 가슴속에 그러한 평온의 순간들을 계속 지니고 다닌다.

이 이야기가 주는 아이디어는, 만일 우리가 시간을 가지고 우리의 삶에 중심이 되는 개인적 리더십을 살펴본다면, 즉 인생이 궁극적으로 무엇인가를 생각해 본다면, 이같은 인생목표는 마치 우산처럼 우리 마음속에 활짝 펴지게 된다는 것이다. 특히 우리가 이 목표를 재확인하게 되면, 이것은 마음을 새롭고 신선하게 만들어 준다.

이것이야말로 내가 자기 사명선언이 중요하다고 믿는 구체적인 이유이다. 만일 우리가 삶의 중심과 목적을 깊이 이해하고 있다면, 사명선언을 자주 재확인하고 검토해야 한다. 그러면 우리가 매일 영적 쇄신을 하면서 그날의 사건들이 자신의 가치와 일치할 수 있도록 상상해 보고 그대로 "헤쳐나갈 수" 있게 된다.

종교 지도자인 멕케이(David O. Mckay)의 가르침은 다음과 같다. "인생의 가장 치열한 전쟁은 영혼이란 고요한 방에서 매일매일 이루어진다." 만약 당신이 그 전쟁에서 승리한다면, 즉 내면적으로 갈등을 일으키는 문제들을 해결한다면, 평온감을 느낄 것이고, 삶의 의의도 확실하게 될 것이다.

당신은 이를 통해 '대인관계의 승리'를 발견한다. 다시 말하면 이것은 다른 사람과 협조적으로 생각하게 되는 것이고, 다른 사람의 복지와 행복을 증진시킬 것이다. 나아가서는 다른 사람의 성공을 진정으로 기쁘게 생각하는 대인관계의 승리가 성취될 것이다.

정신적 차원

우리는 지금까지 정신개발과 학습에 관계되는 대부분의 훈련을 학교에서 하는 정규교육을 통해 받아 왔다. 그러나 학교 교육이 일단 끝나면 우리들 대부분은 지식의 감퇴현상을 경험한다. 우리는 더 이상 진지한 독서를 하지 않고, 종사하고 있는 분야 밖의 새로운 것에 관해 깊이 있는 탐구를 하지 않으며, 나아가 분석적인 사고도 하지 않고, 글도 잘 쓰지 않는다. 따라서 우리는 비평적인 글을 쓰지도 못할 뿐만 아니라 세련되고,

명료하며, 간결한 문장을 쓰지 못한다. 우리는 이런 일을 하는 대신 텔레비전이나 보면서 시간을 보낸다.

계속해서 시행된 여러 조사에 의하면 대부분의 가정에서 텔레비전을 시청하는 시간은 일주일에 약 35시간 내지 45시간 정도이다. 이 시간은 많은 사람들이 직장에서 근무하는 시간과 맞먹으며, 학교에서 하는 수업 시간보다도 많다. 텔레비전 시청은 강력한 사회적 영향력을 행사한다. 텔레비전을 볼 때, 우리는 여기서 제시되는 모든 가치들에 쉽게 영향을 받는다. 즉, 우리는 매우 미묘하고 지각할 수 없는 방법을 통해 강력한 영향을 받게 되는 것이다.

텔레비전을 지혜롭게 시청하기 위해서는 습관 3이 제시하는 효과적인 자기관리가 필요하다. 이것은 우리의 목적과 가치에 가장 잘 부합되고, 또 이를 보여 주는 바람직한 프로그램, 즉 정보제공, 영감제공, 그리고 오락제공 프로그램을 변별하고 선택할 능력을 부여하기 때문이다.

우리 집에서는 텔레비전 시청을 한 주일에 7시간, 즉 하루에 한 시간씩으로 제한하고 있다. 우리는 가족모임을 통해 텔레비전 때문에 생기는 사회 문제에 관한 통계를 검토하고, 시청 문제에 대하여 토의하였다. 토의는 자기 변명적이거나 논쟁적이 아닌 가족 차원에서 진행되었기 때문에, 가족들은 저질 연속극이나 특정 프로그램에 중독되는 의존병의 심각성을 파악할 수 있었다.

나는 텔레비전과, 또 이를 통해 시청할 수 있는 수준 높은 교육 프로그램과 오락 프로그램에 대해 항상 고마운 마음을 가지고 있다. 이러한 프로그램들은 우리 인생을 살찌우고, 우리가 가진 삶의 목적과 목표를 의미 있게 한다. 반면 많은 프로그램은 단지 우리의 시간과 주의력을 낭비하게 한다. 많은 프로그램들은 자칫 잘못하면 우리의 삶에 부정적인 영향을 미칠 수도 있다. 육체와 마찬가지로 텔레비전 역시 삶의 훌륭한 하인이 되어야지 주인이 되면 안 된다. 우리가 자신이 설정한 사명을 달성하기 위해 여러 가지 자원을 최대한으로 활용하고자 한다면, 습관 3을 실천하여 우리 자신을 효과적으로 관리할 필요가 있다.

교육, 특히 마음을 수양하고 확장시키는 성인 교육* 은 정신의 쇄신을 위해 필수적이다. 우리는 경우에 따라 외부에서 강좌를 택하거나 체계적인 훈련 프로그램에 참가해야 하지만, 대부분의 경우는 그렇지 않다. 주도적인 사람은 자기 스스로를 교육시키기 위하여 많은 다른 방법들을 파악해 낼 수 있다.

자기 자신의 목표와 계획에 대해 약간의 거리를 두고 객관적으로 살펴보고 검토하는 것은 대단히 가치 있는 일이다. 인생계획을 더 큰 질문과 목적 그리고 기존의 패러다임과 다르게 검토할 수 있는 능력이 교양교육의 정의라고 생각한다. 교양교육의 바탕이 없이 훈련만 실시하면 편협적이고 폐쇄적으로 되어 훈련 자체의 기본적인 동기조차 검토하지 못하게 된다. 이것이 바로 광범위한 독서를 하고 위대한 사상을 접하는 일이 대단히 중요한 이유이다.

여러 가지 정보를 얻고 마음을 확장시키기 위해 규칙적으로 좋은 책을 읽는 습관보다 더 좋은 방법은 없다. 이것은 대단한 성과를 가져올 수 있는 제2 상한에 속하는 활동이다. 나아가 우리는 독서를 통해 오늘날 살아 있는 가장 위대한 사상가뿐만 아니라 과거에 살았던 위대한 사상가도 만날 수 있다. 나는 우선 한 달에 한 권의 책을 읽는 것을 목표로 삼으라고 권하고 싶다. 그 다음 단계로 2주일에 한 권, 더 나아가서는 일주일에 한 권의 책을 읽는 것을 목표로 하라. "독서하지 않는 사람은 문맹보다 나을 바가 없다."

양서전집(Great Books), 하버드 고전선집(Harvard Classics), 자서전들, 문화적 지식을 확장시켜 주는 내셔널 지오그래픽(National Geographic)과 다

른 질(質) 높은 출판물들, 그리고 다양한 분야의 최근 문헌들은 우리의 패러다임을 확장시켜 주며 정신적인 톱날을 갈게 해 준다. 특히 우리가 습관 5를 실천하면서 이러한 독서를 하게 되면, 먼저 이해하려고 노력하게 된다. 다시 말해서 만약 우리가 저자가 말하려는 바를 이해하기 전에 자신의 경험에 기초해서 미리 판단해 버린다면, 독서경험으로부터 얻을 수 있는 혜택을 제한시키는 결과만 가지고 온다.

글을 쓰는 것은 정신적인 톱날을 날카롭게 가는 또 하나의 훌륭한 방법이다. 우리의 생각, 경험, 간파한 것, 그리고 배운 것을 일기장에 기록하는 것은 정신적 명료성, 정확성, 그리고 상황파악 등에 큰 도움을 준다. 훌륭한 편지를 쓰는 것은 어떤 일에 대해 얕고, 피상적인 것만을 표현하기보다 사고, 감정, 아이디어 등 보다 깊은 수준에서 의사소통을 가능하게 한다. 따라서 편지를 쓰는 것은 우리로 하여금 분명하게 생각하고, 정확하게 판단하며, 나아가 남을 효과적으로 이해시키는 능력을 향상시킨다.

준비와 계획수립은 습관 2와 습관 3이 관련되는 정신적 쇄신의 또 다른 형태이다. 이것은 인생목표를 확립하고 시작하는 것이며, 목표달성을 위한 계획을 정신적으로 해낼 수 있음을 의미한다. 이는 우리가 일찍부터 인생목표를 마음속에 그려 보고 상상하면서 삶의 긴 여정을 계획하는 것을 말한다.

이때 우리는 세부적인 매 단계에 대해 구체적이지는 않더라도 원칙에 대해서는 구체화시키게 된다.

전쟁의 승패는 흔히 자신의 진영에 있는 장군의 막사 안에서 결정된다고 한다. 처음 세 가지 차원인, 즉 육체적, 영적, 정신적 차원에서 톱날을 간다는 것은 "매일의 개인적 승리"를 실천으로 옮기는 것이다. 나는 우리 모두가 이 단순한 것을 남은 여생을 통해 매일 한 시간씩 실천할 것을 권한다.

가치와 성과면에서 매일의 개인적 승리를 위해 한 시간씩 투자하는 것은 어느 무엇보다 중요하다. 이것은 모든 의사결정과 대인 관계에도 영향을 줄 것이다. 이것은 또 잠을 깊고 편안하게 잘 수 있게 해 주며, 하루 일과에 투입되는 시간의 질과 효과성을 크게 증진시켜 줄 것이다. 나아가서 이것은 우리가 인생을 살아가면서 직면하게 될, 어려운 도전을 다룰 수 있는 신체적, 영적, 그리고 정신적 능력을 장기적으로 제공해 줄 것이다.

브룩스* 는 다음과 같은 말을 남겼다.

앞으로 닥쳐올 미래의 어느 날, 당신은 커다란 유혹에 대항하여 싸우거나 또는 인생의 비참한 슬픔을 맛보게 될 것이다. 그러나 진정한 싸움은 현재 여기에 있다. 현재야말로 당신이 커다란 슬픔이나 혹은 유혹을 경험하게 될 미래의 어느 날 그 어려움을 멋지게 극복할 것인가, 아니면 불행하게도 실패할 것인가를 결정하는 순간이다. 왜냐하면 성품은 지속적이고 또 장기적인 과정 없이는 결코 형성될 수 없기 때문이다.

사회적/감정적 차원

신체적, 영적, 정신적 차원이 습관 1, 2, 3(개인적 비전, 리더십, 관리에 관한 원칙)과 관련된 반면, 사회적/감정적 차원은 습관 4, 5, 6(대인간의 리더십, 공감적 커뮤니케이션, 그리고 생산적 협동에 관한 원칙)에 초점을 두고 있다.

삶의 사회적 차원과 감정적 차원은 서로 밀접하게 연결되어 있다. 왜냐하면 우리의 감정적 삶은 주로 사회에서의 대인관계를 통해서 개발되고 드러나기 때문이다.

우리가 사회적/감정적 차원을 쇄신하는 데는 다른 차원들과 비교하여 많은 시간을 요구하지 않는다. 왜냐하면 우리는 일상적인 대인관계를 통하여 이를 실천으로 옮길 수 있기 때문이다. 그러나 이것은 반드시 연습

---

* 역자 주 : Phillips Brooks(1835~1893). 미국 보스턴 출신 성공회 신부, 유명 설교자.

을 필요로 한다. 대단한 노력이 없으면 많은 사람들은 개인적 승리의 수준에 도달하지 못하고, 대인관계의 승리를 위한 여러 가지 기술, 즉 다른 사람과의 일상적인 상호작용에서 습관 4, 5, 6을 자연스럽게 실천할 수 있는 기술도 갖추지 못한다.

당신이 내 생활에서 중요한 사람이라고 가정해 보자. 당신은 나의 상사일 수도 있고, 부하, 동료, 친구, 이웃, 배우자, 자식, 친척 등 내가 상호작용하기를 원하고, 또 그럴 필요가 있는 사람이다. 또 우리는 함께 의사소통하고, 함께 일하고, 핵심문제를 함께 논의하고, 나아가 어떤 목적을 달성하거나 함께 문제를 해결해야 할 필요가 있는 사이라고 가정하자. 그런데 우리는 서로 다른 시각을 가지고 있다. 즉, 우리는 서로 다른 안경을 통해 그 문제를 보고 있다. 같은 여자를 보고 있으면서도 당신은 젊은 여자로 보지만, 나는 늙은 여자로 본다.

나는 이때 습관 4를 실천에 옮긴다. 나는 당신에게 다가가 이렇게 말한다. "우리가 이 상황을 서로 다르게 접근하고 있다는 것을 알고 있습니다. 자, 서로가 기분 좋게 느낄 수 있는 해결책을 발견할 때까지 대화를 하기로 합시다. 그렇게 하시겠습니까?" 이같은 경우 대부분의 사람들은 기꺼이 "예."라고 대답한다.

그리고 나서 습관 5를 실행한다. "우선 당신의 이야기를 먼저 들어 봅시다." 이때는 반박하려는 의도를 가지고 듣는 것이 아니라, 깊고 철저하게 당신의 패러다임을 이해하기 위하여 주의깊게 경청한다. 내가 당신의 관점을 당신 자신만큼 잘 설명할 수 있는 정도가 되었을 때, 나는 당신이 이해할 수 있도록 내가 가진 관점을 말한다.

우리가 모두 기분좋게 느끼는 해결방안을 찾고, 또 서로 상대방의 견해를 충분히 그리고 깊이 이해하기로 작정을 하고 나서, 다음 단계인 습관 6으로 옮겨간다. 즉, 당신이나 내가 처음에 제안했던 것보다 더 훌륭하다는 사실을 공동으로 인정하고, 서로의 차이를 고려한 제 3의 해결안을 만들어 낼 수 있다.

습관 4, 5, 6에서 얻어지는 성공의 여부는 주로 지적 수준이 아니라 감정 문제에 달려 있다. 이것은 우리의 개인적 안정감과 깊은 관계를 가지고 있다.

만약 우리의 개인적 안정이 자기 자신의 내면에 있는 원천에서 나온다면, 대인관계의 승리에 필요한 습관을 실행할 수 있는 역량을 갖고 있는 셈이다. 그러나 우리가 지적으로 아주 높은 수준에 있다 할지라도 감정적으로 불안정하다면, 인생의 중대한 문제에 대해 다른 생각을 가진 사람을 대상으로 습관 4, 5, 6을 실행하는 것은 대단히 위험한 일이다.

그렇다면 내면적 안정이란 어디서부터 오는 것일까? 이것은 다른 사람이 우리를 어떻게 생각하는가 또는 우리를 어떻게 대우하는가로부터 나오지 않는다. 또 다른 사람이 우리에게 건네주는 각본으로부터도 나오지 않는다. 나아가 이것은 우리가 처한 상황이나 입장으로부터 나오지 않는다.

내면적 안정은 자기 자신의 내부에서부터 나온다. 이것은 우리 자신의 마음과 가슴에 깊이 자리잡고 있는 정확한 패러다임과 올바른 원칙에서 나온다. 이것은 내면에서 우러나와 외부에서 일치시키는 행동을 함으로써 나오며, 매일의 습관이 우리의 심오한 가치관을 반영하는 언행일치의 생활에서 나온다.

나는 언행일치의 삶이야말로 개인적 가치의 가장 중요한 기초가 된다고 확신한다. 나는 성공의 비결에 관한 인기있는 책들이 "자부심이란 원래 마음먹기와 태도 여하에 달려 있다. 즉, 우리는 심리적인 비법으로 마음의 안정을 가져올 수 있다."고 하는 주장에 대해 동의할 수 없다. 왜냐하면 마음의 안정은 우리의 삶이 올바른 원칙 및 가치관과 일치할 때라야 비로소 이루어지기 때문이다.

또한 효과적인 상호의존적 삶의 결과로서 달성되는 내면적 안정이 있다. 서로가 함께 승리하는 해결책이 있다는 사실을 인식하고, 인생이란 항상 이것 아니면 저것이라는 선택과정이 아닐 뿐만 아니라, 나아가서는 상호이익을 가져오는 제 3의 대안이 항상 존재함을 인식할 때라야 비로소 내면적 안정은 이루어진다. 우리가 자신이 가진 준거틀을 포기하지 않고 이것을 출발점으로 하여 한 발 나아가 다른 사람을 진정으로 깊이 있게 이해할 수 있다는 사실을 알 때, 비로소 내면적 안정이 이루어진다. 우리가 다른 사람과 상호작용을 할 때 진지하게, 생산적으로, 그리고 협조적으로 하는 상호의존적 습관을 경험할 때에야 비로소 내면적 안정이 나타난다.

다른 사람을 위해 봉사하고 도와줌으로써 갖게 되는 자부심, 즉 내면적 안정이 있다. 이와 관련된 또 하나의 중요한 자부심의 원천은 바로 우리 자신이 하는 일이다. 우리는 일을 통해 기여하고, 건설적으로 공헌하며, 나아가 진정으로 개선시켰을 때 자부심을 갖는다.

또 다른 하나는 익명의 봉사이다. 아무도 그 봉사활동을 알지 못하고 알게 되지도 않을 것이다. 왜냐하면 이것은 중요하지 않기 때문이다. 중요한 것은 다른 사람의 삶을 위해 도와주는 것이다. 인정받음이 아닌 영향이 동기가 되는 것이다.

빅터 플랭클은 삶이 갖는 의미와 목적에 대해 연구의 초점을 맞추었다. 그의 연구는 우리 자신의 삶을 초월하게 하고, 우리가 가진 내적인 에너지를 최대한으로 발휘할 수 있게 해 주었다. 스트레스에 대한 연구로 크게 공헌했던 고(故) 셀리에(Hans Selye) 박사는 건강하고 행복한 인생은 개인적으로 흥미롭고, 타인의 삶에 기여하며, 또 축복을 주는 의미있는 활동을 통해 얻어진다고 말하였다. 그의 도덕론은 "이웃의 사랑을 얻으라."는 것이었다.

버나드 쇼(George Bernard Shaw)는 다음과 같이 말하였다.

인생에서 진정한 기쁨은 자신이 가장 중요하다고 생각하는 목적을 위해 쓰여지는 것이다. 세상이 자신을 행복하게 해 주지 않음을 불평하고, 배아파하며, 열병을 앓고 있는 이기적인 고깃덩어리는 진정한 기쁨을 얻을 수 없다.

나는 나의 인생이 전체 사회에 속해 있으며, 내가 살아 있는 동안 사회를 위해 무엇인가 할 수 있다는 것은 나의 특권이라고 생각한다. 나는 죽을 때 내 자신이 완전하게 소진된 상태이기를 원한다. 내가 더 열심히 봉사할수록 나는 더 오래 살아 남기 때문이다. 나는 이러한 목적을 가지고 인생을 즐긴다. 나에게 있어서 인생은 곧 꺼져 버릴 촛불이 아니라 일종의 찬란한 횃불이다. 이 횃불을 다음 세대에 넘겨주기 전에 내가 들고 있는 순간만은 가능한한 최대로 밝게 빛나게 하고 싶다.

엘든 태너* 는 "봉사는 내가 지구상에 사는 특권에 대해 지불해야 하는 일종의 세금이다."라고 말하였다. 그런데 이같은 봉사의 방법과 기회는 얼마든지 있다. 우리가 교회에 나가든지, 봉사기관에 다니든지, 혹은 뜻 있는 봉사의 기회를 제공하는 직업을 가졌든지는 상관할 바가 아니다. 그 대신 우리가 조건 없는 사랑을 통하여 어떤 사람을 도와 주지 않고 지내는 날이 단 하루도 없어야 한다.

다른 사람의 각본화

대부분의 사람들은 자기 주위에 있는 사람들의 견해, 지각, 그리고 패러다임에 의해 새겨지는 각본인 사회적 거울에 의해 영향을 받는다. 상호의존적 관계에 있는 우리는 사회적 거울을 따르며 살아야 된다는 사실을 강조하고 있는 패러다임을 가지고 살고 있다.

우리는 다른 사람에게 명확하고 왜곡되지 않게 그들 자신의 시각을 반영시켜 줄 수 있다. 우리는 다른 사람이 가진 주도적 본성을 확신시켜

---

* 역자 주 : N. Eldon Tanner(1898~1982), 캐나다 교육자, 종교지도자.

줄 수 있고, 또 그들을 책임감 있는 사람으로 대할 수 있다. 우리는 다른 사람들이 자신을 원칙 중심적이고, 가치 기준적이며, 독립적이고, 가치 있는 개인으로 각본화하는 것을 도와줄 수 있다. 우리는 풍요의 심리를 가지고 다른 사람에게 긍정적인 평을 해 주는 것이 우리 자신을 조금도 위축시키지 않는다는 것을 알고 있다. 그렇게 해 주면 우리가 다른 주도적인 사람과 효과적인 상호작용을 할 수 있는 기회를 증가시켜 주기 때문에 우리 자신도 발전할 수 있다.

인생을 살아오면서 스스로를 믿지 못하는데, 다른 사람이 우리 자신을 믿어 주는 경우가 있었을 것이다. 이야말로 다른 사람이 우리에 대한 각본을 써 준 셈이다. 그런데 이것이 우리 자신의 인생에 얼마나 커다란 영향을 미쳤는가?

만일 우리가 다른 사람에 대한 긍정적인 각본 집필자 또는 지지자였다면 어떤 영향을 미쳤겠는가? 다른 사람이 사회적 거울 때문에 잘못된 인생행로를 가고 있다면, 우리는 그들의 사람됨을 믿기 때문에 보다 나은 인생행로를 가도록 북돋아 줄 수 있을 것이다. 우리는 그들의 말을 경청하고 그들과 공감한다. 나아가 그들의 책임을 박탈하지 않고 주도적으로 되도록 용기를 북돋아 준다.

"라만차의 기사"라는 유명한 뮤지컬을 알고 있을 것이다. 이 뮤지컬은 중세 기사와 매춘부 사이에 일어난 아름다운 이야기를 다룬 것이다. 매춘부인 여자 주인공이 인생을 살아가는 방식은 이미 세상 사람들에 의해 낙인찍혀진 상태였다.

그러나 시인인 기사는 그녀로부터 무엇인가 다른 것, 즉 내면의 아름다움과 사랑스러움을 발견한다. 그는 그녀의 덕성을 발견하고 반복해서 그녀에게 확신을 심어 준다. 기사는 그녀에게 둘시니아(Dulcinea)라는 새로운 이름을 지어 그녀 삶의 새로운 패러다임과 연관시켜 준다.

그녀는 처음에 이러한 기사의 노력을 전혀 받아들이지 않았다. 왜냐하면 그녀가 가진 오래된 각본이 너무나 강했기 때문이었다. 그리고 그녀는 기사를 터무니없는 공상가로 여겼다. 그러나 그는 끈질겼다. 그는 계속해서 조건 없는 사랑을 예입시켰고, 마침내 그녀의 각본에 조금씩 침투하기 시작하였다.

그의 노력은 그녀의 본성과 잠재성에 영향을 미쳤고, 그녀 역시 마침내 이에 대해 반응하기 시작하였다. 그녀는 자신의 생활 스타일을 조금씩 변화시켰다. 그녀는 초기에 자기 주위의 모든 사람들을 실망시키면서도 새로운 패러다임을 믿고 따라 행동하기 시작했다.

그녀가 과거의 패러다임으로 되돌아가기 시작한 후일 기사는 임종을 맞이한다. 이때 기사는 그녀를 불러 "이룰 수 없는 꿈"이라는 아름다운 노래를 부르고, 그녀의 눈을 바라보며 이렇게 속삭인다. "절대로 잊지 마라. 너의 이름은 둘시니아이다."

영국에서 자기 달성 예언과 관련하여 우연히 잘못 프로그램된 컴퓨터 때문에 발생한 일화가 있다. 어떤 학교에서 학기 초에 "우수한" 아이들로 편성된 학급이 "우둔한" 학급으로, "우둔한" 학급은 "우수한" 학급으로 컴퓨터에 잘못 입력되었다. 그런데 이 컴퓨터 보고서가 교사들이 학기 초에 학생들에 대한 패러다임을 갖게 한 주요 기준이었다.

5개월 반이 지난 후 학사관리가 잘못되었다는 사실이 발견되었다. 당황한 학교측은 컴퓨터의 착오에 대해 아무에게도 말하지 않은 채 학생들에게 시험을 다시 치르도록 하였다. 그런데 시험결과가 놀랍게 나왔다. 즉, 원래 "우수한" 학생들의 IQ 점수가 크게 떨어졌다. 왜냐하면 이들은 학기 내내 선생님들에 의해 지능적으로 한계가 있고, 비협동적이고, 또 학습할 능력이 부족하다고 여겨졌고, 또 그렇게 다루어져 왔기 때문이었다. 다시 말해서 교사들의 패러다임은 자기 달성의 예언이 돼버린 셈이었다.

그러나 원래 "우둔한" 학급의 IQ점수는 놀랍게 상승하였다. 그 이유는 선생님들이 학생들을 대단히 우수한 아이들로 여기고 교육하였고, 또 이들의 정열적이고, 희망적이고, 낙관적이며, 활기찬 심취 태도는 학생들로 하여금 높은 기대감과 가치 의식을 느끼게 해 주었기 때문이었다.

"우둔한" 학급을 지도한 교사들에게 학기초 처음 몇 주 동안 학생들이 어떠했느냐고 물어 보았다. "무슨 이유에선지 우리의 지도방법은 잘 적중되지 않았습니다."라고 대답하였다. "따라서 방법을 바꾸어야 했습니다." 컴퓨터 보고서가 학생들을 우수하다고 했기 때문에 교사들은 학습효과가 잘 나타나지 않게 되자 자신의 교수방법에 문제가 있다고 판단한 것이었다.

따라서 이들은 교수방법을 개선하려고 노력하였다. 교사들은 주도적으로 되어 그들이 가진 영향력 원 내에 있는 것을 해 보려고 애썼다. 학생의 명백한 학습장애 문제보다는 교사들이 가진 경직성이 더 큰 문제라는 사실을 역력히 보여 주었다.

그렇다면 우리는 다른 사람들에게 자신을 어떻게 반영해 줄 수 있을까? 또 이같은 반영이 다른 사람의 삶에 얼마나 많은 영향을 미칠 것인가? 우리는 다른 사람의 감정은행 계좌에 많은 것을 예입시킬 수 있다. 우리가 다른 사람의 잠재력을 인정하고 이들을 보아주면 줄수록 이들에 대한 과거 기억보다는 장차의 더욱 많은 가능성에 대해 상상해 보고 기대해 볼 수 있다.

이것은 배우자, 자녀, 동료, 그리고 직원에 대해서도 똑같이 해당된다. 즉, 우리는 이들을 이미 결정된 존재라고 분류해 버리는 것이 아니라 순간마다 새롭고 신선한 방식으로 보아주는 것이다. 우리는 이들이 독립적으로 되고, 또 다른 사람들과 보다 만족하고, 풍요롭고, 나아가 생산적인 관계를 형성할 능력이 있는 성취자가 되도록 도와줄 수 있다.

괴테는 다음과 같이 가르치고 있다. "현재의 모습 그대로 상대방을 대해 주면, 그 사람은 현재의 모습대로 머물 것이다. 상대방의 잠재능력 그대로 대해 주면, 그는 그대로 성취해 낼 것이다."

쇄신의 균형

자기쇄신 과정은 네 가지 측면, 즉 신체적, 영적, 정신적, 사회적/감정적 차원, 모두가 반드시 균형적으로 쇄신되고 재충전되어야 한다.

각 차원의 쇄신이 개별적으로도 중요하지만 우리가 네 가지 차원 모두를 현명하고 또 균형된 방법으로 다루어야 비로소 가장 적합하고 효과적으로 될 수 있다. 따라서 우리가 어느 한 분야라도 무시한다면 이것은 나머지 분야에도 부정적인 영향을 미치게 된다.

나는 이 점이 개인뿐만 아니라 조직 내의 쇄신에도 역시 적용된다는 사실을 발견하였다. 신체적 차원이 조직에서는 경제적인 측면에 해당된다. 정신적 또는 심리적 차원은 조직 구성원의 재능에 대한 인정, 개발, 그리고 활용에 해당된다. 사회적/감정적 차원은 사람들을 어떻게 대해 주는가, 즉 인간관계와 관련이 있다. 그리고 영적 차원은 목적과 공헌을 통해 그리고 조직의 성실성을 통해 의미를 발견하는 것에 해당된다.

조직이 이들 각 분야 중 어느 하나를 간과한다면, 이는 전체 조직에 부정적 영향을 미치게 될 것이다. 왜냐하면 무한하고도 또 긍정적인 시너지 효과를 가져올 수 있는 생산적 에너지가 오히려 조직에 저항하고 투쟁하는 데 사용될 수 있을 뿐만 아니라, 나아가 성장과 생산성에 대한 저지력으로 작용할 수 있기 때문이다.

나는 오로지 경제적인 측면, 즉 돈을 버는 것만 강조하는 조직들을 많이 보아 왔다. 그러나 이들은 보통 이같은 목적을 대외적으로 공표하지 않고 심지어 다른 어떤 것을 선전한다. 그러나 실제 이 조직이 갖는 바람은 오직 돈만 버는 것이다.

이처럼 영리만 추구하는 조직을 발견할 때마다 나는 그 조직이 가진 문화에 수많은 부정적 시너지 현상들이 나타나는 것을 보아 왔다. 예컨대 부서간 경쟁, 방어적이고 보호적인 의사소통, 정치공작, 그리고 배후조정 등의 현상들이 그 대표적 사례이다. 물론 조직이 돈을 벌지 않으면 효과적인 번영을 기할 수 없다. 그러나 이것만이 조직이 존재하는 충분한 이유가 될 수는 없다. 왜냐하면 우리는 먹지 않고 살 수 없지만, 그렇다고 먹기 위해서 사는 것도 아니기 때문이다.

정반대의 경우로 나는 조직의 목적이 전적으로 사회적/감정적 차원에만 초점을 두고 있는 경우를 보아 왔다. 이같은 조직은 일종의 사회주의적 실험을 하는 것으로 가치체계에 경제적인 판단 기준이 없다. 또 효과성에 대한 측정이나 평가가 없기 때문에 결국 효율성을 높이지 못해 시장에서의 생존능력을 상실한다.

나는 기껏해야 세 개 정도의 차원에만 노력하는 많은 조직들을 알고 있다. 이들 조직은 훌륭한 서비스 기준, 바람직한 경제적 기준, 나아가 좋은 인간관계 기준을 가지고 있긴 하지만, 조직구성원들이 가진 역량과 재능을 찾아내 개발하며 나아가 이것을 인정해 주는 데는 소홀하다. 그런데 만약 이같은 심리적 차원이 고려되지 않는다면, 조직경영 스타일은 자선적 전제주의가 될 것이다. 그 결과 나타나는 조직문화는 집단 저항, 적대감, 이직률 증가, 그리고 깊고 만성적인 조직 문화적 문제들을 발생시키게 된다. 개인적 효과성과 마찬가지로 조직의 효과성 역시 현명하고 균형적인 방식으로 4가지 차원 모두를 개발하고 쇄신하는 것이 필요하다. 따라서 만일 어느 한 차원이라도 무시된다면, 이것은 효과성과 성장을 방해하는 부정적인 저항을 유발시킬 것이다. 조직과 개인이 공히 사명선언서에 이들 4가지 차원 각각에 대한 인식을 확실히 해 주면 균형적 쇄신을 위한 강력한 뼈대가 구축될 것이다.

이같은 지속적 개선과정이야말로 전사적 품질운동(Total Quality Movement)을 보장해 주는 것이며, 일본이 경제적으로 부상하게 된 비밀이기도 하다.

쇄신의 시너지 효과

균형적 쇄신은 최적의 시너지 효과를 낼 수 있다. 우리가 어느 한 차원에서 톱날을 갈면 서로간에 밀접한 관계를 가지고 있는 다른 차원에도 긍정적 영향을 미친다. 신체적 건강은 정신건강에 영향을 주고, 영적 능력은 사회적/감정적 능력에 영향을 준다. 따라서 우리가 한 가지 차원을 향상시키면, 다른 차원들에서도 우리의 능력은 향상된다.

성공적인 삶을 위한 7가지 습관은 이들 4가지 차원들 사이에서 최적의 시너지 효과를 만들어 낸다. 어느 한 차원에서의 쇄신은 7가지 습관 중 적어도 하나의 습관 실천 능력을 증가시킨다. 나아가 이들 습관들은 서로 순차적으로 연속된 관계를 가지고 있기 때문에 한 가지 습관의 개선은 시너지 효과에 의해 나머지 다른 습관들도 실천할 수 있는 능력을 증가시켜 줄 것이다.

우리가 더욱 주도적일수록(습관 1) 자기 생활에서 개인적 리더십(습관 2) 발휘와 관리(습관 3)를 좀더 효과적으로 할 수 있을 것이다. 우리가 자기 생활을 보다 효과적으로 관리할수록(습관 3), 제2상한에 속하는 쇄신 활동을 더 많이 수행할 수 있을 것이다(습관 7). 우리가 먼저 상대방을 이해하고자 더욱 노력할수록(습관 5), 상대방과 함께 승리하는 시너지적인 해결책을 더욱 성공적으로 얻을 수 있을 것이다(습관 4, 6). 우리가 독립성을 가져오는 습관들을 더욱 개발시킬수록(습관 1, 2, 3), 상호의존적 상황에서 좀더 효과적으로 될 것이다(습관 4, 5, 6). 끝으로 쇄신(습관 7)이야말로 여기서 다룬 모든 습관을 새롭게 만드는 과정인 것이다.

우리가 신체적 차원을 재충전하고 쇄신한다면, 이것은 개인적 비전(습관 1)을 강화시키게 될 것이다. 이는 남에 의해 좌지우지되는 것이 아니라 주어지는 모든 자극에 대해 우리 자신이 주체가 되어 반응하는 것을 말한다. 또 이것은 주도성을 가진 자아의식과 자유의지의 패러다임을 갖는 것이다. 이는 아마 신체적 운동이 가져다 주는 가장 큰 이득일 것이다. '매일의 개인적 승리'는 우리의 내면적 안정 계정에 예입시키는 것을 의미한다.

우리가 영적 차원을 쇄신하면 개인적 리더십(습관 2)이 강화된다. 이것은 과거의 기억에만 집착하는 대신 미래를 위한 상상력을 발휘하고 우리의 내면 깊숙이 있는 패러다임과 가치관을 인식할 수 있는 능력을 증진시켜 준다. 또, 이것은 자신만이 갖는 인생의 고유한 사명을 규명시켜 주며, 자기 삶의 중심을 올바른 원칙에 둘 수 있는 능력도 증진시켜 준다. 나아가 이것은 우리가 올바른 원칙에 일치되는 삶을 살고, 이 원칙이 개인적인 역량의 원천이 될 수 있도록 인생 각본을 다시 쓸 수 있는 능력도 증진시켜 준다. 영적 쇄신을 통해 창조하는 뜻 있는 개인생활은 개인적 안정감 계정에 엄청난 예입을 시키는 것이다.

우리가 정신적 차원을 쇄신하면 자신의 관리능력이 강화된다(습관3). 다시 말하면 계획을 수립할 때 큰 성과를 가져오는 제2 상한의 활동과 우선 순위가 높은 목표를 인정하게 된다. 또 우리가 가진 시간과 에너지를 최대한으로 활용하기 위한 활동들도 인식하게 되고 우선 순위에 입각하여 이 활동들을 계획하고 수행하게 된다.

우리가 계속적으로 교육에 참여하면 지식을 증가시키고 나아가 선택할 수 있는 대안 역시 더 많이 갖게 된다. 우리의 경제적 안정은 현재 다니고 있는 직장에만 달려 있는 것이 아니다. 이것은 우리가 가진 생산능력에 달려 있다. 다시 말하면 사고하고, 학습하고, 창조하고, 나아가 적응하는 능력에 달려 있다. 이것이야말로 진정한 재정적 독립을 의미한다. 따라서 이것은 부를 가지는 것이 아니라, 부를 창출할 수 있는 능력을 가지는 것이다. 우리는 이것을 영원히 간직하게 된다.

'매일의 개인적 승리' ― 하루에 최소한 한 시간 정도를 신체적, 영적, 정신적 차원의 쇄신을 위해 투입하는 것 ― 는 7가지 습관을 개발하는 열쇠가 되며, 이는 전적으로 우리 자신의 '영향력의 원' 안에 있다. 또 이러한 쇄신의 시간은 습관들을 우리의 삶에 통합시키고 원칙중심적으로 되는 데 필요한 것이며, 제2 상한에 초점을 둔 것이다.

이 매일의 개인적 승리, 즉 쇄신의 시간은 '매일의 대인관계의 승리'를 위한 기초이다. 이것은 사회적/감정적 차원에서 톱날을 가는 데 필요한 내면적 안정의 원천이다. 또 이것은 우리가 상호의존적 상황에서 스스로가 가진 '영향력의 원'에 초점을 두고 행동할 수 있는 개인적인 용기를 갖게 한다.

말하자면 우리로 하여금 '풍요의 심리'란 패러다임을 통해 다른 사람들을 대하게 하고, 사람들 사이에 존재하는 차이를 진정으로 소중하게 생각할 뿐만 아니라, 이들의 성공도 진심으로 기뻐할 수 있는 개인적인 지혜를 갖게 해 준다. 나아가 이것은 우리로 하여금 상대방을 진정으로 이해하고 시너지적이 되게 할 뿐만 아니라, 상호의존적 상황에서 습관 4, 5, 6을 실천할 수 있는 기틀을 마련해 준다.

나선형 상승

자기쇄신이란 원칙이며 과정이다. 자기쇄신은 계속적인 개선과 나선형의 성장을 추진할 수 있는 힘을 부여한다.

이같이 나선형을 따라 의미 있고 또 일관된 발전을 하면서 자기쇄신에 관한 한 가지 다른 측면도 반드시 고려해야 한다. 이것은 바로 우리가 상향적으로 이동하도록 이끄는, 인간만이 가진 천부의 능력인 양심이다. 스타엘* 의 말을 빌려보자. "양심의 소리는 매우 가냘퍼서 짓눌러 버리기

* 역자 주 : Madame De Stael(1766~1817), 스위스의 여류작가.

쉽다. 그러나 너무나 분명하여 결코 잘못 들을 수 없다."

양심은 우리가 올바른 원칙과 일치하는지를 파악하게 하며, 나아가 우리로 하여금 올바른 원칙을 지향하도록 한다. 이 천부의 능력이 정상적인 경우에는 그렇다.

훌륭한 운동선수에게는 신경훈련과 근육훈련이 필수적이고 학자에게는 정신훈련이 중요한 것처럼, 진정한 의미에서 주도적이고 성공적인 사람에게는 양심에 대한 훈련이 절대적으로 필요하다. 그런데 양심을 훈련하고 교육하는 데는 보다 큰 집중력과 균형된 훈련, 나아가 보다 지속적인 정직한 삶이 요구된다. 이것은 규칙적으로 영감을 주는 문학을 독서하고, 숭고한 이상을 품으며, 무엇보다도 양심의 소리에 따르는 삶을 사는 것이다.

저질 음식과 운동 부족이 운동선수의 컨디션을 해칠 수 있는 것과 마찬가지로 음란하고 또 외설적인 것들은 우리의 내면을 어둡게 하여 우리의 높은 감수성을 둔하게 만든다. 뿐만 아니라 "무엇이 옳고 무엇이 그른가?"라는 신성한 양심의 소리가 "나의 잘못이 발견될 것인가?"라는 사회적 양심으로 바꾸어진다.

함마슐트는 다음과 같이 말한다.

> 당신이 완전한 동물이 되지 않고서는 동물처럼 행동할 수 없고, 거짓말쟁이가 되지 않고서는 기만적인 행동을 할 수 없으며, 마음의 감수성을 잃지 않고서는 잔인한 행동을 할 수 없다. 예쁜 정원을 갖고자 하는 사람은 잡초가 자랄 자리를 남겨 두지 않는 법이다.

일단 자아의식이 이루어지면 우리는 살아갈 목적과 원칙을 선택해야 한다. 만일 그렇지 않으면 공허함으로 가득차게 되고, 자아의식을 잃게 되기 때문에 단지 생존과 번식을 주된 목적으로 사는 천한 짐승과 다를 바가 없게 된다. 이렇게 짐승처럼 사는 사람들은 사는 것이 아니라 "살아

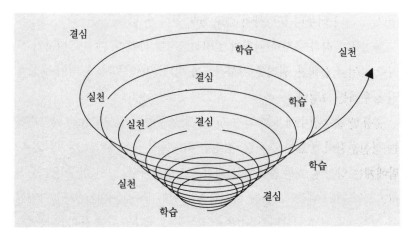

상향적 나선형

지는" 것이다. 그들은 자신의 내부에서 개발되지 않은 채 잠자고 있는 인간만이 갖는 독특한 천부의 능력들을 인식하지 못하고 단지 상황에 대처해 가며 살 뿐이다.

이 능력들을 개발하는 데는 지름길이 없다. 여기에는 추수의 법칙이 지배한다. 즉, 뿌린 대로 수확을 거둔다. 또 옳고 그름의 법칙은 변할 수 없다. 우리가 올바른 원칙을 더 잘 따르며 살수록 세상일에 대한 판단력은 점차 나아질 것이고, 우리가 가진 패러다임은, 즉 지역의 지도는 더욱 정확해 질 것이다.

이같은 나선형 상승에 따라 우리가 성장하고 발전하기 위해서는 양심을 교육시키고 순종함으로써 자기쇄신의 과정을 부지런히 실행해야 한다고 생각한다. 이같은 교육을 통해 증가되는 우리의 양심은 개인적 자유, 안정, 지혜, 그리고 역량의 인생항로를 따라 우리를 안내해 줄 것이다.

나선형 상승을 하기 위해서는 점차 보다 높은 수준에 있는 것을 학습하고, 결심하고, 실천해야 한다. 만약 우리가 이미 모두 충분하다고 생각한다면 이것은 우리 자신을 기만하는 것이다. 나아가 이같은 발전을 꾸준히 지속하려면 학습, 결심, 실천을 거듭해서 반복해야 한다.

습관 7의 적용을 위한 제언

1. 자기의 생활 스타일에 맞고, 계속해서 즐길 수 있으며, 자신을 건강하게 하기 위해 꼭 필요한 운동이 무엇인지 목록을 작성하라.

2. 목록 중 하나를 선택하여 다음 주 동안 반드시 해야 할 개인역할 영역의 할 일 중 한 가지 목표로 기입하라. 주말에 그 성과를 평가하라. 만약 당신이 목표를 달성하지 못했다면, 보다 더 중요한 다른 일 때문에 그것을 못했는가, 아니면 그 일을 하는 데 불성실했기 때문인가?

3. 영적 및 정신적 차원에서 자기쇄신을 할 수 있는 활동에 대해 이와 비슷한 목록을 작성하라. 사회적/감정적 차원에서 개선할 필요가 있는 인간관계의 목록을 작성하라. 또 대인관계의 승리가 더 큰 효과성을 가지고 올 수 있는 구체적인 상황 목록을 작성하라. 한 주일의 목표를 결정하기 위하여 각 차원에서 한 가지씩 선택하라. 그 다음에 이를 실천하고 평가하라.

4. 매주 4가지 차원 모두에 대해 "톱날을 가는", 즉 심신을 단련하는 구체적인 활동을 기록하고, 이를 실천하는 약속을 하라. 그리고 이를 실천한 성과에 대해 평가하라.

내면으로부터의 변화를 다시 강조하며

> 하느님은 인간의 내면을 바꿔줌으로써 외부가
> 개선되게 하신다. 그러나 세상은 외부를
> 먼저 바꾸어 내면을 개선시키려고 한다.
> 사람들을 빈민굴에서 끌어내기만 하면 된다는 것이다.
> 예수는 사람들로 하여금 마음의 가난함으로부터
> 벗어나게 함으로써 스스로 빈민굴에서
> 빠져나올 수 있도록 해 준다. 말하자면
> 세상은 사람들의 환경을 변화시킴으로써
> 그들을 바꾸려 하지만, 예수는 사람들을 변화시킴으로써
> 그들 스스로 환경을 바꾸게 한다.
> 세상은 인간의 행동을 바꾸려고 하지만,
> 예수는 인간의 본성을 바꿀 수 있다.
>
> ─에즈라 태프트 벤슨* ─

필자는 독자들에게 이 책의 본질을 설명해 줄 수 있는 하나의 개인적 이야기를 해 주고 싶다. 독자들이 이 이야기 속에 있는 주요원칙들과 결부시킬 수 있기를 바란다.

몇 년 전 우리 가족은 집필을 위해 강의하던 대학으로부터 안식년 연가를 받아, 하와이에 있는 오후(Oahu)라는 섬의 북쪽 해변에 위치한 래이(Laie)라는 곳으로 갔다.

도착 후 정리가 되자마자 우리 가족은 대단히 생산적이고 몹시 즐거운 활동계획에 따라 생활하게 되었다.

---

* 역자 주 : Ezra Taft Benson(1899~), 미국 농무성장관, 종교지도자.

아침 일찍 모래사장을 달리고 난 다음, 우리는 두 애들을 맨발의 짧은 바지 차림으로 유치원에 보냈다. 그리고 나는 집필을 위해 사탕수수 밭 옆에 있는 외딴 건물로 출근하였다. 전화도 없고, 회의도 없고, 급한 일도 없는, 매우 조용하고, 아름답고, 평온한 분위기였다.

내 사무실이 있는 건물은 대학의 중심부에서 떨어진 한쪽 끝에 있었다. 하루는 대학 도서관 뒤켠의 서가에서 이 책 저 책의 제목을 들쳐보고 있는데, 책 하나가 나의 관심을 끌었다. 그 책을 빼내서 읽게 된 한 구절이 내 인생을 완전히 바꾸어 놓았다.

나는 그 구절을 몇 번이고 읽었다. 그 구절은 자극과 반응 사이에는 간격, 즉 공간이 있다는 것과, 또 우리의 성장과 행복의 열쇠는 우리가 이 공간을 어떻게 이용하느냐에 달려 있다는 아주 단순한 아이디어였다.

이 아이디어가 내게 미친 영향은 어떻게 설명해야될지 모를 정도로 엄청난 것이었다. 나는 이 아이디어, 즉 자기결정론을 믿고 살아왔지만 "자극과 반응 사이의 간격"이라는 표현이 새삼스럽게, 믿을 수 없을 만큼 강하게 나의 마음을 사로잡았다.

이것은 마치 "생전 처음으로 알게 된 것" 같은 느낌이었고, 정신적인 대혁명 같았으며, 때를 만난 좋은 아이디어 같은 기분이었다.

나는 이 아이디어를 몇 번이고 곰곰이 생각하게 되었고, 그때부터 내 인생의 패러다임에 커다란 영향을 미치기 시작하였다. 이것은 마치 내가 이 간격의 틈 사이에 서서 밖에 있는 수많은 자극들을 내다보며, 이 아이디어를 어떻게 적용하고 있나를 관찰하고 있는 것 같았다. 나는 스스로 반응을 선택할 수 있다는 정신적인 해방감을 느끼게 되었다. 또 자신이 자극도 될 수 있고, 영향력을 행사할 수 있으며, 심지어는 자극과 반응을 거꾸로 돌려놓을 수도 있다는 사실에 흥분되었다.

그 후 얼마 안 되어, 부분적인 이유이긴 하지만 샌드라와 나는 이 혁명적인 아이디어 때문에 심오한 대화를 시작하였다. 정오가 되기 조금 전

낡고 빨간 트레일 사이클에 그녀와 두 어린애들―한 아이는 우리 둘 사이에, 다른 아이는 내 왼쪽 무릎에―을 태우고 사무실 옆의 사탕수수 밭을 천천히 지나가면서 한 시간 정도 이야기 하였다.

아이들은 넷이 타고가는 시간을 기다릴 정도로 좋아했고, 시끄럽게 하지도 않았다. 지나가는 다른 차량들은 거의 없었고, 사이클 역시 소리가 별로 안 나서 서로의 대화에 전혀 지장이 없었다. 우리는 보통 부근 해변가에 사이클을 세워 놓고, 200미터쯤 걸어가 아무도 없는 곳에 자리를 펴서 점심을 먹었다.

애들은 모래사장과 섬의 고지대에서 흘러 내려온 강물에 열중했으므로 우리 부부는 아무런 방해 없이 대화를 계속할 수 있었다. 매일 최소 두 시간씩 일년 동안 심오한 대화를 나눔으로써 도달할 수 있는 이해와 신뢰의 수준을 상상해 보기란 별로 어렵지 않을 것이다.

맨처음 얼마 동안 우리는 주위 사람들, 아이디어들, 아이들, 나의 집필, 집에 남아 있는 애들, 장래계획 등 여러 가지 종류의 화제를 놓고 이야기 하였다. 그러나 우리의 대화는 조금씩 더 깊어 갔고, 성장과정, 인생각본, 감정 및 자신감 상실과 같은 우리 내면의 여러 가지 세계에 관해 이야기하게 되었다.

우리는 깊은 대화를 하면서 여러 세계들을 관찰할 수 있었고, 우리 자신이 그 속에 있음도 파악할 수 있었다. 우리는 새롭고 흥미 있는 방법으로 자극과 반응 사이에 있는 공간, 즉 선택의 자유(자아의식, 상상력, 양심, 독립의지)를 사용하여 우리가 어떻게 프로그램 되었고, 이 프로그램들이 우리의 관점에 어떤 영향을 미쳤는가를 생각해 보기 시작하였다.

우리는 내면의 세계로 흥미롭고 모험적인 여행을 시작하였다. 이것은 외부세계에서는 도저히 알 수 없으며, 어떤 것보다 더욱 재미있고, 더욱 황홀하고, 더욱 열광적이고, 더욱 매력적이며, 더 많은 새로운 발견과 통찰로 가득찬 것이었다.

이 과정이 항상 "기분 좋은" 것만은 아니었다. 가끔 아픈 곳을 찌르기도 했으며, 고통스럽고, 당혹스럽고, 자기 폭로적인 느낌을 갖기도 했다. 이런 느낌은 자신을 지나치게 노출시켰거나 취약점을 얘기해 줄 때였다. 하지만 우리는 오랫동안 이런 대화를 하고 싶어했음을 알 수 있었다. 더욱 심오하고 민감한 문제를 해결하고 나면, 우리는 어떤 점에서 치유됨을 느끼게 되었다.

우리는 처음부터 서로 지지해 주고, 도와주고, 격려해 주고, 공감적이 되었으며, 이러한 여러 가지 내적 발견을 서로 키우고 촉진시켜 주었다.

우리는 점차 두 가지 이심전심의 행동원칙을 말없이 지키게 되었다. 첫째는, 상대를 "탐사하지 않는 것"이었는데, 이는 우리가 자신의 내면 속에 숨어 있는 취약점의 껍질을 벗겨나갈 때, 상대방에게 따지거나 면밀히 조사하지 않고 공감적으로 이해해 주는 것이었다. 탐사하는 것은 너무 침해적이고, 지배적이고, 논리적이기 때문이었다.

우리는 생소하고, 어렵고, 무서운, 미지의 여러 가지 영역을 개척하고 있었기 때문에 두렵고 불안한 심정이었다. 그러나 우리는 더 많은 문제들을 얘기하고 싶어했으며, 상대방이 하고 싶을 때만 얘기하도록 하는 불문율의 필요성도 존중하게 되었다.

둘째 행동원칙은, 얘기가 너무 심해져서 상처를 건드려 고통스러워지면, 대화를 즉시 중단하고 다음 날 계속하거나 당사자가 다시 말하고 싶을 때까지 기다리는 것이었다. 미해결 부분을 즉시 해결하지는 못했지만, 이 부분을 일시적으로 미루어 둔 것뿐이었다. 우리는 이러한 대화를 계속할 충분한 시간이 있었고, 주위환경이 크게 도움이 되었다. 또 우리 자신이 결혼생활 문제에 직접 개입하여 성숙해 지는 것을 보고 너무나 고무되었기 때문에 조만간 이러한 미해결 부분을 잘 마무리할 수 있음을 알고 있었다.

이러한 과정에서 가장 어려웠지만 가장 성과가 컸던 경우는 우리 자신의 취약점을 들추어 대화했을 때였다. 이때는 우리 자신들이 직접 개입되었기 때문에 자극과 반응 사이에 공간을 갖지 못하고, 즉 자신을 선택적으로 통제하지 못하고, 몇 가지 기분 나쁜 감정을 체험하기도 했다. 그러나 우리는 강한 욕구와 묵계 때문에 중단되었던 대화를 다시 시작하여 그 부분이 해결될 때까지 이러한 감정문제를 잘 풀어 나갈 수 있었다.

여러 가지 어려운 경우 중 하나는 내 성격상의 문제에 관해 대화할 때였다. 돌아가신 우리 아버지는 몹시 조용하고 개인적인 분이어서 항상 자제하고 대단히 조심스럽게 행동하는 분이었으나, 어머니는 대단히 활발하고 시원스러우며 자발적인 분이었다. 나는 양친의 성격을 다 갖추고 있어서 좀 불안할 때는 부친처럼 개인적인 성격이 되어 안전하게 행동하려는 경향을 가지고 있다.

샌드라는 우리 어머니와 비슷한 성격이어서 사교적이고, 진솔하고, 시원스러웠다. 우리의 오랜 결혼 생활에서 나는 그녀의 솔직함이 지나치다고 생각하였고, 그녀는 나의 자제적인 행동을 기능장애라고 생각한 경우가 상당히 많았다. 그녀는 이러한 나의 행동을 한 사람의 사회인으로서 다른 사람의 감정에 무감각한 것이기 때문에 기능장애라고 생각하였다.

이런 것들과 다른 여러 가지 문제점들을 이 심각한 대화의 시간에 터놓고 이야기할 수 있었다. 나는 샌드라의 통찰력과 지혜가 나로 하여금 더욱 솔직하고, 속마음을 털어놓고, 상대방의 감정을 이해해주며, 좀더 사교적인 사람이 될 수 있도록 도와주려는 노력임을 알고 이를 높이 평가하게 되었다.

또 하나 어려웠던 경우는 내가 오랫동안 고심하며 샌드라의 콤플렉스라고 생각했던 문제를 다룰 때였다. 이것은 샌드라가 "프리져데어"라는 상표의 가전제품만을 선호하는 지나친 집착이었으며, 나로선 도저히 이해가 안 되는 일이었다. 그녀는 다른 상표의 가전제품은 하나도 사려고 하지 않았으며, 심지어 우리가 돈 없이 막 살림을 차리려 할 때도 그 대학

촌에 프리져데어 대리점이 없다고 50마일 밖에 있는 큰 도시까지 가자고 고집을 부린 적도 있었다.

이것은 나를 몹시 괴롭힌 문제였으나, 다행히 가전제품을 살 때만 일어난 고민거리였다. 그러나 한번 이 문제가 발생하면, 자극이 즉각적으로 반응을 일으켰다. 즉, 이 한 가지 문제가 그녀의 모든 비논리적인 사고의 대표적 예로 비추어지고, 내 마음속에 온갖 부정적인 감정을 불러일으켰다.

이런 경우 나는 보통 나의 기능장애이자 개인적인 행동으로 돌아갔다. 이 문제의 유일한 해결 방법은 되는 대로 내버려 두는 것이라고 생각하였다. 그렇지 않은 경우, 내가 자제력을 잃게 되고, 해서는 안 될 말을 함부로 해 버리기 때문이었다. 실상 선을 넘어 부정적인 말을 하고 나서 사과를 한 적도 여러 번 있었다.

나를 가장 괴롭혔던 것은 그녀가 프리져데어 제품을 좋아한다는 사실이 아니라, 내가 생각하기에 아무런 근거도 없으면서도 극히 비논리적이고 증명할 수 없는 말들로 우겨대는 고집이었다. 만일 그녀가 자기의 반응이 비논리적이고 순전히 감정적인 것임을 인정했더라면, 나는 그냥 이해 했을 것이다. 하지만 그녀는 자기 주장을 정당화시키려 했고, 그것이 나를 화나게 만들었다.

초봄의 어느 날 그 프리져데어 이야기가 나오게 되었다. 우리는 이미 어려운 대화를 나눌 수 있는 준비가 충분히 되어 있었다. 즉, 상대를 탐사하지 않고, 둘 중 어느 하나라도 너무 괴롭게 느껴지면, 대화를 중단하기로 한다는 행동원칙이 확립되어 있었다.

나는 그 이야기를 끄집어 낸 날을 아직도 기억하고 있다. 그날은 모래사장에 가서 앉지도 않고 사탕수수 밭 사이를 지나가면서 이야기 했는데, 아마 서로의 눈을 쳐다보기가 거북해서 그랬을 것이다. 이 문제는 심적으로 고통스러웠으며, 나쁜 감정들이 많이 개입되어 있어서 오랫동안 묻혀 있던 것이었다. 이것이 우리의 결혼생활을 파괴시킬 정도로 심각한 것은 아니었지만, 아름답고 화합된 부부관계를 이룩하기 위해 불화의 소지가 있는 어떤 문제의 해결도 대단히 중요한 것이었다.

샌드라와 나는 이 대화를 통해 여러 가지 사실을 파악하고 나서 깜짝 놀랐다. 이 대화는 참으로 시너지적이었고, 샌드라 자신도 그녀의 콤플렉스에 대한 이유를 거의 처음으로 깨닫게 되었다.

그녀는 자기 아버지가 고등학교 역사 교사 및 운동 코치였다는 것, 또 생활비를 충당키 위해 가전제품 대리점을 열었다는 것에서 이야기를 시작하였다. 불황이 닥치자 그녀의 부친은 심각한 재정난에 봉착하게 되었지만, 그때 프리져데어에서 외상으로 가전제품들을 공급해 준 덕분에 사업을 유지할 수 있었다.

샌드라와 그녀의 아버지 사이는 가깝고 다정해서, 아버지가 피곤한 하루를 보내고 집에 돌아와 소파에 앉으면, 그녀는 아버지의 발을 비벼주고 노래도 불러 주었다. 부녀 사이의 정다운 관계는 오랫동안 계속되었고, 대단히 아름다운 것이었다. 그는 딸에게 사업에 관한 자기의 근심과 걱정을 솔직하게 이야기 하면서, 자기에게 외상으로 가전제품을 공급해 줌으로써 불황을 헤쳐 나가게 해 준 프리져데어에 대한 은혜를 그녀에게 말해 주었다.

부녀간의 대화는 인생각본에 가장 강력한 영향력을 미치는, 아주 자연스러운 분위기에서 자발적으로 일어났다. 이렇게 긴장이 풀어진 편안한 시간에는 경계심이 없어지고, 각종의 이미지와 생각들이 잠재의식적으로 마음속 깊이 심어지게 된다. 아마 샌드라는 대화 순간까지 과거의 일들을 잊고 있었을 것이다. 이런 대화는 자연스러운 분위기에서 자발적으로만 나올 수 있기 때문이었다.

샌드라는 그녀 자신에 대해 엄청난 통찰력을 얻게 되었고, 프리져데어에 대해 그녀가 가진 감정의 근원을 파악하게 되었다. 나 역시 새로운 통찰력을 얻게 되었고, 그녀의 의견에 대해 완전히 다른 각도에서 존중심을 갖게 되었다. 샌드라의 행동은 가전제품에 관한 것이 아니라 그녀의 아버지에 관한 것이었으며, 부친의 소망에 대한 충성심에서 우러난 것이었다.

나는 그날 우리 둘이 서로 눈물을 흘린 것으로 기억한다. 우리가 새로운 통찰력을 얻었기 때문이 아니라, 서로의 능력에 관한 존경심이 더욱 커졌기 때문이었다. 우리는 아주 사소한 것들이라도 종종 심각한 감정적인 문제의 근원이 될 수 있음을 발견하게 되었다. 더 깊고 더 상처받기 쉬운 문제의 근원을 해결함이 없이 피상적이고 하찮은 것만을 다루는 것은 다른 사람의 가슴속에 있는 성역만 짓밟는 셈이다.

그 무렵 여러 달 동안 다른 많고 좋은 성과가 있었는데, 우리의 대화가 너무나 잘되어서 순간적으로 서로의 생각을 연결할 수 있는 정도까지 되었다. 우리는 하와이를 떠나면서 대화를 계속할 것을 결심하였으며, 그 후 정기적으로 혼다 사이클을 타고, 일기가 나쁘면 차를 타고 대화를 계속해 오고 있다.

우리는 사랑을 위한 주요 열쇠는 대화하는 것, 특히 서로의 감정을 얘기 하는 것이라고 생각하고 있다. 우리는 매일 여러 차례 대화하려고 애쓰며, 여행 중이라도 전화로 이야기 하려고 애쓴다. 그것은 마치 모든 행복과 안정감과 가치 있는 것들이 있는 홈베이스에 들어오는 기분이기 때문이다.

토마스 울프* 의 말은 틀렸다. 우리는 다시 집으로 돌아 "갈 수 있다." 특히 우리의 부부관계가 소중한 것이고 둘도 없는 친구와 같은 사이라면 더욱 그렇다.

---

* 역자 주 : Thomas C. Wolfe (1900~1938), 미국 소설가.

세대간의 유대

샌드라와 내가 그 일년을 보내는 동안, 자극과 반응 사이의 공간, 즉 인간만이 가진 네 가지 천부의 재능을 현명하게 활용하는 능력은 우리를 내면에서부터 변화시켜 주었다.

우리는 그전까지 외부에서부터 시작하여 내면을 변화시키는 접근방법을 시도하고 있었다. 우리는 서로 사랑했으며, 서로의 태도와 행동을 조절함과 동시에 부부관계에 관한 좋은 기법들을 사용함으로써 서로의 차이점을 고쳐보려고 애썼다. 그러나 반창고와 아스피린만을 사용한 응급 처치식 방법은 오래가지 못했다. 우리가 본질적인 패러다임 수준에서 노력하고 대화하지 않는 한, 만성적이고 근원적인 문제는 그대로 남아 있게 된다.

내면에서부터 시작할 때 우리는 비로소 신뢰와 솔직함의 부부관계를 가질 수 있었고, 외부에서부터 바꾸는 방법으로는 불가능한 것을 이 심오하고 영구적인 방법으로 해결할 수 있었다.

승/승의 관계, 상호간의 깊은 이해심, 놀라운 시너지 등과 같은 훌륭한 성과는 우리가 스스로의 패러다임을 검토하여 자신의 각본을 바꾸고, 우리의 삶을 잘 관리함으로써 얻을 수 있었다. 이러한 삶의 관리를 통해 깊은 대화라는 제2 상한의 중요한 활동을 할 수 있는 시간도 얻을 수 있었다.

여기에는 물론 여러 가지 다른 성과도 많았다. 우리 부부의 삶이 부모들에 의해 강한 영향을 받았던 것처럼, 우리 애들의 삶도 우리들에 의해 영향받고 정해질 수 있음을 훨씬 더 심각하게 감지하였다. 이러한 영향력은 종종 우리가 실감조차 할 수 없는 그러한 방법으로 작용되고 있었다. 이렇게 우리의 삶에 미친 영향력의 강도를 이해하게 되자, 우리는 반드시 올바른 원칙에 기초한 것만을 다음 세대에 물려줄 수 있도록 교훈을 주고 모범을 보이는 데 최선을 다할 것을 재다짐하였다.

나는 이 책에서 우리가 물려받은 것 가운데 주도성을 발휘하여 바꾸고 싶은 여러 가지 각본들에 관해 특별한 주의를 환기시켰다. 그런데 우리의 각본을 주의깊게 검토해 볼 때, 우리 중 대다수는 당연히 받을 것으로 생각하여 물려받은 각본들이 대단히 훌륭하고 긍정적인 것임을 깨닫게 된다.

진정한 자아의식은 우리가 이러한 각본들의 진가를 인정하게 해 주고, 우리 앞에 간 선배들에게 감사하게 해 준다. 그 덕분에 우리들은 원칙 중심적인 삶을 살면서 성장할 수 있었고, 현재의 우리 처지를 파악할 수 있게 되었으며, 또 장차 이룰 수 있는 가능성도 내다볼 수 있게 되었다.

여러 세대 사이에 강한 유대관계를 가지고 있는 대가족은 탁월한 역량을 보유하게 된다. 아이들, 부모들, 조부모들, 삼촌/숙모들, 고모/고숙들, 사촌들 등등 사이에 서로 친하게 사는 상호의존적인 가족은 구성원들이 자신의 존재와 소속과 전통에 대해 긍지를 갖게 된다.

아이들이 "종족"에 대한 소속감을 갖고, 많은 친척들이 전국 각지에 산재해 살지라도 자기를 알고 있고 자기에게 관심을 가져 줌을 느끼는 것은 대단히 유익한 것이다. 또 이것은 우리가 아이들을 키우는 데 굉장한 도움이 될 수 있다. 우리 집의 한 아이가 성장과정에서 어려움을 당하고 있다고 가정하자. 우리 부부와는 대화가 안될 경우라도 이 아이는 우리 형제나 자매 중 한 사람과 마음이 통할 수 있다면, 어려운 기간 동안 이 사람이 부모의 역할을 대신해 줄 수 있고, 조언자나 존경하는 사람이 될 수도 있을 것이다.

자기 손자와 손녀들에게 큰 관심을 보여 주는 조부모들은 이 세상에서 가장 소중한 사람들이다. 이들은 훌륭한 사회적 거울이 될 수 있다. 우리 어머님이 바로 그런 분이다. 80대 후반인 그녀는 아직도 모든 자손들에게 깊은 개인적 관심을 갖고 사랑의 편지를 쓴다. 나는 며칠 전 비행기에서 눈물을 닦으며 그녀의 편지를 읽었다. 내가 오늘 저녁 그녀에게 전화하면 "스티븐, 나는 너를 정말 사랑하고, 네가 대단히 훌륭한 아들임을 자랑스럽게 생각한다."라고 말할 것임을 알고 있다. 그녀는 항상 자신감을 심어주고 확신시켜 준다.

강력한 대가족은 아마 가장 유익하고, 보람있고, 만족스러운 상호의존관계 중 하나일 것이며, 많은 사람들이 이러한 관계의 중요성을 인식하고 있다. 몇년 전 영화 "뿌리"(Roots)를 보면서 느낀 황홀감을 생각해 보라. 우리 모두는 뿌리가 있으며, 이 뿌리를 찾아 조상들의 발자취를 규명해낼 수 있는 능력을 가지고 있다.

이를 위한 가장 고귀하고 훌륭한 동기는 우리 자신만이 아니라 우리 자손, 나아가 모든 인류의 후손들을 위한 것이다. "우리는 자손들에게 두가지 영구적인 유산을 남길 수 있다. 하나는 뿌리이고, 다른 하나는 삶의 수단인 날개이다."라고 누군가 말했다.

변환자가 되는 것

나는 많은 것 중에서도 "날개"라는 삶의 수단을 받은 의미는 우리가 물려받은 부정적인 각본을 초월할 수 있는 자유를 부여받은 것이라고 생각한다. 즉, 내 친구인 테리 와너* 박사가 "변환자"(transition person)라고 부르는 사람이 되는 것이다. 물려받은 각본들은 다음 세대에 그대로 전해주는 것이 아니다. 오히려 이 각본들을 바꿀 수 있고, 또 이 과정에서 좋은 인간관계를 구축하는 그런 방식으로 바꾸는 것이다.

당신이 어렸을 때 부모에게 학대를 받았다고해서 자기아이들에게도 그와 똑같이 대하라는 것이 아니다. 그런데 많은 조사 결과에 의하면 상당수가 자기 부모가 했던 각본대로 행동한다. 당신은 주도적이기 때문에

---

* 역자 주 : Terry C. Warner, 미국 BYU 철학교수.

이 각본을 고쳐 쓸 수 있다. 당신은 아이들을 학대하지 않을 뿐만 아니라, 이들을 지지해 주고, 이들에게 긍정적인 각본을 보여 줄 수 있다.

당신은 이 각본을 자기 사명선언서에 쓸 수 있고, 당신의 마음과 가슴속에 새겨 넣을 수 있다. 당신은 또 이 사명선언과 일치되게 생활하면서 "매일의 개인적인 승리"의 삶을 상상해 볼 수 있다. 당신은 학대한 부모를 사랑하고 용서할 수 있으며, 이들이 아직도 생존해 있다면, 이들을 이해하려고 노력함으로써 좋은 인간관계를 구축할 수 있다.

수많은 세대를 거치면서 가족에게 대물림으로 내려온 버릇이 당신 세대에서 고쳐질 수 있다. 당신은 과거와 미래를 연결시켜 주는 변환자이며, 당신으로 인해 수많은 후손들이 좋은 영향을 받을 수 있다.

20세기의 훌륭한 변환자들 중 한 사람인 안와르 사다트는 변환의 본질에 관해 충분히 이해할 수 있는 좋은 예를 유산으로 남겨 주었다. 그는 아랍과 이스라엘 사이를 가로막고 있는 의심, 두려움, 증오감, 오해라는 높은 벽의 과거와 충돌의 증가와 고립을 피할 수 없게 될 미래 사이에 서 있었다. 협상을 위한 온갖 노력은 모든 면에서, 심지어 의전과 절차상의 문제, 협정 초안에 쉼표냐 마침표냐 등의 사소한 것들까지 반대에 부딪치고 있었다.

다른 사람들이 나뭇잎을 쳐내는 방식으로 그 심각한 상황을 해결해 보려고 할 때, 사다트는 과거 외로운 감방에서 정신을 집중시켰던 경험을 되살려 문제의 뿌리에 노력을 집중하였다. 이렇게 하여 그는 역사를 바꾸어 놓았고 수백만 명을 구원하였다.

그는 자서전에 다음과 같이 썼다.

"그때 나는 거의 무의식적으로 카이로 중앙감옥 54호실에서 개발시킨 내면의 역량을 끌어내었다. 이 변화를 위한 역량은 재능이랄 수도 있고, 능력이라 할 수도 있다. 나는 대단히 복잡한 상황에 직면하고 있음을 깨달았고, 심리적이고, 지적인 능력을 갖추지 않는 한 이 상황을 타개할 수 없음도 파악하였다. 내가 그 폐쇄된 감방에서 인간성과 삶에 관해 깊이 생각하면서 깨달은 것은 자기 사고의 바탕을 바꿀 수 없는 사람은 현실문제도 바꿀 수 없으며, 결국 아무런 진보도 해낼 수 없다는 것이었다."

참된 변화는 내면에서부터 시작되어야 한다. 나뭇잎을 쳐내는 것과 같은 응급처치식의 성격 윤리적 기법을 가지고는 태도와 행동을 바꿀 수 없다. 이것은 뿌리, 즉 사고의 바탕이자, 기본인 패러다임을 바꿈으로써만 가능하다. 이 패러다임이 우리의 성품을 결정해 주고, 우리가 세상을 보는 관점의 렌즈를 창조해 준다. 아밀* 이 말했다.

"도덕적 진리는 마음속에 품을 수도 있고, 감정적으로 느낄 수도 있으며, 또한 따르겠다고 결심할 수도 있다. 그러나 이러한 의식적인 방식으로 스며들고 품어진 도덕적 진리는 우리로부터 쉽게 빠져 나갈 수 있다. 우리가 이것을 마음 속에 의식하는 것보다 훨씬 더 깊이 간직할 수 있는 방법은 우리의 원료인 본성 자체가 이것으로 되는 것이다. 우리의 본성 자체가 된 도덕적 진리만이 자발적이 되고, 임의적이 되고, 자진해서 하고, 무의식적으로 하게 되어 진정한 우리의 삶이 된다.
말하자면 우리가 이 진리를 소유하는 것이 아니고 그 자체가 되는 것이다. 우리와 이 진리 사이에 있는 공간의 존재를 식별할 수 있다면, 우리가 이 진리 자체가 되지 않은 것이다. 사고, 느낌, 욕구, 삶에 관한 의식은 삶 자체가 아니다. 삶의 목표는 성스럽게 되는 것이다. 그때 이 진리는 우리와 일체가 되어 상실될 수 없을 것이다. 이것은 우리 밖에 있지 않고, 어떤 면에서는 우리 속에도 있지 않으며, 곧 우리 자체인 것이다."

일치성, 즉 우리가 사랑하는 가족, 친구, 직장동료들과 화합하는 것은 7가지 습관으로 얻을 수 있는 가장 고귀하고 훌륭하고, 가치 있는 열매이다. 우리들 대부분은 진정으로 화합했을 때의 기쁨을 가끔 맛본 적이 있

---

* 역자 주 : Henri F. Amiel(1821~1881), 스위스 출신의 문필가, 철학교수.

을 것이다. 또한 분열의 쓰라리고 외로운 경험도 맛보았을 것이다. 나아가 우리들은 화합하는 것이 대단히 소중하지만 무너지기 쉽다는 것도 알고 있다.

확실한 것은 이러한 화합을 가능케 해 주는 완벽한 언행일치의 성품을 갖추고 사랑과 봉사의 생활을 한다는 것은 쉽지도 않고 응급처치식으로 해낼 수도 없다.

하지만 불가능한 것은 아니다. 이것은 우리의 생활 중심을 올바른 원칙에 두고, 다른 생활 중심들에 의해 만들어진 패러다임과 가치 없는 습관들의 안락함으로부터 헤어나겠다는 결의로부터 시작된다.

이렇게 하는 과정에서 우리는 실수를 저지르기도 하고 거북스럽게 느낄 수도 있다. 그러나 우리가 내면에서부터 시작하여 매일의 개인적인 승리를 해나간다면, 좋은 결과가 확실하게 나타날 것이다. 우리가 씨를 뿌리고, 끈기 있게 잡초를 제거해 가며 가꾸어 줄 때, 진정한 성장의 기쁨을 맛보게 되고, 결국 아주 소중하고 효과적이며 조화스러운 삶의 열매를 얻게 된다.

다시 에머슨의 말을 인용하자. "우리가 끈기 있게 노력할 때 일이 더욱 쉬워지는 것은 일의 성격이 변화해서 그런 것이 아니고, 우리의 능력이 개선되었기 때문이다."

우리가 삶의 중심을 올바른 원칙에 두고, 수행과 수행능력의 개선 사이에 균형을 잡아 줄 때, 우리는 효과적이고, 유용하고, 평온한 삶을 영위하는 능력을 부여받게 된다. 우리 자신들뿐만 아니라 우리 후손들을 위하여.

필자의 개인적인 메모

이 책을 끝내면서 나는 개인적으로 올바른 원칙이라고 생각하는 바에 대해 사견을 말해 주고 싶다. 나는 올바른 법칙들은 자연법칙이라고 믿는다. 또 이 원칙들과 양심의 원천은 우주의 창조주인 하느님이라고 믿는다. 나는 우리들이 양심을 따르며 사는 만큼 자신의 좋은 천성에 따라 살수 있도록 성숙될 수 있을 것이며, 따르지 않는 만큼 동물세계의 범주를 벗어나지 못할 것이라고 생각한다.

나는 법이나 교육으로 성취할 수 없는 부분적인 인간성이 있다고 생각하며, 이것들은 하느님의 힘을 필요로 한다고 믿는다. 또 인간인 우리들은 자신을 스스로 완벽하게 할 수 없다고 생각한다. 우리의 삶이 올바른 원칙들에 일치되게 사는 정도에 따라 신성한 천부의 능력들이 우리의 본성으로부터 나오게 되고, 인간으로 창조된 본연의 소임을 실현할 수 있게 된다. 테야르 드 샤르댕* 이 말한 것처럼 "우리는 신성하게 행동하는 인간이 아니고, 인간적으로 행동하는 신성한 존재이다."

나는 개인적으로 이 책에 쓴 모든 내용에 따라 살기 위해 많은 애를 쓰고 있다. 이 노력은 가치 있고, 성취감을 주며, 나의 삶에 의미를 부여해준다. 또 내가 사랑하고, 봉사하며, 다시 노력하도록 해 준다.

---

* 역자 주 : Teilhard De Chardin (1881~1955), 프랑스의 고생물학자, 탐험가.

내 자신의 자기 발견과 신념을 훌륭하게 표현해 준 엘리엇의 말을 다시 인용한다. "탐구를 중단해서는 안 된다. 모든 탐구의 목적은 우리가 시작했던 곳에 도달하는 것이며, 또 바로 그 장소를 처음으로 아는 데 있다."

부록

부록1: 여러 가지 생활 중심에서 나올 수 있는 지각의 형태

생활 중심이	당신이 아래의 사항들을 보는 사고방식				
	배우자	가족	금전	일	소유(재산, 명예)
배우자 중심일 때	• 자기의 필요를 만족시켜 주는 주요 원천으로 본다.	• 배우자의 역할이 가족 유지를 위해 중요하다. • 배우자보다는 덜 중요하다. • 부부의 공동노력이 필요한 조건이다.	• 배우자를 돌보기 위해 필요한 수단이다.	• 배우자가 원하는 돈을 벌기 위해 필요하다.	• 배우자를 존중하고, 감동시키고, 행복하게 해 주는 수단이다.
가족 중심일 때	• 배우자는 가정의 일원이다.	• 가족이 최고로 중요하다.	• 가족을 돌보기 위해 필요하다.	• 가정 생활을 유지하기 위한 주요 수단이다.	• 가족에게 안락함과 기회를 제공해 준다.
금전 중심일 때	• 배우자는 금전을 획득하는 데 자산도 될 수 있고 부담도 될 수 있다.	• 돈의 배출구이다.	• 안정감과 성취감의 원천으로 본다.	• 돈을 벌기 위해 필요하다고 생각한다.	• 금전적인 성공의 증표로 생각한다.
일 중심일 때	• 일하는 데 도움이 될 수 있고, 방해도 될 수 있다.	• 도움도 될 수 있고 일의 중단을 초래할 수도 있다. • 노동 혹은 정신을 가다듬을 수도 있다.	• 2차적으로 중요하다. • 열심히 일한 증표가 된다.	• 성취감과 만족감의 주요 원천이다. • 가장 좋아하는 것이다.	• 작업능률을 높이기 위한 수단이 된다. • 일의 성과와 상징이다.

당신이 아래의 사항들을 모든 사고방식

당신의 생활의 중심이	배우자	가족	금전	일	소유(재산, 명예)
소유(재산, 명예) 중심일 때	• 주요 소유물로 생각한다. • 재산이나 명예를 획득하는 데 도와주는 조력자로 본다.	• 이용하고, 착취하고, 지배하고, 억제하고, 소유할 수 있는 소유물로 본다. 자랑거리로 생각한다.	• 재산 증식을 위한 주요 열쇠이다. • 지배할 수 있는 또 다른 재산이다.	• 지위와 권력과 인정을 받을 수 있는 기회로 본다.	• 지위의 상징으로 생각한다.
쾌락 중심일 때	• 쾌미와 쾌락을 추구하는 동반자 혹은 방해자로 본다.	• 도와주는 수단 혹은 방해자로 본다.	• 쾌락의 기회를 증가시켜 주는 수단이다.	• 쾌락의 목적을 위한 수단이다. • "재미있는" 일은 괜찮다고 생각한다.	• 쾌락의 목적이다. • 더 많은 쾌락을 위한 수단이다.
친구 중심일 때	• 친구나 경쟁자로 생각한다. • 사회적 지위의 상징으로 본다.	• 서로 친구가 되거나 우정으로 발전하는 배경이 된다. • 사회적 지위의 상징이 된다.	• 정체적, 사회적 지위의 원천이다.	• 사귈 수 있는 기회로 본다.	• 우정을 획득하기 위한 수단이다. • 접대와 사교적인 기쁨을 제공하는 수단이다.

당신이 아래의 사항들을 보는 사고방식

당신의 생활 중심이	폐 단	친 구	적	교 회	자 기	원 칙
배우자 중심일 때	• 서로가 좋아하는 단일화된 오락활동을 하거나 중요하게 여기지 않는다.	• 배우자는 가장 좋거나 유일한 친구가 된다. • 부부의 공동친구들만이 친구가 될 수 있다.	• 배우자는 나의 응호자이다. 또 공동의 적을 가진 인연으로 서로 배우자가 된다.	• 함께 참여하고 활동을 즐긴다. • 부부관계가 더 중요하다.	• 자기 가치의식이 배우자의 의견에 달려 있다. • 배우자의 태도와 행동에 크게 영향을 받는다.	• 부부관계를 만들고 유지하는 근본 아이디어이다.
가족 중심일 때	• 가족적인 오락을 즐기거나 비교적 중요하게 여기지 않는다.	• 온 가족의 친구가 되든지 아니면 정상배가 된다. • 가정생활에 위협이 됨이 된다.	• 가족에 의해 결정된다. • 가족의 역량과 단결의 원인이 된다. • 가족의 역량에 대한 위협요소가 될 수 있다.	• 도움의 원천이 된다.	• 가족이 중요한 구성원을 묘사는 가족이 더 중요하다.	• 가족을 단합시키고 강하게 만드는 규범이다. • 가족이 더 중요하다.
금전 중심일 때	• 경제적 낭비이가나 구멍의 원인이 된다.	• 경제적인 지위나 영향력을 보고 선택한다.	• 경제적인 정생자로 본다. • 경제적인 안정에 위협적인 요소가 된다.	• 헌금을 세금공제 한다. • 금전이 헌금으로 나가게 된다.	• 자기 가치의식이 소유하는 금전에 의해 결정된다.	• 돈을 벌고 관리하는 데 유용한 수단이다.
일 중심일 때	• 시간 낭비로 본다. • 일하는 데 방해가 된다.	• 직장이나 공동관심 사에 의해 사귄다. • 기본적으로 친구가 필요없다.	• 일의 생산성에 방해가 되는 자들이다.	• 회사 이미지에 중요 하다고 생각한다. • 시간적인 부담이 된다.	• 일하는 역할에 따라 자기가치가 결정된다.	• 일을 성공적으로 수행할 수 있는 아이디어가 된다. • 근무환경에 부합 함

부록1 / 453

당신이 아래의 사항들을 보는 사고방식

당신의 생활 중심이	쾌락	친구	적	교회	자기	원칙
소유 중심일 때	• 구매하고, 쇼핑하고, 물건에 가입한다.	• 개인 소유물로 본다. • 이용가치가 있다고 본다.	• 약탈자, 도적들이다. • 더많은 소유물과 명예를 가진 사람들이다.	• 직접적인 접촉의 기회로 본다.	• 소유한 것에 따라 자기가치가 결정된다. • 사회적 신분이나 명예에 따라 자기 가치가 결정된다.	• 시킬 필요가 있는 것으로 본다. • 소유물을 획득하고 증가시키는 착상으로 본다.
쾌락 중심일 때	• 인생의 최대 목표이다. • 만족감의 주요 원천이다.	• 쾌락 추구의 동반자이다.	• 인생을 너무 심각하게 보는 사람들이다. • 쾌락을 느끼게 하거나 쾌락의 기회를 과소시키는 사람들이다.	• 즐기는 데 불필요하게 하고 쾌락 방해가 된 것이다. • 쾌락을 느끼게 한다.	• 쾌락을 취하는 도구이다.	• 만족시켜야 하는 충동이요 본능이라고 생각한다.
친구 중심일 때	• 항상 친구와 함께 즐긴다. • 주로 사교활동으로 얻는다.	• 개인적인 행복을 위해 대단히 중요하다. • 소속감을 갖고 한 편받으며, 인기있는 것이 중요하다.	• 사교집에 속하지 않는 사람들이다. • 공동의 적은 단합을 시켜주고 우정을 가능하게 해 준다.	• 사교 모임의 장소이다.	• 친구들과의 사교로 자기 가치가 결정된다. • 창피당함이나 배척을 두려워 한다.	• 다른 사람들과 원만하게 지낼 수 있게 해 주는 기본 법칙이다.

당신이 아래의 사항들을 보는 사고방식

당신의 생활의 중심이	배우자	가족	금전	일	소유(재산, 명예)
적 중심일 때	• 자기의 동조자나 희생양으로 본다.	• 피난처(감정적 지주)나 희생양으로 본다.	• 싸워 이기거나 우월감을 증명하는 수단으로 본다.	• 감정을 풀기 위한 탈출구가 되고 기회가 된다.	• 싸움에 이길 수 있는 도구로 본다. • 동지를 확보하는 수단으로 본다. • 현실도피처, 피난처로 본다.
교회 중심일 때	• 교회에 나가는 동반자나 교회봉사를 위한 조력자로 보고, 신앙에 대한 시험으로 생각한다.	• 교회의 가르침을 충실하게 따르는 모범집단으로 보고, 신앙에 대한 시험으로 생각한다.	• 교회를 돕고 가족을 부양하는 수단으로 본다. • 교회봉사나 가르침보다 금전을 더 중요하게 생각하는 것을 죄악시 한다.	• 세속적인 생활을 유지하기 위한 수단으로 본다.	• 별로 중요하지 않은 세속적인 것으로 본다. • 좋은 평판이나 이미지를 가져 있게 생각한다.
자기 중심일 때	• 소유물로 본다. • 만족하게 해 주고 즐겁게 해 주는 사람으로 본다.	• 소유물로 본다. • 자기 필요를 만족시켜 주는 집단으로 본다.	• 자기 필요를 만족시켜 주는 원천으로 본다.	• 자기 자신을 위하고, 자기 방식 대로 하기 위한 기회로 본다.	• 자기 규정, 자기 보호, 자기 강화를 위한 원천이다.

당신이 아래의 사항들을 보는 사고방식

당신의 생활 중심이	배우자	가족	금전	일	소유(재산, 명예)
원자 중심일 때	• 서로 이익이 되는 상호 의존적 부부관계의 평등한 동반자이다.	• 친구들로 본다. • 봉사하고 기여하며 자기 성취를 하는 장소로 본다. • 매물림 받은 가보을 바꾸고 변화시키는 장소로 본다.	• 인생에서 참으로 소중한 것들과 여러 가지 목표를 달성할 수 있게 하는 자원으로 본다.	• 재능과 능력을 뜻있게 사용할 수 있는 기회로 본다. • 경제 능력을 갖기 위한 수단으로 본다. • 다른 것에 투입하는 시간과 균형을 이루고, 인생 목표와 가치관에 부합되는 의무적 활동으로 본다.	• 사용할 수 있는 가용 자원으로 본다. • 잘 관리할 의무가 있다고 본다. • 사람보다 덜 중요하게 생각한다.

당신이 생활의 중심이	쾌 락	친 구	적	교 회	자 기	원 칙
적 중심일 때	•마음에 쌓을 때까지의 휴식시간으로 간주한다.	•정신적인 지주 및 동조자로 본다. •공동의 적을 가질 때 친구가 될 수 있다.	•중요의 대상이다. •자기 개인문제의 원인이다. •자기 보호와 자기 정당화를 위한 자구의 된다.	•자기 정당화를 시켜 주는 장소이다.	•피해받고 있다고 본다. •적 때문에 마음대로 활동할 수 없다고 생각한다.	•적으로 분류시킴을 정당화시켜 주는 것이다. •적의 나쁜 짓을 편 명해 주는 척도이다.
교회 중심일 때	•다른 교인들과 함께 "순수" 오락을 즐길 수 있는 기회를 제공해 준다. •모든 다른 오락들을 좋아서하고, 시간낭비로 생각하며, 독선적으로 거부한다.	•다른 교인들을 친구로 간주한다.	•비교인들이나 교리에 동의하지 않거나 이해 느리거나 모질적으로 생각바대로 생활하는 사람들을 적으로 본다.	•가장 훌륭한 인생 지침이다.	•자기 가치가 교회에서의 활동이나 교회 기여도 모든 교회의 가르침을 행동으로 실천하는 정도에 따라 결정된다.	•교회가 가르치는 교리이다. •교회가 더 중요하다.
자기 중심일 때	•감각적인 만족감을 필요로 한다. •나의 권리이다. •내가 필요한 것이다.	•나를 위한 지지자이고 조력자이다.	•자기 구정과 자기 정당화의 원인이다.	•자기 이익에 도움이 되는 도구이다.	•더 잘 났고, 더 영리하고, 항상 옳다. •모든 가용자원을 자기 만족을 달성하기 위해 집중시키는 것이 정당하다고 생각한다.	•나를 정당화시켜 주는 근거가 된다. •나의 이익 추구에 도움이 되고, 나의 필요에 부합되는 아이디어들이다.

당신이 아래의 사항들을 보는 사고방식

당신이 아래의 사항들을 보는 사고방식

당신의 생활의 중심이	쾌락	친구	적	교회	자기	원직
원직 중심일 때	• 거의 모든 뜻있는 삶의 활동으로부터 기쁨을 맛볼 수 있다. • 균형되고 통합된 생활방식의 중요한 한 부분이며, 진정한 재창조를 위한 요람이다.	• 상호의존적인 삶의 동반자이다. • 희노애락을 나누고, 서로 돕고 지혜해 주는 막역한 지기이다.	• 실제로 마음속으로 생각하는 적은 없으며, 서로의 패러다임이 다르고 사고방식의 차이가 있기 때문에 이해해 주고 염려해 주어야 할 대상으로 본다.	• 원직 중심의 생활을 위한 도구로 본다. • 봉사하고 기여할 수 있는 기회의 제공처로 본다.	• 독립적이고 상호의존적으로 협조하는 수많은 제도 있고 창의적인 사람들 가운데 한 사람의 개인으로서 큰 일을 성취할 수 있다.	• 불변이고 인과응보의 자연법칙이다. • 존중하고 따르면 서 살 때 인간 본연의 모습을 보전하게 되고 참된 성장과 행복을 얻을 수 있다.

부록 2 : 제2상한의 사무실 일정 계획

다음의 연습문제와 분석은 사업관계 업무에 있어 제2상한의 패러다임을 실용적으로 적용했을 때 미치는 영향력을 볼 수 있게 한 것이다.

당신이 주요 제약회사의 영업담당 이사라고 가정하자. 당신은 사무실에서 일상의 업무를 막 시작하려고 하면서 이 날 해야 될 일들을 점검하고 대략의 소요시간을 예측해 본다.

당신이 이날 중으로 해야 될 일은 다음과 같다.

1. 전무와 점심을 하고 싶음(1~1 시간 30분)
2. 내년 미디어 광고비 예산을 책정하라는 부탁을 어제 받았음(2~3일)
3. 미결함의 서류들이 기결함으로 넘치고 있음(1~1 시간 30분)
4. 지난 달 판매 실적에 관해 판매부장과 회의할 것. 그의 사무실은 복도 끝에 있음(4시간)
5. 비서가 긴급하다고 말한 몇 가지 서신 및 메모 처리(1시간)
6. 책상에 쌓인 의학 잡지를 훑어 볼 것(30분)
7. 다음 달로 계획된 판매회의를 위한 보고서 준비(2시간)
8. 제품 "X"의 최근 생산품이 품질검사에 불합격되었다는 소문의 확인
9. FDA(미국 식품의약품국)의 어떤 사람이 제품 "X"에 관해 전화해 주기를 원함(30 분)

10. 오후 2시에 이사회 회의가 있음. 회의 의제 미확인(1시간)

오전 8시~오후 5시 일정계획표

시간
8
9
10
11
12
1
2
3
4
5

자, 이제 잠시 동안 습관 1, 2, 3을 통해 배운 것을 활용하여 당신의 일정계획을 효과적으로 작성해 보자.

당신에게 단지 하루만 계획하도록 함으로써 제4세대 시간관리에 있어 중요한 주간계획의 광범위한 상황은 저절로 배제되었다. 그러나 당신은 단 9시간 동안의 활동계획으로 제2상한의 원칙 중심 패러다임의 위력을 깨달을 수 있을 것이다.

위의 리스트에 있는 대부분의 항목들이 제1상한의 활동임을 짐작할 수 있을 것이다. 의학잡지를 훑어보는 6번 항목만 제외하고 다른 것들은 모두 긴급하고 중요한 활동들이다.

만일 당신이 가치와 목표에 입각해서 우선 순위를 정하는 제3세대의 시간관리 방법을 사용하고 있다면, 아마 이 방법을 위해 개발된 양식에 A, B, C 등의 알파벳을 각 항목들 옆에 쓰고, 1, 2, 3 등의 숫자를 알파벳 바로 밑에 기재할 것이다. 또, 당신은 관련된 사람이 시간이 있는지의 유무, 점심을 하기 위해 소요될 적정 시간 등과 같은 요소들도 고려한 다음에 하루의 일정계획을 짤 것이다.

제3세대 시간 관리자들에게 연습문제를 주었을 때, 대부분은 내가 기술한 것과 똑같은 방법으로 하였다. 이들은 먼저 언제 무엇을 할 것인지를 계획한 다음, 사전에 설정되고, 명백하게 파악된 가정에 준하여, 대부분의 항목들을 하루에 다 수행하든지 아니면 적어도 시작이라도 해 놓고 다음날이나 다른 때로 미루었다.

예를 들자면 이들의 대부분은 아침 8시와 9시 사이의 시간에 이사회 회의의 안건이 무엇인지를 정확히 파악하여 준비하고, 정오 무렵에는 전무와 점심을 할 수 있도록 약속하며, FDA에 전화를 해 준다. 이들은 보통 그 다음 한두 시간을 판매부장과 이야기하고, 중요하고 긴급한 메모나 서신들을 처리하며, 제품 "X"의 최근 생산품이 품질검사에 불합격되었다는 소문의 진상을 파악해 본다. 그 나머지 오전시간은 전무와 점심때 할 얘기들을 위한 준비, 오후 2시의 이사회 회의를 위한 준비, 제품 "X"와 지난 달의 판매실적에 관해 아직 파악되지 않는 문제들의 처리 등에 쓴다.

점심 후에는 보통 오전에 끝내지 못한 문제들에 시간을 보내고, 다른 대단히 긴급하고 중요한 서신이나 메모를 끝내려고 노력하며, 넘쳐 흐르고 있는 미결함 처리를 약간 진척시켜 놓고, 그때까지 발생한 중요하고 긴급한 다른 일들을 처리한다.

대부분의 경우 내년도 미디어 광고비 예산을 책정하기 위한 준비와 내달의 판매회의를 제1 상한의 활동이 많지 않는 다른 날로 미룰 수 있다고 생각할 것이다. 이 두 가지 항목은 장시간의 생각과 계획이 필요하기 때문에 분명히 제2 상한의 활동이다. 의학잡지의 처리도 제2 상한의 활동이지만, 다른 제2 상한의 활동보다 덜 중요하기 때문에 계속해서 미루어 둔다.

제3 세대의 시간관리자들은 언제 무엇을 하는가에 대해 약간씩 다르겠지만, 일반적으로 비슷한 식의 생각을 하게 된다.

당신은 이 항목들을 계획할 때 과연 어떻게 접근하였는가? 제3세대의 방식이었는가? 혹은 제2 상한을 이용한 제4 세대의 방식이었는가?(앞에 나와 있는 시간관리 매트릭스를 참고할 것)

제2 상한의 방식

이제 제2상한의 방식으로 위의 항목들을 생각해 보자. 제2상한의 패러 다임과 모순되지 않고, 이 사고방식을 구체적으로 표현해 주는 여러 가지 다른 시나리오가 있을 수 있지만 여기서는 한 가지만 고려하기로 하자.

당신은 제2 상한을 활용하는 시간관리자로서 대부분의 생산(P)활동은 제1상한에 있고, 생산능력(PC) 활동은 제2 상한에 있음을 곧 알 수 있을 것이다. 또한 제1 상한의 활동들을 쉽게 관리하기 위해서는 제2 상한에 관심을 집중하는 것, 즉 주로 예방하고, 좋은 기회를 포착하며, 제3 상한 과 제4 상한의 활동들을 삼가는 용기를 가지는 것이 최선의 방법임도 알고 있을 것이다.

• 오후 2시 이사회 회의

회의 안건이 오후 2시 이사회 회의에 참석하는 중역들에게 전달되지 않았고, 회의에 참석할 때까지 알 수 없다고 가정하자. 이는 흔히 있는 일 로 사람들은 사전 준비 없이 회의에 참석하게 되고, 깊은 생각 없이 발언 하게 마련이다. 이런 회의는 중요하고 긴급하지만, 보통 조직적이지 못하 고, 대개의 경우 참석자들이 거의 잘 파악하지 못한 제1 상한의 활동들을 주로 다루게 된다. 이는 일반적으로 시간만 낭비하게 되며, 대개의 경우 회의를 소집한 중역의 자기만족을 위한 행동에 불과하다.

또 이런 대부분의 회의에서 제2 상한의 항목들은 보통 "기타 사항"으 로 분류되어, 파킨슨* 법칙, 즉 "작업시간은 완성하기 위하여 할당된 시간에 따라 증가된다."에 따라 기타사항까지 얘기할 시간이 없는 경우가 대부분이다. 행여 시간이 있더라도 참석자들은 제1 상한의 일로 피곤하고 지쳐서, 기타 사항까지 다룰 수 있는 에너지가 거의 없게 된다.

당신이 제2 상한의 방식을 적용하기 위해서는 먼저 회의 안건에 당신의 발표시간을 집어넣고, 어떻게 하면 이사회 회의를 최대한으로 활용하고 가치 있게 할 수 있는가에 관한 발표를 함으로써 이 방식에 대한 활동을 시작할 수 있다.

당신의 발표시간이 몇 분으로 제한되더라도, 아침 1~2시간 동안 이 회의에 발표할 것을 준비하여 일단 참석자들의 관심을 끌게 되면, 다음 회의에서 더 길고 자세한 발표를 할 수 있을 것이다. 발표의 내용은 회의할 때마다 구체적인 목적을 분명히 하는 것의 중요성과 각 참석자들이 토론에 적극 참여할 수 있는 기회를 주기 위하여 회의 안건을 주도면밀하게 결정해야 함에 맞추어질 수 있을 것이다.

최종적인 안건의 결정은 이사회 회의를 주재하는 회장이 해야하며, 일반적으로 보다 기계적인 사고가 필요한 제1 상한의 문제들보다는 창의적인 사고가 필요한 제2 상한의 문제들에 우선적인 중점을 두어야 할 것이다.

또 당신의 발표 내용에는 확인 날짜와 책임 소재를 분명히 밝혀주는 회의록을 회의가 끝난 후 즉시 보내주는 문제도 포함시켜야 할 것이다. 이러한 임무들에 대한 결과보고를 다음 회의의 안건에 포함시켜서 당사자가 보고 준비를 위한 충분한 시간을 가질 수 있도록 미리 보내 주어야 한다.

이것은 한 가지 항목—오후 2시 이사회 회의—을 제2 상한의 사고방식으로 검토했을 때의 결과이다. 이렇게 하자면 고도의 주도성이 필요하고

---

* 역자 주 : Northcote C. Parkinson(1909~), 영국 사학자, 작가.

제3세대의 시간관리에서 하는 것처럼, 이 항목들을 일단 계획표에 넣어야 한다는 관행에 도전할 수 있는 용기도 있어야 한다. 또 이사회 회의 중에 종종 감도는 위기감의 심각한 분위기를 피해서 해야 한다는 점도 명심해야 한다. 리스트에 있는 거의 모든 항목들은 이와 같은 제2상한의 사고방식으로 접근할 수 있지만, FDA에 전화하는 항목은 예외일 수 있다.

• FDA에 전화

FDA와 얼마나 가까운 관계이며 누구냐에 따라, 당신은 아침에 전화해서 필요한 사항을 적절히 처리할 수 있다. 이 통화를 다른 사람에게 시키기는 어려울 것이다. 왜냐하면 제1상한의 조직문화를 갖고 있을지도 모르는 다른 조직체가 관련되어 있거나, 전화한 사람이 당신 자신과 통화하고 싶어할지 모르기 때문이다.

당신이 회사의 중진 이사로서 자기 회사의 조직문화를 바꾸기 위하여 직접적인 영향력을 행사할 수는 있어도, 당신이 가진 영향력의 원은 FDA의 조직문화를 바꿀 만큼 충분하게 크지 못하므로 그냥 전화만 하면 된다.

만일 통화 결과로 파악한 문제의 성격이 고질적이고 상습적인 것이라면, 앞으로 이런 문제가 일어나지 않도록 예방하기 위하여 제2상한의 사고방식으로 접근할 수도 있다. 이것 역시 대단한 주도성이 필요하지만, FDA와의 관계를 좋게 할 수 있고, 이런 문제들을 사전에 예방할 수 있는 좋은 기회가 될 수 있다.

• 전무와의 점심

당신은 전무와의 점심시간을 제2상한 문제들을 상당히 자연스러운 분위기에서 이야기할 수 있는 좋은 기회로 삼을 수 있다. 이 역시 아침에 30~60분을 써서 적절하게 준비하든지, 그냥 아무 계획 없이 부담 없는 사교의 시간으로 삼아 전무의 이야기를 경청하면 될 것이다. 어떤 경우든 당신이 전무와 가까운 관계를 구축할 수 있는 좋은 기회가 될 것이다.

• 미디어 광고 예산 책정

2번 항목에 관하여 당신은 미디어 광고를 관장하는 2~3명의 참모들을 불러 "완전한 참모작업 보고"(당신이 서명만 하면 완전하게 되는) 형태로 건의를 제출해 주거나, 아니면 잘 검토된 2~3가지의 선택대안과 각 대안의 문제점들을 기술한 약식 보고서를 만들어 오도록 부탁할 수 있다. 이를 위해 기대성과, 실행지침, 가용자원, 성과확인, 상벌결과를 설명해 주는 데는 한 시간 정도가 걸릴 것이다.

하지만 이 한 시간의 투자로 당신과 다른 시각을 가지고 있을 참모들의 깊은 생각과 좋은 아이디어를 활용할 수 있을 것이다. 만일 당신이 지금까지 이러한 접근방식을 취하지 않았다면, 더 많은 시간을 할애하여 "완전한 참모 작업보고"에 대해 설명해 주고, 이 새로운 접근법을 어떻게 사용하며, 서로의 차이점을 어떻게 시너지적으로 활용하고, 선택할 수 있는 대안들이 무엇이며, 이 대안들의 문제점들이 무엇인지를 가르쳐 줌으로써 참모들에게 이 방법을 훈련시킬 수 있다.

• 미결함과 서류 처리

미결함에 있는 서류들이나, 서신, 메모들을 손수 처리하는 것보다 30~60분의 시간을 들여 비서를 훈련시킨다. 당신의 비서는 점차 5번 항목에 있는 미결함 서류처리는 물론 메모나 서신들까지도 처리할 수 있을 것이다. 이 훈련 프로그램에 대여섯 주나 수개월이 걸릴지라도, 당신의 비서나 조수가 방법 위주로 일하기보다 성과 위주로 일할 수 있을 때까지 계속해서 시행한다.

당신의 비서는 미결함의 모든 서류와 서신, 메모들을 조사하고, 분석한 다음, 자기가 할 수 있는 모든 것을 처리하도록 훈련받을 수 있다. 자기가 자신 있게 해결할 수 없는 것은 조심해서 정리하고, 우선 순위를 정하고, 자기 의견이나 코멘트를 덧붙여 당신에게 가져오게 한다. 이렇게 함으로써 몇 달 안에 당신의 비서나 조수가 미결함의 서류, 서신, 메모의 80~90 퍼센트를 해결할 수 있을 것이고, 대부분의 경우 당신이 직접 하는 것보다 훨씬 더 좋은 결과를 얻을 수 있을 것이다. 당신의 정신을 제1 상한의 사소한 문제들에 쏟는 것보다 제2 상한의 가능성에 활용할 수 있기 때문이다.

• 판매부장과 지난 달의 판매실적

4번 항목을 제2 상한의 사고방식으로 접근하자면, 당신과 판매부장 사이의 인간관계와 판매목표에 대한 협약이 제2 상한의 방식을 따르고 있는지 깊이 생각해 보아야 될 것이다.

이 연습문제는 판매부장과 만나는 이유를 상술하지 않았지만, 제1 상한의 문제 때문이라고 가정한다면, 당신은 제2 상한의 방식을 채택하여 이 문제의 만성적이고 고질적인 근원을 해결하기 위해 일에 착수함과 동시에 당장에 필요한 것은 제1 상한의 방식으로 처리할 수 있을 것이다.

가능하다면 당신의 비서를 훈련시켜 이런 문제를 처리하게 하고, 당신이 개입해야 될 것만 알려 주도록 할 수도 있다. 이렇게 하려면 당신은 판매부장이나 다른 부하들에게 필요한 제2 상한의 활동을 해줌으로써, 이들로 하여금 당신의 주임무는 리더역할이지 관리자 역할이 아니라는 것을 이해시켜야 할 것이다. 그렇게 되면 이들은 당신과 직접 문제를 해결하는 것보다 당신의 비서와 상의해서 하는 것이 더 효과적임을 이해하기 시작할 것이고, 당신은 이 시간을 제2 상한의 리더십 활동에 사용할 수 있다.

만일 당신의 판매부장이 당신의 비서와 상의하는 것을 불쾌하게 생각

하면, 판매부장과 좋은 관계를 구축하기 위한 활동을 시작함으로써 결국
에는 그도 제2 상한의 접근방식이 모두에게 더욱 유익함을 믿게 될 것이
다.

• 의학잡지 읽기

의학잡지를 읽는 것은 미루고 싶은 제2 상한의 활동이다. 그러나 장기
적인 안목에서 전문분야에 유능하고 자신을 갖기 위해 이러한 잡지를 읽
어야 한다. 그래서 당신은 이 잡지 문제를 참모회의 안건으로 채택하여
각자가 여러 의학잡지를 읽는 제도적 장치를 만들자고 제안할 수 있다.

참모들이 각자 다른 잡지를 읽고, 배운 것을 요약하여 다음 참모회의
때 다른 사람에게 말해 줄 수 있을 것이다. 또 이들은 모두가 읽어보고 이
해해야 될 주요 논문이나 기사를 복사하여, 다른 사람들에게 나누어 줄
수도 있을 것이다.

• 다음 달 판매회의를 위한 준비

7번 항목에 관한 제2 상한의 접근법은 당신의 부하들로 구성된 작은
팀을 하나 만들어 이들에게 판매 사원들의 필요와 욕구에 대해 철저하게
분석을 하도록 한다. 당신은 이들에게 일주일이나 10일 이내의 특정 날
짜까지 완전한 참모 작업보고에 의해 건의하도록 함으로써, 당신이 충분
한 시간을 가지고 조정할 수 있고 활용할 수 있게 만든다.

이 작업은 판매사원들을 일일이 인터뷰하여 그들의 관심과 욕구를 파
악하고, 몇몇 판매팀을 견본으로 조사해야 할 것이다. 이렇게 해야 판매
회의의 안건이 적합한지를 알 수 있고, 충분한 시간을 가지고 회의안건을
발송함으로써 판매사원들이 준비할 수 있고, 적절한 방식과 적극적인 태
도로 회의에 참여할 수 있다.

판매회의를 당신 혼자서 준비하기보다 이 일을 다른 관점과 다른 종류

의 판매 문제를 가지고 있는 여러 사람들로 구성된 팀에 위임시킬 수도 있을 것이다. 이들이 서로 건설적이고 생산적으로 상호작용 하도록 하여, 최종안을 당신에게 가져오도록 하라.

만일 이들이 전에 이런 종류의 임무수행을 한 적이 없다면, 당신이 이들의 회의에 참석하여 도전해 주고, 훈련시켜 주며 당신이 이 방법을 쓰는 이유와 이들이 무슨 이익을 얻게 될 것인지를 설명해 줄 수도 있을 것이다. 이렇게 함으로써 당신의 부하들은 장기적인 안목으로 생각하게 되고, 완전한 참모작업이나 다른 기대성과에 책임있게 일하며, 상호의존적인 방식으로 생산적인 상호작용을 하고, 정해진 마감시간 안에 양질의 일을 해낼 수 있도록 훈련되기 시작한다.

• 제품 "X"와 품질관리

이제 8번 항목을 살펴보자. 이것은 품질검사에 불합격한 제품 "X"에 관한 것이다. 제2 상한의 접근방식은 먼저 이 문제가 만성적이고 고질적인 면이 있는가를 파악하는 것이다. 만일 그렇다면 당신은 이 일을 다른 사람에게 맡겨서 오랫동안 누적된 이 문제에 관하여 철저하게 분석하도록 하고, 그 시정을 위한 건의사항을 당신에게 제출해 달라고 지시해야 할 것이다. 혹은 이들이 발견한 문제점을 시정하고, 결과만 보고해 달라고 할 수 있을 것이다.

이와 같이 제2 상한의 사무실 일정계획을 따르면, 당신은 대부분의 시간을 위임하고, 훈련시키고, 이사회 회의의 준비를 하고, 전화를 한 통화하고, 생산적인 점심을 하는 등의 성과를 얻게 된다. 이처럼 장기적인 생산능력(PC)을 위한 접근방식을 택함으로써 당신은 아마 몇 주가 아니면 몇 달 사이에 더 이상 제1 상한 위주의 계획을 하지 않게 될 것이다.

당신이 연습을 해 보면서 이 방식이 너무 이상적인 것 같다고 생각할 수도 있다. 또 제2 상한의 시간 관리자들이 중요하고 급한 제1 상한의 활동을 처리하거나 할까라고 의아하게 생각할 수도 있다.

나는 이 연습이 이상적이라는 점을 인정한다. 그러나 이 책은 비효과적인 사람들의 습관에 관한 것이 아니라, 대단히 효과적인 사람들의 습관에 관한 것이다. 대단히 효과적이 된다는 것은 계속 추구해야 할 하나의 이상적인 목표이다.

물론 당신은 제1 상한의 활동에도 시간을 써야 한다. 가장 잘 짜여진 제2 상한의 방식이라도 종종 실현되지 못하기도 한다. 그러나 제1 상한의 활동들을 용이하게 관리할 수 있을 정도로 적게 줄일 수 있다. 이렇게 되면 당신은 더 이상 긴장된 위기상황에 처하지 않게 되고, 당신의 건강과 판단능력이 손상받지 않게 된다.

확실히 이 방식은 대단한 인내와 집착을 요구하고 있다. 또 당신이 지금 당장은 여기에 예로 든 모두나 대부분의 항목들에 제2 상한의 접근방식을 적용시키기 어려울 것이다. 그러나 당신이 이들 중 몇 가지라도 진척할 수 있고, 당신 자신은 물론 다른 사람들에게 제2 상한의 사고방식을 심어줄 수만 있다면, 앞으로의 작업성과에 대단한 약진을 가져올 수 있을 것이다.

나는 가정이나 소규모의 회사에서 이와 같은 업무위임이 불가능함을 거듭 인정한다. 그렇다고 해서 이 사실이 당신의 "영향력의 원"안에서 흥미롭고 생산적인 방법들을 창출해 주는 제2 상한의 사고방식을 배제하지는 않는다. 당신은 제2 상한의 생산성을 활용함으로써 제1 상한의 위기활동들의 규모를 줄일 수 있을 것이다.

옮긴이의 말

이 책은 지난 89년 출간 아래 지금까지 세계 각국에서 30여 개 이상의 언어로 번역되었고, 미국에서 공전의 롱런 베스트 셀러가 되어 4백 50만 부 이상이 판매되었다.

환갑을 막 지난 코비 박사는 BYU(Bringham Young University)의 경영학 교수를 역임하였고, 지금은 세계적인 경영컨설턴트로 맹활약하고 있다. 그는 자신이 가진 이상과 꿈을 실현시키기 위하여 유타 주에 있는 프로브에 400명으로 구성된 코비 리더십 센터(CLC, Covey Leadership Center)를 설립하였다. 이 연구소는 현재 7가지 습관 리더십(7 Habits Leadership) 및 원칙 중심의 리더십(Principle-centered Leadership)으로 대표되는 트레이닝 프로그램을 세계 각처에서 정기적으로 실시할 뿐만 아니라, 그 밖에도 다양한 교육/훈련 프로그램을 제공하고 있다.

CLC는 조직변화, 조직개발, 개인 및 조직의 '질 향상', 가정 및 개인 등에 직접적인 도움을 주는 다양한 컨설팅 활동을 하고 있다. CLC가 제공하는 다양한 프로그램에 참가하는 대상으로는 성인, 부모, 청소년, 목사, 교육자, 조직의 최고경영자, 임원 및 관리자 그리고 공무원 등 그 폭이 엄청나게 넓다.

본서는 우리 사회가 추구하고 있는 변화에 대한 많은 아이디어와 올바른 방향을 제공한다. 이는 잎이나 가지치기보다는 뿌리를 바꾸어 주는 방법으로서, 정치와 제도, 법률로는 불가능한 근본적인 해결책을 제시해 준다. 우리는 통상 변화란 "누군가 해 주는 것"으로 생각하기 쉽다. 게다가 "누구나 다 바뀌어야 된다고 생각하면서 내 자신만은 예외"라고 생각한다. 그러나 "변화는 우리 개개인이 주체"가 되어야 할 뿐만 아니라, 나아가 각자가 '내면에서부터 시작'해야 한다는 사실을 본서는 너무나 명료하게 가르쳐 준다.

본서는 인생을 보람있게 살아간 "성공적인 사람들"을 대상으로 연구한 결과, 도출된 7가지 습관을 다루고 있다. 여기서 말하는 습관은 우리가 어떤 사고, 태도, 가치 등을 행동으로 옮기려면, 반드시 몸에 붙어서 익숙해져야 할 뿐만 아니라 나아가서는 내면으로부터 자동적으로 나타나야 가능하다는 것이다.

본서가 다루는 내용은 자기 자신을 혁신시켜 주고 집단 및 조직을 이끌어가는 리더, 관리자, 그리고 구성원 모두에게 유익한 아이디어를 준다. 다시 말해 개인을 변화시킴으로써 각종 사회조직, 즉 정부기관, 군대조직, 기업조직, 대학조직, 병원조직 등은 물론 가정을 변화시키게 되는 것이다.

이 책이 다루는 7가지 습관 중 그 어떤 것을 먼저 읽고 행동으로 옮겨도 큰 무리가 없다. 특히 습관 1, 2, 3은 개인 중심의 리더십을 다루고, 습관 4, 5, 6은 집단 및 조직에서의 리더십을 다룬다. 마지막 습관 7은 "자기쇄신"으로 누구에게나 가장 중요한 자산인 자기자신을 끝없이 개발하고 가꾸어야 한다는 사실을 특히 강조한다.

우리는 현재 변혁의 시대에 살고 있다. 우리가 바뀌기 위해서는 지금까지 가지고 있던 패러다임을 전환해야 한다. 나아가 과거와 단절하고, 대변혁 과정을 거쳐 새로운 출발을 하지 않으면 안 된다. 그리고 이 같은 변혁은 우리 사회가 국제사회에 적응하고 살아남기 위해 반드시 필요한 과정이다.

이 같은 변혁에는 누구도 거부하고 거절할 수 없으며, 절대적이고 영원불변한 기준이 필요하다. 그리고 이것을 코비 박사는 "원칙"이라고 밝히고 문화 차이, 인종 차이, 종교 차이에 관계 없이 99% 이상 유사하다고 주장한다.

이 책의 원서는 비교적 난해한 편이다. 무엇보다도 저자의 해박한 지식, 깊이 있는 사고, 심오한 영적 자원에의 몰입 등으로 말미암아 이 책을 원서로 읽으려는 독자는 상당히 어려운 느낌을 받을 것이다. 따라서 이 책의 경우, 보다 수준 높은 번역서를 내놓을 필요성이 무엇보다도 컸다.

지난 89년 이 책이 미국에서 출간된 직후, 김영사에서는 한국어판을 기획, 출간하기로 결정하고 완벽한 번역을 위해 최선의 노력을 기울였다. 우선 김원석 박사에게 번역을 의뢰하였다. 김원석 박사는 「서강 하버드 비즈니스」(한국어판)의 번역, 편집 작업을 하셨던 분으로, 몇 권의 번역서를 출간하여 호평을 받은 바가 있었다. 국내 유수의 기업과 정부 기관을 상대로 경영컨설팅을 계속해 온 김원석 박사가 1차 번역을 완료하였다.

그 후 김영사는 더욱 완벽한 번역을 위해 미국에 체류 중인 김경섭 박사에게 재작업을 의뢰하였다. 김경섭 박사는 이미 이 책에 몰두하여 CLC에서 주관하는 여러 세미나 및 훈련 프로그램에 참가했을 뿐만 아니라, 3년 전부터 자신의 가정과 직장 내에서 이 책이 제시하는 7가지 습관을 실생활에 적용하여 큰 성과를 거둔 바 있었다. 김경섭 박사는 이러한 성과를 바탕으로 미국 내 교포사회에서 일반인을 대상으로 강의를 해 큰 반향을 불러일으켰다. 김경섭 박사는 1년여 가까이 CLC와 연락을 해가면서 이 책의 취지를 우리의 실정에 맞게 살리기 위해 끊임없는 노력을 기울였다.

CLC측에서도 이 책의 성공 여부가 좋은 번역에 달려 있다는 데 공감하여 많은 도움을 아끼지 않았다. 코비 박사를 비롯한 CLC의 여러분들, 특히 번역작업에 온갖 편의를 아낌없이 제공해 준 로렌 바움에게 특히 감사드린다.

번역작업을 다소 가볍게 여기는 풍조가 만연한 오늘날, 김영사는 출판사로서는 유례없이 많은 전문가를 동원하여 번역에 정성과 심혈을 기울였다. 역자들로서는 신중에 신중을 기하는 자세가 처음에는 다소 이해가 되지 않았지만, 점차 김영사의 책 내는 자세에 공감하게 되었으며, 마침내 오랜 산고 끝에 완벽한 수준을 자랑하는 책이 탄생하게 되었다.

마지막으로, 이 책이 이렇게 좋은 모습으로 빛을 보게 된 데는 무엇보다도 김영사 박은주 사장의 결단과 인내, 강한 추진력에 힘입는 바 크다. 박은주 사장은 본서의 중요성을 절감하여 한국의 독자들에게 반드시 소개해야겠다는 일념으로 이 책의 한국어판 출간을 직접 기획했을 뿐만 아니라, 저작권 계약일을 어겨가면서까지 좋은 번역을 위하여 세심한 배려를 아끼지 않았다. 다시 한번 감사드린다.

1994년 4월
김경섭, 김원석

Principle-Centered Leadership

KOREA
LEADERSHIP
CENTER

한국 리더십 센터
KOREA LEADERSHIP CENTER

KLC 담당자 앞
서울시 서초구 서초동 1364-42 포스포빌딩 302호
우편번호 137-070

우표 붙이는 곳

Announcing Seven Habits Three-Day Seminars

「성공하는 사람들의 7가지 습관」의 저자 스티븐 코비가 창립한 코비 리더십 센터(CLC)와 독점계약 체결. 한국 리더십 센터는 CLC의 모든 교육 프로그램과 교육 방법을 노하우 등을 전수받아 한국에 소개합니다. 이미 세계적인 기업들은 스티븐 코비의 21세기 자기개발 패러다임을 전사적으로 받아들여 실시하고 있습니다. 여러분은 이 프로그램을 통하여 7가지 습관을 습득하고 자기변화와 조직의 개혁을 가능케 할 수 있습니다.

습관을 바꾸면 당신의 운명도 달라집니다. 한국 리더십 센터가 여러분 자신과 조직의 변화를 도와드립니다.

다음의 주소로 받고 싶습니다. (가능한한 모두 기입해 주십시오)

이름 _____ 직업 _____

회사 및 학교명 _____ 직위 _____

주소 _____

전화번호 _____ 우편번호 _____

구체적인 정보를 원하시는 분은 한국 리더십 센터 02-3453-3361~4 로 전화해 주십시오.

김영사와 한국 리더십 센터는 여러분이 「성공하는 사람들의 7가지 습관 책」을 어떻게 아셨는지 알고싶습니다.

☐ 신문 광고에서   ☐ 서점에 들렀다가   ☐ 친구나 동료로부터 소개
☐ 신문   ☐ 회사 추천도서로   ☐ 라디오나 TV 방송으로
☐ 신문 또는 잡지 기사로   ☐ 기타

다음에 관한 정보를 받고 싶습니다. (원하는 곳에 V표를 해주십시오.)

☐ _____ 에서 7가지 습관 프로그램을 만날 수 있을까요?
   지역명

☐ _____ 달에 있는 프로그램 일정을 알고 싶습니다.
   월

☐ 한국 리더십 센터는 어떤 곳입니까?
☐ 7HABITS 3일 워크숍 프로그램에 관한 정보를 받고 싶습니다.
☐ 7HABITS 공개강연에 관한 정보를 알고 싶습니다.
☐ 7HABITS 강사요원(Facilitator) 과정에 대해 알고 싶습니다.

"참된 변화는 내면에서부터 시작되어야 한다. 나뭇잎을 쳐내는 것과 같은 응급처치식의 성격 윤리적 기법을 가지고는 태도와 행동을 바꿀 수 없다. 이것은 뿌리, 즉 사고의 바탕이자 기본의 패러다임을 바꿈으로써만 가능하다. 이 패러다임이 우리의 성품을 결정해 주고, 우리가 세상을 보는 관점의 렌즈를 창조해 준다."   - 스티븐 코비

Yong